Gert Hoepner

Computereinsatz bei Befragungen

Gert Hoepner

Computereinsatz bei Befragungen

Springer Fachmedien Wiesbaden GmbH

Die Deutsche Bibliothek — CIP-Einheitsaufnahme

Hoepner, Gert:
Computereinsatz bei Befragungen / Gert Hoepner.

(DUV : Wirtschaftswissenschaft)
Zugl.: Bayreuth, Univ., Diss., 1993
ISBN 978-3-8244-0206-9   ISBN 978-3-663-12000-1 (eBook)
DOI 10.1007/978-3-663-12000-1

© Springer Fachmedien Wiesbaden 1994
Ursprünglich erschienen bei Deutscher Universitäts-Verlag GmbH, Wiesbaden 1994

Lektorat: Gertrud Bergmann

Gedruckt auf chlorarm gebleichtem und säurefreiem Papier

ISBN 978-3-8244-0206-9

Geleitwort

Der Autor untersucht die Möglichkeiten des Computereinsatzes in der Befragung. Er setzt dabei, sowohl an den qualitativen Veränderungen als auch den praxisrelevanten Folgen des Computereinsatzes an.

Die Befragung wird als gesamter Prozeß untersucht: Der Autor beginnt mit der Konzeptionsphase einer Marktforschungsaufgabe. Der Computereinsatz erleichtert und optimiert die Grundlagen schaffende Sekundärforschung. Expertensysteme unterstützen die Auswahl der Befragungsmethode und des Auswahlverfahrens. In der folgenden Vorbereitungsphase schafft der Computer mit der entsprechenden Software mehr Flexibilität in der Fragebogengestaltung und stellt auch ein hervorragendes Medium zur Interviewereinweisung und -schulung dar.

Die größten qualitativen und wirtschaftlichen Fortschritte ermöglicht der Computer in der Datenerhebungsphase. Die Software übernimmt während der Befragung die gesamte Ablaufsteuerung von der Stichprobenauswahl über die Präsentation der Fragen in der korrekten Reihenfolge bis zur unmittelbaren Kontrolle der eingegebenen Antworten. Dies ermöglicht die Anwendung auch von komplizierten Methoden, die bislang selbst mit Hilfe eines Interviewers nicht problemlos einsetzbar waren. Die Datenfernübertragung führt zu einer Beschleunigung des gesamten Befragungsablaufes, so daß sich auch bei dezentralen Befragungsarten die Feldzeiten verkürzen. Postlaufzeiten entfallen bei der papierlosen Befragung. Ferner ermöglicht die Datenfernübertragung auch bei der Zu-Hause-Befragung oder den Stand-Alone-Terminals eine permanente Überwachung der Feldarbeit mit den Möglichkeiten von Zwischenauswertungen, Veränderungen der Stichprobenvorgaben und Änderungen des Befragungsablaufs.

Die Datenaufbereitungsphase reduziert sich auf die eigentliche Auswertung. Datenübertragung und -kontrolle entfallen. Schließlich schaffen entsprechende Computerprogramme neue Möglichkeiten, die Daten effektvoll zu präsentieren.

Da die Befragung keine singuläre Methode ist, stellt der Autor die einzelnen Arten ausführlich dar, um die Folgen des Computereinsatzes, die in unterschiedlicher Weise auftreten, aufzuzeigen. Bei der telefonischen Befragung hat der Computer den Papierfragebogen bereits weitgehend substituiert. Dies ist auch bei Zu-Hause-Interviews problemlos und vorteilhaft möglich. Zu-Hause-Interviews werden flexibler und schneller. Zusätzliche Hilfen und Kontrollmöglichkeiten minimieren den Interviewereinfluß und verbessern die Qualität.

Interessante Aspekte ergeben sich auch bei Befragungsformen ohne Interviewer. Im Studioeinsatz wird der Interviewer häufig überflüssig. Seine Rolle reduziert sich auf die Funktion eines Bildschirmassistenten, der mehrere Probanden gleichzeitig betreut. Sein unter Umständen störender Einfluß entfällt weitgehend. Neue Wege lassen sich auch bei der Stand-Alone-Befragung gehen. Durch den Computer läßt sich auch ein komplizierter Fragebogenaufbau realisieren. Die automatische Ablaufsteuerung befreit den Probanden von der Mühe, die richtige Fragenreihenfolge zu finden. Weitere Chancen zeigen sich zum Beispiel bei einer Messebefragung. Sie kann in verschiedenen Sprachen programmiert werden. Der Probanden ruft die Fragen in seiner Sprache ab. Sehr erfolgreich wird in den USA bereits die Methode Disk-By-Mail eingesetzt, bei der der Befragte eine Diskette mit der Befragung erhält und mit dem eigenen PC bearbeitet. Abschließend zeigt der Autor auch die Chancen im Panelbereich auf.

Die besondere Bedeutung dieser Arbeit auch für die Praxis wird durch die breiten beruflichen Erfahrungen des Autors unterstützt. Dazu trägt ein Glossar der Fachbegriffe im Anhang bei. Die vorwiegend positiven Beurteilungen eines forcierten Computereinsatzes werden sich wohl bald in der Praxis niederschlagen, da insbesondere bei größeren Stichproben neben vielen qualitativen Verbesserungen der Ergebnisse auch erhebliche wirtschaftliche Vorteile realisierbar sind.

Prof. Dr. Heymo Böhler

Vorwort

Aufgrund meiner praktischen Tätigkeiten in der Marktforschung bin ich sowohl mit dem Instrument der Befragung als auch mit dem Computer in engen Kontakt gekommen. Letzterer diente bislang jedoch nur der Auswertung erhobener Daten und hatte mit der eigentlichen Erhebung nur wenige Berührungspunkte. Angeregt durch meinen akademischen Lehrer Herrn Prof. Dr. Heymo Böhler interessierte ich mich für die Chancen und Folgen einer engeren Verbindung zwischen Befragung und Computer. Hieraus entstand die vorliegende Arbeit, die im Sommer 1993 zur Promotion an der Rechts- und Wirtschaftswissenschaftlichen Fakultät der Universität Bayreuth eingereicht und angenommen wurde.

Mein besonderer Dank gilt Herrn Prof. Dr. Heymo Böhler für die Betreuung dieser Arbeit, die er mit zahlreichen Anregungen begleitete. Ferner bedanke ich mich bei Herrn Prof. Dr. Peter Wossidlo für die Übernahme des Zweitgutachtens sowie Herrn Prof. Dr. Andreas Remer für den Vorsitz in der mündlichen Prüfung.

Dr. Gert Hoepner

Inhaltsverzeichnis

Abbildungsverzeichnis

Tabellenverzeichnis

Abkürzungsverzeichnis

Abk.	Abkürzung
Auft.	Auftrag
Btx	Bildschirmtext
bzw.	beziehungsweise
ca.	circa
CAPI	Computer-Aided-Personal-Interview
CATI	Computer-Aided-Telephon-Interview
d. h.	das heißt
DBM	Disk-by-Mail
DBP	Deutsche Bundespost Telekom
DFÜ	Datenfernübertragung
DTA	Datenträgeraustausch
EDV	Elektronische Datenverarbeitung
engl.	englisch
et al.	et alterna
f	folgend
FB.	Fragebogen
ff	ferner folgend
ggf.	gegebenenfalls
Hrsg.	Herausgeber
i. d. R.	in der Regel
Int.	Interview
k. A.	keine Angabe
KB	Kilobyte
MB	Megabyte
Min.	Minute(n)
o. J.	ohne Jahresangabe
o. S.	ohne Seitenangabe
PC	Personal Computer
Pkt.	Punkt
S.	Seite
s.	siehe
Sek.	Sekunde

sog.	sogenannt
u. a.	und andere
u. v. a. m.	und vieles andere mehr
usw.	und so weiter
v. a.	vor allem
vgl.	vergleiche
z. B.	zum Beispiel
zit.	zitiert

1. Einführung

1.1 Problemstellung und Zielsetzung

Die Befragung stellt eine der bedeutendsten Methoden der Datengewinnung dar. Schon seit langem bemühen sich die Wissenschaftler, diese Methode sowohl qualitativ als auch bezüglich des manuellen Aufwandes zu verbessern. Bereits im Jahre 1880 führte Hollerith eine mechanische Lochkartenmaschine in den Prozeß der Datenauswertung ein, um diesen zu beschleunigen und die Fehlerquellen durch Automatisation zu verringern.[1]

Der Einsatz der EDV[2] begann zunächst im Bereich der Datenauswertung. Lange Zeit waren EDV-Spezialisten nötig, um statistische Auswertungen auf den Großrechnern durchführen zu können. Erstmals ermöglichte in den sechziger Jahren das in Havard entwickelte Programm DATATEXT, daß auch nicht EDV-Spezialisten selbst Auswertungen steuern konnten.[3]

Zusammen mit neuen Rechnergenerationen kam SPSS[4] auf den Markt und entwickelte sich binnen weniger Jahre zur Standardsoftware im Bereich der Datenanalyse. Daneben existierten nur wenige andere Programme, wie zum Beispiel BMDP[5] und SAS[6].[7]

Die Einführung der Mikro- und Personalcomputer führte zur Unabhängigkeit von der Großrechenanlage. Zusätzlich boten diese Rechner neue benutzerfreundliche Möglichkeiten. Es entstanden sowohl neue Statistikprogramme als auch entsprechende PC-Versionen von SAS und SPSS. Der Großrechner wird nur noch für riesige Datenmengen und umfangreiche Auswertungen benötigt. Die Entwicklung von ständig leistungsfähigeren PC läßt den Großrechnereinsatz wohl bald überflüssig werden.

---

[1] Vgl. Marks (1963), S. 481.
[2] Elektronischen Datenverarbeitung
[3] Vgl. Allerbeck (1988), S. 81.
[4] Statistical Package for Social Science.
[5] Biomedical Computer Programs.
[6] Statistical Analysis System.
[7] Vgl. Allerbeck (1988), S. 82ff.

Zusätzlich werden immer mehr sehr kleine und leichte Computer angeboten, die einen mobilen Einsatz an fast jedem beliebigen Ort ermöglichen. Diese kleinen Computer nennt man meist Laptop[8] oder Notebook[9]. Die Betrachtung dieses Marktes zeigt drei Entwicklungen auf:

- Die Preise der Hardware sinken, obwohl gleichzeitig
- die Leistungsfähigkeit der Geräte steigt und
- die Geräteabmessungen und -gewichte geringer werden.

Die Größe eines Gerätes wird zunehmend durch die Größe der Tastatur und des Displays bestimmt und kaum mehr durch die im Gerät enthaltene Technik. Die leistungsfähigen Laptop und Notebook bieten eine akzeptable Tastatur und annähernd die gleiche Kapazitäten wie große Desktop-PC[10].

Betrachtet man den zeitlichen Ablauf einer Primärerhebung, so arbeitet der Computer bislang vorwiegend in der Datenaufbereitungsphase.[11] Von da aus erobert er sukzessive die übrigen Bereiche.

Moderne Programme, die auf leistungsfähigen PC eingesetzt werden, beschäftigen sich heutzutage nicht mehr ausschließlich mit dem Datenmanagement und der Datenanalyse. Der Computereinsatz beginnt bereits in der Konzeptionsphase einer Untersuchung, unterstützt die Vorbereitung und die Datenerhebung. Auch bei den Aufgaben nach der statistischen Auswertung leistet der Computer heutzutage gute Dienste:

> "Die Direktübertragung der Ergebnisse, auch in grafischer Form, sei es auch gestreckt oder geschrumpft, in die Textdokumente muß heute als Fähigkeit einer Computerumgebung für Datenanalyse verlangt werden."[12]

Es stellt sich nunmehr die Frage, ob die Ausreizung aller Möglichkeiten des Computers tatsächlich zu einer Verbesserung des Befragungsablaufs und der Ergebnisse beiträgt. Bei einer Befragungsart, der telefonischen Befragung, ist der

---

8 Ein PC im Aktentaschenformat, der auch netzunabhängig betrieben werden kann.

9 Ein PC im DIN-A4-Format, der auch netzunabhängig betrieben werden kann. Die Abgrenzung zu den etwas voluminöseren Laptop ist nicht eindeutig. Die technischen Leistungsmerkmale unterscheiden beide Kategorien nicht. Gegenüber noch kleineren Rechnern unterscheidet sich das Notebook dadurch, daß er über eine große, dem MF-II-Standard angenäherte Tastatur verfügt, die das 10-Finger-Schreiben ermöglicht. (vgl. Schnurer 1991, S. 74).

10 Tischrechner, die aus einer Recheneinheit, einem Bildschirm und einer separaten Tastatur bestehen. Wenngleich sie unabhängig von anderen Geräten arbeiten können, ist ein mobiler Einsatz dieser Geräte nicht möglich.

11 Es wird hier von der in Abb. 10 (S. 30) dargestellten groben Einteilung in Konzeption, Vorbereitung, Datenerhebung, Datenaufbereitung und Abschluß ausgegangen.

12 Vgl. Allerbeck (1988), S. 91.

EDV-Einsatz in der Datenerhebungsphase sowie der Datenaufbereitungsphase bereits Standard geworden. Man verwendet hierbei im allgemeinen die englische Abkürzung CATI[13], um die computerunterstützte, telefonische Befragung zu bezeichnen. Die dort realisierten Qualitäts-, Rationalisierungs- und Zeitvorteile[14] dürften auch im Feld bzw. Studio auftreten. Darüberhinaus sind neue Formen der computergesteuerten Befragung denkbar, bzw. werden vereinzelt bereits mit Erfolg eingesetzt.

Ziel dieser Dissertation ist es, die Möglichkeiten des EDV-Einsatzes in allen Phasen der Befragung darzustellen, zu diskutieren und zu beurteilen. Dabei sollen die Determinanten für eine Entscheidung über einen Einsatz der Computertechnologie herausgearbeitet werden. Der Schwerpunkt liegt auf dem Einsatz in der eigentlichen Erhebungsphase. Es stellt sich die Aufgabe, zu prüfen, ob der Computereinsatz geeignet ist, bislang auftretende Fehlerquellen zu beseitigen oder zu minimieren. Des weiteren muß untersucht werden, ob der Computer zu einer neuen Fehlerquelle werden kann. Neben den qualitativen Aspekten gilt es auch, die organisatorischen und wirtschaftlichen Folgen dieser Technologie zu diskutieren. Dabei wird nicht nur von einem einfachen Ersatz des Fragebogens durch den Computer ausgegangen; vielmehr muß eine Bewertung unter der Berücksichtigung der vielfältigen neuen und zusätzlichen Möglichkeiten des Computereinsatzes erfolgen.

1.2 Aufbau der Arbeit

Die Arbeit beginnt im zweiten Kapitel mit einem Überblick über die Befragung. Diese Ausführungen bilden die Grundlage für die methodischen Aspekte der Befragung.

Das dritte Kapitel stellt den gesamten Ablauf einer Studie dar. In den einzelnen Phasen wird der Computereinsatz zunächst allgemeingültig erörtert. Da die verschiedenen Befragungsarten unterschiedliche Aspekte des Computereinsatzes aufweisen, muß darauf im Anschluß eingegangen werden.

Das vierte Kapitel beschäftigt sich mit den persönlichen, computerunterstützten Befragungsarten. Bei der telefonischen Befragung ist der Computereinsatz

---

[13] Engl.: CATI = Computer-Aided-Telephon-Interview
[14] S. die Ausführungen unter Pkt. 4.1, S. 123ff.

weltweit bereits am weitesten fortgeschritten, so daß die vorliegenden Erfahrungen als Basis für den Einsatz beim Interview dienen können.

Die unpersönlichen, computergesteuerten Arten bilden den Gegenstand des fünften Kapitels. In diesem Bereich haben sich verschiedene Arten entwickelt. Diese stellen nicht nur eine Konkurrenz zur traditionell schriftlichen Befragung dar, sondern sind auch geeignet, persönliche Arten zu substituieren. Das sechste Kapitel enthält die Zusammenfassung der Ergebnisse.

Im Anhang werden schließlich einige Befragungsprogramme dargestellt und die übrigen, dem Autor bekannten namentlich aufgeführt. Wenngleich in der Arbeit auch geeignete Hardware erwähnt wird, ist ein Überblick mit konkreten Angeboten wegen der enormen Entwicklungsfortschritte auf diesen Märkten nicht sinnvoll. Es ist damit zu rechnen, daß bis zum Erscheinen dieser Arbeit bereits wieder viele neue Geräte verfügbar sind.

Da die in dieser Arbeit verwendeten Begriffe unterschiedlichen Fachgebieten entstammen und teilweise in unterschiedlicher Bedeutung verwendet werden, findet sich am Ende der Arbeit ein Glossar der wichtigsten, verwendeten Fachbegriffe.

4

2. Befragung als Erhebungsmethode

2.1 Stellung der Befragung in der Marktforschung

Um die Stellung der Befragung in der Marktforschung zu bestimmen, bedarf es zunächst einer Definition des Begriffes Marktforschung:

"Marktforschung ist die systematische Sammlung, Aufbereitung, Analyse und Interpretation von Daten über Märkte und Marktbeeinflussungsmöglichkeiten zum Zwecke der Informationsgewinnung für Marketing-Entscheidungen."[1]

Die Marktforschung wendet verschiedene Methoden der Datengewinnung an. Die Befragung ordnet sich unter den Bereich der Primärforschung ein, wie in der folgenden Abbildung 1 dargestellt. Diese Datenerhebungsmethoden werden auch in anderen Bereichen, zum Beispiel der Sozialforschung, angewandt.

Abb. 1: Möglichkeiten der Datenerhebung

Die Befragung bildet zusammen mit der Beobachtung den Bereich der Primärforschung. Hierbei stellt die Befragung die bedeutendere Methode der Datengewinnung dar.[2] Sie ist gekennzeichnet durch eine Kommunikaton zwischen zwei oder mehreren Personen. Diese Kommunikation muß nicht direkt zwischen den Beteiligten und auch nicht in verbaler Weise ablaufen. Die übermittelten Stimuli (meist verbale Fragen) führen zu Reaktionen des Befragten, die registriert werden. Diese Reaktionen werden durch die Situation, gegenseitige Erwartungen und den

---

1   Vgl. Böhler (1992), S. 17.
2   Vgl. Kroeber-Riel/Neibecker (1983), S. 193; Hüttner (1989), S. 39, Kaas (1989), S. 125; Bausch (1990), S. 68: Die von ihm im Winter 1988/89 befragten kommerziellen Marktforschungsinstitute gaben an, 87,2 % ihrer Erhebungen als Befragung durchzuführen.

Erfahrungshorizont des Befragten geprägt. Hieraus ergeben sich bereits einige Störvariablen, welche die Qualität der Befragungsergebnisse beeinflussen können.

Der Übergang von der Befragung zur Beobachtung ist fließend. Bei der Beobachtung soll das Verhalten der Probanden in bestimmten, natürlichen Situationen erfaßt werden. Sowohl bei der Beobachtung als auch in der Sekundärforschung kommt der Computer zum Einsatz. Diese Bereiche sind jedoch nicht Gegenstand dieser Arbeit und bleiben deshalb hier unberücksichtigt.

2.2 Allgemeines Modell der Befragung

Die Befragung wurde schon frühzeitig als Forschungsgegenstand selbst untersucht.[3] Die meisten Arbeiten beschäftigen sich nur mit Teilaspekten und eine umfassende Lehre der Befragung existiert bislang noch nicht.[4]

Zur Erklärung der Befragungssituation wird meist das S→R-Modell herangezogen. Zunächst gingen die Forscher davon aus, daß der Stimulus nur aus der Frage und die Response aus der Antwort besteht. Diese Sichtweise wurde schon frühzeitig kritisiert. Basis dieser Kritik bildete die Erkenntnis von Lewin, daß das Verhalten des Menschen eine Funktion aus dessen Persönlichkeitsfaktoren und den Umweltfaktoren ist.[5] Persönlichkeitsfaktoren sind die Einstellungen, Meinungen, Erfahrungen usw. eines jeden Individuums. Die Umweltfaktoren sind soziale Normen der Allgemeinheit oder spezifischer Gruppen, aber auch befragungstypische situative Faktoren wie Zeitdruck, Befragungsort, Anwesenheit Dritter und unter weiteren Faktoren auch der Einsatz von Computern. Diese Faktoren können die Befragungsergebnisse beeinflussen.

Die Forscher gingen zur Vermeidung der störenden Einflüsse unterschiedliche Wege. Das bekannte Zitat von Schmidtchen: "Nicht der Interviewer, der Fragebogen muß schlau sein"[6], steht stellvertretend für diejenigen Autoren, die das Problem durch einfaches Konstanthalten der Störvariablen lösen wollen. Ein voll-

---

3   Scheuch (1973, S. 71) verweist auf eine Reihe von frühen Veröffentlichungen in den zwanziger Jahren: Bogardus (1925 und 1926); Buell (1925); Myrik (1926 und 1928); Robinson (1928); Bingham (1929); Cavan (1929); sowie eine 22-seitige Bibliographie zum Thema Befragungen: Moore (1928).

4   Vgl. Scheuch (1973), S. 146ff; Atteslander/Kneubühler (1975), S. 9ff.

5   Vgl. Lewin (1969), S. 34; die amerikanische Originalveröffentlichung stammt aus dem Jahre 1936.

6   Vgl. Schmidtchen (1962), S. 9.

standartisierter und optimal gestalteter Fragebogen gewährleiste, daß die Erhebung "objekt- und nicht personenbezogen"[7] ablaufe. Bei dieser Vorgehensweise perfektioniert der Computereinsatz die Standardisierung. Gegen diese Problemlösung spricht, daß sich in vielen Untersuchungen zeigte, daß die Ergebnisse immer dann verzerrt wurden, wenn das Befragungsthema und entsprechende soziale Merkmale des Befragers in einem Zusammenhang stehen.[8]

Hyman[9] versuchte das S→R-Modell weiter zu differenzieren. Er bleibt jedoch ebenfalls eine praktikable Methode zur Messung und Beseitigung der Verzerrungen schuldig. Er beschreibt in seiner Grundsatzarbeit viele einzelne Studien, welche die unterschiedlichsten Einflußfaktoren belegen. Es zeigt sich, daß alle Ergebnisse, die signifikant sind, nur für die spezifischen Untersuchungssituationen gelten. Bei Veränderung des Themas oder der Untersuchungssituation treten die Verzerrungen unter Umständen nicht oder in anderer Form auf. Wie sich zeigen wird, gilt dies auch für den Computereinsatz. Seine Auswirkungen sind kontextbezogen verschieden. Deshalb gilt es vor der Analyse, die einzelnen Arten der Befragung darzustellen, um anschließend die Auswirkung des Computereinsatzes zu diskutieren.

2.3 Arten der Befragung

Die Befragung stellt nicht eine einzige Methode dar. Es existiert eine Vielzahl von Arten, deren Anzahl sich durch die Möglichkeiten des Computers erweitert. In der Literatur wird keine einheitliche Systematisierung verwendet. Deshalb ist es notwendig, an dieser Stelle eine Untergliederung zu treffen, die den weiteren Ausführungen als Basis dient. Die unterschiedlichen Probleme einzelner Befragungsarten erfordern diese Einteilung. Somit werden die Stärken und Schwächen der einzelnen Formen deutlich. Einen Überblick über die wichtigsten Kriterien gibt Abbildung 2, wobei nicht alle denkbaren Kriterien angesprochen werden.

Bei diesen Kriterien ist zu beachten, daß keine Methode nur einem Kriterium zugeordnet werden kann. Vielmehr sind die konkreten Methoden durch verschiedene Dimensionen gekennzeichnet. Bevor die bedeutendsten Verfahren genauer analysiert werden können, bedarf es einer kurzen Darstellung der Unterscheidungskriterien. Der Einsatz eines Computers in der Datenerhebungsphase, dessen Ana-

---

7   Vgl. Kunz (1969), S. 510.

8   Vgl. Scheuch (1973), S. 104f, der dort eine Reihe von entsprechenden Untersuchungen zitiert, auf die sich teilweise auch Hyman (1975), S. 150ff bezieht.

9   Vgl. Hyman (1954) bzw. die 7. Auflage (1975).

7

lyse den Schwerpunkt dieser Arbeit bildet, genügt nicht, um als alleiniges Kriterium die Befragungsarten einzuteilen.

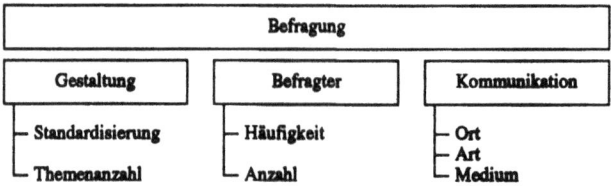

Abb. 2: Unterscheidungskriterien der Befragung

2.3.1 Einteilung nach der Gestaltung

2.3.1.1 Grad der Standardisierung und Strukturierung

Die Befragung läßt sich nach dem Grad der Standardisierung von Frage und Antwort differenzieren. Einige Autoren unterscheiden zwischen Standardisierung und Strukturierung der Befragung. Die Standardisierung bedeutet das Ausmaß, in dem der Wortlaut und die Reihenfolge der Fragen dem Interviewer vorgegeben werden. Strukturierung bezieht sich auf die Antwort und bedeutet den Umfang der vorgegebenen Antworten.[10] Das Spektrum der strukturierten Antworten reicht von der offenen Frage[11] ohne Antwortvorgabe bis hin zur geschlossenen Alternativfrage[12], die nur zwei Möglichkeiten, zum Beispiel ja oder nein, zuläßt. Im Rahmen dieser Arbeit sollen beide Begriffe, Strukturierung und Standardisierung, synonym verwendet werden, da eine Unterscheidung für das hier erörterte Problem keine Vorteile bringt und deren Verwendung in der Literatur auch nicht einheitlich vorgenommen wird.[13] Darüber hinaus vertreten auch andere Autoren eine synonyme Verwendung.[14]

---

10 Vgl. van Koolwijk (1974), S. 17.
11 Vgl. Hüttner (1989), S. 405.
12 Vgl. Hüttner (1989), S. 395.
13 Vgl. Atteslander (1984, S. 125), der eine umgekehrte Sichtweise verfolgt und die Strukturierung auf die Art der Fragestellung bezieht und die Standardisierung auf die Vorgabe von Antwortkategorien. Er führt hierunter noch eine weitere Ebene ein, die er mit den Polen offengeschlossen bezeichnet. Dabei unterscheidet er, ob dem Befragten die Antwortkategorien

8

Bei der voll standardisierten Befragung hat der Interviewer keine Möglichkeiten, den Fragentext zu variieren, und der Befragte kann nur vorgegebene Antworten wählen. Häufig wird von dieser strengen Form abgewichen. Der Interviewer erhält an bestimmten Stellen die Möglichkeit oder den konkreten Auftrag, bei unklaren oder unvollständigen Antworten durch selbständige Ergänzungsfragen die Antwort zu vervollständigen.[15] Auf der Seite der Antwortmöglichkeiten werden geschlossene und offene Fragen gemischt. So entsteht die teilstandardisierte Befragung.

Die Befragungen werden standardisiert, um die Antworten von verschiedenen Probanden, die von unterschiedlichen Interviewern befragt werden, vergleichbar zu machen.[16] Nur die Vergleichbarkeit der einzelnen Fälle ermöglicht die Anwendung statistischer Verfahren und die Ermittlung von gültigen Aussagen über die Grundgesamtheit. Es gilt zu untersuchen, inwieweit der Computer die Realisierung des Zieles der vergleichbaren Antworten unterstützen und eventuell optimieren kann.

Die Einsatzmöglichkeiten des Computers nehmen mit dem Grad der Standardisierung ab. Für die weiteren Betrachtungen interessieren nur die voll- und die teil-standardisierte Befragung. Das freie, wenig strukturierte[17] Interview eignet sich nicht so sehr für einen Computereinsatz. Er läßt sich in diesem Bereich jedoch nicht völlig ignorieren. Man denke zum Beispiel an ein Expertengespräch. Hier kann ein Computer mit einer entsprechenden Datenbank als Nachschlagewerk dienen und so für den Gesprächsverlauf dienliche Fakten liefern.

2.3.1.2 Themenanzahl

Eine Untersuchung kann sich mit nur einem Thema befassen oder mehrere Themen ansprechen. Die Einthemenuntersuchung werden eingesetzt, wenn

- das Thema sehr umfangreich ist,
- Bedenken im Punkt der Geheimhaltung bestehen,
- eine spezielle Stichprobe befragt wird oder

---

bekannt gegeben werden (geschlossene Frage) oder der Interviewer die Antworten nur ihm bekannten Antwortkategorien zuordnet.

[14] Vgl. Anger (1975), S. 570ff; Maccoby/Maccoby (1976), S. 39f.
[15] Vgl. König (1976), S. 366; Scheuch (1989), S. 242.
[16] Vgl. Böhler (1992), S. 78.
[17] Der Autor schließt sich der Meinung von Atteslander (1984, S. 108) an, daß es kein Gespräch gibt, daß nicht irgendwelche Strukturen aufweist. Deshalb kann man nur von einem wenig strukturierten und nicht von einem unstrukturierten Interview sprechen.

- aus terminlichen Gründen eine Kombination mit anderen Themen nicht möglich ist.

Die Mehrthemenbefragung, auch Omnibus[18] genannt, bietet einem Auftraggeber die Chance, verschiedene Themen in einer Studie abzufragen. Häufiger ist jedoch der Fall, daß verschiedene Auftraggeber in einer Studie ein jeweils sie interessierendes Thema erheben lassen. Als problematisch wird für die Mehrthemenbefragung angemerkt, daß für den Probanden beim Übergang von einem zum anderen Thema gedankliche Brüche entstehen, die ihn verwirren oder demotivieren können. Gegenüber der Einthemenbefragung bietet sie meist große wirtschaftliche Vorteile. Die Kosten für die Ziehung der Stichprobe, die Kontaktaufnahme mit dem Probanden, der Kontrolle und Überwachung teilen sich auf alle Auftraggeber auf.

Aufgrund der meist regelmäßigen und häufigen Durchführung bieten Mehrthemenbefragungen nahezu ideale Voraussetzungen für einen Computereinsatz. Der Computer erlaubt es, bis zur letzten Minute noch weitere Auftraggeber in die Befragung zu integrieren, da der Fragebogen nicht Tage vor Beginn der Feldarbeit gedruckt werden muß. Die Änderungen können am Bildschirm erfolgen. Die regelmäßige Durchführung erhöht die Wirtschaftlichkeit von Datenkommunikationseinrichtungen. Der geänderte Fragebogen wird damit erst unmittelbar vor dem Feldstart an die Interviewer übermittelt.[19]

Der Einsatz von unpersönlichen Verfahren[20] wird bei Mehrthemenbefragungen bislang nur vereinzelt praktiziert. Hier bietet der Computer in Zukunft neue Möglichkeiten. Es eignen sich die Methoden Bildschirmbefragung[21], Bildschirmtextbefragung[22] und Tele-Interviewing[23].

---

18 Wie bei einem Omnibus können bei der Untersuchung verschiedene Auftraggeber "zusteigen" (vgl. Berekoven et al. 1989, S. 102f).
19 S. S. 63ff.
20 Bei den unpersönlichen Befragungsformen ersetzt das Fragebogenmedium (Papier oder Computer) den Interviewer (s. S. 17ff).
21 S. S. 186ff.
22 S. S. 204ff.
23 S. S. 207ff.

2.3.2 Einteilung nach den Befragten

2.3.2.1 Häufigkeit der Befragung

Die Betrachtung der Befragungshäufigkeit ergibt die Aufteilung zwischen Untersuchungen mit unterschiedlicher Stichprobe[24] und denen mit konstanter Stichprobe[25]. Abbildung 3 verdeutlicht das Vorgehen.

Befragung		
Wechselnde Stichproben	Befragungsnummer	Konstante Stichprobe
S_1 S_2 S_3 .. S_n	B_1 B_2 B_3 .. B_n	S_k

Abb. 3: Einteilung nach der Häufigkeit der Befragung

Bei einer wechselnden Stichprobe wird für jede Befragung B_x eine eigene Stichprobe S_x gezogen. Bleibt die Stichprobe konstant, werden alle Befragungen B_1 bis B_n in der gleichen Stichprobe S_k durchgeführt. Gegenüber unterschiedlichen Stichproben erbringen konstante Stichproben, neben der Möglichkeit der Ermittlung von Verhaltensveränderungen, erhebliche Zeit- und Kostenersparnisse, da das Finden der neuen Stichprobe entfällt. Für den Computereinsatz bedeuten konstante Stichproben die Chance, stationäre Computer direkt beim Befragten zu installieren. Neben Befragungspools[26] für unterschiedliche Befragungsthemen sind Einsatzbeispiele die Verbraucher-[27] und Handelspanels[28].

---

[24] Auch Ad-hoc-Studien genannt; vgl. Schäfer/Knoblich (1978), S. 278.
[25] Konstante Stichprobe bedeutet eine mehrmalige Erhebung bei den gleichen Einheiten einer Stichprobe.
[26] S. S. 207ff.
[27] S. S. 211ff.
[28] S. S. 220f.

Den Vorteilen bei der Benutzung von konstanten Stichproben steht der Nachteil eines nicht unerheblichen "Paneleffektes"[29] gegenüber. Die wiederholte Befragung führt zu einem Konditionierungseffekt und verändert unter Umständen die Einstellungen, die Wahrnehmungsfähigkeiten und das Verhalten der Probanden, so daß ihre Ergebnisse nicht mehr für die Grundgesamtheit repräsentativ sind. Holt stellte bei der Auswertung dreier Studien jedoch fest, daß der Konditionierungseffekt zwar vorhanden, aber seiner Größe nach vernachläßigbar bleibt. Größere Bedeutung hat der Fehler durch mangelhafte Erinnerung der Probanden, der jedoch auch bei einmaligen Befragungen auftritt.[30] Der Computer ermöglicht in Teilbereichen den Übergang von der Befragung zur Beobachtung, so zum Beispiel im Instrument BehaviorScan[31]. Somit schaltet er dieses Errinnerungsproblem aus.

Ein weiteres Problem stellt die Fluktuation der Teilnehmer dar.[32] Ausgeschiedene Probanden müssen durch neue ersetzt werden, die zwar die gleichen sozio-demographischen Merkmale aufweisen, aber nicht zwingend das gleiche Verhalten (zum Beispiel Markenpräferenz) wie ihre Vorgänger besitzen. Wie später ausführlicher gezeigt werden kann, vermindert sich die Fluktuationsrate durch den Computereinsatz. Die Möglichkeit, den Computer auch privat zu nutzen und die Aufwertung des Befragten durch die teuere Ausstattung senken die Fluktuation.

2.3.2.2 Anzahl der Befragten

Abbildung 4 zeigt die Möglichkeiten, die Befragung nach der Anzahl der gleichzeitig befragten Probanden zu differenzieren. Bei den standardisierten Befragungen überwiegt die Form der Einzelbefragung. Ein Interviewer befragt zur selben Zeit nur einen Probanden oder der Proband beantwortet die Fragen einer schriftlichen Erhebung allein. Die Alternative hierzu ist die Gruppen- oder Mehrpersonenbefragung. Hierbei befragt der Interviewer gleichzeitig mehrere Probanden. Diese Methode kann man wiederum zweifach unterteilen.

---

29 Vgl. Nehnevajsa (1973), S. 221f; Böhler (1992), S. 64f.
30 Vgl. Holt (1989), S. 347, der sich auf folgende Untersuchungen bezieht: Silberstein/Jacobs (1989); Corder/Horvitz (1989); Waterton/Lievesley (1989).
31 Dies ist ein lokaler Testmarkt, bei dem alle Haushalts- und Einkaufsdaten direkt im Geschäft an einer Scannerkasse registriert werden; s. S. 220.
32 Man spricht auch von der Panelsterblichkeit, vgl. Böhler (1992), S. 64.

Die Gruppendiskussion ist eine wenig standardisierte Interviewform. Der Interviewer diskutiert mit allen Probanden das Untersuchungsthema. Ein Computereinsatz zur Steuerung des Befragungsablaufes ist hier nicht sinnvoll.

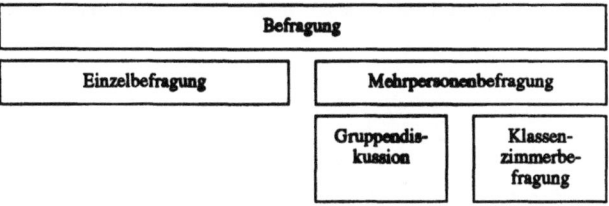

Abb. 4: Anzahl der gleichzeitig Befragten

Bei der Klassenzimmerbefragung verläuft die Kommunikation nur in eine Richtung. Der Interviewer stellt seine Fragen an alle Probanden gleichzeitig, die dann die Antworten selbständig in ein Fragebogenmedium eingeben. Die Probanden kommunizieren hierbei nicht miteinander. Die Klassenzimmerbefragung, auch simultane Mehrpersonenbefragung genannt, setzt eine hohe Standardisierung der Befragung voraus. Dieses wiederum ergibt optimale Einsatzmöglichkeiten für einen Computer. Die hohe Standardisierung erfordert für die Eingabe keine Volltastatur. Der Proband arbeitet mit einer vereinfachten Tastatur und drückt die der Antwort entsprechende Taste.[33]

Da ein Interviewer gleichzeitig mehrere Probanden befragt, ergibt sich daraus ein finanzieller Vorteil Gegenüber der Einzelbefragung. Die Befragungssituation ist kontrollierbar. Auf der anderen Seite sind die Befragungsmöglichkeiten durch den Zwang zur Standardisierung der Fragen und Antworten eingeschränkt.[34] Der Computer schafft neue Möglichkeiten. Unmittelbar nach der Eingabe stehen dem Interviewer Befragungsergebnisse zur Verfügung. Diese Häufigkeitsauszählungen können als Steuerkriterien für den weiteren Befragungsablauf verwendet werden.[35]

---

[33] Vgl. Kroeber-Riel/Neibecker (1983), S. 197.
[34] Vgl. Sudman/Bradburn (1982), S. 79f, 296; Planck (1959), S. 511ff.
[35] S. S. 160f.

2.3.3 Einteilung nach kommunikativen Aspekten

2.3.3.1 Ort der Befragung

Die Durchführung einer Befragung ist nicht an einen bestimmten Ort gebunden. Abbildung 5 zeigt die Orte, an denen in der Praxis Befragungen durchgeführt werden.

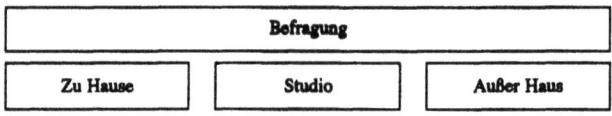

Abb. 5: Orte der Befragung

Die Befragung zu Hause wird in der Wohnung des Befragten durchgeführt. Die Befragungssituation am Arbeitsplatz ähnelt der zu Hause. Dort wird vor allem in der Investitionsgütermarktforschung befragt. Beide Orte zeichnen sich dadurch aus, daß sich der Befragte in einer gewohnten Umgebung befindet und die Möglichkeit hat, Antworten vorab durch Nachschauen zu verifizieren.

Für die computerisierte Befragung ergibt sich jedoch ein bedeutender Unterschied zwischen zu Hause und am Arbeitsplatz. Die mittlerweile große Verbreitung von PC in mittleren und größeren Unternehmen ermöglicht als Alternative zu den persönlichen Formen Interview und telefonische Befragung den Einsatz der unpersönlichen Methode Disk-by-Mail.[36] Hier erhält der Proband nur eine Diskette, die das Befragungsprogramm enthält. Er schiebt sie in seinen PC und bearbeitet den Fragebogen. Anschließend sendet er die Diskette zurück. Bei kleineren Unternehmen und privaten Haushalten ist der Zugang zu einem PC noch nicht gesichert.

Bei der Studiobefragung wird der Befragte in ein Studio eingeladen, um dort die Fragen zu beantworten. Als Studio bezeichnet man einen Ort, der speziell zur Durchführung von Befragungen und anderen Erhebungen eingerichtet wurde. Studios zeichnen sich durch die Kontrollmöglichkeiten der Befragungs- bzw. Versuchssituation aus.

---

[36] S. S. 193ff.

Für den Computer stellt das Studio die besten äußeren Bedingungen zur Verfügung. Die Hardware wird stationär installiert und erreicht eine hohe Auslastung. Durch die Vernetzung der Terminals mit dem Auftraggeber können während der Erhebung jederzeit Zwischenauswertungen gemacht werden.

Die Befragung außer Haus erfolgt außerhalb eines Studios und der Wohnung des Befragten. Die Probanden werden auf der Straße, in Geschäften oder bei Veranstaltungen und hier insbesondere auf Messen befragt. Mittlerweile sind transportable PC verfügbar, die auch an diesen Orten eine computerisierte Befragung ermöglichen. Daneben gibt es die Chance, ein Stand-Alone-Befragungsterminal[37] aufzustellen.

2.3.3.2 Fragebogenmedium

Eine Einteilung der Befragung nach dem Fragebogenmedium ist in der Literatur bislang nicht üblich. Sie ist unter dem Gesichtspunkt der Computerisierung notwendig. Bislang wird zur Abgrenzung der Verfahren mit Computer die Betrachtung der Kommunikationsart um neue Kategorien erweitert. So spricht zum Beispiel Scheuch neben den Kategorien schriftlich, persönlich und telefonisch von programmierter Bildschirmbefragung und telekommunikativer Befragung über Bildschirmtext.[38] Glagow erhebt die rechnergestützten Verfahren generell zu neuen Dimensionen der Befragung und unterscheidet diese nach dem Mensch-Mensch-Maschine-Dialog und dem reinen Mensch-Maschine-Dialog.[39]

Diesen Auffassungen muß an dieser Stelle jedoch widersprochen werden. Ein computerunterstütztes Interview oder eine computerunterstützte telefonische Befragung bilden keine generell neuen Methoden der Befragung. Sie unterscheiden sich, zunächst rein formal betrachtet, nur durch ein unterschiedliches Fragebogenmedium. Auch die computergesteuerten Befragungen stimmen mit der schriftlichen Befragung dahingehend formal überein, daß der Proband die Fragen selbständig bearbeitet.

Der Computereinsatz eröffnet natürlich eine Reihe neuer Möglichkeiten innerhalb der einzelnen Befragungsarten, auf die noch ausführlich eingegangen wird. Nur in Kombination der Dimension Fragebogenmedium mit anderen Unterscheidungskriterien lassen sich die Verfahren, bei denen der Computer sinnvoll

---

[37] S. S. 191ff.
[38] Vgl. Scheuch (1989), S. 242; ähnlich auch Hammann/Erichson (1990), S. 78.
[39] Vgl. Glagow (1984), S. 42f.

eingesetzt werden kann, charakterisieren. Ein einfaches Anstückeln an bestehende Kategorien ist ungenügend. Deshalb ist als formales Einteilungskriterium das Fragebogenmedium heranzuziehen. Abbildung 6 zeigt die beiden alten und die beiden neu entstandenen Dimensionen:

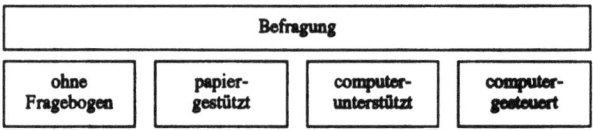

Abb. 6: Fragebogenmedien in der Befragung

Wenngleich die fragebogengestützten Verfahren in der wissenschaftlichen Diskussion und in der Praxis einen breiten Raum einnehmen, darf man nicht übersehen, daß es auch Befragungsformen gibt, die keinen Fragebogen verwenden. Das freie Interview und die Gruppendiskussion bedienen sich in der Regel nur eines Leitfadens oder diskutieren frei ein vorgegebenes Thema. Die Antworten zeichnet oft ein Tonbandgerät auf.

Unter papiergestützter Befragung werden alle traditionellen Arten subsumiert, die sich der Hilfe eines auf Papier gedruckten Fragebogens bedienen. In ihm sind die Fragen enthalten. Je nach Kommunikationsart trägt ein Interviewer oder der Befragte selbst die Antworten an den vorgegebenen Stellen ein. Ferner enthält er Anweisungen zur Reihenfolge der Fragen oder zur Anwendung von Hilfsmitteln oder Testmustern.

Bei der computerunterstützten Befragung ersetzt der Computer den Papierfragebogen. Auf dem Bildschirm erscheinen die Fragen, die ein Interviewer dem Befragten vorliest. Anschließend gibt der Interviewer die Antworten über eine Tastatur ein. Der Computer kontrolliert die Antwort auf Zulässigkeit und geht zur nächsten Frage. Dabei überspringt er selbständig Fragen in Abhängigkeit der gegebenen Antworten. Dem Interviewer können auf dem Bildschirm Anweisungen, zum Beispiel zum Auswahlverfahren oder zum Einsatz von Hilfsmitteln oder Testmustern gegeben werden. Es handelt sich bei diesem Verfahren um eine Mensch-Mensch-Maschine-Kommunikation im Sinne von Glagow.[40]

---

[40] Vgl. Glagow (1984), S. 43.

Computergesteuerte Befragungen stellen einen Oberbegriff für verschiedene Methoden dar. Es gibt nicht nur eine, sondern mehrere Methoden, die einen reinen Mensch-Maschine-Dialog[41] darstellen. Abbildung 7 gibt hierzu einen Überblick.

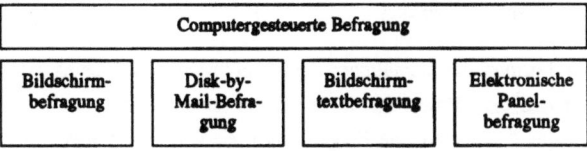

Abb. 7: Arten der computergesteuerten Befragung

Wie bei der computerunterstützten Befragung übernimmt der Computer die Steuerung des Ablaufs, die Kontrolle der Antworten und gibt dem Probanden eventuell notwendige Anweisungen. Der Befragte liest die Fragen selbst vom Bildschirm ab und gibt die Antworten ein. Dabei wird nicht immer eine vollständige Tastatur verwendet. Es besteht auch die Möglichkeit, die Eingabe über wenige, mit Symbolen gekennzeichnete Tasten oder andere Medien vorzunehmen.

2.3.3.3 Kommunikationsart

Die Art und Weise, wie der Forscher und der Befragte kommunizieren, stellt im allgemeinen die wichtigste Differenzierung der Befragungsformen dar. Es ergibt die in Abbildung 8 dargestellte Einteilung der Befragung.

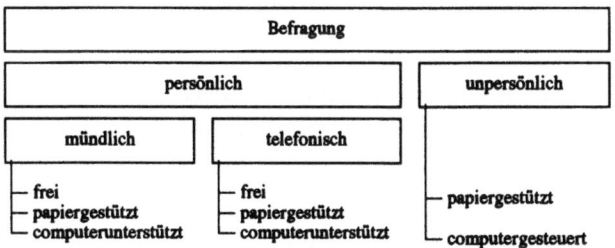

Abb. 8: Unterscheidung der Befragung nach der Kommunikationsart

---

[41] im Sinne von Glagow (1984), S. 43.

17

Das Adjektiv "persönlich" wird in der Literatur im Zusammenhang mit der Einteilung der Befragungen meist als Synonym zu "mündlich" verwendet. Um den Gegensatz zwischen den beiden Verfahren mit Interviewereinsatz (= persönlich) und denen ohne Interviewer (= unpersönlich) zu verdeutlichen, ist hier das Adjektiv "persönlich" als Oberbegriff für das Interview (= mündlich) und die telefonische Befragung gewählt worden.

Bei den Formen der mündlichen und telefonischen Befragung ist zwischen dem Forscher und dem Probanden in der Regel ein Erfüllungsgehilfe, der Interviewer, geschaltet.[42] Er stellt die Fragen und notiert die Antworten. Somit bildet er das Kommunikationsmedium zwischen Forscher und Befragten. Die eventuelle Verwendung eines Computers ändert die Kommnikationsart an sich nicht. Erst eine weitere Differenzierung der Kommunikationsarten nach dem Fragebogenmedium führt zur Unterscheidung in die Interviewformen ohne Fragebogen, mit Papierfragebogen und computerunterstützt.

Die mündliche Befragung, nur diese wird hier als Interview bezeichnet, ist durch einen direkten Wortwechsel zwischen einem Interviewer und einer Versuchsperson gekennzeichnet.[43] Der Interviewer stellt die Fragen und dokumentiert die Antworten des Probanden.

Im Englischen schließt der Terminus "Interview" alle Befragungsformen ein. Man spricht von "Personal Interview"[44] oder "Face-to-Face Interview"[45], um die mündliche Befragung zu benennen. Auch einige deutsche Autoren verwenden den Begriff "Interview" nicht differenziert und sprechen bei allen Befragungsformen von Interviewarten.[46]

Die telefonische Befragung zeichnet sich dadurch aus, daß der Interviewer den Befragten zu Hause oder am Arbeitsplatz anruft und die Befragung telefonisch durchführt. Es ist somit möglich, von einem zentralen Telefonstudio aus, flächendeckende Befragungen im In- und Ausland durchzuführen. Der Ablauf entspricht einem Interview. Den Vorteilen wie zentrale Ausführung, kurze Feldzeiten und Kosteneinsparungen stehen jedoch auch einige Nachteile gegenüber. So muß auf

---

42 Bei sehr kleinen Stichproben oder der Methode von explorativen oder des therapeutischen Interviews nimmt teilweise der Forscher die Rolle des Interviewers ein. Vgl. van Koolwijk (1974), S. 18.

43 Vgl. Maccoby/Maccoby (1976), S. 37.

44 Vgl. König (1976), S. 361.

45 Vgl. Gutjahr (1985), S. 103.

46 Vgl. Gutjahr (1985); Scheuch (1973); u. a.

visuelle Vorlagen verzichtet werden, die Befragungszeit ist beschränkt und eine völlige Repräsentanz für Bevölkerungsstichproben läßt sich nur schwer herstellen.

Der Computer eroberte diesen Bereich in den letzten Jahren fast vollständig. Alle großen, kommerziellen Institute setzen mittlerweile Computer zur Unterstützung des Befragungsablaufs ein.

Bei den unpersönlichen Befragungsformen entfällt der Interviewer. Das Fragebogenmedium nimmt die Stelle des Kommunikators ein. Deshalb erfolgt die Unterteilung Papier versus Computer bereits auf der Ebene der Kommunikationsart.

Durch die Ausschaltung des Interviewers will man die Interviewereinflüsse minimieren.[47] Dies ist neben der kostengünstigen Durchführung der Hauptvorteil der schriftlichen Befragung. Es ergeben sich jedoch auch erhebliche Einschränkungen, zum Beispiel im Aufbau des Fragebogens, in der Kontrolle der Befragungssituation u. v. a. m. Zur schriftlichen Befragung existiert eine reichhaltige Literatur.[48]

Der Computer läßt sich auch bei den unpersönlichen Befragungsformen sinnvoll einsetzen. Man kann jedoch hierbei nicht ohne weiteres von einem einfachen Ersatz des Papierfragebogens durch den Computer sprechen. Während man bei der schriftlichen Befragung den Analphabetismus als Hinderungsgrund für eine Durchführung in Deutschland vernachlässigen kann, bedeutet die mangelnde Ausstattung eines Haushaltes bzw. einer ausgewählten Person mit den entsprechenden Medien (PC oder Btx-Anschluß) ein ernsthaftes Problem. Aufgrund dieser Probleme ist ein Ersatz des Fragebogens durch die Elektronik nicht immer möglich. Im Gegenzug entstanden neue computergesteuerte Befragungsmethoden. Bislang haben sich vier Verfahren in diesem Bereich entwickelt:

- Bildschirmbefragung,
- Disk-by-Mail-Befragung,
- Bildschirmtextbefragung,
- Elektronische Panelbefragung.

---

47 Vgl. Wieken (1974), S. 146.
48 Vgl. z. B. Hafermalz (1974, 1976), Wieken (1974); Goode/Hyatt (1976); Dillman (1978); Atteslander (1984), S. 111ff; Gutjahr (1985), S. 42ff; Hüttner (1989), S. 41ff.

2.3.4 Überblick über die relevanten Befragungsarten

Die Befragung als solche gibt es nicht. Vielmehr wurde aufgezeigt, daß viele Arten der Befragung existieren. Abbildung 9 zeigt die zehn für den Computereinsatz relevanten Arten. Bei diesen Methoden gilt es, die Konsequenzen des Computers zu diskutieren.

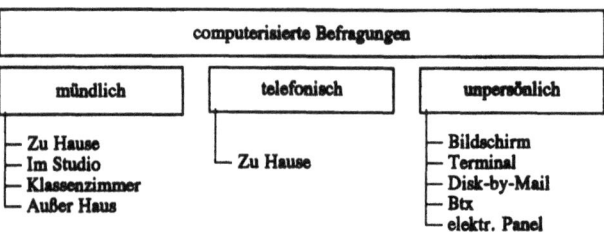

Abb. 9: Existierende Arten der computerisierten Befragung

Einige Unterteilungskriterien werden konstant gehalten. So wird im folgenden von der Technik der neutralen Befragung ausgegangen. Der Standardisierungsgrad sollte hoch sein, wenngleich die Anwendung offener Fragen durchaus möglich sein soll.

Beim Interview unterscheiden sich folgende Variationen. Es gliedert sich

- nach der Anzahl der gleichzeitig befragten Personen (Einzelinterview, Klassenzimmerbefragung) und
- nach dem Ort der Erhebung (zu Hause, Studio, Außer Haus).

Es stellen sich folgende Paare, jeweils papiergestützt bzw. computerunterstützt, zur Diskussion:

(1) Einzelinterview zu Hause,
(2) Einzelinterview im Studio,
(3) Einzelinterview außer Haus und
(4) Klassenzimmerbefragung im Studio.

Neben dem mündlichen Interview steht die zweite persönliche Befragungsart:

(5) telefonische Befragung.

20

Ein direkter Ersatz des schriftlichen Papierfragebogens durch den Computer ist bei der unpersönlichen Befragung nicht möglich. Deshalb ergeben sich mehr oder weniger neue computergesteuerte Verfahren. Generell handelt es sich bei den unpersönlichen Befragungen um Einzelbefragungen. Eine Differenzierung nach dem Kreis der Befragten (wechselnde oder konstante Stichprobe) erbringt bei der unpersönlichen Befragung im Gegensatz zu den persönlichen Arten eigene Methoden hervor. Folgende Arten sind gemäß der Einteilungskriterien bislang entwickelt worden:

(6) computergesteuerte Befragung zu Hause in wechselnden Stichproben (= Disk-by-Mail).

(7) computergesteuerte Befragung zu Hause in wechselnden Stichproben ohne Anspruch auf Repräsentativität (= Btx-Befragung),

(8) computergesteuerte Befragung zu Hause in konstanten Stichproben (= elektronische Panelbefragung),

(9) computergesteuerte Befragung im Studio (Bildschirmbefragung im Studio),

(10) computergesteuerte Befragung außer Haus (Terminalbefragung).

Die computergesteuerten Verfahren lassen sich nicht wie die schriftliche Befragung an allen Orten einsetzen. Tabelle 1 hierzu gibt einen Überblick.

	Zu-Hause	Studio	Außer-Haus
Schriftliche Befragung	x	x	x
Computergesteuerte Befragung	x	x	x
Bildschirmbefragung		x	
Terminalbefragung			x
Disk-by-Mail	x		
Btx-Befragung	x		x
Elekt. Panelbefragung	x		

Tab. 1:   Formen der unpersönlichen Befragung

Somit haben sich in der Praxis[49] zehn computerisierte Befragungsmethoden entwickelt. Im Gegensatz zu den computerunterstützten, persönlichen Befragungs-

---

49   Vorwiegend werden die neuen Methoden jedoch bislang nur in den USA praktiziert.

arten CAPI[50] und CATI[51] gibt es für die computergesteuerten, unpersönlichen keine in der Literatur nur halbwegs einheitliche Abkürzung. Man spricht von:

- BBS = Bildschirmbefragungssystem[52],
- BSB = Bildschirmbefragung[53],
- CAI = Computer-Aided-Interviewing[54],
- CAQ = Computer-Administered-Questioning[55],
- CODSCI = Computer-Driven-Self-Completion-Interview[56].

Ferner kennzeichnet man die Befragungssituation als einen Mensch-Maschine-Dialog.[57] Die persönlichen Befragungsarten werden dementsprechend als Mensch-Mensch-Maschine-Dialog beschrieben. Der Verfasser verwendet die Begriffe **computergesteuerte Befragung** oder **Computerbefragung** für die unpersönlichen Formen. Im Gegensatz hierzu stehen die **computerunterstützten** Varianten **CAPI** und **CATI.**

Kommunikationsart		Fragebogenmedium	
		Papier	60,9%
mündlich	67,1%	Computer	1,6%[58]
		ohne	4,6%
telefonisch	13,5%	k. A.[59]	13,5%
schriftlich	19,2%	Papier	19,2%

Tab. 2: Verteilung der Befragungsarten in kommerziellen Marktforschungsinstituten[60]

50 CAPI = Computer-Aided-Personel-Interviewing.
51 CATI = Computer-Aided-Telephon-Interviewing.
52 Vgl. Kroeber-Riel/Neibecker (1983), S. 193.
53 Vgl. Glagow (1984), S. 45.
54 Vgl. Saris/de Pijper (1986), S. 147.
55 Vgl. Liefield (1988), S. 405
56 Vgl. Jackling (1984), S. 28.
57 Vgl. Glagow (1984), S. 43; Kroeber-Riel/Neibecker (1983), S. 193; Zentes (1984b), S. 6 u. a.
58 Bausch unterscheidet nicht zwischen computerunterstützten und computergesteuerten Befragungen. Die Gesamtzahl wurde den computerunterstützten Interviews zugeschlagen.
59 K. A. = keine Angaben über das verwendete Fragebogenmedium Papier, Computer oder ohne.
60 Vgl. Bausch (1990), S. 68f.

Bausch ermittelte bei den kommerziellen Marktforschungsinstituten im Winter 1988/89 die Verteilung der einzelnen Arten. Wenngleich seine Einteilung der Befragungsarten nicht mit dem hier verwendeten Schema übereinstimmt, sollen die Zahlen zur Orientierung hier wiedergegeben werden (s. Tabelle 2). Das Interview wird in rund zwei Drittel aller kommerziellen Studien angewandt. Ein Computereinsatz erfolgt bislang nur in sehr geringem Ausmaß. Das Einsatzpotential ist hier noch sehr groß.

2.4 Fehlerarten in der Befragung

Die Ergebnisse einer Befragung werden durch unterschiedliche Fehlerquellen verzerrt. Der Gesamtfehler läßt sich als die Differenz zwischen dem berichteten und dem wahren Wert definieren.[61] Der Gesamtfehler setzt sich aus dem Stichprobenfehler und dem systematische Fehler zusammen.

Gesamtfehler = Stichprobenfehler + systematischer Fehler[62]

Die Bezeichnung und die Einteilung der Fehler der Befragung sind in der Literatur keineswegs einheitlich.[63] Deshalb bedarf es einer Definition der einzelnen Begriffe. Die Stichprobenfehler, auch Zufallsfehler genannt, ergeben sich daraus, daß anstatt der Grundgesamtheit nur ein Teil hieraus befragt wird. Die erhobenen Ergebnisse weichen zufällig vom wahren Wert ab. Im Gegensatz zum systematischen Fehler läßt sich bei echten Zufallsstichproben die Größenordnung der Abweichung für das Gesamtergebnis zuverlässig abschätzen.[64] Teilweise heben sich die Fehler in der gesamten Stichprobe gegenseitig auf. Bei Totalerhebung entfällt der Zufallsfehler völlig. Der Zufallsfehler ist von der Befragungsmethode unabhängig. Seine Größe wird durch die Stichprobengröße und das Auswahlverfahren bestimmt. Soweit der Computer in diese Bereiche eingreift, beeinflußt er den Stichprobenfehler.

Vielfältiger sind die Ursachen der systematischen Fehler. Im Gegensatz zum Stichprobenfehler kompensieren sich die systematischen Fehler nicht in der Masse. Vielmehr weist die Verzerrung meist in nur eine Richtung. Damit vergrößert sich

---

[61] Vgl. Sudman/Bradburn (1982), S. 289.
[62] Vgl. Böhler (1992), S. 153.
[63] Vgl. Groves (1989), S. 6f.
[64] Vgl. Krug/Nourney (1987), S. 155.

das Ausmaß tendenziell mit zunehmender Stichprobengröße. Diese Fehler existieren somit auch in Totalerhebungen.[65] Systematische Fehler werden durch die am Untersuchungsprozeß beteiligten Personen und das Umfeld der Befragung ausgelöst. Dies sind:

- der Forscher,
- seine Erfüllungsgehilfen (Interviewer, Vercoderinnen, Statistiker u. ä.) und
- der Befragte.

Dabei kann jeder Beteiligte allein oder in Interaktion mit einem anderen systematische Fehler erzeugen.

Der Einfluß des Forschers beginnt bei der Konzeption einer Studie. Er kann Untersuchugsdesigns wählen, in denen ungeeignete Auswahl- oder Befragungsverfahren zum Einsatz kommen oder die Grundgesamtheit falsch abgegrenzt wird. Sein Einfluß wird insbesondere bei der Fragenformulierung deutlich. Bei standardisierten Befragungen erfolgt auch eine Antwortvorgabe. Damit werden die Freiheiten des Interviewers eingeschränkt und seine Einflußmöglichkeiten reduziert.[66] Dem Forscher obliegt es, die Fragen so zu formulieren, daß sie von allen Probanden gleich verstanden werden. Für die Fragenformulierung existieren eine Reihe von Kunstregeln, wobei sich die Autoren nicht immer über die beste Art zu formulieren einig sind.[67] Andere Autoren bestreiten schlicht die Einheitlichkeit der Sprache.

Fehler, die vom Interviewer ausgehen, werden üblicherweise als Interviewereinfluß oder Interviewer-Bias bezeichnet. Hyman[68] legt anhand von Beispielen überzeugend dar, daß der Interviewer sowohl unbewußt als auch bewußt einen Einfluß auf die Befragungsergebnisse ausübt. Unbewußter Einfluß kann durch das Aussehen des Interviewers ausgelöst werden, wenn zum Beispiel durch die Kleidung ein sozialer Unterschied zwischen Interviewer und Probanden deutlich wird. Dies kann das Verhältnis zwischen den beiden Beteiligten stören, beim Befragten ein Unbehagen auslösen oder die Tendenz zur Beantwortung der Fragen gemäß der sozialen Erwünschtheit beeinflussen. Auch andere sozio-demographische Merkmale können einen Einfluß bewirken. Das Geschlecht kann bei geschlechtsspezifischen Fragen durchaus zu Verzerrungen führen, während bei anderen Themen keine

---

65 Vgl. Böhler (1992), S. 152f.
66 Vgl. Haedrich (1962), S. 109.
67 Vgl. z. B. Scheuch (1973), S. 77ff; Kreutz/Titscher (1974), S. 49ff; Payne (1951), S. 228ff; Kahn/Cannell (1957), S. 106ff; Richardson et al. (1965), S. 40ff u. a.
68 Vgl. Hyman (1975), S. 153ff.

Unterschiede zwischen den Ergebnissen von männlichen und weiblichen Interviewern feststellbar sind.[69]

Generell muß man feststellen, daß Einflüsse nur dort auftreten, wo das vom Befragten beim Interviewer beobachtete Merkmal in einem Zusammenhang zum Untersuchungsgegenstand steht.[70] Diese Zusammenhänge treten jedoch nicht immer offen zu Tage, sondern bleiben für den Forscher unter Umständen unsichtbar, so daß die Prüfung möglicher Einflüsse mit großer Sorgfalt vorgenommen werden muß.

Unbewußte Einflüsse können durch unbewußte Reaktionen des Interviewers auf Antworten des Interviewten auftreten. Diese Fehlerquelle entsteht im Zusammenwirken mit dem Befragten. Generell soll sich der Interviewer neutral verhalten. Dies erfordert von ihm Selbstdisziplin, denn nicht nur verbale Kommentare zu den Antworten soll der Interviewer vermeiden, sondern auch nonverbale. Eine Veränderung des Gesichtsausdrucks könnte vom Probanden bemerkt und interpretiert werden.[71] Deutet er die Interviewerreaktion als mißbilligend, so könnte seine Motivation sinken oder er versucht, durch Änderung seines Antwortverhaltens die Zustimmung des Interviewers zu erlangen.

Bei diesem Problem sind jedoch auch andere Untersuchungen zu beachten, die belegen, daß ein absolut neutrales Verhalten des Interviewers auf die Situation negative Auswirkungen erzeugte. Der Proband fühlt sich unwohl, weil er nicht erkennt, ob er seine Rolle als Informant richtig ausfüllt. Deshalb empfehlen Maccoby und Maccoby, die strikte Neutralität etwas zu lockern, ohne daß der Befragte jedoch eine inhaltliche Wertung seiner Antworten erhält.[72] Cannell et al. konnten nachweisen, daß der Gebrauch von ausführlichen Anleitungen zu Interview, Feedback und Zustimmungstechniken die Ergebnisse einer Befragung positiv beeinflussen können.[73]

Das zweite Feld der Fehlerquellen durch den Interviewer stellen die bewußten Einflüsse dar. Der Interviewer hält sich nicht an die ihm vorgegebenen Anweisungen. Hierzu zählen die nicht korrekte Probandenauswahl, die Umformulierung von standardisierten Fragen, die Auslassung von Fragen oder falsche Reihenfolge nach Filterfragen, mangelndes Nachfassen, falsches Notieren der Antworten oder

---

[69] Vgl. z. B. Hyman (1975), S. 164ff.
[70] Vgl. Scheuch (1973), S. 105.
[71] Vgl. Haedrich (1962), S. 106.
[72] Vgl. z. B. Maccoby/Maccoby (1976), S. 63.
[73] Vgl. Cannell et al. (1977), S. 306ff.

eigenhändiges Ausfüllen von Teilen oder ganzen Fragebögen, ohne eine Person zu befragen.

Neben dem Interviewer beteiligen sich noch weitere Hilfspersonen an der Untersuchung. Zur Reduktion der Fehlerquellen werden teilweise Spezialisten, wie zum Beispiel Statistiker hinzugezogen. Sie sollen vermeiden, daß der Forscher unzulässige Auswahl- oder Auswertungsverfahren einsetzt oder die Ergebnisse falsch interpretiert. Trotzdem können auch diese Personen Fehler machen und somit den systematischen Fehler beeinflussen.

Die Fehlerquelle "Befragter" ist problematischer als die übrigen, da die Reaktionen des Befragten schwieriger zu kontrollieren sind und damit eine Fehlerreduzierung verhindert wird.[74] Die Befragten sind nicht alle gleich. In Bezug auf die Befragung unterscheiden sie sich in ihrer Motivation und ihren Fähigkeiten.[75]

Esser[76] hebt hervor, daß die Motivation zur Befragung in der Regel sehr gering ist. Deshalb bekommen eine Reihe äußerer Dinge für die Teilnahmeentscheidung ein großes Gewicht. Er nennt dabei:

"... die Art des Anschreibens, die "Stimmung", das Thema, der Zeitpunkt, v. a. das Geschick des Interviewers, in der Situation eine spezielle Motivation herzustellen."[77]

Wenngleich die Forschung mit einer positiven Grundeinstellung der Befragten rechnen kann,[78] hängt die Entscheidung über die Teilnahme oft am seidenen Faden und fällt zum Teil auch negativ aus. Die Verweigerung der Teilnahme am Interview stellt ein Faktum dar, das nicht zu vernachlässigen ist. Die Verweigerung der Teilnehmer bedeutet eine Verletzung der Auswahlvorschriften insbesondere bei Zufallsstichproben. Dies kann zur mangelnden Repräsentativität der Ergebnisse führen. Untersuchungen zeigen, daß sich die Verweigerer nicht zufällig in der Grundgesamtheit verteilen.[79]

Die einzelnen Befragungsmethoden erbringen unterschiedliche Verweigerungsquoten. Bei der schriftlichen Befragung sind sie am höchsten. Die besten Ausschöpfungsquoten werden vom telefonischen Interview berichtet. Hierzu trägt

---

[74] Vgl. Esser (1984), S. 54.
[75] Vgl. Kahn/Cannell (1968), S. 152ff.
[76] Vgl. Esser (1986), S. 38ff.
[77] Vgl. Esser (1986), S. 39.
[78] Vgl. Kunz (1969), S. 512.
[79] Vgl. Groves (1989), S. 201ff; Esser (1973), S. 76ff und die dort aufgeführten Berichte.

die Möglichkeit bei, einen anderen Befragungstermin zu vereinbaren, wenn das Problem beim Probanden in der momentan verfügbaren Zeit liegt.[80]

Die Motivation des Befragten bestimmt nicht nur die Teilnahme oder Nichtteilnahme an einer Befragung, sondern auch die Beantwortung oder Nicht-Beantwortung jeder einzelnen Frage sowie den Inhalt der Antwort selbst. Es gibt Motive, die Fragen nicht wahrheitsgemäß zu beantworten. Als Hauptproblem wird hierbei die Tendenz zur Beantwortung der Fragen gemäß der sozialen Erwünschtheit einer Antwort genannt. Der Proband orientiert sich bei der Antwort an ihm bekannten Normen der Gesellschaft, seiner Schicht oder seiner Gruppe und vermeidet Antworten, die diesen Normen widersprechen. Ferner orientieren sich die Probanden auch am Interviewer. Sie stellen über die Erwartungen des Interviewers Vermutungen an und versuchen, demgemäß zu antworten, um einen Dissens mit den Interviewern zu vermeiden.[81]

Der Befragte muß die Frage verstehen, um sie beantworten zu können. Des weiteren sollte er über seine Rolle in der Befragung als Informant informiert sein, um Frage und Antwort in den richtigen Kontext einzuordnen. Kahn und Cannell[82] nennen dies die kognitiven Voraussetzungen.

Es zeigt sich, daß selbst bei optimaler Formulierung der Proband nur unter bestimmten Voraussetzungen eine gültig Antwort geben kann. Das Befragungsthema muß dem Befragten bewußt sein, das heißt er muß aus seinem Gedächtnis entsprechende Informationen abrufen können. Es gibt drei Gründe dafür, daß ein Proband keine Informationen abrufen kann: Erstens kann er die zur Beantwortung der Frage benötigten Informationen einfach vergessen haben. Zweitens verfügt das menschliche Gedächtnis über die Fähigkeit, unangenehme oder streßauslösende Erlebnisse zu verdrängen. Der Proband kann bewußt nicht mehr darauf zurückgreifen. Drittens werden Dinge, die dem Probanden nebensächlich und unwichtig erscheinen, aus dem Bewußtsein eleminiert.[83]

Weitere Limitierungen zeigen sich bei der Ausdrucksfähigkeit des Befragten. Der wahre Sachverhalt kann dem Probanden durchaus bewußt sein, aber seine mangelnden Fähigkeiten, sich zu artikulieren, stehen einer Zugänglichkeit dieser Information durch den Forscher im Wege. Größere Bedeutung hat dieses Problem

---

[80] Vgl. Unger (1989), S. 86; Bortz (1984), S. 169.
[81] Vgl. Zerbe/Paulhus (1987), S. 250ff.
[82] Vgl. Kahn/Cannell (1968), S. 152.
[83] Vgl. Bartlett (1967), S. 244ff; Gutjahr (1985), S. 13; Kahn/Cannell (1968), S. 152.

bei schriftlichen Befragungen, wenn Personen, die im täglichen Leben nichts schreiben, offene Antworten eintragen müssen.

Somit läßt sich allgemein zum Befragten sagen, daß er einzelne Fragen nicht korrekt beantworten will oder es nicht kann.[84] Letzteres ist eine Funktion der individuellen Gedächtnisleistung und der Ausdrucksfähigkeit des Probanden.

Die Nichterreichbarkeit von ausgewählten Personen zählt zu den Umfeldfaktoren. Nichterreichbarkeit liegt vor, wenn zu einem Probanden, dessen Adresse bzw. Telefonnummer bekannt ist, überhaupt kein Kontakt hergestellt werden kann, weil er zum Beispiel während des Erhebungszeitraumes verreist ist. Ross[85] berichtet in Übereinstimmung mit Groves[86], daß insbesondere in Städten und dort in größeren Apartmenthäusern der Interviewer immer öfters vor verschlossener Türe stehenbleibt. Zum einen gibt es eine Schicht von Menschen, die überdurchschnittlich mobil ist und die Freizeit nicht zu Hause verbringt. Dabei handelt es sich vorwiegend um Jüngere und Singles. Zum anderen öffnen zunehmend Bewohner ihre Haustür aus Angst vor Verbrechen nicht. Wie bei den mobilen sind die ängstlichen Menschen in ihren übrigen Merkmalen nicht zufällig auf die Grundgesamtheit verteilt.

---

[84] Vgl. Meyer-Hentschel (1983), S. 37.
[85] Vgl. Ross (1963), S. 270ff
[86] Vgl. Groves (1989), S. 154f.

3. Computereinsatz im Marktforschungs-prozeß

Die elektronische Datenverarbeitung kann den gesamten Marktforschungs-prozeß von der Konzeption einer Erhebung bis hin zur Präsentation der Ergebnisse unterstützen. Dies geschieht zunächst unabhängig von der gewählten Befragungs-art. Fritz Scheuch spricht dabei zukunftsweisend von "Computer-Aided-Research".[1]

Die Darstellung des Ablaufs einer Befragung findet sich nicht nur in vielen Marktforschungsbüchern, sondern kann auch aus der Literatur zum Projekt-management abgeleitet werden. Platz bezeichnet Projekte als "ausgesprochen kom-plexe soziotechnische Systeme".[2] Daraus resultiert eine schwierige Beherrschung des gesamten Ablaufs. Zur erfolgreichen Abwicklung bedarf es deshalb einer Zer-legung des gesamten Prozesses in überschaubare, planbare und steuerbare Einhei-ten.

In der DIN 69 901 wird der Begriff "Projekt" definiert:

"... ein Vorhaben, das im wesentlichen durch die Einmaligkeit der Bedingungen in ihrer Gesamtheit gekennzeichnet ist, z. B.
- Zielvorgabe
- zeitliche, finanzielle, personelle und andere Begrenzungen
- Abgrenzung gegenüber anderen Vorhaben
- projektspezifische Organisation."[3]

In der Literatur gibt es für diesen Begriff viele weitere Definitionen.[4] Es erweist sich als sinnvoll, die Definition der DIN um einen Zusatz zu ergänzen. Rüsberg fordert als weiteres Projektmerkmal "die Beteiligung mehrerer oder zahlreicher Menschen, Arbeitsgruppen, Unternehmen oder Institutionen"[5].

Vergleicht man die Merkmale eines Projektes mit denen einer Marktfor-schungsstudie, so offenbart sich, daß fast jede Marktforschungsstudie als ein Pro-jekt aufzufassen ist. Nur die Handels- und Verbraucherpanels entsprechen nicht der Projektdefinition, da ihnen meist eine zeitliche Abgrenzung fehlt. Für die Durch-führung und Überwachung werden jedoch die gleichen Verfahren wie bei Projekten

---

1 Vgl. Scheuch (1989), S. 257.
2 Vgl. Platz (1989), S. 229f.
3 Vgl. DIN 69 901, zitiert nach Schelle (1989), S. 4.
4 Vgl. Dülfer (1982b).
5 Vgl. Rüsberg (1976), S. 20.

angewandt.[6] Aufgrund dieser Verfahrensgleichheit kann auf eine isolierte Betrachtung des Ablaufs dieser Methoden verzichtet werden.

Obwohl jede Befragung individuell konzipiert wird, folgen sie doch hauptsächlich einem bestimmten Ablaufschema. Dieses Schema weist unterschiedliche Phasen und Stufen auf. Ermöglicht die Flexibilität und Verbreitung des PC, die einzelnen Stufen zu computerisieren und zu vernetzen, wie es zum Beispiel Huisman[7] behauptet? Die erwarteten Folgen wären eine Verkürzung der Studiendauer, Kosteneinsparungen und eine bessere Überwachung des Ablaufs. Diese Thesen gilt es zu überprüfen.

Eine sehr ausführliche Darstellung des Forschungsablaufs mit vier Phasen und insgesamt 40 Stufen erstellte Sittenfeld.[8] Diese Systematik liegt der hier verwendeten Betrachtung mit fünf Phasen und 28 Stufen zugrunde. Abbildung 10 zeigt zunächst die verwendeten fünf Phasen.[9]

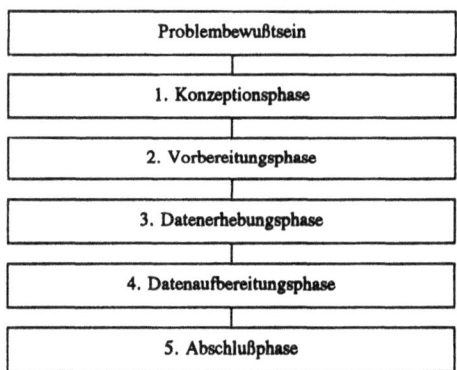

Abb. 10: Phasen einer Studie

---

6 Vgl. Schelle (1989), S. 5.
7 Vgl. Huisman (1988b), S. 104.
8 Vgl. Sittenfeld (1974), S. 163ff.
9 Abweichend von Sittenfeld (1974, S. 163) wurde hier die vierte Phase in Datenaufbereitung und Abschlußphase geteilt. Diese Sichtweise vertreten auch Nieschlag et al. (1991, S. 639ff). Dies erweist sich aufgrund der unterschiedlichen Möglichkeiten des Computereinsatzes in diesen Phasen als sinnvoll. Die einzelnen Stufen werden jeweils bei der Erläuterung der einzelnen Phasen dargestellt.

Das Problembewußtsein gehört zwar nicht zu den eigentlichen Phasen einer Befragung, ist jedoch für den Anstoß zu einer Studie nötig. Normalerweise bedarf es eines Problems und dessen Wahrnehmung, um einen Informationsbedarf festzustellen. Kann dieser nicht aus vorhandenen Quellen gestillt werden, so ist die Primärforschung gefordert.

Der dargestellte Ablauf ist weder in jedem Fall zwingend, noch als starr zu betrachten. Vielmehr überspringt eine Befragung unter Umständen einzelne Stufen, während andere Stufen nicht nacheinander, sondern parallel verlaufen. Des weiteren sind Schleifen möglich, das heißt einzelne Phasen werden wiederholt durchlaufen, bis das gewünschte Ergebnis erzielt wird.

Die Entscheidung, ob die Organisation des Informationsnachfragers die Studie in Eigenregie durchführt oder ob ein externes Institut beauftragt wird, bleibt in dieser Abhandlung unberücksichtigt. Diese Entscheidung ist sehr stark von den individuellen Möglichkeiten und Bedürfnissen des Informationsnachfragers abhängig. Jede Art von Studie kann auch in Eigenregie abgewickelt werden. Grenzen setzen in der Praxis meist das vorhandene Know-how und die Wirtschaftlichkeit. In beiden Bereichen besitzen die gewerblichen Institute meistens, aber nicht immer, erhebliche Vorteile. Deshalb unterstellt der Autor für diese Arbeit den Fall, daß sich das Projektteam aus dem Informationsnachfrager, dem Informationsbeschaffer[10] und dem Repräsentanten eines externen Marktforschungsinstituts zusammensetzt. Dieses Team kann je nach Aufgabenstellung durch interne oder externe Spezialisten[11] erweitert werden. Ziel bei der Zusammensetzung eines Projektteams ist es, alle betroffenen Abteilungen bereits an der Planung des Projektablaufs zu beteiligen, um eine optimale Nutzung des vorhandenen Know-how zu erreichen und Akzeptanzschwierigkeiten frühzeitig auszuräumen.[12]

3.1 Konzeptionsphase

Die Konzeptionsphase schafft die Grundlagen für die Durchführung einer Studie. Voraussetzung für den Eintritt in diese Phase ist ein Informationsbedarf, der nicht ohne weiteres befriedigt werden kann. Das Problem der Informationsbeschaffung entsteht. In der Konzeptionsphase wird der Problemlösungsweg erar-

---

[10] Z. B. dem betrieblichen Marktforscher.
[11] Z. B. eine externe Werbeagentur.
[12] Vgl. Tietz (1987), S. 1091.

beitet. Sie gliedert sich in eine Reihe von einzelnen Stufen, die Abbildung 11 darstellt.

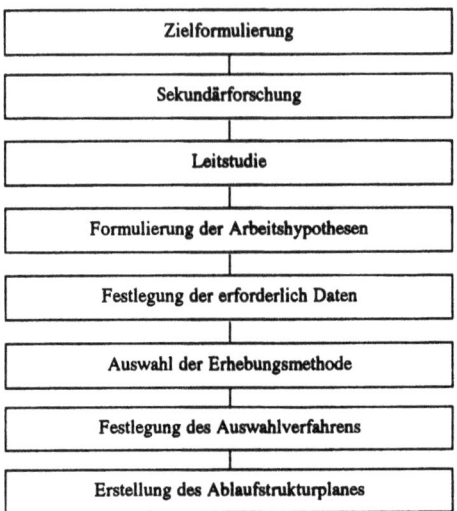

Abb. 11: Stufen der Konzeptionsphase

Nicht in allen Stufen kann der Computer unterstützend oder steuernd eingreifen. Gegenüber dem aktuellen Stand der Verwendung in der Praxis[13] ergeben sich jedoch noch erhebliche Potentiale. Derartig komplexe Planungsaufgaben, wie die Konzeption einer Studie, verlangen geradezu nach einer Unterstützung durch den Computer, um den Planer von Routineaufgaben und Berechnungen zu entlasten.[14]

3.1.1 Zielformulierung

Nach der Erkennung eines Problems bedarf es einer exakten Festlegung der zur Problemlösung notwendigen Informationen. Diese Informationen zu beschaffen, stellen das Ziel einer Studie dar. Die Zielformulierung[15] sollte schriftlich

---

13 Vgl. Gaul et al. (1986), 323ff: Die meisten der befragten Marktforschungsinstitute wenden Analysesoftware an. Der Einsatz anderer Programmpakete war zu diesem Zeitpunkt sehr gering.

14 Vgl. Mahnke (1990), S. 5.

15 Engl. "brief" oder "briefing".

geschehen, um eine spätere Kontrolle der Zielerreichung zu erleichtern. Diese Zielformulierung bildet den Grundstein jeder Forschungstätigkeit.

"The quality of the brief will correlate directly with the quality of the finished job, since the objectives of the research should arise naturally from the brief."[16]

Adams geht auch auf die Möglichkeit der Erhebung von guten, aber unbrauchbaren Daten ein, wenn er schreibt:

"... However brilliant the researchers may be, if they have not uncovered a clear picture of what the marketer needs to know, they may provide him with excellent information, which is nonetheless useless for his purposes."[17]

Es ist also nicht ausreichend, nur den Informationsbedarf zu fixieren. Der Forscher, insbesondere wenn es sich um ein externes Institut handelt, benötigt auch ein entsprechendes Hintergrundwissen, um die Problemstellung adäquat in ein Forschungskonzept umsetzen zu können.

Neben dem Informationsbedarf gehören zur Zielformulierung zeitliche Vorgaben und Begrenzungen der zur Verfügung stehenden Ressourcen. Bei letzterem handelt es sich vor allem um finanzielle Restriktionen. Darüber hinaus können aber auch Engpässe im Interviewerstab eine termingerechte Abwicklung gefährden. Ein Projekt bewegt sich somit fortlaufend in einem magischen Dreieck zwischen Zielen, Terminen und Ressourcen.[18]

Zeitliche und finanzielle Restriktionen können zu Konflikten mit der Realisierung der Untersuchungsziele führen. Es gibt immer wieder Fälle, in denen die benötigte Information in der vorgegebenen Zeit oder mit den finanziellen Mitteln nicht zu beschaffen ist. In solchen Fällen kehrt man in späteren Stufen wieder zur Zielformulierung zurück, um entweder die Informationswünsche oder die Restriktionen zu verändern. Die Planungsstufen können somit mehrmals durchlaufen werden, bis eine Studie tatsächlich realisiert wird.

Der Einsatz von Computern beeinflußt die benötigte Zeit und auch den finanziellen Aufwand. Lediglich bei der Formulierung der Ziele ist der Mensch auch im Computerzeitalter gefordert. Eine Substitution des Menschen durch die Maschine ist im Moment nur sehr beschränkt möglich. Durch den Einsatz von Experten

---

[16] Vgl. Birn et al. (1990), S. 26.
[17] Vgl. Adams (1991), S. 29.
[18] Vgl. Mahnke (1990), S. 6.

systemen[19] in verschiedenen Bereichen des Wirtschaftslebens, ergeben sich zunehmend auch Fälle, in denen ein Expertensystem den Informationsbedarf ermitteln und auch formulieren kann. Inwieweit diese Systeme auf breiter Basis die Entscheidungen dem Menschen abnehmen werden, bleibt in der Zukunft abzuwarten.

3.1.2 Sekundärforschung

Auf die Zielformulierung folgt in der Regel zunächst der Versuch, die Daten mittels der Sekundärforschung zu ermitteln. Neben den eigentlichen Zielinformationen liefert die Sekundärforschung vor allem Daten über Strukturen und Größen von Märkten, gesamtwirtschaftlichen Rahmenbedingungen, Bevölkerungsstrukturen, Adressen von möglichen Testpersonen oder anderen Informationsquellen u. v. a. m. Diese Daten dienen im weiteren Verlauf als Basis zur Durchführung der Studie. Abbildung 12 zeigt die wichtigsten Bereiche der Sekundärforschung auf.

Sekundärforschung	interne Quellen	alte Studien
		interne Daten
		Erfahrung
		...
	externe Quellen	Bibliotheken
		Datenbanken
		Statistiken
		Zeitschriften
		...

Abb. 12: Bereiche der Sekundärforschung

---

[19] Ein Expertensystem "... ist ein Informationssystem, das fachspezifische Kenntnisse, d. h. das Wissen von Experten, in einem (meist eng) abgegrenzten Anwendungsbereich verfügbar macht. Wesentliche Bestandteile sind eine Wissensbasis (Datenbank mit Expertenwissen) und eine Problemlösungskomponente (Inferenzkomponente)" (vgl. Hansen 1986, S. 399).

Sowohl intern als auch extern eröffnet der Computer den Zugang zu umfangreichen Datenbanken. Ein PC und ein Modem für die externen Verbindungen sind ausreichend. Problematisch bleibt jedoch, daß die Datenbankabfragen über Programmsprachen erfolgen, die weder einheitlich, noch einfach zu bedienen sind. Tietz erwähnt ein Beispiel, in dem der Forscher für die Erforschung eines neuen Produktfeldes vor der Primärforschung vier verschiedene Datenbanken auswertete, um alle erforderlichen Daten zu erhalten.[20] Will der Forscher diese Abfragen alle selbst im Dialog vornehmen, muß er vier verschiedene Datenbankabfragesprachen beherrschen. Dies dürfte jedoch die Ausnahme darstellen. Deshalb wird der Forschungsauftrag oft an den oder die Datenbankbetreiber oder an selbständige Informationsbroker[21] erteilt, die dann die angeforderten Daten liefern. Dieses Vorgehen eliminiert jedoch die Vorteile des On-line-Betriebes, der einen schnellen und interaktiven Zugriff ermöglicht.

3.1.3 Leitstudie

Die Durchführung einer Leitstudie ergibt sich nicht zwingend bei jeder Studie. Beim Betreten von neuen Forschungsfeldern, unklaren Problemstellungen oder sonstigen Unsicherheiten über den Forschungsablauf empfiehlt sich eine Leitstudie. Hierfür bieten sich verschiedene explorative Verfahren an. Allen gemeinsam ist, daß sie dem Befragten einen großen Freiraum für seine Antworten und Meinungen einräumen. Somit werden wenig strukturierte Methoden, wie die Gruppendiskussion oder das Tiefeninterview eingesetzt. Befragt werden nicht immer Einheiten aus der später geplanten Grundgesamtheit, sondern auch Experten des Problemfeldes.[22]

Für den Computer gibt es in dieser Stufe kaum Einsatzmöglichkeiten. Die intuitive Suche nach den hier ermittelten Informationen setzt menschliche Denkweisen in vielfältiger Form voraus. Im Moment können dies die Computer noch nicht leisten. Die reine Zusammenstellung von problemspezifischen Informationen durch den Computer stellt keine Leitstudie, sondern Sekundärforschung dar.

---

[20] Vgl. Tietz (1987), S. 529.
[21] Vgl. Gaul/Both (1990), S. 156.
[22] Vgl. Atteslander (1984), S. 117ff.

3.1.4 Formulierung der Arbeitshypothesen

Eine Formulierung der Arbeitshypothesen im Rahmen der Zielformulierung ist häufig aufgrund mangelhafter Kenntnisse der notwendigen Zusammenhänge und Basisdaten nicht unmittelbar möglich. Deshalb müssen die Stufen Sekundärforschung oder Leitstudie oder beide zuerst durchlaufen werden.[23] Eine exakte Formulierung ist für die spätere Überprüfung der Hypothesen erforderlich.

In diesem Stadium kann der Computer dem Menschen die Formulierung nicht abnehmen. Durch seine Informationssysteme kann er die bislang verfügbaren elektronischen Daten zusammenführen und darstellen. Dies setzt jedoch einen hohen Grad der Vernetzung der Datenquellen voraus. Diese Voraussetzungen werden in naher Zukunft nur größere Unternehmen schaffen können, da dies einen erheblichen Aufwand an Kapital und Know-how voraussetzt.

Sofern sich die Hypothese mathematisch formulieren läßt, kann der Computer diese später anhand der Daten überprüfen und entsprechend der Ergebnisse annehmen oder verwerfen.

3.1.5 Festlegung der erforderlichen Daten

Die Art und der Umfang der zu erfassenden Daten muß an dieser Stelle unter Berücksichtigung der Ziele und Hypothesen festgelegt werden. Es ist oft nicht möglich, die benötigten Informationen direkt zu erfassen.[24] Deshalb erscheint eine Unterstützung durch den Computer in diesem Zusammenhang als nicht sinnvoll.

3.1.6 Auswahl der Erhebungsmethode

Nachdem der gesamte Datenbedarf festgelegt ist, kann die Entscheidung über die Art der Erhebung fallen. Die einzelnen Befragungsarten besitzen spezifische Vor- und Nachteile. Deshalb eignen sich nicht alle Arten zur Erhebung der benötigten Daten. Ferner kommen die Zeit- und Kostenaspekte an dieser Stelle wieder ins Spiel. Als dritter Punkt ist die Erreichbarkeit der Grundgesamtheit zu berücksichtigen.

---

[23] Vgl. Nieschlag et al. (1991), S. 639.
[24] Vgl. Hüttner (1989), S. 56f.

Diese Entscheidung stellt ein sehr komplexes Problem dar. Neben den einzelnen Erhebungsarten sind auch noch eine ganze Reihe von Kombinationsmöglichkeiten einsetzbar. Komplexe Entscheidungen sind nach dem heutigen Stand der Technik prädestiniert für die Unterstützung durch ein elektronisches Expertensystem.

Schach[25] fordert von einem solchen System, daß der Forscher über alle Vor- und Nachteile der verschiedenen Erhebungsmethoden informiert wird. In einem Dialog mit dem System kann der Forscher die Möglichkeiten zunehmend einschränken bis er zu einer Entscheidung gelangt.[26]

Die methodischen Restriktionen der einzelnen Befragungsarten sind nicht allein für die Methodenwahl ausschlaggebend. Vielmehr sind die individuellen Möglichkeiten des Forschers, die Methoden einzusetzen, von großer Bedeutung. Diese Restriktionen müssen innerhalb eines Expertensystems Berücksichtigung finden. Außerdem bestimmen die Zeit- und Kostenaspekte die Auswahl.

Grundsätzlich ist der Computereinsatz zur Auswahl der Erhebungsmethode möglich und hilfreich. Er verbessert die Datenqualität, da mit größerer Sicherheit adäquate Verfahren ausgewählt werden. Kosteneinsparungen resultieren aus der Möglichkeit, mehrere Methoden mit Hilfe des Computers gegeneinander abzuwägen. So kann bei gleich gut geeigneten Verfahren, das billigere gewählt werden.

Problematisch ist die relativ hohe Investition für die Programmierung und Unterhaltung eines entsprechenden Expertensystems. Durch Veränderungen der Rahmenbedingungen, wie dies zum Beispiel durch die Wiedervereinigung beider deutscher Staaten geschah, bedarf es einer ständigen Aktualisierung des Systems. Die Übertragung auf andere Länder ist ebenfalls problematisch, da einzelne Parameter[27] sehr unterschiedliche Ausprägungen besitzen können.

---

25 Vgl. Schach (1986), S. 99f.
26 Carpenter stellt ein solches funktionsfähiges System mit Namen EXPERtIMENTAL DESIGN vor. Das System befragt den Forscher solange, bis es genügend Informationen über Grundgesamtheit, geforderte Datenqualität usw. besitzt, um ein Untersuchungsdesign vorzuschlagen (vgl. Carpenter 1988, S. 418f).
27 Z. B. Telefondichte, verfügbare Interviewerstäbe u. ä.

3.1.7 Festlegung des Auswahlverfahrens

Ein ähnliches Entscheidungsproblem, wie im vorangegangenen Punkt, stellt sich bei der Festlegung der Auswahlmethode. Analog könnte die Lösung mit Hilfe des Computers und eines Expertensystems erleichtert werden. Idealerweise ist dieses Expertensystem mit dem oben beschriebenen verbunden, so daß die bereits gemachten Angaben auch für diese Entscheidung verwendet werden können.

Um das Auswahlverfahren festzulegen, muß der Forscher als erstes entscheiden, ob eine Vollerhebung oder eine Teilerhebung erfolgen soll. Vollerhebungen sind meist nur bei kleinen Grundgesamtheiten mit bekannten Elementen möglich. Für Teilerhebungen sprechen eine Reihe von Gründen:

- Kostenminimierung,
- kürzere Erhebungs- und Auswertungszeiten,
- Möglichkeiten des Einsatzes limitierter Ressourcen, wie zum Beispiel qualifizierter Interviewer oder spezieller Apparate (zum Beispiel Erhebungscomputer) und
- meist eine größere Genauigkeit, die aus den Möglichkeiten resultiert, in Teilerhebungen qualifizierteres Personal einsetzen und dieses besser kontrollieren zu können.[28]

Die meisten Erhebungen, insbesondere alle repräsentativen Bevölkerungsbefragungen, werden als Teilerhebung durchgeführt. Die Festlegung des Auswahlverfahrens hängt mit der gewählten Erhebungsmethode, den Qualitätsanforderungen[29], den zur Verfügung stehenden finanziellen und zeitlichen Ressourcen und den spezifischen Möglichkeiten der ausführenden Institution zusammen. Die unterschiedlichen Verfahren sind in Abbildung 13 dargestellt.

Die Auswahlverfahren unterscheiden sich grundsätzlich in diejenigen, die auf der Wahrscheinlichkeitstheorie beruhen[30] und denen mit nicht zufälliger Auswahl[31]. Beide Methoden streben an, ein repräsentatives Bild der Grundgesamtheit zu erzeugen. Die Verfahren gemäß der Wahrscheinlichkeitstheorie bedienen sich dabei des Zufalls, während die übrigen versuchen, diese Repräsentativität bewußt herzustellen. Verfahren wie die willkürliche Auswahl oder das Abschneideverfah-

---

28 Vgl. Cochran (1972), S. 16f.
29 = Größe des noch akzeptablen Zufallsfehlers.
30 Zufallsauswahl, engl.: "random selection".
31 Engl.: "purposive selection".

ren[32] verzichten auf eine repräsentative Auswahl. Das Abschneideverfahren konzentriert sich auf die als wesentlich angesehenen Elemente der Grundgesamtheit.[33]

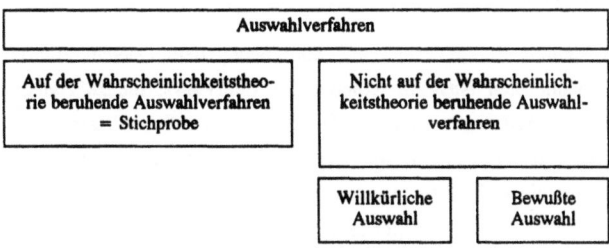

Abb. 13: Auswahlverfahren und Auswahltechniken[34]

Alle Zufallsstichproben besitzen den Vorteil, daß sich ein Zufallsfehler bestimmen läßt. Diese Berechnung erlaubt es, die mögliche Abweichung des Ergebnisses zu ermitteln, die sich daraus ergibt, daß nur ein Teil der Grundgesamtheit und nicht alle Elemente befragt werden. Voraussetzung für die Ziehung einer Wahrscheinlichkeitsstichprobe ist eine abgegrenzte Grundgesamtheit und eine für alle Elemente gleiche Chance in die Stichprobe aufgenommen zu werden.[35] Gibt der Forscher einen maximal zulässigen Wert für den Zufallsfehler vor, so kann man die hierfür notwendige Stichprobengröße berechnen. Sofern die Erhebungscomputer vernetzt sind, überwacht der Computer permanent den Stichprobenfehler. Dies führt dazu, daß eine Befragung, deren Ergebnisse eine bestimmte Qualität erreichen, abgebrochen werden kann, bevor die gesamte Stichprobe ausgeschöpft ist. Auch der umgekehrte Fall ist dabei möglich. Die Erhebung wird dann ohne Unterbrechung solange fortgesetzt, bis die angestrebte Qualität gewährleistet ist.

Das bekannteste Verfahren der bewußten Auswahl ist die Quotenauswahl. Sie zählt, obwohl sie schon seit langem kritisiert wird,[36] zu den am häufigsten ange-

---

32 Unterform der bewußten Auswahl.
33 Vgl. Hüttner (1989), S. 86ff; Bausch (1990), S. 39.
34 Vgl. Hüttner (1989), S. 87.
35 Vgl. Hüttner (1989), S. 407.
36 Vgl. Wendt (1960); Kellerer (1963), S. 193ff.

wendeten Auswahlverfahren bei deutschen Marktforschungsinstituten.[37] Konkret wird jeder Interviewer damit beauftragt, Personen mit bestimmten Merkmalen zu befragen. Wie er diese findet, bleibt ihm überlassen. Damit entzieht sich die konkrete Auswahl jeglicher Kontrolle, was eine Anwendung der Wahrscheinlichkeitsrechnung verhindert.[38]

Das Random-Route-Verfahren[39] zählt neben dem Quotenverfahren zu den zwei gebräuchlichsten Auswahlmethoden für Interviews, die zu Hause durchgeführten werden. Mit einem Zufallsverfahren wird eine Startadresse ermittelt. Von dieser Adresse geht der Interviewer einen ihm mit diversen Regeln vorgegebenen Weg und führt die Befragung in jedem x-ten Haushalt durch. Diese Methode entspricht nicht vollständig den Anforderungen an eine Zufallsstichprobe. Die Anweisungen, wie der Weg zur nächsten Adresse erfolgen soll, beinhalten eine gewisse Willkür des Forschers. Hinzukommt, daß die Auswahl des Interviewers nur schwer kontrolliert werden kann.[40] Da dieses Verfahren zunächst nur zu einer Haushaltsstichprobe führt, muß gegebenenfalls ein weiteres Verfahren (zum Beispiel Geburtstagsverfahren[41]) zur Bestimmung des zu befragenden Individuums innerhalb des Zielhaushaltes angewandt werden.

Parten stellt an die optimale Auswahl vier Anforderungen:

- Repräsentativität,
- Wirtschaftlichkeit,
- Zuverlässigkeit,
- Anpassungsfähigkeit.

Erläuternd schreibt er:

> "Als Sample mit der größten Wirtschaftlichkeit gilt allgemein dasjenige, welches die brauchbarsten Informationen je Dollar - nicht etwa je Einheit - erbringt. Das Sample sollte klein genug sein, um unnötige Ausgaben zu vermeiden, und groß genug, um den Auswahlfehler innerhalb vertretbarer Grenzen zu halten. Es sollte groß genug sein, um statistisch repräsentative und signifikante Ergebnisse bei allen vorgesehenen Tabulierungen von Bedeutung zu ergeben, aber nicht so groß, daß Gelder verschleudert werden, die Durchführung des Projekts verzögert und eine unnötig hohe Präzision erreicht wird. Das Sample sollte zu den gewünschten Informationen mit der erforderlichen Zuverlässigkeit bei geringsten Kosten führen. ..."[42]

---

37 Vgl. Bausch (1990), S. 70ff; in England liegt der Anteil bei 60-70% (vgl. Harris (1990), S. 71).

38 Vgl. Bausch (1990), S. 41ff; Hüttner (1989), S. 94ff.

39 Im angelsächsischen spricht man auch von "random walk sampling" oder "point and route sampling"

40 Vgl. Harris (1990), S. 67f.

41 S. S. 131.

42 Vgl. Parten (1976), S. 204.

Bei der Forderung nach Wirtschaftlichkeit im Verhältnis zur geforderten Genauigkeit ist zu beachten, daß eine solche Berechnung nur bei Zufallsstichproben erfolgen kann. Eine Berechnung der Qualitätsfunktion ist bei der bewußten Auswahl und der willkürlichen Auswahl nicht möglich. Dies verhindert einen Vergleich der Relation der durch die Stichprobengröße verursachten Kosten mit der Qualität der erhobenen Daten. Ferner bilden die Forderung nach einem minimalen Stichprobenfehler (= maximale Qualität) und minimalen Kosten konträre, meist unvereinbare Ziele. In der Regel sollte eine geforderte Genauigkeit der Ergebnisse mit den geringsten finanziellen Mitteln erreicht werden.[43]

Diese Forderung kann der Computer wie oben schon erwähnt in ausgezeichneter Weise unterstützen. Er überwacht den Zufallsfehler und bricht die Befragung beim Erreichen des geforderten Qualitätsstandard ab. Bei Erhebungen mit anderen als zufälligen Auswahlmethoden wird dieser Vorteil und damit dieses Einsparungspotential verschenkt. Der Computereinsatz könnte also dazu führen, daß die Zufallsauswahl gegenüber der Quotenauswahl an Boden gewinnt.

Unter Anpassungsfähigkeit versteht Parten die Möglichkeit, die Größe der Stichprobe noch während der Erhebung plötzlich auftretenden Problemen oder neuen Erkenntnissen anpassen zu können.[44] Gerade in diesem Punkt zeichnet sich der Computer mit der Möglichkeit des computergesteuerten Stichprobenmanagements durch große Flexibilität aus. Soweit die Erhebungscomputer vernetzt sind, können die Vorgaben jederzeit korrigiert und dem Interviewer mitgeteilt werden.

Der Computer ermöglicht auch den Einsatz neuer Stichprobenverfahren. So lassen sich Stichproben durch den Einsatz von "Austauschheuristiken"[45] wie dem "Anticlustering" optimieren, so daß die Qualität bezüglich bekannter Merkmale deutlich gegenüber anderen Auswahlverfahren ansteigt. Voraussetzung für die Anwendung dieser mathematischen Verfahren ist die Kenntnis von Merkmalen der Grundgesamtheit. Ferner wird erwartet, daß die zu ermittelnden, unbekannten Merkmale in einer Abhängigkeit zu diesen Basismerkmalen stehen. Diese Verfahren bieten sich zum Beispiel besonders bei Befragungen an, deren Grundgesamtheit aus Kundendateien bestehen. Hier stehen eine Reihe von Merkmalen zur Verfügung, die als Basis für eine Optimierung dienen können. Mit Hilfe dieses Verfahren lassen sich teilweise bessere Ergebnisse als mit reinen Zufallsstichproben

---

43 Vgl. Cochran (1972), S. 93ff. Bausch (1990), S. 46ff.

44 Vgl. Parten (1976), S. 204.

45 Ziel dieser Verfahren ist es, "... die Grundgesamtheit in mehrere möglichst hetrogene Klumpen aufzuteilen, die die Basis für Datenerhebungen bilden." (vgl. Bausch 1990, S. 80).

erzielen. Über Methoden, Tests und Erfahrungen mit diesen Optimierungsverfahren berichtet ausführlich Bausch.[46]

Ein Expertensystem im Bereich der Festlegung des Auswahlverfahrens würde die Qualität der durchgeführten empirischen Studien deutlich steigern. Es darf angenommen werden, daß heutzutage häufig inadäquate Stichprobenverfahren Anwendung finden. Dies bedeutet, daß Entscheidungen aufgrund von Ergebnissen getroffen werden, deren Genauigkeit nicht oder nur ungenügend bekannt ist. Das Expertensystem deckt solche Mängel auf und führt den Forscher bereits in der Konzeptionsphase zur optimalen Auswahlmethode.

Dieses Expertensystem beeinflußt entsprechend des gewählten Auswahlverfahrens die späteren Auswertungsverfahren. Das Computersystem kann in Übereinstimmung mit dem gewählten Auswahlverfahrens die zulässigen bzw. unzulässigen statistischen Verfahren auflisten. Deshalb wäre eine Verquickung der Expertensysteme für die Auswahl des Erhebungsverfahrens und der Auswertungsverfahren sinnvoll.

3.1.8 Erstellung des Ablaufstrukturplanes

Den Abschluß der Konzeptionsphase bildet die Zusammenstellung der Ergebnisse der vorangegangenen Phasen zu einem, die gesamte Studie umfassenden Untersuchungsdesign. Dies beinhaltet auch den Ablaufstrukturplan. Im Projektmanagement werden diese Strukturpläne als das mächtigste und hilfreichste methodische Instrument bezeichnet. Ihre Verbreitung in diesem Feld sind entsprechend groß, wenngleich die Möglichkeiten solcher Pläne aufgrund mangelnder Kenntnis nicht voll genutzt werden.[47]

Der Ablaufstrukturplan enthält für jede Aufgabe, die zur Bewältigung des Projektes notwendig ist, die Angaben über Art der Aufgabe, Dauer, Termine und Ressourcen. Dieser Plan ist in Zusammenarbeit mit allen an der Studie Beteiligten zu erstellen. Nur so kann er die exakte Grundlage für die Durchführung der Befragung bilden.[48]

---

[46] Vgl. Bausch (1990), S. 79ff.
[47] Vgl. Platz (1989), S. 229.
[48] Vgl. Mahnke (1990), S. 29.

Für den Computereinsatz zur Ablaufstrukturplanung steht eine Reihe von Standardsoftware zur Verfügung. Diese faßt man unter den Begriff Projektmanagementsysteme zusammen.[49] Die Möglichkeiten dieser Programme beschränken sich nicht nur auf die Planungsphase. Vielmehr unterstützen sie die gesamte Termin-, Ablauf- und Kostenkontrolle des Projektes.

3.2 Vorbereitungsphase

Die Konzeptionsphase schließt mit einem kompletten Untersuchungsdesign ab. Jetzt beginnt die organisatorische Vorbereitung der Feldarbeit. Diese Vorbereitungsphase gliedert sich in acht Stufen (Abbildung 14). Nicht bei jeder Studie werden alle Stufen durchlaufen.

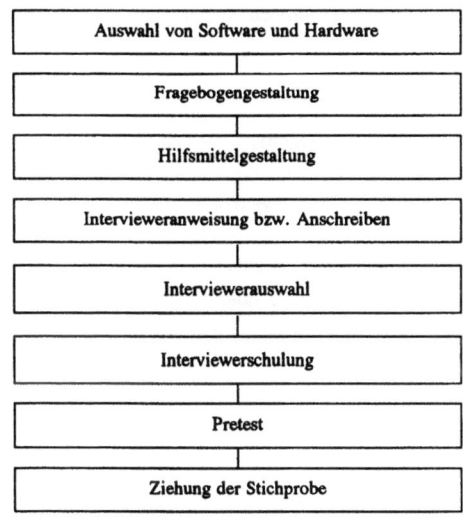

Abb. 14: Stufen der Vorbereitungsphase

[49] Verschiedene Autoren geben einen Überblick über das Angebot und die Leistungsmerkale der Projektmanagementsysteme: vgl. Dworatschek/Hayek (1987), S. 73ff; Kuba (1987), S. 252ff.

3.2.1 Auswahl der Befragungssoftware und Hardware

Das Problem der Auswahl einer geeigneten Software stellt sich in der Regel nur dann, wenn das Institut bislang noch keine computerisierten Befragungen durchführte. Nachdem einmal die Entscheidung für eine bestimmte Software gefallen ist, wird diese in allen weiteren Studien eingesetzt. Dies heißt jedoch nicht, daß es eine Software gäbe, die allen Anforderung gerecht werden könnte. So wird es unter Umständen immer wieder Fälle geben, in denen das Untersuchungsdesign mit dem vorhandenen Programm nicht realisiert werden kann.

Die für Befragungen geeigneten Softwareangebote untergliedern sich in zwei verschiedene Bereiche:

- reine Befragungsprogramme[50] und
- Teilprogramme von Programmpaketen[51].

Mit den reinen Befragungsprogrammen lassen sich in der Regel nur folgende Ablaufschritte durchführen:

- Fragebogenerstellung,
- Kontrollausdruck des Fragebogens,
- Datenerhebung,
- Übertragung der Daten in Auswertungsprogramme.

Demgegenüber stellen die Teilprogramme einen Teil größerer Programmpakete dar. Innerhalb dieser Programmpakete übernehmen andere Teile die Stichprobenziehung und -verwaltung, die gesamte Auswertung und die Erstellung von Berichtstabellen und Grafiken.

Die Programmpakete bieten den Vorteil, daß sich der Anwender in einer einheitlichen Programmumgebung bewegt. Dies erleichtert die Einarbeitung und vermeidet Fehler bei der Datenübertragung und -konvertierung zwischen verschiedenen Programmen. Spezielle Befragungsprogramme bieten jedoch teilweise mehr Möglichkeiten und Komfort beim Einsatz zur Befragung, da sie speziell für diesen Zweck konzipiert wurden. Bei den Unterprogrammen der Programmpakete hat man teilweise den Eindruck, daß sie nur zur Abrundung des Gesamtpaketes ohne viel Engagement programmiert wurden. So empfehlen Sauerwein und Hönekopp

---

[50] S. Übersicht S. 239.
[51] S. Übersicht S. 249.

44

das Datenerfassungsprogramm SPSS Data Entry II[TM] auch für die Durchführung von Befragungen.[52] Da es hierfür eigentlich nicht konzipiert wurde, löst es diese Aufgabe nicht so gut wie zum Beispiel Ci2.[53] Die Entscheidung, welchen Weg ein Institut geht, hängt von den Anforderungen an die Befragungssoftware und der Integration dieser Software in die übrige EDV-Landschaft ab.

Nicht alle Befragungsprogramme lassen sich für alle Befragungsformen einsetzen. Insbesondere erfüllen viele die Anforderungen von CATI nicht. Manche Anbieter lösen dieses Problem durch einen modularen Aufbau der Programme. Zur eigentlichen Befragungssoftware sind dann Zusatzmodule für die CATI-spezifischen Anforderungen erhältlich. Somit bewegt sich der Anwender für die unterschiedlichen Arten trotzdem in einer einheitlichen Programmumgebung.

Als letzte Möglichkeit bleibt die Eigenentwicklung einer Befragungssoftware. Dies dürfte aber nur bei speziellen Bedürfnissen notwendig sein, die sich mit den Standardangeboten nicht realisieren lassen. Für Standardbefragungen bietet der Softwaremarkt ein reichhaltiges Angebot, so daß es für den Autor nicht nachvollziehbar ist, warum Institute wie Sample (COIN) oder GfK (CIBIS) auf Eigenentwicklungen bauen. Der Aufwand der Programmierung, der permanenten Wartung und der kontinuierlichen Verbesserung liegt erheblich über den Gebühren für eine Standardsoftware. Dieser Mehraufwand steht zu den individuellen Gestaltungsmöglichkeiten einer Eigenentwicklung in keinem vernünftigen Verhältnis.

Zur Auswahl der Hardware lassen sich keine allgemeingültigen Aussagen treffen. Sie hängt sehr stark von der Befragungsart ab und wird deshalb in den entsprechenden Kapiteln diskutiert.

3.2.2 Fragebogengestaltung

Die Gestaltung eines Fragebogens erfordert mehrere Schritte. Der Einsatz des Computers bringt meist keine Vereinfachung. Oftmals vergrößert er den Gestaltungsaufwand, da neben dem reinen Frage- und Antworttext zusätzliche Angaben nötig sind. Letztlich helfen diese, in der Befragung Fehler zu vermeiden. Abbildung 15 stellt die notwendigen Eingaben in der Reihenfolge der Tätigkeiten zusammenfassend dar. Einzelne Schritte können durch den Inhalt einer Bibliothek unter-

---

[52] Vgl. Sauerwein/Hönekopp (1990), S. 190.
[53] S. S. 243ff.

stützt werden. In dieser Datei sind Standardfragen, Fragen aus früheren Erhebungen sowie Fragentypen abgespeichert. Des weiteren stehen dort Standardtexte für Einleitung und Schluß, Intervieweranweisungen und Fehlermeldungen des Befragungssystems zur Verfügung.

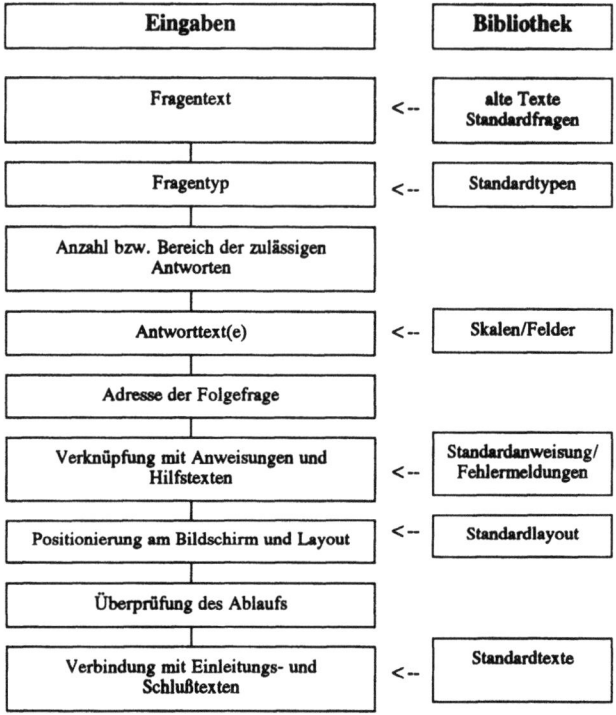

Abb. 15: Notwendige Angaben zur Formatierung einer Frage in der rechnergestützten Befragung

Auf die Probleme, den Informationsbedarf in konkrete Fragen umzusetzen, soll hier nicht näher eingegangen werden. Die Formulierung der Frage ist meist unabhängig vom eingesetzten Fragebogenmedium. Eine Reihe von Autoren haben für die Formulierung der Fragen Regeln aufgestellt.[54] Die Formulierung von Fragen kann der Computer nicht übernehmen.

---

[54] Vgl. z. B. Scheuch (1973), S. 77ff; Kreutz/Tischer (1974), S. 49ff; Payne (1951), S. 228ff; Kahn/Cannell (1957), S. 106ff; Richardson et al. (1965), S. 40ff; u. a.

46

Mit dem Computereinsatz in der gesamten Abwicklung einer Befragung gehen die Zeiten, in denen Fragebögen mit Schreibmaschine, Schere und Klebstoff erstellt wurden, zu Ende. Die heutigen Programme zur Erstellung eines Fragebogens bieten diese Möglichkeiten auf elektronischem Wege.[55] In Abhängigkeit der verwendeten Befragungssoftware, lassen sich teilweise auch die verbreiteten Textverarbeitungsprogramme[56] zur Fragebogengestaltung einsetzen. Der Fragebogenautor kann die Fragen am Bildschirm formulieren und anschließend seinen Wünschen entsprechend verändern. Er kann die Fragen umstellen und so problemlos auch verschiedene Versionen eines Fragebogens produzieren.

Eine Fragebogenbibliothek erleichert die Erstellung erheblich. Sie enthält u. a. Fragen und Fragenblöcke, die häufig gebraucht werden oder in früheren Befragungen erfolgreich eingesetzt wurden. Somit kann der Forscher auf bereits erprobte Fragenformulierungen zurückgreifen, ohne in Dutzenden alter Fragebögen wühlen zu müssen. Er entnimmt aus der Bibliothek alle Fragen, die in der aktuellen Befragung wieder Verwendung finden. Mit dieser Übernahme werden auch die Angaben zum Fragentyp, der zulässigen Antworten und die Antworttexte in den aktuellen Fragebogen integriert. Bei spezifischen Änderungen lassen sich die Texte und Formatierungen[57] ohne Probleme am Bildschirm den individuellen Erfordernissen anpassen. Die Abfrage der sozio-demographischen Merkmale stellt zum Beispiel einen Fragenblock dar, der sich meist in allen Befragungen identisch verwenden läßt.

Für neue Fragen stehen in der Bibliothek vorgefertigte Schemata zur Verfügung. Aus der Angabe des Fragentyps ergibt sich die Gestaltung der Antwortmöglichkeiten. Die Typangabe Multiple-Choice-Frage führt zusammen mit der Anzahl der Antwortmöglichkeiten dazu, daß automatisch eine entsprechende Zahl von Antwortfeldern generiert und angezeigt werden. Für jedes Kästchen fordert das Programm eine Beschriftung an. Hinzukommt die Vorgabe der zulässigen Zahl an Antwortalternativen, die der Proband in der Befragung auswählen darf. Hiermit prüft das Programm während der Befragung, ob zuviel oder zuwenig Antworten vom Probanden gewählt wurden. Bei Skalen entnimmt das Programm die Gestaltung der Skala aus der Bibliothek und fordert gegebenenfalls die nötigen Eingaben je Skalenpunkt an.

---

55 Man spricht hierbei auch von der Fragebogeneditierung
56 Z. B. MS-Word, Word-Perfect, u. v. a. m.
57 = Fragentyp, zulässige Antworten und bei Fragen aus Blöcken die Adresse der folgenden Frage.

Bei einer offenen Frage mußte sich der Forscher bei der Fragebogenerstellung überlegen, wieviel Platz er für die Antwort auf eine offene Frage im Fragebogen vorsieht. Die Forschung zur Fragebogengestaltung eines Papierfragebogen hat folgendes erbracht: Die Ausführlichkeit der Antwort korreliert eng mit dem für die Antwort zur Verfügung stehenden Platz. Ist viel Platz da, fragt der Interviewer eher nach oder der Proband fühlt sich beim Selbstausfüllen verpflichtet, ausführlicher zu antworten. Bei kleinen Antworträumen erhält man kürzere Angaben.[58] Bislang war es die Aufgabe des Pretests, den Platzbedarf für die Antwort richtig zu ermitteln. Wird zu wenig Platz vorgegeben, gehen Informationen verloren, soweit nicht zusätzlich der Rand oder unbedruckte Rückseiten benutzt werden.

Durch den Computer läßt sich der Raum für die Antwort auf offene Fragen bis zur Kapazitätsgrenze des Speichermediums ausdehnen. Da Textdateien relativ wenig Speicherkapazität verbrauchen[59], kann man bei der Hardware, die sich heutzutage zum Einsatz empfiehlt, von einer unbegrenzten Antwortlänge ausgehen. Einige Programme bieten diese Möglichkeit an, andere beschränken den Platz auf wenige Zeilen.

Für die konkrete Gestaltung erscheint die Kombination aus der Vorgabe eines Antwortraumes mit zusätzlich unbegrenzter Eingabemöglichkeit ideal. Die Darstellung einer bestimmten Anzahl von Leerzeilen bewegt den Befragten bzw. den Interviewer eventuell zu ausführlicheren Informationen. Wird bei der Antworteingabe das Ende des Antwortraumes erreicht, stellt das Programm automatisch weitere Leerzeilen zur Verfügung. Dadurch kann es nicht passieren, daß der Platz nicht ausreicht und Informationen verloren gehen.

Das Befragungsprogramm könnte die Länge der Antwort überprüfen und bei kürzeren Antworten nochmals selbständig nachfragen. Hierfür gibt der Fragebogenautor eine Mindestanzahl an Wörtern für die Antwort vor. Da hierbei keine inhaltliche Prüfung erfolgen kann, besteht die Gefahr, daß diese Kontrolle umgangen wird. Lernt der Interviewer bzw. der Befragte im Laufe der Befragung, daß bei bestimmten Fragen längere Antworten gefordert werden, so kleiden sie unter Umständen die Information in ausführlichere Sätze, ohne daß darin ein Mehr an Informationen gegenüber einer stichpunktartigen Eingabe enthalten ist.

---

[58] Vgl. Payne (1951), S. 51.
[59] diese Textseite erfordert ca. 3,5 KB Speicherplatz. Eine 1,44 MB Diskette könnte somit über 400 solcher Textseiten speichern.

Erwartet die offene Frage eine numerische Antwort (zum Beispiel "Wie alt sind Sie?"), so kann das Programm die Einhaltung bestimmter, bei der Fragebogeneditierung eingegebener Grenzen überwachen. Richtet sich die Studie an Probanden im Alter zwischen 14-69 Jahre, führt eine entsprechende Programmierung des Computers dazu, daß er die Befragung aufgrund der Alterseingabe beendet, wenn diese außerhalb des vorgegebenen Intervalls liegt. Anschließend fordert er den Interviewer auf, gemäß dem Auswahlverfahren einen neuen Probanden zu suchen.

Am Ende jeder Antwort wird der weitere Weg im Fragebogen angegeben. Ohne Angabe geht das Programm zur nächsten Frage. Verzweigungen beziehen sich auf konkrete Fragen - man spricht von einer Adresse - und nicht auf die Nummer einer Frage. Wird eine Frage eingeschoben oder gestrichen, ändern sich die Nummern der Fragen automatisch. Die programmierten Verzweigungen bleiben jedoch unverändert erhalten und auf die richtige Frage gerichtet. Somit dient auch hier wiederum der Computereinsatz der Vermeidung von Fehlern. An dieser Stelle wird auch die Rotation der Fragen programmiert.[60]

Einzelne Fragen lassen sich mit Anweisungen und Hilfstexten verknüpfen. Diese können nach der Beantwortung einer Frage am Display angezeigt werden. Alternativ erscheinen sie nur bei bestimmten, vorher programmierten Antworten. Beispiele für Anweisungen sind, ein bestimmtes Produkt zu probieren, ein Foto zu betrachten u. v. a. m. Eine spezielle Art der Anweisung stellt die Steuerung externer Medien dar. So kann manche Befragungssoftware zum Beispiel einen Videorecorder starten und somit an einer bestimmten Stelle der Befragung einen Film vorführen.

Eine andere Art von Anweisungen sind die Fehlermeldungen. Sie erscheinen nur dann am Bildschirm, wenn die Antwort außerhalb der zulässigen Werte liegt. Sie müssen jedoch nicht jedesmal extra programmiert werden. Vielmehr ist mit jedem Fragentyp ein Standardtext verbunden. Diesen kann der Fragebogenautor automatisch übernehmen.

Die Hilfstexte unterstützen die Beantwortung der Frage. Sie können umfangreiche Hintergrunddateien darstellen, die zum Beispiel Produktbeschreibungen enthalten, um eine exakte Erhebung zu ermöglichen.[61]

---

[60] S. S. 82ff.
[61] Vgl. Schach (1990), S. 378; s. S. 99f.

In Abhängigkeit der eingesetzten Software und Hardware bietet sich dem Forscher eine Vielfalt von Möglichkeiten, das Layout des Bildschirmes zu arrangieren. Einige Programme erlauben eine völlig freie Gestaltung, das heißt die Fragen und Antworten lassen sich in einer beliebigen Anordnung auf dem Bildschirm präsentieren. Andere gehen in starren Rastern vor. Hier ist zum Beispiel eine feste Dreiteilung des Bildschirms in Frage-, Antwort- und Anweisungsbereich vorgegeben.

Zum Layout gehört auch die Entscheidung, ob Frage und Antwort auf eine oder zwei Seiten verteilt werden. Hierbei können methodische Akzente gesetzt werden. Die Aufteilung auf zwei Seiten ermöglicht, den Fehlereinfluß der Antwortvorgaben zu minimieren. Durch eine eingebaute Verzögerung erhält der Befragte die Gelegenheit einige Augenblicke über die Frage nachzudenken, bevor die Antwortvorgaben seine Gedanken in eine bestimmte Richtung lenken.

Bei umfangreichen Antwortvorgaben ist ein Display gegenüber dem Papier im Nachteil. Um eine gute Lesbarkeit am Bildschirm zu gewährleisten, sollten nur maximal 25 Zeilen angezeigt werden. Dabei sind noch keine Leerzeilen berücksichtigt. Dies ist deutlich weniger als auf einem DIN-A4-Blatt.[62] Somit wird eine Teilung umfangreicher Antwortvorgaben nötig. Dies bleibt nicht ohne Einfluß auf die Auswahl der Antworten. Die Antworten der ersten Seite finden deutlich höhere Zustimmung als die auf den folgenden. Zwar läßt sich dieser Effekt durch automatische Rotation in der Gesamtheit aller Befragten beheben, es bleiben jedoch erhebliche Risiken, wenn diese Antworten als Unterscheidungskriterien herangezogen werden.

Der Computereinsatz bringt gegenüber dem Papier weitere grafische Gestaltungsmöglichkeiten. So können zum Beispiel bestimmte Wörter oder Sätze am Bildschirm blinken, um die Aufmerksamkeit darauf zu lenken. Über die Folgen einer guten oder schlechten Bildschirmgestaltung liegen bislang nur wenige Erkenntnisse vor. Eine farbliche Gestaltung wirkt sich sicher belebend auf die Befragungssituation aus. Ein Zuviel an Farbe kann jedoch auch abstoßen und somit einen Störfaktor darstellen.

Neben der reinen Anordnung und farbigen Gestaltung der Fragen, Antworten und Anweisungen auf dem Bildschirm, gehen die Layoutmöglichkeiten heute noch weiter. Abbildungen und Skizzen, wie sie häufig zur Illustration von Fragen ver-

---

[62] Mit der hier verwendeten Schriftgröße lassen sich bei einzeiligem Abstand ohne Leerzeilen über 60 Zeilen auf dieser Seite darstellen.

wendet werden,[63] können über einen Scanner eingelesen und an entsprechender Stelle am Bildschirm dargestellt werden. Dabei erreicht die verfügbare Hardware eine Abbildungsqualität normaler Fernsehbilder.[64] Diese Möglichkeiten bereichern insbesondere die unpersönlichen Befragungsformen, bei denen kein Interviewer zur richtigen Zeit die entsprechenden Photos, Anzeigen o. ä. vorlegt. Der Proband bekommt an der richtigen Stelle das richtige Material am Bildschirm präsentiert. Dies vermeidet die Gefahr, daß sich die Antwort des Probanden auf eine andere Abbildung bezieht, als vom Forscher gefordert.

Die direkte Einbindung ganzer Viedeosequenzen in einen Fragebogen ist technisch machbar, die Speicherung dieser Bildinformationen erfordert jedoch einen sehr großen Speicher. Hierfür eignet sich zum Beispiel ein CD-ROM-Laufwerk. Wird diese Kombination nicht häufig eingesetzt, ist die Kombination des Befragungscomputers mit einem Videorecorder der kostengünstigere Weg, um die Investition für entsprechende Speicher und die Produktion der CD-Videos zu sparen.

Mehr Flexibilität in der Gestaltung geht mit einer Abnahme der Einfachheit der Programmierung einher. Ideal sind in diesem Zusammenhang Programme, die selbständig eine Standardbildschirmgestaltung vorschlagen, aber Änderungen daran zulassen. Somit kann der ungeübte Fragebogengestalter problemlos einen Standardfragebogen erstellen und einsetzen. Der versierte Fragebogenautor nutzt dann die Möglichkeiten des Farbbildschirms, läßt Textteile blinken oder farbig unterlegen und wählt die Positionen der einzelnen Teile nach seinem Geschmack.

Die Realisierbarkeit der Gestaltungsmöglichkeiten hängt jedoch auch von den Voraussetzungen im Feld ab. Sofern die Studie mit eigenen Feldinterviewern bzw. in eigenen Studios durchgeführt wird, gibt es keine Kompatibilitätsprobleme. Werden hingegen externe Feldorganisationen eingeschaltet, so ist auf ein reibungsloses Zusammenspiel der Institutssoftware mit den Computern des Feldinstituts zu achten. Praktische Erfahrungen in den USA belegen, daß es hierbei zu ernsthaften Problemen, bis hin zum Datenverlust, kommen kann. Wyatt empfiehlt deshalb, mit bislang unerprobten Partnern vorab eine Trockenübung zu veranstalten, in dem eine Probebefragung verschickt wird. Kann diese ohne Probleme installiert, durchgeführt und ausgewertet werden, kann die eigentliche Befragung starten.[65]

---

63 Vgl. Sudman/Bradburn (1982), S 169f.
64 Z. B. die Programme Questin (vgl. Reiter/Heller 1991, S. 131) oder IBIS (vgl. z. B. Meier 1989, S. 15f).
65 Vgl. Wyatt (1991), S. 37ff.

Gute Programme prüfen am Ende der Fragebogengestaltung selbständig den gesamten Bogen. Dabei decken sie fehlende Antwortvorgaben und vor allem ungültige Verzweigungen, wie Endlosschleifen oder Fragen auf, die aufgrund fehlerhafter Programmierung nie gestellt werden.

Alle Fragen werden automatisch vercodet. Das Programm weist jeder Frage einen bestimmten Platz im Datensatz zu. Problemlos erfolgt bei der rechnergestützten Befragung auch die Zuweisung der Daten in ihre vorbestimmten Plätze, wenn Fragen rotiert werden.

Vor und nach der eigentlichen Befragung werden die Anweisungen bzw. die Danksagung eingegeben. Es lassen sich wie beim schriftlichen Fragebogen einleitende Texte u. ä. einsetzen. Auch hier liefert die Bibliothek wieder die Standardtexte. Der Autor gibt nur die variablen Textteile ein.

Unabhängig von einem späteren Einsatz auf einem Computer oder als Papierfragebogen bildet der schriftliche Ausdruck den Abschluß der elektronischen Fragebogenerstellung. Dieser Ausdruck sollte nochmals genauestens überprüft werden. Selbst gute Prüfroutinen können nur logische Fehler entdecken. Inhaltliche Fehler, insbesondere die Verzweigung zur falschen Frage, können diese Programme nicht aufdecken. Gerade beim computergestützten Einsatz fällt es den Interviewern nicht leicht, Fehler zu erkennen, da ihnen nicht der vollständige Bogen vorliegt. Selbst wenn sie einen Reihenfolgefehler bemerken, haben sie keine Chance diesen selbständig zu korrigieren, da der Computer nicht von seiner programmierten Reihenfolge abweicht. Fehler in einer computerisierten Befragung haben fatalere Folgen als in einer traditionellen Vorgehensweise. Dort konnte man damit rechnen, daß wenigstens ein Teil der Interviewer den Fehler selbständig behebt. Die Archivierung des schriftlichen Fragebogen ergibt eine weitere Funktion des schriftlichen Ausdrucks.

Alle neuen Fragen oder kompletten Fragebögen können in die Bibliothek aufgenommen werden. Voraussetzung für eine gute Bibliothek ist eine entsprechende Pflege. Fragen, die sich in einer Untersuchung als problematisch erwiesen, sollten gelöscht oder entsprechend gekennzeichnet werden.

Die am Markt angebotenen Programme decken nicht alle Möglichkeiten während der Befragung ab. Vielmehr muß bei anspruchsvollen Befragungen der Ablauf auf der Ebene des Betriebssystems in einem Batchprogramm fixiert werden. So lassen sich verschiedene Programme während einer Befragung anwenden, nach der

Befragung die Datensicherung regeln, die Überwachung von Quoten zwischen den Befragungen anzeigen u. v. a. m.[66] Eine derartige Programmierung fordert vom Fragebogenautor jedoch eine genaue Kenntnis der entsprechenden Programmiersprachen. Diese werden nur die wenigsten Studienleiter erlernen. Die Befragungssoftware sollte deshalb unter Berücksichtigung dieses Aspektes ausgewählt werden. Steht kein Softwarespezialist zur Verfügung, muß die Software ein breites Spektrum an einfach zu bedienenden Standardmöglichkeiten bieten.

3.2.3 Hilfsmittelgestaltung

Die in einer Befragung eingesetzten Hilfsmittel können sehr vielfältiger Natur sein. Sie reichen von Skalenvorlagen über Kärtchenspiele bis hin zu Produktmustern und Videofilmen. Der Computereinsatz in der Erhebung hat darauf unterschiedlichen Einfluß.

Ein Großteil der Hilfsmittel lassen sich am Bildschirm direkt und teilweise sogar besser darstellen. Beim persönlichen computerunterstützten Interview zu Hause oder außer Haus muß der Interviewer dem Befragten lediglich den Einblick auf das Display ermöglichen. Durch die leichten und handlichen Geräte, die bei diesen Befragungsformen Verwendung finden, stellt dies kein Problem dar.

Im Studio läßt sich die Hardware vielseitiger gestalten. Ein zweiter Monitor für den Befragten ermöglicht es dem Probanden, alle Hilfsmittel, ggf. auch Videos, in optimaler Qualität zu sehen. Hier läßt sich das Layout durch farbliche Akzente optimieren, was bei gedruckten Hilfsmitteln nur mit großem finanziellen Aufwand möglich ist. Die Zuordnung der entsprechenden Hilfsmittel, zum Beispiel von Skalen, zu den Fragen erfolgt immer richtig.

Die Verwendung von Kärtchenspielen wird durch den Computer überflüssig. Ein einfaches Ändern eines Parameters bei der Programmierung der Frage bewirkt, daß der Computer die Reihenfolge der Fragen oder Antwortvorgaben zufällig rotiert. Das umständliche Hantieren mit Kärtchen und deren Produktion entfallen.

Der Computereinsatz bedeutet bei vielen Hilfsmitteln eine Einsparung der Vervielfältigungskosten. Skalen, Skizzen oder Grafiken können direkt am PC erstellt und in das Befragungsprogramm übertragen werden. Dies verkürzt die benötigte Vorbereitungszeit. Es gibt jedoch nach wie vor Hilfsmittel, die auch bei

---

66 Vgl. z. B. Stefflre (1989), S. 99.

der computerisierten Befragung produziert und vervielfältigt werden müssen, wie zum Beispiel Produktmuster oder Videobänder bzw. CD-Videos.

3.2.4 Intervieweranweisung bzw. Anschreiben

Die Intervieweranweisung ist von der generellen Interviewerschulung zu unterscheiden. Die Anweisung geht nur auf die untersuchungsspezifischen Belange ein und nicht auf generelle Interviewtechniken. Bei der unpersönlichen Befragung läßt sich diese Unterscheidung nicht in dieser Form vornehmen. Hier beinhaltet das Anschreiben auch die methodische Einweisung.

Sowohl bei der persönlichen als auch bei der unpersönlichen Befragung sollte der Interviewer bzw. der Proband über das Thema der Studie informiert werden, um beide entsprechend zu motivieren, die Befragung ordnungsgemäß durchzuführen. Eine Aufklärung über die konkreten Ziele sollte nicht erfolgen, da sonst die Gefahr einer Beeinflussung der Ergebnisse im Sinne der Hypothesen besteht. Des weiteren gibt die Anweisung Hinweise zum Gebrauch von Hilfsmitteln oder Testmustern. Interviewer erhalten ihre Vorgaben zur Anzahl und Art der zu befragenden Personen oder die entsprechenden Adressen.

Bei der computerisierten Befragung geschieht dies durch entsprechende Texte auf dem Bildschirm. Da sich für diese Befragungen die Datenfernübertragung oder der Datenträgeraustausch anbieten, ist eine schriftliche Einweisung oft nicht mehr möglich.

Die Anweisung kann ein interaktives Lernprogramm enthalten. Dem Interviewer erlaubt ein Lernprogramm, sich mit den Besonderheiten dieser Erhebung vertraut zu machen, ohne daß eine zentrale Interviewerschulung stattfindet. Er erhält mittels des Lernprogramms sogar ein Feedback, das ihm zeigt, was er richtig bzw. falsch macht. Wenngleich die Programmierung eines Lernprogrammes zusätzlich zum Fragebogen eine weitere Belastung des Forschers darstellt und somit unmittelbare Konsequenzen auf die benötigte Zeit und die Kosten hat, ließe sich die Qualifikation und die Motivation der Interviewer damit verbessern. Cannell et al. konnten eine Datenverbesserung bereits durch den Einsatz einer traditionellen ausführlichen Intervieweranweisung feststellen.[67] Da die Möglichkeiten der

---

67 Vgl. Cannell et al. (1977), S. 306ff.

computerisierten Einweisung noch deutlich besser sind, läßt sich gerade für dieses Vorgehen eine deutliche Verbesserung der Datenqualität erwarten.

Ein analoges Vorgehen erfolgt bei den unpersönlichen Befragungsformen. Einer computergesteuerten Befragung sollte immer ein kleines Lernprogramm vorausgehen, um die Bedienung zu erläutern und den Probanden an den Gebrauch von Skalen usw. zu gewöhnen. Das Lernprogramm gibt ihm auf seine Eingaben ein Feedback. Er erhält Lob oder wird ermuntert, es noch einmal zu probieren. Dadurch steigen die Chancen, auch Personen zu einer Befragung zu bewegen, die bislang noch nie mit einen Computer selbst arbeiteten. Wie sich zeigt, sind solche Probanden, wenn sie die erste Hürde übersprungen haben, sehr stolz darauf, auch einen Computer bedienen zu können. Dies führt zu einer hohen Motivation, die Befragung komplett zu bearbeiten.

Bei der unpersönlichen Befragung sind die Modalitäten der Rücksendung und die damit verbundenen eventuellen Belohnungen dem Probanden deutlich zu nennen. Darauf kann der Computer am Ende der Befragung automatisch hinweisen.

Generell verkürzt sich der Einweisungsaufwand durch den Wegfall der Erläuterungen zu Fragebogenverzweigungen.[68] Selbst komplizierte Fragebogensplits müssen dem Interviewer oder dem Probanden nicht mehr erklärt werden, da das Befragungsprogramm automatisch für die richtige Reihenfolge der Fragen sorgt.[69]

Sehr hilfreich hat sich in der Praxis erwiesen, wenn die Anweisungen auch die Telefonnummern der verantwortlichen Institutsmitarbeiter enthalten. Bei auftretenden Problemen kann sich der Interviewer bzw. der Proband an diese Personen wenden.[70]

3.2.5 Interviewerauswahl

Die Interviewerauswahl umfaßt zwei Aspekte. Zunächst gibt es die Auswahl, um in eine Feldorganisation aufgenommen zu werden. Dies ist in der Regel unabhängig von den Studien. Zum anderen bedarf es der Auswahl von Interviewern für

---

[68] Eine Vergleichsstudie bei telefonischen Befragungen des amerikanischen Burke Instituts erbrachte eine Reduzierung der Einweisungszeit von 17% oder 2:15 Stunden (vgl. Wyatt (1991), S. 34).

[69] Vgl. Haugan (1989), S. 82.

[70] Vgl. Messinger (1989), S. 30.

eine konkrete Studie. Diese Selektion erfolgt meist aus dem bestehenden Interviewerstab. Manche Studien erfordern für die Befragung Interviewer mit speziellen Fachkenntnissen. Somit müssen diese, soweit sie in der bestehenden Feldorganisation nicht zur Verfügung stehen, in Hinblick auf eine konkrete Studie in der Vorbereitungsphase angeworben und geschult werden.

Der Einsatz des Computers zur Datenerhebung stellt an die Interviewer teilweise gänzlich andere Anforderungen als die Verwendung eines Papierfragebogens. Bislang war eine gut leserliche Handschrift, die Fähigkeit, auch komplizierte Fragebogenverzweigungen zu bewältigen und organisatorisches Talent zur Handhabung der teilweise sehr umfangreichen Erhebungsunterlagen nötig. Diese Anforderungen verändern sich durch den Computereinsatz. Der Interviewer muß über Schreibmaschinenkenntnisse verfügen und mindestens eine Geschwindigkeit von 50 Wörtern in der Minute erreichen. Die zur Bedienung des Computers notwendigen Fähigkeiten sollte er schnell erlernen können.[71] Dies sind nicht die einzigen Voraussetzungen, die ein Bewerber erfüllen muß, um Interviewer zu werden. Es sind lediglich diejenigen, die sich durch den Computereinsatz verändern. Auf die anderen Anforderungen wird in diesem Zusammenhang nicht eingegangen.

Der Computer selbst kann bei der Auswahl geeigneter Interviewer eingesetzt werden. Dabei muß der Bewerber nicht zwingend persönlich im Institut erscheinen. Hat er Zugriff auf einen PC, erhält er vom Institut eine Diskette, auf der ein Testprogramm installiert ist. Der Kandidat bearbeitet diese Testaufgaben. Die im Computer integrierte Uhr mißt die Bearbeitungszeit. Hieraus ergibt sich die Schreibgeschwindigkeit. Ein automatisches Protokoll erfaßt alle Tastenanschläge, so daß auch alle Korrekturen während der Bearbeitung deutlich werden. Die Ergebnisse des Schreibtests werden mit eventuell weiteren bearbeiteten Testaufgaben auf der Diskette gespeichert und an das Institut zurückgesendet. Gleichzeitig läßt diese Methode auch die Überprüfung der Fähigkeiten in Bezug auf den Umgang mit dem Computer zu. Es besteht jedoch eine gewisse Mißbrauchsgefahr, da der Computer nicht feststellen kann, wer den Schreibtest tatsächlich durchführt.

Existiert eine Feldorganisation, so müssen für eine konkrete Studie daraus die benötigten Interviewer bestimmt werden. Dabei leistet der Computer eine weitreichende Unterstützung. Die Verteilung der Befragungen auf die einzelnen Intervie-

---

71 Vgl. Haugan (1989), S. 83; Thompson (1989), S. 99.

wer stellt ein Optimierungsproblem dar. Je nach Studie sind unterschiedliche Parameter zu berücksichtigen. Dies könnten sein:

- bestimmtes Fachwissen des Interviewers, um als kompetenter Gesprächspartner auftreten zu können,[72]
- zeitliche Verfügbarkeit der einzelnen Interviewer unter Berücksichtigung der bereits an sie vergebenen Aufträge,
- räumliche Nähe zu den ausgewählten Probanden zur Minimierung der Reisekosten,
- Ausstattung mit entsprechender Hardware (Computer, Modem, Videorecorder).

Um diese Aufgaben lösen zu können, benötigt der Computer eine Datei, in der die Interviewer mit den entsprechenden Merkmalen abgespeichert sind. Mit Hilfe einer entsprechenden Software führt der Computer den Selektionsprozeß nach Angabe der Parameter selbständig aus.

3.2.6 Interviewerschulung

Die Institute schulen ihre Feldmitarbeiter auf unterschiedliche Weise. Es werden persönliche und/oder unpersönliche (schriftliche und/oder elektronische) Formen angewendet. Auch die Schulung für den Computereinsatz kann auf beide Arten erfolgen.

Durch eine persönliche Schulung kann sich das Institut direkt von den Fähigkeiten des Interviewers überzeugen und die Lernfortschritte kontrollieren. Stefflre stellte aufgrund seiner praktischen Erfahrungen folgenden Lehrplan für die Interviewerschulung auf:

- "Verkauf" des Projektes an die Interviewer,
- Einweisung in den Gebrauch des Computers,
- Einweisung in die Software,
- Übung der Anwendung anhand des betreffenden Fragebogens,
- Diskussion des Verfahrens mit den Interviewern, mit der Bereitschaft, gegebenenfalls auch Änderungen im Befragungsablauf vorzunehmen.

---

[72] Z. B. bei Studien im Investitionsgüter- oder Pharmabereich.

Dieses Programm verteilt sich bei Stefflre auf zwei volle Schulungstage. Dabei werden 10-20 Interviewer gleichzeitig in 3-5 Gruppen ausgebildet. Zur Unterstützung erhält jeder Interviewer ein ausführliches Handbuch von etwa 15-20 Seiten.[73] Diese Form der Schulung gewährleistet eine nahezu optimale Ausbildung der Interviewer. Sie erfordert jedoch auch einen erheblichen finanziellen Aufwand. Bei Studiobefragungen ist dieses Vorgehen sicher wirtschaftlich zu realisieren. Bei den Feldeinsätzen mit 1 000 und mehr Interviewern kommt dies nur als eine einmalige Angelegenheit bei Einführung der neuen Technik in Frage.

Die persönliche Schulung ermöglicht in erfolgversprechenderer Weise die Heranführung von Mitarbeitern, die zwar mit einer Schreibmaschine umgehen können, aber vor der neuen Technik Ängste hegen. Diese Mitarbeiter gingen bei einer unpersönlichen Schulung eventuell verloren, da sie erst gar nicht versuchen würden, mit dem Computer zu arbeiten. Durch die persönliche Unterstützung ist anzunehmen, daß sich viele doch überwinden. Bei entsprechend benutzerfreundlichen Programmen stellen sich schnell Erfolgserlebnisse ein. Gerade bei der Einführung der neuen Technik kann die Veränderung der Zusammensetzung des Interviewerstabes abgeschwächt und ein größerer Anteil erfahrener Mitarbeiter gehalten werden. Trotzdem scheidet ein Teil der alten Interviewer aus, da sie nicht über die notwendigen Schreibfähigkeiten verfügen.[74]

Die benutzerfreundlichen Programme lassen den hohen finanziellen Aufwand einer persönlichen Schulung als fragwürdig erscheinen, denn deren Bedienung läßt sich auch durch interaktive Lernprogramme vermitteln. Der Interviewer erhält sein Gerät zusammen mit einer kurzen schriftlichen Einführung, die ihm beschreibt, wie er das Gerät das erste Mal in Betrieb setzt und wie er sich bei auftretenden Störungen verhält. Die eigentliche Ausbildung übernimmt dann ein interaktives Lernprogramm.

Die Einführung in eine Software ist ein Bereich, der für interaktives Lernen prädestiniert ist und sogar Vorteile gegenüber der persönlichen Schulung erbringt.[75] Der Anwender lernt in freier Zeiteinteilung, bestimmt seine Lerngeschwindigkeit selbst, erhält Feedback auf alle Eingaben und kann dezentral zu Hause arbeiten. Insbesondere die Möglichkeit, mit den Programmen zu üben, Antworten auf Testfragen einzugeben und Skalen zu verwenden, verbessert auch

---

[73] Vgl. Stefflre (1989), S. 99f.
[74] Vgl. Haugan (1989), S. 82f, die eine Verlagerung der Interviewer für telefonische Befragungen von der älteren Hausfrau hin zu Collegestudenten feststellte.
[75] Vgl. Götz/Häfner (1991), S. 199f.

die fachliche Ausbildung der Interviewer. Gegenüber der bisherigen schriftlichen Erläuterung dieses Fachwissens, erhält der Interviewer nach seinen Eingaben ein Feedback und kann aus seinen Fehlern unmittelbar lernen. Für das Institut bietet das Lernprogramm jederzeit die Möglichkeit, neue Mitarbeiter zu schulen und in den Interviewerstab einzugliedern. Der neue Mitarbeiter muß weder weite Wege zu einer zentralen Schulung auf sich nehmen, noch auf den nächsten Ausbildungstermin warten. Beide Aspekte würden eher abschreckend auf Interessenten wirken.

Um die Vorteile zu realisieren und alle Lernziele zu erreichen, sind an die Erstellung eines Lernprogrammes hohe Anforderungen zu stellen. Es muß von einem Team von Fachleuten entwickelt werden, dem neben Inhaltsexperten auch Didaktiker, Grafiker und Programmierer angehören.[76] Im Falle der Interviewerschulung müssen folgende Lerninhalte vermittelt werden:

-   Regeln zur Durchführung der Interviews, wie es bei herkömmlichem Vorgehen bereits praktiziert wird,
-   Einüben des Umgangs mit den unterschiedlichen Fragentypen,
-   Handhabung der Software,
-   Handhabung der Hardware,
-   Modalitäten des Datentransfers und
-   Modalitäten der Abrechnung.

Die Entwicklung eines solchen Lernprogrammes nimmt ca. ein halbes Jahr in Anspruch.[77] Ein Teil dieser Zeit und der Kosten entfällt auf die Festlegung der Lernziele und die Entwicklung eines Konzeptes zu deren Erreichung. Dieser Aufwand ist auch für eine persönliche Schulung erforderlich. Es entstehen somit Mehrkosten für die Umsetzung des Lernkonzeptes in ein interaktives Lernprogramm. Diese Mehrkosten sind zu denen der persönlichen Interviewerschulung ins Verhältnis zu setzen. Bei der persönlichen Ausbildung sind folgende Kosten zu kalkulieren.

-   Reisekosten der Interviewer,
-   Entlohnung für die Zeit der Schulung,
-   Raumkosten,
-   Kosten der Ausstattung des Schulungsraumes, zum Beispiel Projektion eines Displays auf einer Leinwand und
-   Lohn und Reisekosten für die Ausbilder.

---

76 Vgl. Götz/Häfner (1991), S. 7. Diese Autoren beschäftigen sich ausführlich mit der Gestaltung von Lernsystemen.

77 Vgl. Götz/Häfner (1991), S. 144.

Da Lernprogramme beliebig oft zu minimalen Kosten kopiert werden können, lohnt sich die aufwendige Entwicklung und permanente Pflege des Lernprogramms vor allem bei größeren Interviewerstäben.

Einfacher gestaltet sich die Ausbildungssituation in Studios. Hier kann nach einer kurzen mündlichen Einweisung oder einer Unterweisung mit Hilfe eines Lernprogrammes ein Training-on-the-Job stattfinden. Durch eine Aufsichtsperson können neue Interviewer überwacht werden und ein entsprechendes Feedback erhalten. Bei telefonischen Interviews kann der Trainer die Durchführung der Interviews mithören, ohne daß sich der Interviewer der momentanen Kontrolle bewußt ist. Bei persönlichen Studiointerviews beschränkt sich die unbemerkte Überwachung auf die Eingaben in den Computer, die sich bei vernetzten PC auf einem anderen PC verfolgen lassen.

Der Einsatz von interaktiven Lernprogrammen und Einweisungen stellt gegenüber der bisherigen schriftlichen Praxis einen Fortschritt dar. Eine persönliche Schulung der Interviewer zur Durchführung von weitgehend standardisierten Interviews erscheint nicht notwendig und aus wirtschaftlichen wie aus organisatorischen Gründen nicht sinnvoll.

3.2.7 Pretest

Der Forscher, der eine Studie konzipiert, ist in das Befragungsthema in einem besonderen Ausmaß vertieft. Daraus resultiert unter Umständen eine gewisse "Betriebsblindheit", das heißt für ihn sind Frageformulierungen ganz klar, die für einen unbeteiligten Probanden unverständlich bleiben. Deshalb empfiehlt sich die Durchführung eines Pretest, wenn viele Fragen enthalten sind, deren Formulierung noch nicht aufgrund alter Studien gesichert sind.

Ein weiterer Anwendungsgrund ist die Frage, welches die optimale Anordnung von Fragen bzw. Fragenblöcken innerhalb eines Fragebogens darstellt. Der Computereinsatz bietet nun die Möglichkeit, verschiedene Versionen einem Pretest zu unterziehen. Diese Versionen müssen nicht, wie früher, mühsam durch kopieren, ausschneiden, kleben und neu numerieren produziert werden. Der Forscher stellt die Fragen am Computer um. Alles weitere (Neunumerierung, Filterführung, Vercodung) führt das Befragungsprogramm selbständig aus.

In einem Pretest lassen sich grobe Mängel eines Fragebogens mit einem geringen finanziellen, zeitlichen und organisatorischen Aufwand aufdecken. Handelt es sich um eine computerisierte Befragung, so kann man bereits während des Pretests Fragen im elektronischen Fragebogen ändern und mit dieser korrigierten Form weiter testen.[78] Somit ist mit Hilfe des Computers eine Optimierung des Fragebogens möglich, der bei schriftlichen Bögen aus zeitlichen Gründen unmöglich wäre.

Gerade bei elektronischen Fragebögen ist ein sorgfältiger Pretest besonders zu empfehlen. Fehler in der Fragebogenführung können in dieser Fragebogenform schwieriger erkannt werden als beim schriftlichen Fragebogen.

3.2.8 Ziehung der Stichprobe

Die Ziehung der Stichprobe bildet den Abschluß der Vorbereitungsphase. Eine Reihe von Auswahlverfahren verlegen jedoch diesen Schritt in die Datenerhebungsphase. Bei zu Hause durchgeführten Interviews wird beim Random-Route-Verfahren nur die Startadresse vorher gezogen. Anschließend ermittelt der Interviewer nach bestimmten Regeln die weiteren Erhebungseinheiten. Beim Quotenverfahren bekommt der Interviewer nur diese vorgeschrieben und wählt ebenfalls selbst aus. Bei den telefonischen Befragungen erfolgt die Auswahl in der Regel unmittelbar vor dem Anruf.

Anders verhält es sich zum Beispiel bei den unpersönlichen Befragungsformen schriftliche Befragung und Disk-by-Mail. Hier müssen die Stichprobenelemente vor dem Versand gezogen sein.

Bei bekannter Grundgesamtheit werden die einzelnen Elemente entsprechend dem Auswahlverfahren bestimmt. Der Computereinsatz ermöglicht es nun, auch aus sehr großen Datenbeständen Zufallsauswahlen zu treffen. Der Computer numeriert alle Auswahleinheiten von 1 bis N durch. Anschließend erzeugt der Computer mit seinem Pseudozufallszahlengenerator n Zahlen aus dem Intervall von 1 bis N. Diese repräsentieren die Nummern der für die Stichprobe gezogenen Einheiten. Dieses Verfahren entspricht dem einer simulierten Urne. Die Vorteile des Computers liegen darin, daß

---

[78] Vgl. Alvi (1989), S. 31.

- für jedes beliebige N Zufallszahlen erzeugt werden können (Dies ist mit Zufallszahlentafeln nicht möglich),
- die Auswahl viel schneller und kostengünstiger durchgeführt wird,
- auch sehr große Grundgesamtheiten bearbeitet werden können und so aufwendige mehrstufige Verfahren überflüssig werden.

Knuth[79] beschäftigte sich ausführlich mit den Verfahren des Zufallszahlengenerators und deren Gültigkeit im Hinblick auf die Verwendung innerhalb der Wahrscheinlichkeitstheorie. Er kommt zu dem Schluß, daß es durchaus Verfahren gibt, die der echten Zufallsauswahl vergleichbare Ergebnisse liefern. Er warnt jedoch zugleich, daß viele der angebotenen Zufallszahlengeneratoren nicht dem aktuellen Stand des Wissens entsprechen und teilweise nur ungenügende Resultate liefern.

Vorteile ergeben sich jedoch nur, wenn die Daten der Grundgesamtheit auf Datenträger verfügbar sind. Ist dies nicht zutreffend, müssen die Daten erst eingegeben werden. Dies kompensiert die Zeit- und Kostenvorteile bzw. kann zu Mehrkosten gegenüber einer manuellen Ziehung führen. Eine Eingabe bietet sich nur für die Grundgesamtheiten an, aus denen für mehrere Studien Stichproben gezogen werden.

In der Praxis dient oftmals der Kundenstamm eines Unternehmens als Grundgesamtheit für die Auswahl. Dies stellt für eine Zufallsauswahl eine gute Basis dar, da alle Elemente der Grundgesamtheit bekannt sind. Voraussetzung ist jedoch, daß diese Kundenkartei einer guten Pflege unterliegt, so daß keine Kunden doppelt oder unter falschen Adressen erfaßt sind.

Werden häufiger Befragungen mit Stichproben aus der gleichen Grundgesamtheit durchgeführt, könnten sich einzelne Kunden des Auftraggebers belästigt fühlen. Das computergesteuerte Stichprobenmanagement bietet die Möglichkeit alle diejenigen, die sich bereits einmal negativ zu einer Befragung geäußert haben, in eine Sperrdatei einzutragen. Bei der nächsten Stichprobenziehung wird jedes Element mit dieser Sperrdatei verglichen und gegebenenfalls aus der Stichprobe ausgeschlossen. Diese Maßnahme stellt einen klaren Verstoß gegen die Regeln der Zufallsstichproben dar. Wie Berichte aus der Praxis zeigen, bewerten einige Auftraggeber die Gefahr des Verlustes eines Kunden höher als die Gefährdung der Validität der Untersuchungsergebnisse.[80] Zur Rechtfertigung einer Sperrdatei läßt

---

[79] Vgl. Knuth (1981), S. 1ff.
[80] Vgl. Sullivan (1991), S. 49.

sich anmerken, daß diejenigen, die sich bereits einmal über die Belästigung durch eine Befragung beschwerten, wahrscheinlich die Teilnahme an einer weiteren Befragung verweigern werden. Somit entsteht durch die Sperrdatei kein größerer Fehler in den Daten, als ohne Sperrdatei auch entstehen würde.

3.3 Datenerhebungsphase

Nach sorgfältigem Durchlaufen der ersten beiden Phasen stellt die Datenerhebungsphase aus Sicht des Informationsbeschaffers vorwiegend organisatorische Anforderungen sowie Kontrollaufgaben.[81] Gerade für diese Aufgaben ist der Computer prädestiniert. Abbildung 16 stellt die einzelnen Stufen dieser Phase dar.

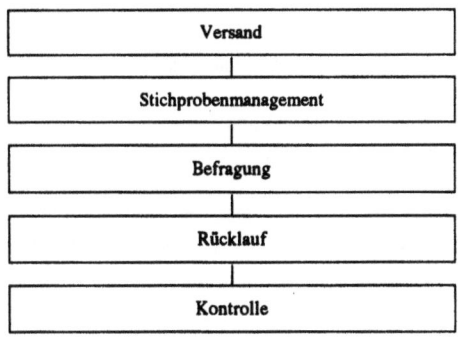

Abb. 16: Stufen der Datenerhebungsphase

3.3.1 Versand versus elektronische Datenübermittlung der Erhebungsunterlagen

Bevor eine Befragung im Feld beginnen kann, müssen die Erhebungsunterlagen an die Interviewer, die Studios oder den Probanden übermittelt werden. Die Erhebungsunterlagen bestehen aus folgenden Elementen:

---

[81] Vgl. von Alemann (1984), S. 104f.

- Anschreiben bzw. Intervieweranweisung,
- Fragebogen,
- ggf. Hilfsmittel bzw. Testprodukte,
- Rücksendekuvert und
- Abrechnungsbogen[82].

Die Feldinterviewer erhalten, entsprechend der Anzahl der durchzuführenden Interviews, mehrere Fragebögen gleichzeitig. Bei Studioerhebungen werden die Fragebögen für alle Interviewer in einem Paket zusammengefaßt. Telefonstudios, die CATI[83] einsetzen, genügt ein Exemplar des Fragebogens, der dort in den Computer eingegeben wird. Bei der schriftlichen Befragung erfolgt Einzelversand, das heißt jeder Befragte erhält ein Anschreiben, einen Fragebogen, ggf. Hilfsmittel und ein Rücksendekuvert. Die Unterlagen werden mit der Post oder bei größeren Paketen an Studios unter Umständen auch mit einem Kurierdienst verschickt.

Der Einsatz eines Computers in der Erhebungsphase eröffnet die Chance, neue Übermittlungsarten für die Erhebungsunterlagen zu nutzen:

- den Datenträgeraustausch (DTA) und
- die Datenfernübertragung (DFÜ).

Dafür müssen die Unterlagen in elektronischer Form vorliegen. Es können nicht nur Texte oder Daten, sondern auch Abbildungen und Videofilme übermittelt werden. Produktmuster müssen weiterhin in traditioneller Weise versand werden.

3.3.1.1 Datenträgeraustausch

Ein Datenträgeraustausch liegt vor, wenn die Übermittlung der Daten und Dateien mit Hilfe von Festspeichermedien erfolgt. Die in diesem Zusammenhang bedeutsamen Festspeichermedien sind:

- Diskette[84],
- RAM-Disk[85] und

---

82 Nur bei persönlichen Befragungen.

83 Engl.: CATI = Computer-Aided-Telephon-Interview.

84 Disketten "... sind flexible, runde Kunststoffplatten, die auf beiden Seiten mit einer magneti-sierbaren Schicht bedeckt sind" (vgl. Hansen 1986, S. 173).

85 Engl.: RAM = read and write memory; Dies ist ein elektronischer Speicher, der durch den Benutzer gelesen und beschrieben werden kann. Der Zusatz Disk deutet in diesem Zusammen-hang an, daß diese Speichereinheit nicht festinstalliert, sondern wie eine Diskette in einen Ein-schub des Computers gesteckt wird. Sie besitzt etwa das Format einer Scheckkarte.

- ROM-Disk[86].

Diese elektronischen Datenträger ersetzen das Papier, das streng genommen auch ein Datenträger ist. Im allgemeinen Sprachgebrauch versteht man unter dem Begriff "Datenträger" jedoch nur die elektronischen.[87]

Generell bietet sich die Diskette als Datenträger an, da ihr Preis gegenüber den anderen beiden Alternativen deutlich günstiger ist. Die RAM- und ROM-Disk sind in der Anschaffung wesentlich teurerer als Standarddisketten. Ihr Vorteil besteht darin, daß sie keine beweglichen Teile besitzen. Ein Zugriff auf diesen Speicher benötigt somit wesentlich weniger Energie als bei Disketten. Ist für die Hardware eine möglichst lange netzunabhängige Betriebszeit gefordert, so stellen diese Festspeichermedien die bessere Alternative dar. Entsprechend ihrer geringen Ausmaße und ihrer Technik benötigt die RAM-Disk kein voluminöses Laufwerk, sondern begnügt sich mit einem Steckplatz. Dies ermöglicht eine weitere Miniaturisierung der Erfassungsgeräte, insbesondere bei Geräten, die keine komplette Tastatur benötigen. Die RAM-Disk fand zum Beispiel bei den Tests zum elektronischen Verbraucherpanel Verwendung.[88]

Für die weiteren Betrachtungen geht der Verfasser von der Nutzung normaler Disketten aus. Für die Durchführung von Ad-hoc-Befragungen ist in der Regel eine Volltastatur erforderlich, so daß die Erfassungsgeräte genug Platz für den Einsatz eines Diskettenlaufwerkes bieten. Der organisatorische Ablauf wird von der Art des Datenträgers nur wenig tangiert. Für das Beschreiben und Lesen von Disketten, RAM-Disk und ROM-Disk sind jedoch unterschiedliche Hardwarevoraussetzungen zu schaffen.

Disketten werden in vier verschiedenen Formaten angeboten. Diese unterscheiden sich zum einen durch ihre Größe und zum anderen durch ihre Kapazität. Tabelle 3 gibt einen Überblick. Grundsätzlich eignen sich alle Diskettenformate. Auch die Speicherkapazität der kleinsten Version mit 360 KB reicht in den meisten Fällen aus. Für den postalischen Versand sollte jedoch die 3,5"-Diskette bevorzugt werden, da sie eine feste Kunststoffhülle besitzt. Dies minimiert das Risiko einer

---

[86] Engl.: ROM = read only memory; Die hier verwendbare Version des "programable ROM" kann zwar wie die RAM-Disk von jedem Anwender beliebig oft gelesen werden, zum Beschreiben des Speichers ist jedoch ein spezielles Programmiergerät notwendig (vgl. Hansen 1986, S. 40f). Auf diesem Medium kann die benötigte Software abgespeichert werden. Da der Interviewer diesen Speicher nicht verändern kann, bietet er die größte Sicherheit gegen gewollte oder ungewollte Manipulationen des Interviewers an der Software. Die Antworteingaben können auf diesem Medium nicht erfaßt werden.

[87] Vgl. Krückeberg/Spaniol (1990), S. 137f.

[88] Vgl. Birke (1988), o. S.; SRG-Publikumsforschung Bern et al. (1991), S. 19f; s. S. 211ff.

Beschädigung auf dem Postweg. Ferner verwenden alle mobilen Computer dieses Format.

Diskettenformate				
physischer Durchmesser	3,5"		5,25"	
Bezeichnung	DD	HD	DD	HD
Speicherkapazität in KB	720	1 440	360	1 200
Speicherkapazität in DIN-A4-Seiten[89]	ca. 200	ca. 400	ca. 100	ca. 350

Tab. 3:   Diskettenformate

Im Institut werden die mit Hilfe des Computers erstellten Texte wie Anschreiben, Fragebogen und Abrechnungsformular sowie gegebenenfalls ein Lernprogramm auf jede Disketten kopiert. Jeder Interviewer, jedes Studio oder jeder Befragte erhält eine Diskette mit diesen Daten. In Abhängigkeit der verwendeten Hardware kann die Befragungssoftware mit auf der Datendiskette, auf einer extra Programmdiskette[90] oder auf einem internen Speicher des Computers[91] gespeichert werden. Die Disk-by-Mail Befragung erfordert eine Kombination aus Daten und Programmen auf einer Diskette, da die Probanden in der Regel nicht über die entsprechende Software verfügen. Für Feld- und Studiointerviews bietet sich eine feste Installation der Software im Befragungscomputer an.

Die Befragungsdaten speichert der Computer auf der Diskette ab, die an das Institut zurückgeschickt wird. Dort liest sie der Zentralrechner ein und bildet aus den einzelnen Datensätzen eine Datei für weitere Auswertungen. Werden in einem Studio größere Stichproben erhoben, so empfiehlt sich, diese Diskette vor dem Versand auf einer zweiten zu sichern. Die Diskette könnte auf dem Postweg verloren gehen oder beschädigt werden. Beide Gefahren treten bei der Datenfernübertragung nicht auf.

---

[89] Eine vollbeschriebene DIN-A4-Seite wird mit 3,5 KB verrechnet.
[90] Z. B. eine ROM-Disk, da hier Programmanipulationen durch Dritte ausgeschlossen sind.
[91] Z. B. eine Festplatte.

Für den Datenträgeraustausch bedarf es einer Hardware, welche die benötigte Anzahl an Disketten kurzfristig herstellen kann. Bei großen Interviewerstäben erfordert dies eine Kapazität von bis zu 1 000 Disketten binnen 24 Stunden. Alternativ können die Disketten auch außer Haus von entsprechenden Dienstleistungsunternehmen kopiert werden. Dies löst jedoch nicht die Aufgabe, die ankommenden Disketten in kurzer Zeit einlesen zu können. Da nur die Befragungsdaten und die Nachrichten der Interviewer eingelesen werden, geht der Einlesevorgang pro Diskette sehr rasch. Entweder wird eine Person eingesetzt, um die Disketten in einige Laufwerke einzuschieben oder eine Maschine übernimmt diese Aufgabe. Letzteres bedeutet eine höhere Investition aber niedrigere Unterhaltskosten.

Disketten können fehlerhaft sein. Dies kann zum teilweisen oder völligen Ausfall der Daten führen. Beim Diskettenversand ist somit eine Qualitätskontrolle vor dem Versand einzurichten. Es ist dabei nicht erforderlich, daß jede Diskette geprüft wird. Bei neuen Disketten sollte aus jeder Schachtel, die in der Regel zehn Disketten enthält, eine geprüft werden. Ist diese fehlerhaft, werden alle Disketten dieser Schachtel überprüft. Somit werden rund zehn Prozent aller neu eingesetzten Disketten kontrolliert.[92]

Werden Disketten aus früheren Befragungen wiederverwendet, so ist grundsätzlich davon auszugehen, daß keine physischen Fehler vorliegen können. Diese wären beim Einlesen der alten Daten hervorgetreten. Beim neuerlichen Bespielen können jedoch Übertragungsfehler auftreten. Diese lassen sich durch eine Stichprobe ermitteln. Treten solche Fehler auf, so ist von einem generellen Fehler beim Kopiervorgang der Disketten auszugehen. Es müssen dann alle Disketten, die in dem gleichen Laufwerk bespielt wurden, überprüft werden. Tritt der Fehler in verschiedenen Laufwerken auf, kann auch ein Fehler in der Ausgangsdatei vorliegen.

Technisch ist auch die Überprüfung aller Disketten möglich. Unmittelbar nach dem Kopieren wird die bespielte Diskette mit der Masterdiskette verglichen. Dies bedeutet jedoch nahezu eine Verdoppelung der benötigten Zeit zur Vervielfältigung.

Fehlerhafte Disketten führen im Feld zu Zeitverzögerungen. Bei Disk-by-Mail ist damit zu rechnen, daß der Proband die Diskette einfach wegwirft, wenn das Programm nicht läuft. Dies provoziert einen Non-Response-Fehler. Die Kontrolle ist also notwendig, wenngleich sie natürlich auch Kosten verursacht.

---

[92] Dieses Vorgehen praktiziert das amerikanische Burke Institut (vgl. Messinger 1989, S. 31).

Keinen Einfluß hat man auf Beschädigungen der Disketten, die während des Transportes eintreten können. Hinzukommt unsachgemäße Behandlung der Disketten durch die Interviewer bzw. die Befragten, so daß immer wieder einzelne Disketten ausfallen. Diese speziellen Probleme löst die Datenfernübertragung.[93] Dies läßt sich jedoch nur dann verwirklichen, wenn die Disketten immer an gleiche Adressen geschickt werden und dort in Zukunft ein Modem für die Datenfernübertragung installiert wird. Die Methode Disk-by-Mail kann davon nicht profitieren.

3.3.1.2 Datenfernübertragung

Die Datenfernübertragung stellt die elektronische Übermittlung gespeicherter Daten über ein öffentliches Netz zwischen zwei Orten außerhalb des selben Gebäudes dar.[94] Diese kann leitungsgebunden oder über Funk erfolgen. Für die Realisation stehen verschiedene Datennetze der Deutschen Bundespost Telekom zur Verfügung:

- Btx[95]
- DATEX-L[96]
- DATEX-P[97]
- ISDN[98]
- Telefonnetz
- Funktelefonnetze C oder D.
- Standleitung[99]

Die beiden kommunizierenden Computer benötigen einen Zugang zu dem verwendeten Datenübertragungsnetz und eine entsprechende Kommunikationssoftware. Die Verbindung zum Datenfernübertragungsnetz stellt jeweils ein Modem her. Es paßt die Daten so an, daß sie zum Beispiel über das Telefonnetz übermittelt

---

[93] Vgl. Messinger (1989), S. 33.
[94] Vgl. Heinrich/Roithmayr (1989), S. 129.
[95] Btx = Bildschirmtext.
[96] "Das Datexnetz mit Leitungsvermittlung ... ist ein öffentliches digitales Wählnetz speziell für die Datenübertragung" (vgl. Hansen 1986, S. 588).
[97] "Das Datexnetz mit Paketvermittlung ... ist ein öffentliches digitales Wählnetz speziell für die Datenübertragung" (vgl. Hansen 1986, S. 588). Die Nachrichten werden dabei in kleine Pakete zerlegt und übermittelt. Dies ermöglicht eine bessere Auslastung der Leitung, da Nachrichten verschiedener Absender gleichzeitig übermittelt werden können. Bei der Leitungsvermittlung ist die Leitung bis zur vollständigen Übermittlung der Nachricht für andere Teilnehmer blokkiert.
[98] ISDN ... "ist ein universelles digitales Fernmeldenetz, welches sich aus dem digitalisierten Telefonnetz entwickelt." (vgl. Hansen 1986, S. 598).
[99] Zwischen den beiden kommunizierenden Computern wird durch die Post eine Leitung geschaltet, die nur von diesen genutzt wird und somit ständig zur Verfügung steht.

werden können. Beim Eintreffen verwandelt es die Nachrichten wieder in lesbare Dateien.[100]

Stationäre Computer können so jederzeit eine Verbindung mit dem Zentralrechner aufbauen und kommunizieren. Diese Möglichkeit besteht bei den Computern im Studio und denen in einem elektronischem Befragungspanel. Dies bedeutet, daß die Zentrale bei Studiobefragungen Zwischenergebnisse abrufen oder den Fragebogen im Studiocomputer jederzeit modifizieren kann. Eine solche Lösung wird zum Beispiel vom SAMPLE-Institut bereits seit längerem erfolgreich eingesetzt.[101]

Bei der Panelbefragung kommuniziert der Zentralrechner meist in regelmäßigen Abständen mit dem Computer des Panelteilnehmers. Dabei werden die Eingaben der Teilnehmer abgerufen und neue Fragen übermittelt sowie Nachrichten ausgetauscht. Diese Form praktiziert die niederländische Gallup Organisation NIPO.[102]

Werden Stand-Alone-Befragungscomputer für längere Zeit stationär installiert, so können diese nach dem gleichen Schema an ein Datennetz angeschlossen werden. Voraussetzung ist die Verfügbarkeit eines Telefonanschlusses.

Bei Befragungen mit transportablen Computern bekommt der Interviewer in der Regel zu Hause ein Tischmodem. Damit verbindet er jeden Abend den Computer mit seiner TAE-Telefonsteckdose.[103] Diese Telefonsteckdose ermöglicht zum einen die normale Nutzung des Telefons und zum anderen kann der Zentralrechner im Laufe der Nacht beim Interviewer eine automatische Datenabfrage vornehmen. Das heißt, der Zentralrechner entnimmt aus dem Befragungscomputer die erhobenen Daten, das Abrechnungsblatt und die Nachrichten des Interviewers. Im Gegenzug werden neue Fragebögen, Anweisungen und Mitteilungen an den Interviewer übermittelt.

Die Kommunikation muß nicht täglich erfolgen. Läuft alles normal, ruft der Zentralcomputer erst zum vereinbarten Termin die Befragungsergebnisse ab. Die tägliche Verbindung des Computers mit dem Modem sorgt für eine Bereitschaft, die es dem Institut ermöglicht, auch zwischen den vereinbarten Terminen im

---

[100] Vgl. Blumenhofer (1991), S. 20.
[101] Vgl. Glagow (1984), S. 43.
[102] Vgl. Saris (1988), S. 93ff.
[103] TAE = Telekommunikations-Anschluß-Einheit. Diese Dose ersetzt die bisherigen Dosen und ermöglichen den gleichzeitigen Anschluß von bis zu drei verschiedenen Telekommunikationsgeräten an einen Hauptanschluß (vgl. Lipinski 1990, S. 226).

Bedarfsfall mit dem Interviewer zu kommunizieren. Darüberhinaus benötigt der Interviewer die Möglichkeit, zwischen den geplanten Kommunikationsterminen Nachrichten, zum Beispiel eine Krankmeldung, an das Institut zu senden.

Eine ständige Erreichbarkeit des mobilen Interviewers ist nur mit hohem technischen Aufwand herzustellen. Auf dem Hardwaremarkt werden bereits einige Laptop bzw. Notebook mit integriertem Modem und Funktelefon angeboten. Über das C- oder D-Netz kann eine Leitungsverbindung vom Erfassungscomputer des Interviewers zum Zentralrechner hergestellt werden. Analog ließe sich auf diese Weise auch zu einem alleinstehenden Befragungsterminal eine Verbindung aufbauen. Da sowohl die Hardware als auch die Verbindungsgebühren sehr teuer sind, bleibt diese Anwendung zunächst nur ganz speziellen Ausnahmefällen vorbehalten.

Als Alternative zur nächtlichen, automatischen Datenabfrage bietet sich die Nutzung einer Mailbox an. Dies entspricht einem elektronischen Briefkasten, aus dem der Interviewer Nachrichten abrufen kann. Der reisende Interviewer nimmt mit Hilfe eines mobilen Modems,[104] seines Befragungscomputers und eines Telefons den Kontakt zu dieser Mailbox auf. Dabei ist es unerheblich, ob er dies von zu Hause, einem Hotelzimmer oder einer öffentlichen Fernsprechzelle tut. Er entnimmt der Mailbox seine neuen Aufträge und sonstigen Nachrichten. Erhobene Daten sendet er an die Mailbox seines Auftraggebers. Ein solches Mailboxsystem kann auf der Hardware des Instituts eingerichtet werden. Alternativ bietet sich die Nutzung eines Mailboxdienstes an, wie ihn nicht nur private Anbieter, sondern auch die Deutsche Bundespost Telekom[105] offeriert. Die Einschaltung eines externen Mailboxanbieters vermeidet den Fall, daß der Interviewer wegen besetzter Leitungen den Zentralrechner des Instituts nicht erreicht.

Für die weiteren Berechnungen ging der Autor von der Nutzung des Telefonnetzes zum Datenaustausch aus. Dies zeichnet sich durch seine Verfügbarkeit an allen Orten aus. Auch in den fünf neuen Bundesländern ist in naher Zukunft mit einer ausreichenden Verfügbarkeit zu rechnen.

Als Alternative bietet sich in der Praxis auch das DATEX-P-Netz an. Der Zugang zu diesem Netz erfolgt zunächst auch über das Telefonnetz bis zu einem Netzknotenpunkt. Erst von da an geht der weitere Weg im DATEX-P-Netz bis in den Institutscomputer. Wird der Netzknoten von DATEX-P innerhalb des Ortsnet-

---

104 Es empfiehlt sich, ein mit einem Akkustikkoppler kombiniertes Modem zu verwenden. Dieser stellt die Verbindung entweder über die Telefondose oder den Telefonhörer her.

105 Vgl. Deutsche Bundespost Telekom (1991a).

zes oder Nahbereich erreicht, können sich durch die Nutzung des DATEX-P-Netzes Kostenvorteile bei langen Strecken und größeren Datenmengen ergeben. Die Leitungsgebühren im DATEX-P-Netz sind entfernungsunabhängig. Für den Zugang ist jedoch eine gebührenpflichtige Teilnehmerkennung erforderlich, die zur Zeit 15 DM pro Monat beträgt.[106] DATEX-P stellt nur für diejenigen Interviewer eine wirtschaftliche Alternative dar, die sehr viele Interviews im Monat realisieren und über 50 km vom Institut entfernt wohnen. Für Erhebungsstudios bietet sich DATEX-P als Verbindung an.

Eine weitere Alternative ergibt sich durch Btx als Datenkommunikationsnetz.[107] Dabei ist dies von der Befragungsform der Btx-Befragung zu unterscheiden. Bei Btx als Datenkommunikationsweg muß der Interviewer selbst aktiv werden. Er muß abends seine Daten an den Mitteilungsspeicher des Instituts senden. Technisch gesehen muß er den Computer mittels eines Kabels mit der TAE-Dose verbinden und einen Befehl aufrufen, der ein kleines Programm startet. Dieses übernimmt die weitere Abwicklung des Datentransfers. Am Morgen muß der Interviewer ein zweites Mal aktiv werden und seinen eigenen Mitteilungsspeicher abfragen, um die Nachrichten in seinen Computer zu übernehmen. Eine interaktive Datenkommunikation ist bei diesem Verfahren nicht sinnvoll.

Das ISDN-Netz verfügt aktuell noch nicht über eine ausreichende Flächendeckung. Insbesondere in den neuen Bundesländern treten hier Probleme auf. ISDN kann die Daten schneller und billiger als DATEX-P übertragen. Ferner ermöglicht es auch den Zugang zu den anderen Netzen, wie Btx. Nachteilig ist die deutlich höhere Grundgebühr von 74 DM im Monat.[108]

Aus Kostengründen wird bei der Datenfernübertragung normalerweise der ganze Fragebogen auf einmal übertragen und der Befragungscomputer steuert die eigentliche Befragung. Es lassen sich mit Hilfe der Kommunikationtechniken auch Befragung im Dialog mit dem Zentralrechner durchführen. Der Interviewer bzw. der Befragte sitzt dann vor einem PC, der nur noch die Kommunikation unterstützt, während die eigentliche Befragung interaktiv vom Zentralrechner gesteuert wird. Dieses Vorgehen findet in der Methode der Btx-Befragung Anwendung.[109]

---

[106] Vgl. Blumenhofer (1991), S. 278.
[107] Vgl. Deutsche Bundespost Telekom (o. J.).
[108] Vgl. Deutsche Bundespost Telekom (1992a).
[109] S. S. 204ff.

3.3.1.3 Zeitvergleich

In vielen Fällen ist die Einrichtung einer direkten Datenfernübertragung zum Befragungscomputer möglich. Ein Vergleich des zeitlichen Ablaufs, wie in Tabelle 4 dargestellt, ergibt eine Zeiteinsparung von ca. 2-4 Tagen durch den Wegfall der Postlaufzeiten gegenüber dem Datenträgeraustausch. Hinzukommt die Einsparungen bei der Eingangskontrolle, der Vercodung und der Übertragung der Papierfragebögen in Dateien, so daß sich die Zeitverkürzung im Vergleich mit dem traditionellen Vorgehen in Abhängigkeit vom Umfang der Daten auf ca. 6-9 Tagen beläuft.

Tag	Papier	Datenträger	DFÜ
0			nachts: DFÜ
1	Kuvertierung	Kuvertierung	1. E.-Tag
2	(Postweg)	(Postweg)	2. E.-Tag
3	Ankunft + 1. E.-Tag	Ankunft + 1. E.-Tag	3. E.-Tag
4	2. E.-Tag	2. E.-Tag	4. E.-Tag
5	3. E.-Tag	3. E.-Tag	5. E.-Tag + DFÜ
6	4. E.-Tag	4. E.-Tag	fertige Datei
7	5. E.-Tag	5. E.-Tag	
8	Rückversand	Rückversand	
9	(Postweg)	(Postweg)	
10	Ankunft + Kontrolle	Ankunft + Kontrolle	
11	Übertragung	fertige Datei	
12	Übertragung		
13	(Übertragung)		
14	(Übertragung)		
15	fertige Datei		
min.	11 Tage	8 Tage	5 Tage
max.	14 Tage	10 Tage	5 Tage
Gewinn		ca. 3-4 Tage	ca. 6-9 Tage

Annahmen: Erstellen, Kontrolle und Kuvertierung der Datenträger erfolgt an einem Tag; Postlaufzeit maximal Versandtag plus 2 Tage; 5 Tage für Felderhebung; Übertragung der Daten vom Papier in den Computer ca. 2-4 Tage, von Datenträgern 1 Tag.
E.-Tag = Erhebungstag.
DFÜ = Datenfernübertragung, in der Regel mittels automatischer Datenabfrage in der Nacht.
min. = minimale Feldzeit unter optimalen Postlaufzeiten und Übertragungszeit von 2 Tagen bei Papier.
max. = maximale Feldzeit bei realistischer Postlaufzeit und Übertragungszeit von 4 Tagen.

Tab. 4: Feldzeiten bei unterschiedlichen Versandarten

Die Feldzeiten bei Papierfragebögen und auch bei Datenträgeraustausch können sich durch organisatorische Probleme erheblich verlängern. Interviewer können zum Beispiel durch Krankheit kurzfristig ausfallen. In diesem Fall schickt er die unbearbeiteten Fragebögen bzw. die Diskette an das Institut zurück (ca. zwei Tage Laufzeit). Anschließend müssen diese Bögen bzw. Diskette an einen Ersatzmann versandt werden, was weitere zwei bis drei Tage dauert. Somit ergeben sich Verzögerungen von ca. fünf Tagen.

Beim Einsatz der Datenfernübertragung übermittelt der Interviewer die Krankmeldung in der ersten Nacht an das Institut. Am nächsten Tag werden die Befragungen einem neuen Interviewer zugeteilt, der seinen Auftrag in der darauffolgenden Nacht erhält. Der Zeitverlust beträgt maximal zwei Tage. Mit etwas technischem Mehraufwand ließe sich dieser Zeitverlust auf einen Tag verkürzen. Hierzu müßte der Interviewer an seinem PC ein Formular "Arbeitsunfähigkeit" zur Verfügung haben. Er trägt darin die Dauer seiner voraussichtlichen Arbeitsunfähigkeit ein. Da diese Meldung standardisiert ist, kann sie ein Programm selbständig verarbeiten und die nicht ausgeführten Aufträge noch in der gleichen Nacht an einen Ersatzmann weiterleiten. Dies reduziert den Zeitverlust auf einen Tag.

Der Einsatz der Datenfernübertragung kann die Felderhebung erheblich beschleunigen. Damit geht ein Vorteil der telefonischen Befragung weitgehend verloren. Zu-Hause- oder Studiointerviews können in fast der gleichen Zeit, wie telefonische realisiert werden.

3.3.1.4 Wirtschaftlichkeitsvergleich

Für eine Entscheidung über den Einsatz neuer Technologien spielt immer die wirtschaftliche Betrachtung eine große Rolle. Tabelle 6 stellt die Kosten gegenüber. Dabei ging der Autor von folgenden Prämissen aus:

- Jedem Versandpaket liegt ein Blatt mit dem Anschreiben und eines für die Interviewerabrechnung und Nachrichten bei.
- Jedes Blatt ist zweiseitig bedruckt und von DIN A3 auf DIN A4 verkleinert.
- Eine Seite enthält durchschnittlich 3 600 Zeichen. Dies entspricht bei zweiseitigem Druck 7 200 Zeichen pro Blatt.[110] Daraus errechnet sich ein Datenvolumen von 57 600 Bit pro Blatt.[111]

---

[110] Annahme des Autors.
[111] Jedes Zeichen wird im Computer durch einen achtstelligen, binären Code dargestellt (vgl. Lipinski 1990, S. 79).

- Ein Blatt wiegt 5g.[112]
- Die Fixkosten für die Datenfernübertragung bestehen aus dem Anschaffungspreis des Modems inkl. der im PC benötigten Software und der Anschlußkabel. Für die weiteren Berechnungen liegt der Einsatz eines 2 400-Bit/s-Modem mit MNP5 Protokoll zugrunde.[113] Diese Investition wird auf fünf Jahre abgeschrieben und auf fünfzig Aufträge pro Jahr verteilt. Daraus ergeben sich für dieses Beispiel 0,68 DM Fixkostenanteil je Auftrag.
- Die im Zentralrechner notwendigen Installationen für die Datenfernübertragung und den Datenträgeraustausch bleiben außer Ansatz, da sie zu stark von den individuellen Verhältnissen des Anwenders abhängen.
- Die Kosten für Verpackungsmaterial und das Personal zum Kuvertieren wird vom Autor mit pauschal 1,00 DM bis 50 Blatt, mit 2,50 DM bis 100 Blatt und mit 5,00 DM darüber angesetzt. Für den Datenträgeraustausch belaufen sich diese Kosten auf schätzungsweise 0,50 DM.[114] Im Gegensatz zum Papierversand muß nur eine Diskette und ein Aufkleber mit der Institutsanschrift in einen wiederverwertbaren Umschlag gesteckt werden.
- Für die Datenfernübertragung wird pro Auftrag eine Verbindung mit dem Interviewer berücksichtigt. Die Datenfernübertragung arbeitet im Vollduplexbetrieb. Dies bedeutet, daß beide Stationen gleichzeitig senden und empfangen können. Die Befragungsergebnisse werden somit parallel zu den Daten des nächsten Auftrages übermittelt.

Tabelle 5 zeigt die für die Beispielrechnung ausgewählten Kombinationen aus Umfang des Fragebogens und der Anzahl der Interviews pro Interviewer bzw. Studio.

Aus der Anzahl der Blätter multipliziert mit dem Gewicht von fünf Gramm je Blatt ergibt sich das Gesamtgewicht einer Sendung. Für die Portoberechnung wurden die aktuellen Gebührensätze der Deutschen Bundespost POSTDIENST[115] angesetzt. Der Versand vom Institut zum Interviewer erfolgt, soweit es das Gewicht zuläßt, als Warensendung, während der Rückversand Briefporto erfordert.

---

[112] Nach eigenen Messung liegt das Gewicht eines DIN-A4-Blattes knapp unter 5 g. Trotzdem werden hier 5 g zugrundegelegt. Im Gegenzug wird das Gewicht der Verpackung vernachlässigt.

[113] Z. B.: HIGHSCREEN Modem HS 2400 MX für 169,00 DM inkl. MWSt. (vgl. Vobis 1993, S. 5). Ein eventuell erzielbarer Mengenrabatt bleibt hier unberücksichtigt.

[114] Die Schutzumschläge für Disketten sind sehr stabil, um die Disketten zu schützen. Dies bringt auch den Vorteil mit sich, daß diese Umschläge häufig wiederverwandt werden können. Die genannten 50 Pfennig sind eine Schätzung des Autors.

[115] Vgl. Deutsche Bundespost POSTDIENST (1992), S. 5ff, 38ff bzw. Deutsche Bundespost POSTDIENST (1993).

Um die oben angenommenen Postlaufzeiten von 2-3 Tagen zu erreichen, werden Päckchen und Pakete als Schnellpaket versandt. Alternativ könnte man hier auch die Frachtsätze der privaten Paketdienste ansetzen. Diese garantieren zum Teil die Zustellung am nächsten Arbeitstag.

Anz. Int.	Anzahl der Blätter			
	3	5	10	20
3	11	17	32	62
5	17	27	52	102
10	32	52	102	202
20	62	102	202	402
50	152	252	502	1 002
DFÜ	4	6	11	21

Anz. Int. = Anzahl der Interviews pro Interviewer
Anzahl Blätter = Anzahl der Blätter des Fragebogens bei zweiseitigem Druck.
Berechnungsformal : Gesamtanzahl Blätter = Anzahl je Fragebogen x Anzahl Interviews + Anschreiben + Abrechnungsbogen.
DFÜ: Gesamtanzahl Blätter = Anzahl je Fragebogen + Anschreiben + Abrechnungsbogen.

Tab. 5:   Versandumfang

Die Kosten für den Datenträgeraustausch sind für alle erwogenen Größen der Fragebögen gleich. Ein Fragebogen mit zwanzig Blatt (= vierzig Seiten) benötigt nach obigen Annahmen einen Speicherplatz von 1 152 000 Bit. Dies entspricht 144 000 Bytes.[116] Eine Diskette hat je nach Ausführung eine Kapazität von 360 000 bis 1 440 000 Bytes. Das Gewicht einer 5,25-Zoll-Diskette beträgt inkl. entsprechendem Schutzumschlag sechzig Gramm. Eine 3,5-Zoll-Diskette ist mit fünfundsechzig Gramm etwas schwerer. Der Versand erfolgt als Brief, da mit der Änderung der Gebührenstruktur zum 01. April 1993 für die Versendung einer Diskette zwischen dem Porto für eine Warensendung und einem Brief keine Differenz mehr besteht. Dies verteuerte den Versand erheblich. Ab 01. April 1994 wird bei der Warensendung eine weitere Gebührenstufe eingeführt, die wieder zu einer Verbilligung führen könnte. Somit ergeben sich unabhängig vom Umfang des Frage-

---

[116] Ein Byte entspricht einem Buchstaben, der durch eine Folge aus acht Bit dargestellt wird (vgl. Hansen 1986, S. 124).

bogens Versandkosten in Höhe von 6,50 DM.[117] Als Alternative käme eine Versendung als Eilbrief in Frage, die mit 20,50 DM[118] zu Buche schlägt.

Anz. Blä.	Kosten der Übertragungsart je Auftrag in DM			Kostendifferenz zum Papierversand in DM	
	Papier	DTA[123]	DFÜ[124]	DTA	DFÜ
11	7,00[119]	6,50	1,37	- 0,50	- 5,63
17	7,00[119]	6,50	1,37	- 0,50	- 5,63
27	7,00[119]	6,50	1,60	- 0,50	- 5,40
32	7,00[119]	6,50	1,37	- 0,50	- 5,63
52	7,00[119]	6,50	1,60	- 0,50	- 5,40
62	7,00[119]	6,50	1,37	- 0,50	- 5,63
102	7,00[119]	6,50	1,37	- 0,50	- 5,63
202	26,00[120]	6,50	2,29	- 22,70	- 23,71
402	30,20[121]	6,50	3,90	- 26,90	- 26,30
502	30,20[121]	6,50	2,29	- 26,90	- 27,91
1 002	31,60[122]	6,50	3,90	- 28,30	- 26,30

Papier = Versand von auf Papier gedruckten Fragebögen.
DTA = Datenträgeraustausch
DFÜ = Datenfernübertragung

Tab. 6: Versandkosten je Interviewer

---

[117] 2 x 3,00 DM Warensendung + 0,50 DM Verpackung = 6,50 DM.
[118] 2 x (3,00 DM Brief + 7,00 DM Eilzustellung) + 0,50 DM Verpackung = 20,50 DM.
[119] 50-1000 g: 3,00 DM Warensendung x 2 + 1,00 DM Verpackung = 7,00 DM.
[120] Bis 2 kg: (4,50 DM Päckchen + 6,00 DM Schnellsendungsgebühr) x 2 + 5,00 DM Verpackung = 26,00 DM.
[121] Bis 5 kg, 2. Zone über 150 km: 4,60 DM selbstgebuchtes Paket + 2,50 DM Zustellentgelt + 6,00 DM Schnellsendungsgebühr + 6,10 DM Paket + 6,00 DM Schnellsendegebühr + 5,00 DM Verpackung = 30,20 DM.
[122] Bis 6 kg, 2. Zone über 150 km: 5,30 DM selbstgebuchtes Paket + 2,50 DM Zustellentgelt + 6,00 DM Schnellsendungsgebühr + 6,80 DM Paket + 6,00 DM Schnellsendegebühr + 5,00 DM Verpackung = 31,60 DM.
[123] 50-1000 g: 3,00 DM Warensendung x 2 + 0,50 DM Verpackung = 6,50 DM.
[124] Anzahl der Gebühreneinheiten x 0,23 DM + 0,68 DM Fixkosten. Anzahl der Gebühreneinheiten = 57 600 Bit/Blatt x Anzahl Blätter : 2 400 Bit/Sek. : 40 Sek./Einheit. Ergebnis auf eine ganze Zahl aufgerundet. Da die Blattanzahl mit bis zu drei verschiedenen Kombinationen erreicht werden können, beschränkt sich die Angabe auf die jeweils billigere Alternative.

Für die Datenfernübertragung liegt der Einsatz eines 2 400-Bit/s-Modem zugrunde. Der Fixkostenanteil beträgt je Auftrag 0,68 DM.[125] Innerhalb einer Einheit[126] lassen sich gemäß obigen Annahmen bis zu 1,5 Blätter übertragen. Da die Ergebnisse ohne den Text der Fragen zurückgesendet werden, reduziert sich der Umfang erheblich. Für den Datenrücktransfer genügt in der Regel eine Einheit. Der Einsatz von wesentlich teureren Hochleistungsmodems rentiert sich für die relativ seltene und wenig umfangreiche Kommunikation mit Feldinterviewern nicht. In der Anbindung eines Erhebungsstudios, in der unter Umständen auch tagsüber bei höheren Gebührensätzen für die Datenübertragung kommuniziert wird, fällt die Entscheidung wohl eher zu Gunsten eines schnelleren Modems aus.

Geht man von fünf Interviews je Interviewer und einem Fragebogenumfang von zehn Blättern (= zwanzig Seiten) aus, so errechnet sich eine Einsparung durch Datenträgeraustausch von 0,50 DM je Auftrag und Interviewer. Die Ersparnis durch Datenfernübertragung liegt mit 5,63 DM wesentlich höher. Bei großangelegten Studien, wie sie zum Teil von großen Instituten als Omnibusbefragungen angeboten werden, kommt es zum Einsatz von bis zu 1 000 Interviewern oder mehr. Bei wöchentlicher Durchführung dieser Studien ergibt sich eine jährliche Ersparnis von 25 000 DM[127] für den Datenträgeraustausch und von 281 500 DM[128] für die Datenfernübertragung. Der Datenträgeraustausch wird erst bei größeren Paketen finanziell interessant. Hier kann er dann auch mit der Datenfernübertragung konkurrieren.

Bei den Kostenvorteilen des Datenträgeraustausches ist zu beachten, daß hier die institutseitigen Investitionen nicht berücksichtigt wurden. Hinzukommt beim Datenträgeraustausch die Anschaffung der Disketten, die jedoch immer wieder verwendet werden können. Diese Investitionen amortisieren sich bei größeren Interviewer-Stäben bereits im ersten Jahr allein durch eingesparte Versandkosten.

Für die Datenfernübertragung sind die notwendigen Investitionen vielfältiger. Jeder Interviewer bzw. jedes Studio benötigt zusätzlich zum Befragungscomputer ein Modem. Falls nicht vorhanden, muß die normale Telefonsteckdose gegen eine TAE-Dose ausgetauscht werden. Die Deutsche Bundespost Telekom verlangt hier-

---

[125] S. S. 74.

[126] Nachttarif, Entfernung über 50 km: 40 Sekunden je Einheit à 23 Pfennige (vgl. Deutsche Bundespost Telekom 1992b, S. 12).

[127] 1 000 Interviewer x 0,50 DM Ersparnis/Interviewer und Auftrag x 50 Aufträge/Jahr = 25 000 DM Ersparnis/Jahr.

[128] 1 000 x 5,63 DM x 50 = 281 500 DM.

für 65 DM.[129] Im Institut muß eine Hardware mit einer entsprechenden Software ausgestattet werden. Ferner benötigt man eine Anzahl von Telefonleitungen mit Modems, um die Datenabfrage aller Feldinterviewer innerhalb einer Nacht sicherstellen zu können. Großrechner sind dafür jedoch nicht erforderlich. Ein 386er-PC[130] kann mit entsprechender Software die Datenabfrage auf bis zu sechzehn Amtsleitungen gleichzeitig bewältigen.[131]

In der Tabelle 6 wurde die Alternative Btx nicht berücksichtigt. Bei Btx erfolgt die Verbindung generell zum Ortstarif von 0,23 DM. Hinzu kommen Sende- und Empfangsgebühren von zusammen 0,70 DM je Verbindung. Die variablen Verbindungskosten betragen bis 7,5 Blätter 0,93 DM[132] und erhöhen sich je 7,5 Blatt um lediglich 0,23 DM. Die Rücksendung der Erhebungsdaten kann parallel zum Empfang der neuen Aufträge erfolgen. Bei getrennter Übermittlung genügt meist eine Einheit, wenngleich hierbei zu berücksichtigen ist, daß die Sendegeschwindigkeit nur 75 Bit/s beträgt. Als Fixkosten fallen pro Interviewer und Monat 8 DM Grundgebühr an. Bei vier Aufträgen im Monat sind dies weitere 2 DM pro Auftrag. Hinzukommt die einmalige Anschlußgebühr und ein spezieller Softwaredecoder, so daß weitere 0,94 DM als Fixkosten hinzugerechnet werden müssen.[133] Damit ergibt sich ein Verbindungspreis von mindestens 3,87 DM je Auftrag, der deutlich über der Alternative Telefonnetz liegt. Auf der Institutsseite entstehen weitere monatliche Gebühren für die Nutzung des Btx-Dienstes. Wirtschaftlich ist dieser Kommunikationsweg erst ab einer größeren Anzahl von Verbindungen pro Monat interessant, wenn es dadurch zu einer Fixkostendegression pro Auftrag kommt.

Ein weiterer Nachteil von Btx ergibt sich aus der fehlenden Möglichkeit der automatischen Datenabfrage. Der Interviewer wird also hierdurch stärker belastet. Als Vorteil ließe sich anführen, daß der Interviewer das Btx-System auch zu privaten Zwecken nutzen könnte. Er erhielte somit einen geldwerten Vorteil, der eventuell dazu beitragen könnte, die hohe Fluktuationsrate in den Interviewerstäben zu senken.

---

[129] Vgl. Bundesministerium für Post und Telekommunikation (1989), S. 33.

[130] Z. B.: HIGHSCREEN Kompakt 386 SX-33 für 1563,00 DM (vgl. Vobis 1993, S. 5).

[131] Vgl. o. V. (1991a), S. 6.

[132] Eine Einheit zu 6 Minuten ermöglicht bei einer Empfangsgeschwindigkeit von 1 200 Bit/s den Empfang von ca. 7,5 Blättern oder 15 Seiten.

[133] (65 DM Anschlußgebühr + 169 DM Softwaredecoder) : 5 Jahre à 50 Aufträge = 2,06 DM. Angebot eines Btx-Software-Decoders, der in einem Standardmodem (HIGHSCREEN Modem HS 2400 MX) integriert ist (vgl. Vobis 1993, S. 5).

Der Datenträgeraustausch ist organisatorisch einfacher zu handhaben als die Datenfernübertragung. Der Datenträgeraustausch bietet den Vorteil, daß auch andere Materialien, wie zum Beispiel Testmuster zusammen mit den Daten versendet werden können. Die Datenfernübertragung besticht jedoch durch die große Zeiteinsparung im Untersuchungsablauf und durch die tägliche Erreichbarkeit des Interviewers.

3.3.2 Stichprobenmanagement

Wie schon erwähnt, verlagern einige Auswahlverfahren, wie die Random-Route-Methode oder die Quotenauswahl die Bestimmung der Stichprobenelemente in die Erhebungsphase. Dies gilt auch generell für die computerunterstützte, telefonische Befragung. Beim Random-Route-Verfahren kann der Computer nach Abschluß jeder Befragung automatisch den Weg zum nächsten Zielhaushalt aufzeigen. Ist sich der Interviewer unsicher, kann er die gesamten Regeln der Auswahlmethode in einer Datei nachschlagen. Trifft der Interviewer eine ausgewählte Person nicht an, so notiert er die Adresse im Computer. Läßt sich die Adresse mit einer Terminabsprache kombinieren, so erinnert der PC den Interviewer rechtzeitig an den vereinbarten Termin.

Beim Quotenverfahren gibt der Computer nach jeder Befragung eine Übersicht über die noch nicht erfüllten Quoten. Bei Studiobefragungen lassen sich die aktuellen Quoten an den Mitarbeiter auf der Straße übermitteln, der somit effektiver anwerben kann.

Das Stichprobenmanagement bei der computerunterstützten, telefonischen Befragung entbindet den Interviewer völlig von der Stichprobenbildung. Das System wählt eine Nummer aus und teilt sie einem Interviewer zu. Kommt kein Kontakt mit diesem Anschluß zustande oder vereinbart der Interviewer erst einen Befragungstermin, so sorgt das Auswahlprogramm automatisch für eine Wiederanwahl des Teilnehmers.[134]

---

[134] Näheres s. S. 125ff.

3.3.3 Befragung

Der Einsatz des Computers in der Erhebungsphase ersetzt nicht nur das Papier und erspart die Übertragung der Daten in einen Computer, er bietet auch vielfältige Verbesserungen und neue Möglichkeiten. Diese erstrecken sich auf die Ablaufsteuerung und die Kontrolle der Erhebungsphase. Ein Teil der Verbesserun-

Fehlerfreie Ablaufsteuerung
Einhaltung der Fragenreihenfolge Fragen- und Itemrotation Aufnahme vorheriger Antworten Steuerung von Medien Integration von apparativen Meßverfahren Antwortzeitmessung Conjoint Analyse Mapping Hintergrunddateien Einsatz verschiedener Sprachen
Kontrolle
Antwortkontrolle Quotenkontrolle Interviewerkontrolle

Tab. 7: Möglichkeiten durch den Computereinsatz

gen ließen sich bislang wegen technischer Schwierigkeiten nicht oder nur mit großen Problemen in eine Befragung einbauen. Tabelle 7 gibt einen Überblick über diese Möglichkeiten.

3.3.3.1 Einhaltung der Fragenreihenfolge

Die automatische Überwachung und Steuerung der Fragenreihenfolge stellt wohl eine der bedeutendsten Verbesserung durch den Computer gegenüber der Papier-und-Bleistift-Methode dar.[135]

Teilweise werden komplizierte Verzweigungen innerhalb eines Fragebogens eingesetzt, die auf Antworten zu mehreren Fragen beruhen. Bei der traditionellen Vorgehensweise bedeutete dies ein erhebliches Fehlerrisiko. Dem versuchte man durch eine ausführliche Schulung und Einweisung der Interviewer zu begegnen,

---

[135] Vgl. Sudman/Bradburn (1982), S. 225.

80

um die Fehlerhäufigkeit zu reduzieren. Selbst aufwendige Schulungen konnten Fehler in der Befolgung der Filter bislang auch bei erfahrenen Interviewern nicht ausschließen.[136]

Die Interviewer erhielten in einigen Fällen Ablaufdiagramme des Fragebogens, die ihnen einen Überblick über alle Möglichkeiten und deren Folgen gaben. Eine andere Unterstützungsmöglichkeit bestand in separaten Bögen, auf denen die relevanten Antworten auf Filterfragen zusätzlich notiert wurden, um anschließend die richtige Reihenfolge zu erkennen.[137]

Bei der computerisierten Befragung wird der Befragungsablauf programmiert. Der Computer entscheidet anhand dieser Vorgaben und der Antworten, welche Frage als nächste zu stellen ist. Eine fehlerhafte Reihenfolge der Fragen ist bei korrekter Programmierung ausgeschlossen.

Die automatische Kontrolle aller Filter befreit den Interviewer von der Notwendigkeit, seine Aufmerksamkeit auf die Fragenreihenfolge zu richten. Vielmehr kann er sich vollständig auf die Fragen, die Antworteingabe und ein eventuell notwendiges Nachfassen bei offenen Fragen konzentrieren.[138] Wie einige neuere Untersuchungen zeigen, führt dies auch zu einer Verkürzung der Interviewdauer. Der Interviewer benötigt keine zusätzliche Zeit zwischen den Fragen, um die richtige Reihenfolge zu überlegen.[139] Diese Untersuchungsergebnisse, die von Zeiteinsparungen bis zu 20% berichten, lassen sich nicht verallgemeinern. Sie hängen von der Anzahl und Komplexität der Fragebogenverzweigungen ab. Ferner resultiert die Verkürzung auch aus einer Entlastung des Interviewers von Kontrollaufgaben.

Bei schriftlichen Befragungen war bislang der Einsatz von Filterfragen nur beschränkt möglich. Selbst bei einfachen Verzweigungen ist mit Fehlern durch die Befragten zu rechnen. Neben Verständnisfehlern kürzen manche Befragte die Befragung dadurch ab, daß sie die Antwortalternative auswählen, die weniger Fragen nach sich zieht.[140] Hier schafft der Computereinsatz auch bei den unpersönlichen Befragungsarten Abhilfe und ermöglicht ein breiteres Spektrum der verwendbaren Fragenvarianten. Für den Probanden ist es unerheblich, wieviele Filterfragen im Fragebogen vorkommen. Er bemerkt diese Verzweigungen gar nicht.

---

[136] Vgl. Sudman/Bradburn (1982), S. 224f.
[137] Vgl. Sudman/Bradburn (1982), S. 225.
[138] Vgl. Harmon (1984), S. 36; Malhotra et al. (1987), S. 74f.
[139] Vgl. Wyatt (1991), S. 35.
[140] Vgl. Sudman/Bradburn (1982), S. 225.

Eine Reihe von vergleichenden Untersuchungen belegt die Qualitätsverbesserung der Befragung durch die automatische Filterführung.[141] Dies ist einer der bedeutendsten Vorteile des Computereinsatzes.

3.3.3.2 Fragen- und Itemrotation

Die Reihenfolge der Fragen oder der Antwortvorgaben muß jedoch nicht immer starr vorprogrammiert werden. Mit Hilfe eines entsprechenden Programmteils können Items, Fragen, ganze Fragenblöcke oder Antwortvorgaben zufallsgesteuert rotiert werden. Bevor man den Nutzen dieser Möglichkeit beurteilen kann, bedarf es einer allgemeinen Beschäftigung mit Reihenfolgeeffekten.

Schon seit langem wird diskutiert, ob die Reihenfolge der Fragen oder Antwortvorgaben die Antworten des Probanden beeinflußt. Man spricht dabei vom Ausstrahlungs-, Halo-, Plazierungs- oder Positionierungseffekt. Anger vertritt die Meinung,

> "daß jedes Thema und - innerhalb jedes Themenbereichs - jede Einzelfrage einen Positions- oder Ausstrahlungseffekt auf die nachfolgenden Abschnitte der Befragung hat."[142]

Den gesamten Ausstrahlungseffekt zerlegt er in sechs wirksame Teileffekte:[143]

(1) Konsistenzeffekt
(2) Aktualisierungseffekt
(3) Lerneffekt
(4) Motivationseffekt
(5) Ablenkungseffekt
(6) Löscheffekt.

Im einzelnen stehen folgende Thesen hinter diesen Effekten:

(1) Der Befragte bemüht sich, während der Befragung Widersprüche zu vermeiden. Seine Antworten sollen seiner Meinung nach konsistent sein. Im Rahmen dieses Bemühens richtet er seine Antwort an früheren Aussagen aus, obwohl der Inhalt seiner Antwort dann nicht mehr seiner wahren Einstellung entspricht (= Konsistenzeffekt).

---

[141] Vgl. Groves/Mathiowetz (1984), S. 356ff; Catlin/Ingram (1988), S. 446; u. a.
[142] Vgl. Anger (1975), S. 586.
[143] Vgl. Anger (1975), S. 586f.

(2)   Durch vorhergehende Fragen werden beim Probanden Themenbereiche und bestimmte Einstellungen aktualisiert. Anger nennt als Beispiel die Frage nach der Religionszugehörigkeit. Ein Katholik, der unmittelbar vorher auf seinen Glauben hingewiesen wurde, neigt dazu, konservativer zu antworten, als er eigentlich eingestellt ist (= Aktualisierungseffekt). Die Verfälschung läuft hier eher unbewußt ab, kann jedoch auch Ausdruck eines bewußten Konsistenzeffektes sein.

(3)   Der Befragte lernt aus den Fragen etwas über das Befragungsthema. Oft werden Informationen gegeben, die er anschließend beurteilen soll. Im Laufe des Interviews verändert sich seine Meinung zum Untersuchungsgegenstand durch die intensive Beschäftigung und die in den Fragen enthaltenen Informationen (= Lerneffekt).

(4)   Fragen oder auch die Art der Formulierung können die Motivation des Befragten beeinflussen. Ärgert sich der Proband über eine Frage ("wie kann man ihn so etwas Dummes fragen"), so kann es zu einer Trotzreaktion kommen, die zu bewußt falschen Antworten von Folgefragen führen (= Motivationseffekt).

(5)   Es gibt Fragen, die zu einem hohen emotionalen Engagement des Befragten führen. Dadurch kann es passieren, daß er in Gedanken noch bei der vorhergehenden Frage weilt. Er beantwortet die aktuelle Frage nicht mit der nötigen Aufmerksamkeit und somit unter Umständen falsch oder unvollständig (= Ablenkungseffekt).

(6)   Diese Ablenkung kann man bei der Fragebogengestaltung auch bewußt nutzen. Dabei geht es darum, die Gedanken des Befragten von einem aktualisierten Thema wegzubringen, um anschließend wieder unbeeinflußt dazu Fragen stellen zu können (= Löscheffekt).

Sudman und Bradburn weisen zusätzlich auf den Ermüdungseffekt hin. Problematisch sehen diese Autoren dabei, daß ein Ermüdungseffekt während der Befragung, insbesondere bei längeren Itembatterien, sich zwar als Regel anerkennen läßt, wann dieser auftritt, ist jedoch individuell verschieden.[144]

---

[144] Vgl. Sudman/Bradburn (1982), S. 145.

Kraut et al. konstatierten in ihrer Untersuchung, daß sich die Veränderung der Position einer Itembatterie[145] innerhalb ihres Fragebogens als äußerst problematisch erwies. Je weiter hinten die Itembatterie im Fragebogen plaziert wurde, umso geringer war die Varianz der Antworten pro Item auf der vorgegebenen Likert-Skala. Die Auswertung von Mittelwerten bereitete keine Probleme. Eine Verbindung anderer Merkmale der Probanden mit extremen Wertangaben erwies sich als nicht sinnvoll. Zusammenhänge werden falsch oder gar nicht ermittelt, da diejenigen, die später um die Beurteilung der Items gebeten wurden, unabhängig von ihren sonstigen Merkmalen tendenziell keine Extremwerte wählten. Somit ist der Zusammenhang zwischen der Plazierung und den Extremurteilen stärker als der zu anderen Merkmalen des Befragten.[146]

Es handelt sich hierbei um einen Ermüdungseffekt. Die Bearbeitung einer so umfangreichen Itembatterie erfordert die volle Aufmerksamkeit des Befragten und sollte in diesem Fall eher am Anfang des Fragebogens stehen. Eine Rotation von Fragenblöcken innerhalb des gesamten Fragebogens muß daher mit Skepsis gegenübergestanden werden.

Aus diesen Ausführungen wird deutlich, daß eine beliebige Rotation zwar einen Effekt beseitigen kann, aber gleichzeitig einen anderen, mit unter Umständen negativeren Folgen auslöst. Scheuch, der ebenfalls zu den Vertretern zählt, die den Halo- und den Positionierungseffekt für bedeutsam erachten, fordert deshalb eine psychologisch richtige Reihenfolge von Fragen und Themen innerhalb einer Befragung. Diese muß nicht zwingend mit der logischen Reihenfolge übereinstimmen.[147]

Gestützt wird diese Forderung durch verschiedene Untersuchungen. Roberson und Sundstrom[148] untersuchten die Folgen einer zufälligen Rotation von Fragenblöcken. Sie fanden, daß die Ergebnisse des bewußt gestalteten Fragebogens weniger Halo-Effekte aufwiesen als die zufallsgesteuerten Gestaltungen. Hinzu kam ein deutlich höherer Rücklauf dieser Version.

Sudman und Bradburn erkennen zwar das Auftreten von Halo-Effekten an, schränken aber die Erkennbarkeit dieser Effekte sehr stark ein. Eine zuverlässige Vorhersage des Auftretens ist nicht möglich.[149] Dies erinnert wiederum an

---

[145] 46 Items mit einer Likert-Skala.
[146] Vgl. Kraut et al. (1975), S. 774ff.
[147] Vgl. Scheuch (1973), S. 91f.
[148] Vgl. Roberson/Sundstrom (1990), S. 354ff.
[149] Vgl. Sudman/Bradburn (1982), S. 142.

Scheuch, der die Befragung eher als eine Kunst als eine wissenschaftlich fundierte Methode ansieht.[150] In der Tat fehlen bis heute zuverlässige Regeln über das Auftreten von Halo-Effekten.

In einer früheren Untersuchung stellte Bradburn zusammen mit Mason[151] sogar fest, daß die Rotation von Fragenblöcken keine unterschiedlichen Ergebnisse erbrachte. Es traten keine Reihenfolgeeffekte auf. Wiederum ist im Zusammenhang mit einer Fehlerquelle festzustellen, daß das Auftreten eines Bias nur in bestimmten Fällen nachweisbar ist und daß die Größenordnung nicht exakt zu ermitteln ist. Bradburn und Mason weisen explizite daraufhin, daß sich ihr Befund nicht verallgemeinern läßt und nicht belegt, daß es keine Reihenfolgeeffekte gäbe.[152] Ein Forscher muß also immer mit dem Auftreten von Reihenfolgeeffekten rechnen.

Während die bisherigen Abhandlungen sich vorwiegend auf Fragen und Fragenblöcke konzentrierten, sollen nun noch einige interessante Ergebnisse zu Reihenfolgeeffekte bei Antwortvorgaben auf Multiple-Choice-Fragen dargestellt werden. Payne fand heraus, daß bei Multiple-Choice-Fragen die Wahl der Antwortalternative von zwei Faktoren abhängt:

- dem Inhalt und
- der Position.

Die erste Position wird von den Befragten bevorzugt. Zwischen dieser und einer Plazierung am Ende der Antwortvorgaben ergaben sich im Durchschnitt vier Prozentpunkte Unterschied in der Häufigkeit der Auswahl. Die mittlere Position fällt nochmals um weitere zwei Punkte ab.[153] Die Befragten neigen dazu, in einer Liste die ersten Antwortvorschläge auszuwählen.

Blunch[154] stellte in seiner Abhandlung fest, daß eine Rotation der Antwortvorgaben von Multiple-Choice-Fragen den Positionierungseffekt nicht beseitigen konnte. Die Probanden neigten dazu, generell den zu erst plazierten Antworten ihre Zustimmung zu geben. Die Zufallsrotation verteilt diesen Effekt zwar gleichmäßig auf alle Variablen, was den Effekt im Durchschnitt aufhebt, aber weitergehende Auswertungen im Zusammenhang mit anderen Variablen sind problematisch. Gäbe es zum Beispiel einen Zusammenhang zwischen der Alternative X und dem Alter,

---

[150] Vgl. Scheuch (1973), S. 78.
[151] Vgl. Bradburn/Mason (1964), S. 57ff.
[152] Vgl. Bradburn/Mason (1964), S. 61.
[153] Vgl. Payne (1951), S. 84ff.
[154] Vgl. Blunch (1984), S. 216ff.

so wird dieser unter Umständen nicht erkannt, da fehlerbedingt zuviel andere Probanden aufgrund der Position diese Alternative wählten. Die Rotation vermindert diesen Effekt, kann ihn aber nicht beseitigen. Nur bei der Betrachtung der Verteilung der Antworten zwischen den Alternativen kann die Rotation den Fehler aufheben.

Die Mehrheit der Autoren sieht in der Rotation ein gutes Mittel, den Reihenfolgeeffekten entgegen zu wirken.[155] Wenngleich die Ansichten, ihn mit der Rotation vermeiden zu können, zu weit gehen, ist doch eine Reduzierung erreichbar. Bislang scheiterte der Einsatz oft an organisatorischen Schwierigkeiten. Der PC bietet nun neue Möglichkeiten, so daß die Forderung aufgestellt werden kann, daß ein Befragungsprogramm über die Möglichkeit der Rotation verfügen soll. Dabei sollte man nicht in das Extrem verfallen, alles zu rotieren, denn dies könnte, wie oben dargestellt, negative Folgen hervorrufen. Der richtige Einsatz der Rotation zählt somit auch zu der Kunst der Befragung.

Bislang versuchte man diesen Einfluß, soweit er sich nicht durch bewußte Fragebogengestaltung vermeiden oder verringern ließ, durch zwei Methoden der Rotation zu minimieren:

- Kärtchenspiele
- verschiedene Versionen von Fragebögen mit vertauschter Reihenfolge.

Kärtchenspiele beziehen sich in der Regel nur auf Items (Antworten, Begriffe, Eigenschaften, Preise ...) und nicht auf ganze Fragen. Beim Kärtchenspiel bekommt der Interviewer einen Stoß Kärtchen. Auf jedem steht ein Item. Der Interviewer wird angewiesen, die Kärtchen jedesmal zu mischen und erst dann dem Probanden vorzulegen. Somit wird die Reihenfolge jedesmal zufällig variiert. Wieviele Interviewer die Kärtchen tatsächlich jedesmal neu mischen, läßt sich nur mutmaßen. Im Fragebogen stehen die Items in einer festen Reihenfolge. Der Interviewer erleichtert sich die Arbeit, wenn er die Kärtchen in dieser Reihenfolge sortiert den Befragten vorlegt. Andernfalls müßte er für die Eintragung das zufällig vorgelegte Item erst suchen. Dem Autor ist hierüber keine Untersuchung bekannt. Je weniger Interviewer sich an die Anweisung halten, umso eher können Reihenfolgeeffekte auftreten, die vom Forscher als solche nicht erkannt werden.

Die Rotation von Fragen war bislang nur durch den Druck von verschiedenen Versionen des Fragebogens möglich. Hierbei kam es zu erheblichen Kostensteige-

---

155 Vgl. z. B.: Payne (1951), S. 85 u. a.

rungen bei der Erstellung und Verteilung der Fragebögen. Die Degressionseffekte von großen Auflagen können dann nicht mehr genutzt werden. Mit Hilfe des Computers und der passenden Software werden bei der Fragebogenerstellung alle Fragenblöcke bzw. Itembatterien markiert, innerhalb deren die Rotation vorgenommen werden soll. Aufgrund der notwendigen Fragebogendramaturgie lassen sich nicht alle Fragen rotieren. Bei überlegter Anwendung führt die Rotation zu einer qualitativen Verbesserung der Daten.

3.3.3.3 Aufnahme vorheriger Antworten

Die Aufnahme vorheriger Antworten in spätere Fragen ist methodisch betrachtet nichts neues. Auch bei einer Befragung mit Papier und Bleistift wandte man dies an. Abbildung 17 zeigt ein Beispiel mit traditionellem Vorgehen. Der Interviewer oder der Befragte selbst muß die Markennamen in den Bogen eintragen. Dabei kann die ursprüngliche Angabe bereits einige Seiten zurückliegen. Dies stellt eine Fehlerquelle dar, wenn aus Versehen die als Marke B genannte als Marke C beurteilt wird. Der Computereinsatz nimmt die Sorge um eine spätere korrekte Wiederaufnahme einer Angabe dem Interviewer bzw. dem Befragten ab. Automatisch setzt das Programm die Angaben an die entsprechenden Stellen der Folgefragen ein. Die Abbildungen 18 bis 23 zeigen das Layout einer rechnergestützten Befragung. Die unterstrichenen Wörter stellen dabei die Antworten des Befragten dar, die in späteren Fragen automatisch wieder eingesetzt werden. Dies wurde durch Fettdruck in den Abbildungen verdeutlicht.

Auf dem ersten Bildschirm (Abbildung 18) können alle Sorten angegeben werden, die im Haushalt vorhanden sind. Bei der Papier-und-Bleistift-Befragung muß der Forscher einen Kompromiß zugunsten des Fragebogenumfanges eingehen. Jede weitere Möglichkeit einer Markenangabe zieht auch eine weitere Itembatterie zur möglichen Bewertung dieser Marke nach sich. Der Computer kann praktisch beliebig viele Markenangaben aufnehmen. Entsprechend den Angaben in den zu Frage 14 korrespondierenden Bildschirme 3 und 5 legt er für weitere Fragen nur diejenigen Marken vor, die der Befragte auch selbst verwendet. Eine Beschränkung auf die maximal vier Sorten, wie im schriftlichen Fragebogen, besteht nicht. Es werden somit auch Großhaushalte oder Verwender von vielen Sorten ohne Informationsverlust erfaßt.

13. Welche verschiedenen Marken von Zahncreme sind derzeit in Ihrem Haushalt vorhanden?

Marke A ....
Marke B ....
Marke C ....
Marke D ....

14. Wer benutzt welche Marken in Ihrem Haushalt? Bitte geben Sie alle Haushaltsmitglieder an, welche die jeweilige Marke regelmäßig benutzen. Wird eine Marke von keiner Person in Ihrem Haushalt regelmäßig benutzt, so ist keine Eintragung erforderlich.
(Int.: Bitte jeweils die Marke eintragen)

	Befragte(r)	Partner	Kinder	Anzahl Kinder
Marke A	O	O	O	____
Marke B	O	O	O	____
Marke C	O	O	O	____
Marke D	O	O	O	____

15. Welche der nachfolgenden Eigenschaften treffen auf die Marke .... (Int. Bitte Marke A eintragen) zu? Bitte bewerten Sie diese Eigenschaften auf folgender 5er Skala nur, wenn Sie diese Marke auch selbst regelmäßig verwenden.

z. B. Itembatterie mit Bewertung auf einer 5er-Skala

16. Welche der nachfolgenden Eigenschaften treffen auf die Marke .... (Int. Bitte Marke B eintragen) zu? Bitte bewerten Sie diese Eigenschaften auf folgender 5er Skala, wenn Sie diese Marke auch selbst regelmäßig verwenden.

z. B. Itembatterie mit Bewertung auf einer 5er-Skala

17. Welche der nachfolgenden Eigenschaften treffen auf die Marke .... (Int. Bitte Marke C eintragen) zu? Bitte bewerten Sie diese Eigenschaften auf folgender 5er Skala, wenn Sie diese Marke auch selbst regelmäßig verwenden.

z. B. Itembatterie mit Bewertung auf einer 5er-Skala

18. Welche der nachfolgenden Eigenschaften treffen auf die Marke .... (Int. Bitte Marke D eintragen) zu? Bitte bewerten Sie diese Eigenschaften auf folgender 5er Skala, wenn Sie diese Marke auch selbst regelmäßig verwenden.

z. B. Itembatterie mit Bewertung auf einer 5er-Skala

Abb. 17: Beispiel für die Aufnahme einer vorherigen Antwort in eine nachfolgende Frage bei der Papier-und-Bleistift-Methode

> Welche verschiedenen Marken von Zahncreme sind derzeit in Ihrem Haushalt vorhanden?
>
> blend-a-med
> Colgate

Abb. 18: Beispiel für die automatische Aufnahme von Antworten, Bildschirm 1

Aufgrund einer mitlaufenden Hintergrunddatei[156] erscheint Bildschirm 2 (Abbildung 19). Bei nicht eindeutigen Angaben klärt der Computer gleich die Antwort durch selbständiges Nachfragen.

> Bitte geben bitte Sie an welche Sorte(n) von
>
> **blend-a-med**
>
> in Ihrem Haushalt vorhanden ist:
>
> | | blend-a-med Parodontoseschutz |
> | X | blend-a-med Parodontoseschutz Mint |
> | | blend-a-med Gel |
> | | blend-a-med Zahnsteinschutz |
> | | blend-a-med Kariesschutz |
> | | blend-a-med Junior Gel |
> | | blend-a-med _____ . |
>
> weiß nicht.

X = Antworteingabe

Abb. 19: Beispiel für die automatische Aufnahme von Antworten, Bildschirm 2

Die komplizierte Matrix der Frage 14 in der schriftlichen Version entfällt. Der Computer zerlegt diese Frage in eine entsprechende Anzahl einzelner Bildschirme (Abbildung 20 bis 22). Die Anzahl der Kinder wird separat und übersichtlich erfragt, sobald vorher das entsprechende Feld markiert wurde.

---

[156] S. S. 99f.

```
Wer in Ihrem Haushalt benutzt die Zahncreme

    blend-a-med Kariesschutz?

X       Sie selbst
        Ihr Partner
X       Ihre Kinder.
```

Abb. 20: Beispiel für die automatische Aufnahme von Antworten,
Bildschirm 3

```
Wieviele Ihrer Kinder benutzen

    blend-a-med Kariesschutz?

2       Kinder
```
Anmerkung: Diese Frage erscheint nur, wenn in der vorhergehenden die
Rubrik "Ihre Kinder" angekreuzt wurde.

Abb. 21: Beispiel für die automatische Aufnahme von Antworten,
Bildschirm 4

```
Wer in Ihrem Haushalt benutzt die Zahncreme

    Colgate?

        Sie selbst
X       Ihr Partner
        Ihre Kinder.
```

Abb. 22: Beispiel für die automatische Aufnahme von Antworten,
Bildschirm 5

Der schriftliche Fragebogen muß eine entsprechende Anzahl von Itembatterien vorsehen. Der Computer präsentiert entsprechend der vorherigen Angaben die
Itembatterien. Im Beispiel benutzt der Befragte nur eine Sorte, also werden nur für
diese die Items abgefragt (Abbildung 23). Der Computer konfrontiert den Interviewer und den Befragten nicht mit überflüssigen Fragen. Diese blähen einen

schriftlichen Fragebogen auf und können so auch die Bereitschaft zur Teilnahme negativ beeinflussen.

Welche der nachfolgenden Eigenschaften treffen auf

blend-a-med Kariesschutz

zu? Bitte bewerten Sie diese Eigenschaften auf folgender 5er Skala.

z. B. Itembatterie mit Bewertung auf einer 5er-Skala

Abb. 23: Beispiel für die automatische Aufnahme von Antworten, Bildschirm 6

Die Möglichkeit, vorhergehende Antworten in den Text nachfolgender zu integrieren, verbessert das Verständnis der Fragen. Es ist nicht mehr unklar, auf welche Angaben sich die Fragen beziehen. Dies vermeidet Fehler und erhöht die Datenqualität. Wird der Befragte nicht durch komplizierte Antwortmatrizen und nicht zu beantwortende Fragenblöcke verwirrt, ergibt sich auch hieraus eine positive Wirkung auf seine Gesamtmotivation.

Zu erwähnen ist an dieser Stelle auch die Verbindung der aktuellen Erhebung mit früheren Befragungen bei der gleichen Testperson, wie es zum Beispiel in einem Panel oder einer Langzeitstudie geschieht. Ohne daß der Interviewer das gesamte frühere Interview vor sich hat, können die alten Antworten zum Vergleich herangezogen werden, den Befragungsablauf an bestimmten Stellen beeinflussen oder in aktuelle Fragen eingebaut werden. Eine solche Bezugnahme auf alte Daten könnte zum Beispiel wie folgt aussehen:

"Sie haben bei der letzten Erhebung vor einem Jahr angegeben, unter

Magenbeschwerden

zu leiden.
Hat sich dieses Leiden mittlerweile gebessert?"

Abb. 24: Beispiel für die Aufnahme einer Angabe aus einer früheren Befragung

Die Bezeichnung **Magenbeschwerden** wird aus den Angaben der Altuntersuchung übernommen. Hatte der Proband damals über keine der interessierenden Beschwerden geklagt, wird diese Frage in der aktuellen Erhebung automatisch übersprungen.

In diesem Zusammenhang ist auch zu erwähnen, daß nicht nur die Antworten auf vorhergehende Fragen in die aktuelle eingespielt werden können. Das Befragungsprogramm führt auch Rechenoperationen aus den Antworten auf verschiedenen Fragen durch. Dabei ist die Anwendung aller Grundrechenarten möglich. Dies läßt sich unter anderem auch zur Überprüfung der Konsistenz bestimmter Antworten während der Befragung einsetzen.

3.3.3.4 Steuerung von Medien

Der Computer ist nicht nur in der Lage den Ablauf der Fragen zu steuern, sondern kann mit Hilfe eines geeigneten Programms[157] auch andere Geräte handhaben. Die Unterstützung der Befragung durch weitere Medien ist keineswegs neu. Der Computereinsatz befreit den Interviewer jedoch von der Sorge des korrekten Einsatzes dieser Medien im Rahmen einer Befragung. Jede Entlastung des Interviewers von administrativen Aufgaben bedeutet eine Vermeidung von Fehlerquellen und die volle Konzentration des Interviewers auf die Befragung als solche. Bei Studiobefragung wird der Interviewer als Bediener der technischen Hilfsmedien überflüssig, so daß sich hier in vielen Fällen die Möglichkeit ergibt, auf einen Interviewer weitgehend zu verzichten. Ohne Hilfe eines Interviewers werden an den richtigen Stellen zum Beispiel Videospots oder Dias gezeigt.

Die Fortschritte bei den Speichermedien machen diese Möglichkeit in naher Zukunft überflüssig. Das CD-ROM-Laufwerk bietet genügend Speicherkapazität, um auch für Videospots auf die Benutzung eines extra Videorecorders zu verzichten.

3.3.3.5 Integration von apparativen Meßverfahren

Analog zur Steuerung anderer Medien erfolgt die Einsatzsteuerung apparativer Meßverfahren. Sicher kann ein Computer nicht alle apparativen Messungen übernehmen. Denkbar wäre zum Beispiel, daß der Computer einen Videospot startet. Gleichzeitig wird der Proband aufgefordert, einen Hebel zu bedienen, um

---

[157] Z. B. das Programm IBIS (vgl. Meier 1989, S. 15)

damit seine Zustimmung oder Ablehnung zum Spot kontinuierlich auszudrücken. Vom Befragungsprogramm wird das entsprechende Meßprogramm gestartet.

Zukunftsmusik bei dieser Kombination ist die sofortige Auswertung der Daten mit anschließender Nachfrage beim Probanden. Bleibt man bei obigen Beispiel, so könnte der Computer die größten Ausschläge während des Werbespots ermitteln, die entsprechenden Stellen dem Probanden nochmals vorspielen und fragen, warum er an dieser Stelle so extrem reagiert hat. Technisch stellt die Realisation solcher Testverfahren kein Problem dar. Dagegen spricht im Moment der hohe Investitionsaufwand in die Hardware und die Programmierung der Software. Eine solche Entwicklung kann nur von einem der großen Marktforschungsinstitute erfolgen, die dieses System auch weltweit einsetzen können, um die Entwicklungskosten abdecken zu können.

Auch in Bezug auf apparative Meßverfahren sorgt der Computer nicht nur für eine Optimierung des Ablaufs. Die Kombination wertet Befragungen auch inhaltlich auf.

3.3.3.6 Antwortzeitmessung

Die Antwortzeitmessung gilt als eine interessante Ergänzung der Untersuchungsergebnisse. Der Einsatz eines Computer macht es möglich, die Antwortzeit automatisch, ohne großen zusätzlichen Aufwand und vom Probanden unbemerkt zu erfassen. Die nicht-reaktive Meßmethode beseitigt nach der Meinung vieler Autoren die Gefahr einer Verzerrung der Meßwerte, die durch eine dem Probanden offensichtliche Messung eintreten kann.[158]

Der Computer mißt die "Zeit zwischen Fragestellung (z. B. Auftauchen auf dem Bildschirm) und Antwort (z. B. Eingabe)".[159] Die Hardware muß hierzu über eine integrierte Uhr verfügen. Dies ist heute bei den meisten Geräten der Fall. Ein Teil der verfügbaren Befragungsprogramme besitzt bereits die Option, die Antwortzeit für jede beliebige Frage zu messen. Bei der Auswahl einer entsprechenden Hardware und Software stellt der Meßvorgang somit keine technischen Probleme dar.

---

[158] Vgl. z. B. Tietz (1987), S. 515.
[159] Vgl. Hüttner (1989), S. 395.

Die Untersuchungen zum Nutzen der Antwortzeitmessung haben bislang unterschiedliche Resultate erbracht. Lobrovich stellte fest, daß ein Proband eine längere Zeitspanne benötigt, um zu lügen, als die Wahrheit zu sagen.[160] Nieschlag et al. fassen die Vorteile wie folgt zusammen. Die Antwortzeit

"... wird dabei als Indikator für die Sicherheit oder Überzeugung gedeutet, mit der der Proband antwortet. Die Reaktionszeit zeigt damit zugleich an, inwieweit jemand in seiner Meinung festgelegt bzw. Beeinflussungsversuchen zugänglich ist. Ein anderer Schluß, den man daraus ziehen zu können glaubt, ist der, daß ein Proband, der seine Kaufbereitschaft in einem konkreten Fall bekundet, diese Absicht um so eher verwirklicht, je geringer seine Reaktionszeit war."[161]

Huber et al. konnten einen weiteren Anwendungsaspekt ermitteln. Mit der Antwortzeitmessung läßt sich die Intensität des Nachfassens effektiver gestalten. Antwortet ein Proband nach längerer Bedenkzeit, so ist diese Antwort wohl überlegt und vollständig. Weiteres Nachfragen hat keinen Sinn. Erfolgt die Antwort jedoch schnell, so erbrachte ein Nachfragen mehr Informationen. In Abhängigkeit der benötigten Antwortzeit fordert der Computer zu weiteren Angaben auf oder geht zur folgenden Frage.[162]

Die Aussagefähigkeit und der Nutzen einer korrekt gemessenen Antwortzeit kann als erwiesen angesehen werden. Die Praxis zeigt jedoch, daß trotz nicht-reaktiver Messung, die Messung durch den Computer nicht als zuverlässig angesehen werden kann. Beginnt die Zeitmessung mit dem Erscheinen der Frage auf dem Bildschirm, so wird die gesamte Antwortzeit, je nach Länge des Fragentextes, sehr stark durch die Lesegeschwindigkeit des Interviewers bzw. des Probanden geprägt.[163] Ein langsam lesender Proband, der eine schnelle Antwort gibt, weist unter Umständen die gleiche gesamte Antwortzeit auf, wie ein schnell lesender, aber langsam antwortender zweiter Befragter.

Es kann aber auch zu externen Störungen des Interviewablaufs kommen. Zum Beispiel könnte ein Flugzeug den Probanden veranlassen, aus dem Fenster zu blicken. Oder er schaut auf seine Uhr und überlegt für einige Sekunden, ob er für die Befragung noch genügend Zeit hat. Insbesondere extrem lange Zeitintervalle, die gegenüber der Masse aller Befragten Ausreißer darstellen, lassen eine Unterbrechung der Befragung vermuten, aber nicht definitiv folgern. Solche Ausreißer sollten bei der Analyse der Antwortzeiten nicht berücksichtigt werden. Kurze Ablenkungen lassen sich aus den Daten nicht erkennen.

---

160 Vgl. Lobrovich (1982), S. 72.
161 Vgl. Nieschlag et al. (1991), S. 717.
162 Vgl. Huber et al. (1988), zit. in Curry (1988), S. 4.
163 Vgl. Unger (1989), S. 88.

Wird der Computer von einem Interviewer bedient, so könnte die Antwortzeit exakter gemessen werden. Der Interviewer löst die elektronische Stoppuhr bewußt durch eine Extraeingabe aus, nach dem er mit dem Vorlesen der Frage fertig ist. Der Interviewer meldet dann auch externe Störungen, die zu Verzögerungen der Antwort(-eingabe) führten. Diese Methode ist zwar genauer, setzt aber eine hohe Zuverlässigkeit des Interviewers voraus. Darüber hinaus erfolgt die Messung nicht mehr völlig unbemerkt. Dies könnte wiederum negative Reaktionen der Beteiligten auslösen.

Um eine valide Messung zu erreichen, ist es ratsam, sich auf einen Einsatz bei Fragen mit kurzem und leicht verständlichem Text zu beschränken. Damit wird der Effekt einer unterschiedlichen Lesegeschwindigkeit oder Auffassungsgabe minimiert. Bei der Auswertung sollte man nicht nach absoluten Zeiten vorgehen. Es empfiehlt sich, die Werte in zum Beispiel drei Intervalle einzuteilen. Eine weitere Auswertung erfolgt nur mit den Probanden des schnellsten und des langsamsten Drittel. Das mittlere Drittel bleibt dabei außer Betracht, da hier die Gefahr eines großen Einflusses der Lesegeschwindigkeit besteht.

Ein weiteres Problem bei der Verwendung der Daten ergibt sich daraus, daß es keinerlei Normwerte gibt und wohl auch nicht geben kann. Benötigen die Befragten zum Beispiel zwischen einer und drei Sekunden für die Antwort, so läßt sich nur vermuten, ob diejenigen mit drei Sekunden weniger valide Antworten gaben. Der Forscher weiß nicht, ob ab zwei, drei, vier oder erst ab sechs Sekunden Antwortzeit bei dieser spezifischen Frage die Validität sinkt. Es gibt Fragen, die eventuell von allen Probanden valide beantwortet werden. Dem langsamsten Drittel zu unterstellen, sie würden falsch antworten, wäre somit ein Fehler.

Die leichte und vor allem kostenlose Erhebbarkeit dieser Variablen verleitet zum Mißbrauch der Daten. Wie oben beschrieben, ist diese Variable sehr nützlich, wenn eine korrekte Erfassung und Beurteilung gewährleistet ist. In anderen Fällen erhielte man hingegen unsinnige Ergebnisse. Der Forscher ist hier mit seiner Verantwortung gefordert, dieses Instrument sorgsam einzusetzen.

Insgesamt betrachtet, wird zwar von vielen Autoren von der Antwortzeitmessung als positive Folge des Computereinsatzes gesprochen, gemessen an den damit verbundenen Problemen, gehört diese Möglichkeit jedoch nicht zu den entscheidenden Vorteilen der computerisierten Befragung.

3.3.3.7 Conjoint Analysen

Die Conjoint Analyse an sich ist nicht neu. Analog zur Rotation kann man jedoch feststellen, daß erst der Computer einen unproblematischen Einsatz ermöglicht und somit die Qualität der Ergebnisse steigert. Durch die Verfügbarkeit entsprechender Programme Mitte der achtziger Jahre erfuhr diese Technik, insbesondere in den USA, einen enormen Aufschwung und eine weite Verbreitung.[164] Die Conjoint Analyse

> "... befaßt sich mit Werturteilen (z. B. Kaufpräferenzen) über Alternativen. Diese Alternativen sollen wie bei der Varianzanalyse nach unterschiedlichen Faktoren gegliedert sein (...), und jeder Faktor existiert in mehreren Stufen (...)."[165]

Jede Marke, jedes Produkt oder jede Dienstleistung besteht aus einem Bündel von Eigenschaften, von denen jede einzelne zu der Akzeptanz beim Kunden beiträgt. Verschiedene Kunden wünschen unter Umständen verschiedene Kombinationen der Attribute in unterschiedlicher Ausprägung. Jeder Kunde wird das Produkt bevorzugen, das seiner Idealvorstellung am nächsten kommt.[166]

Durch die einzelnen Präferenzurteile der Probanden für Attribute und deren Kombinationen ergibt sich ein Gesamtbild der gewünschten Produkteigenschaften.[167] Die Vorgabe von Eigenschaften der Konkurrenzprodukte ermöglicht auch Vergleiche im Marktumfeld. Die technische Entwicklung ermöglicht den Computer für die Erhebung einzusetzen.[168]

Bei der sogenannten Vollprofilanalyse bekommt der Befragte alle Ausprägungen der Faktoren gleichzeitig vorgelegt. Es ergeben sich je nach Anzahl der Ausprägungen der einzelnen Faktoren eine Reihe von Kombinationen. Bei drei Faktoren mit jeweils drei Ausprägungen ergeben sich bereits siebenundzwanzig mögliche Kombinationen zur Bewertung. Der Umfang eines schriftlichen Fragebogens limitiert die Anzahl der zu bewertenden Attribute und Kombinationen. Eine zu große Zahl überfordert oder langweilt den Probanden. Bislang mußte der Forscher entscheiden, welche Kombinationen beurteilt werden.

---

[164] Vgl. Green et al. (1991b), S. 215 und Cattin/Wittink (1982), S. 52, die diese Entwicklung aufgrund ihrer Analyse der Verbreitung der Conjoint Analyse bereits prognostizierten.
[165] Vgl. Weis/Steinmetz (1991), S. 237.
[166] Vgl. Tumbusch (1991), S. 177.
[167] S. Beispieltabelle im Anhang S. (?).
[168] Vgl. Morgan (1990), S. 412.

MacBride und Johnson[169] berichten über eine bereits 1979 für die Firma Xerox in England und Deutschland durchgeführte Vergleichsstudie zwischen Papier- und Computererfassung. Die Notwendigkeit, die traditionelle Erhebungsmethode zu revolutionieren, ergab sich aus der Tatsache, daß die Firma achtunddreißig wichtige Eigenschaften für ihre Produkte in allen Kombinationen abtesten wollte. Das traditionelle Vorgehen konnte jeweils nur einen Bruchteil dieser Kombinationen im Fragebogen erfassen. Oft wurden Probanden über Attribute befragt, die überhaupt nicht in ihrem Interesse lagen. Die Befragungen mit Hilfe des Papierfragebogens waren langwierig, langweilig und schwierig zu bearbeiten.

Die Einführung des Computers erbrachte die Lösung für viele der Probleme. Das Computerprogramm eliminiert mit Hilfe entsprechender Fragen zunächst diejenigen Faktoren, die für den Probanden bedeutungslos sind. Im nächsten Schritt ermittelt das Programm die Idealausprägung und die Wichtigkeit jedes einzelnen Faktors. Mit Hilfe dieser Informationen werden die Kombinationsmöglichkeiten reduziert. Der Befragte beurteilt dann nur noch Produktalternativen, die auch von einem gewissen Interesse für ihn sind.

Als Ergebnis erhält der Auftraggeber eine Rangreihe der einzelnen Kombinationsmöglichkeiten. Desweiteren erfährt er, welche Faktoren in welcher Ausprägung gewünscht werden und welche Bedeutung ihnen bei einer Kaufentscheidung zukommt.

Der Vergleich zwischen schriftlicher und computergesteuerter Erhebung ergab, daß die Probanden an der neuen Erhebungstechnik großes Interesse zeigten, die Daten weniger Fehler enthielten und insgesamt eine Güte und Ausführlichkeit aufwiesen, die mit den konventionellen Mitteln nicht erreichbar waren. Bereits zum damaligen Zeitpunkt stellten MacBride und Johnson fest, daß die Kosten in einem vergleichbaren Ausmaß lagen. Bedenkt man den enormen Preisverfall der Hardware und deren Miniaturisierung, so dürften heute die Kosten erheblich günstiger als bei der Papier-und-Bleistift-Methode liegen.

Da der Computer während der Befragung lernt, welche Attribute für den Befragten wichtig sind, bildet er nur solche Kombinationen zur Bewertung, die auch von Interesse sind. Die Befragung konzentriert sich somit auf das Wesentliche, erbringt ein Maximum an Information und die Interviewdauer sinkt.[170]

---

[169] Vgl. MacBride/Johnson (1980), S. 39ff.
[170] Vgl. Green/Srinivasan (1990), S. 11; Morgan (1990), S. 414f.

Tumbusch führte eine breit angelegte Validierungsstudie über die computergesteuerte Datenerhebung für die Conjoint Analyse durch. Er berichtet von einer hohen Validität der Ergebnisse. Als Maßstab dienten traditionell durchgeführte Konzepttests. Der Vergleich erfolgte in vier verschiedenen Produktkategorien.[171]

Die Nützlichkeit der computergesteuerten Conjoint Analyse in der Marktforschung belegen eine Reihe von Autoren.[172] Hieraus wird deutlich, daß der Computer eine Methode ermöglicht, die viele Vorteile bringt. Gum[173] beschreibt ausführlich, daß die Conjoint Analyse auch problemlos in komplexere Befragungen eingebaut werden kann. Er verwendet dieses Instrument mit Erfolg im Rahmen von unpersönlichen Disk-by-Mail-Erhebungen. Seine Erfahrungen faßt er zusammen, wenn er schreibt:

> "Lastly, the author believes that the technique not only gave accurate information and estimates, but also can increase and stimulate response with difficult respondents."[174]

Die leichte Handhabung der Conjoint Analyse durch Programme wie zum Beispiel ACA[175] ermöglicht einerseits einen unkomplizierten Einsatz dieser Methode. Andererseits birgt sie jedoch auch die Gefahr, daß dieses Verfahren ohne genügend fundierte Kenntnisse angewendet wird. Green und Srinivasan streichen heraus, daß alle verfügbaren Computerprogramme auch ihre Schwächen besitzen.[176] Neben Kenntnissen der Methode der Conjoint Analyse benötigt der Forscher auch Kenntnisse über die Arbeitsweise des von ihm eingesetzten Programmes. Andernfalls besteht die Gefahr, daß die positiven Effekte des Computereinsatzes durch vermeidbare Forscherfehler beseitigt werden und eventuell sogar falsche Ergebnisse produziert werden.

3.3.3.8 Mapping

Analog zur Conjoint Analyse sind die Auswirkungen des Computereinsatzes bei der Methode des Perceptual Mapping zu sehen. Ziel dieser Methode ist es ein Abbild des Marktes zu ermitteln. In einem Eigenschaftsraum werden die einzelnen Produkte positioniert und zu den Bedürfnissen der Verbraucher in Beziehung gesetzt. Es zeigen sich die Nähe der einzelnen Produkte zueinander und deren

---

171 Vgl. Tumbusch (1991), S. 177ff; Eine weitere Validierungsstudie mit guten Ergebnissen führte Johnson (1989) durch.
172 Vgl. Dichtl/Thomas (1986), S. 27-33; Tyner/Weiner (1989), S. 45ff; Moore (1989), S. 241ff.
173 Vgl. Gum (1989), S. 65ff.
174 Vgl. Gum (1989), S. 69.
175 ACA = Adaptive Conjoint Analysis von Sawtooth Software.
176 Vgl. Green/Srinivasan (1990), S. 11.

Abstand zu den Idealpositionen gemäß der Konsumentenwünsche. Die Ergebnisse beruhen auf den subjektiv wahrgenommenen Ausprägungen der Produkteigenschaften. Hinter dieser Methode stehen unterschiedliche einfache und multivariate statistische Verfahren. Für eine detaillierte Beschäftigung mit dieser Methode wird auf die einschlägige Literatur verwiesen.[177] Huber und Fiedler arbeiteten in Ihrem Aufsatz insbesondere auch die Unterschiede und Gemeinsamkeiten mit der Comjoint Analyse heraus.[178]

Auch für diesen Bereich stehen fertige Programme zur Verfügung. Sie steuern den Erhebungsablauf entsprechend den gegebenen Antworten. Die Handhabung durch den Forscher ist einfach.[179] Diese Programme können in den normalen Befragungsablauf integriert werden.

Hupfer führte einen Vergleichstest zwischen der computerunterstützten Erhebung und der traditionellen Papier-und-Bleistift-Methode durch.[180] Das Schwergewicht dieser Untersuchung lag weniger auf den Handlingvorteilen des Computers als auf der Vergleichbarkeit der Ergebnisse. Hupfer kam zu dem Ergebnis, daß die beiden Erhebungsmethoden keine wesentlich unterschiedlichen Ergebnisse erzielten. Leider kann diese Studie aufgrund ihrer Anlage keinen Anspruch auf Repräsentativität erheben. Sie deutet lediglich an, daß keine Einflüsse der Erhebungsmethode zu erwarten sind. Im übrigen zeigen sich auch hier die bereits erwähnten positiven Effekte des Computereinsatzes bezüglich der Motivation der Befragten sowie der organisatorischen Vorteile.

3.3.3.9 Hintergrunddateien

Immer wieder werden in Befragungen Details aus umfangreichen Datenfeldern abgefragt. Verbreitete Beispiele hierbei sind die Frage nach Produkten, wobei die genaue Typenbezeichnung gefordert ist oder die Zusammensetzung und Wirkungsweisen von Arzneimitteln. Für die Interviewer ist es sehr schwierig, sich in verschiedenen Datenfeldern, je nach Auftrag, zurecht zu finden. Auch viele Probanden können ohne Stützung aus dem Gedächtnis keine exakten Angaben machen.

---

[177] Vgl. z. B. Shocker (1987); Neal (1988), Siemer (1989); Block (1989); Stannard (1989).
[178] Vgl. Huber/Fiedler (1988), S. 165ff.
[179] Z. B. APM = Adaptive Perceptional Mapping von Sawtooth Software (vgl. Johnson 1987).
[180] Vgl. Hupfer (1988).

Der Computereinsatz bietet die Möglichkeit, umfangreiche Datensammlungen im Hintergrund des Fragebogens mitzuführen. Weder der Interviewer noch der Proband werden mit dieser kompletten Information konfrontiert. Bei den entsprechenden Fragen vergleicht das Befragungsprogramm die Antworten mit den Angaben in der Liste. Dieser Vergleich kann unterschiedliche Resultate ergeben:

- Das angegebene Produkt ist in der Liste enthalten. Die Eingabe ist korrekt. Das Programm geht zur nächsten Frage.

- Das angegebene Produkt ist in der Liste enthalten, aber der Typ ist noch nicht spezifisch genug angegeben. Es fehlt zum Beispiel die Packungsgröße. Der Proband wird nun gebeten, die Packungsgröße anzugeben. Diese Aufforderung kann durch die Vorgabe aller möglichen Packungsgrößen unterstützt werden, so daß der Proband nur noch auswählen muß. Dieses Vorgehen könnte nacheinander auch durch verschiedene Hierarchien geschehen (z. B.: Hersteller, Produktname, Geschmacksrichtung, Packungsgröße).[181]

- Das angegebene Produkt ist in der Liste nicht enthalten. Das Programm weist die Antwort zurück und bittet den Befragten um eine neue Eingabe. Alternativ bietet der Computer die ausdrückliche Bestätigung der Angaben an. Somit wäre gewährleistet, daß auch unbekannte Produkte genannt und erfaßt werden könnten.

Der Einsatz des Computers ermöglicht nicht nur die Kontrolle der Eingabe, sondern auch eine gestützte genaue Spezifizierung einer Antwort. Bislang scheiterte dies unter Umständen daran, daß der Interviewer in umfangreichen Nachschlagewerken hätte blättern müssen. Darüberhinaus ist diese Überprüfung bzw. Unterstützung auch bei der unpersönlichen computergesteuerten Befragung einsetzbar.

3.3.3.10 Einsatz verschiedener Sprachen

Zu den Vorteilen des Computereinsatzes gehört auch die Verwendung eines mehrsprachigen Fragebogens. Die Wahl der Befragungssprache erfolgt unmittelbar bei Beginn der Befragung. Für Befragungen in mehrsprachigen Regionen, wie zum Beispiel in der Schweiz[182], oder auf internationalen Veranstaltungen erbringt dies einen erheblichen Vorteil. Die Fragentexte werden in allen benötigten Sprachen eingegeben. Die Formatierungen bleiben jeweils gleich. Die Anzahl der verfügba-

---

[181] S. Beispiel Abbildung 19, S. 89.
[182] Vgl. Schwab (1991), S. 31.

ren Sprachen wird letztendlich nur durch die Speicherkapazität des Computers begrenzt, wenn man in diesem Zusammenhang von der Wirtschaftlichkeit einmal abstrahiert. Der Einsatz von verschiedensprachigen Fragebögen war bislang zwar möglich, jedoch sehr umständlich. Der Interviewer mußte eine dicke Tasche mit den unterschiedlichen Versionen bereithalten.

Sowohl beim traditionellen als auch beim computerunterstützten Vorgehen beschränkt sich der praktische Einsatz auf die Sprachen, die der Interviewer beherrscht. Deutlicher zeigt sich der Vorteil bei der computergesteuerten, unpersönlichen Befragung. Der Proband kann zu Beginn die Sprache wählen, die er am besten beherrscht.

3.3.3.11 Antwortkontrolle

Einen der bedeutendsten Fortschritte durch den Computereinsatz stellt die Antwortkontrolle dar. Für alle geschlossenen Fragen können Wertebereiche für die Zulässigkeit der Antwort definiert werden. Diese können sich zum Beispiel nach der anvisierten Grundgesamtheit richten und die Altersangabe auf ein festgelegtes Intervall beschränken. Erhält der Computer eine Antwort, die außerhalb dieses Intervalles liegt, zeigt er auf dem Bildschirm eine Fehlermeldung an und fordert zur korrekten Eingabe auf. So läßt sich auch die Einhaltung der definierten Grundgesamtheit kontrollieren. Der Computer bricht die Befragung ab, falls der Proband nicht dazu gehört.

Nicht nur Werteingaben werden durch die Software sofort überprüft. Bei Multiple-Choice-Antworten überwacht sie die korrekte Anwendung der Auswahlvorschriften. Diese können zum Beispiel in folgenden Anweisungen bestehen:

- Nur eine Antwortalternative auswählen! Nach der Eingabe der ersten Antwortalternative geht der Computer automatisch zur nächsten Frage. Soll dies nicht automatisch geschehen, so muß jede Frage mit einer Bestätigung (z. B. Entertaste) abgeschlossen werden. Somit könnte der Befragte versuchen, eine zweite Alternative zu markieren. Das Programm weist beide Eingaben zurück und fordert zu einer neuen Eingabe mit nur einer Alternative auf.

- Mindestens n Antwortvorgaben auswählen! Das Programm geht erst zur nächsten Frage, wenn mindestens n Antworten markiert wurden. Bei dem Versuch, die Eingabe zu bestätigen, fordert die Software zur Eingabe weiterer Antworten auf.

- Höchstens n Antwortvorgaben auswählen! Das Programm geht erst nach der Bestätigung der Eingabe weiter. Hat der Befragte mehr Alternativen als erlaubt ausgewählt, so weist das Programm die gesamte Antwort zurück und fordert zu einer neuen Eingabe auf.

Analog zu diesem Vorgehen können auch Mindest- und Höchstanzahlen miteinander kombiniert werden. Der Interviewer und der Befragte müssen sich auf diese formalen Anforderung nicht mehr so stark konzentrieren, da das System diese Dinge überwacht und gegebenenfalls auf Verstöße aufmerksam macht.

Eine weitere Form der Antwortkontrolle stellt der Abgleich von aktuellen Antworten mit früheren dar. Der Forscher gibt dabei vor, welche Kombinationen er für unzulässig erklärt. Tritt eine solche unzulässige Kombination ein, so bittet der Computer um Klärung der Inkonsistenz. Der Interviewer ist von der Überwachung dieser Dinge befreit. Dabei muß das Programm auch zulassen, daß an dieser Stelle die vorhergehende Antwort revidiert wird. Diese Entlastung des Interviewers führt zu einer Verkürzung der gesamten Interviewdauer.[183]

Gilt es, eine bestimmte Anzahl von Punkten oder 100% auf verschiedene Items zu verteilen, so übernimmt der Computer die Überwachung. Zuverlässig meldet er, wenn zuwenig oder zuviel Punkte oder Prozente verteilt wurden. Neben der Qualitätsverbesserung durch die Vermeidung von menschlichen Rechenfehlern bedeutet dies auch wieder eine Entlastung des Interviewers, mit der Folge der Qualitätsverbesserung und einer Zeiteinsparung während der Befragung. Dies gilt ebenso für unpersönliche Befragungen, denn diese Entlastung trifft auch den Probanden, wenn er solche Fragen allein bearbeitet.[184]

Wenngleich keines der im Anhang aufgeführten Programme bislang diese Möglichkeit vorsieht, so läßt sich auch die Quantität einer offenen Antwort überprüfen. Besteht die Eingabe aus weniger als der geforderten Anzahl von Zeichen oder Wörtern, fordert das Programm weitere Eingaben an. Eine andere Form der Überprüfung der Vollständigkeit der Antwort stellt die Kombination mit der Antwortzeit dar.[185]

An dieser Stelle sei erwähnt, daß die Software nicht automatisch die Texte der Fehlermeldungen komplett enthält. Vielmehr müssen diese zusammen mit den

---

[183] Vgl. Wyatt (1991), S. 36.
[184] Vgl. Wyatt (1991), S. 37.
[185] S. S. 93.

Fragentexten und der Angabe der Prüfkriterien programmiert werden. Der Komfort der sofortigen Antwortkontrolle bedeutet also einen zusätzlichen zeitlichen Aufwand bei der Fragebogenerstellung. Dem steht andererseits eine erhebliche Einsparung im Bereich des Datencleaning[186] gegenüber.

3.3.3.12 Quotenkontrolle

Die Quotenauswahl kann durch den Computer erheblich unterstützt werden. Bei CATI ist diese Unterstützung in einigen Programmen enthalten.[187] Bei Studio- und Zu-Hause-Interviews läßt sich der gleiche Programmteil nutzen.

Zu Beginn der Befragung werden die für die Quotenauswahl relevanten Merkmale erfaßt. Der Computer entscheidet dann selbständig, ob eine Befragung durchgeführt wird. Für das gezielte Anwerben von Probanden kann der Computer Listen mit den noch fehlenden Probanden ausgeben. Für den Interviewer bedeutet dies, daß auf einen Tastendruck hin die Quotenvorgaben erscheinen (Abbildung 25).

Theoretisch ist es möglich, die Quotenkontrolle bei telefonischen oder Studiobefragungen vorab durchzuführen und den Probanden anschließend erst einem Interviewer zuzuteilen, in dessen Studie die Person paßt.

Übersicht über fehlende Quoten			
30-45 Jahre	männlich	Raucher	erwerbstätig
30-45 Jahre	weiblich	Nichtraucher	erwerbstätig
65-75 Jahre	männlich	Nichtraucher	Rentner
65-75 Jahre	weiblich	Nichtraucher	Rentner

Abb. 25: Darstellung der fehlenden Quoten

Der Computereinsatz kann zwar den Auswahlvorgang unterstützen und auch eine gewisse Kontrolle ausüben, die grundsätzlichen Nachteile des Quotenverfahrens werden jedoch davon nicht beseitigt.

---

[186] S. S. 113ff.
[187] Vgl. Norton (1989), S. 56f.

3.3.3.13 Interviewerkontrolle

Die obige Quotenkontrolle stellt bereits einen Aspekt der Interviewerkontrolle dar. Der Computer führt keine Interviews mit unpassenden Personen durch. Der Manipulation durch den Interviewer sind dadurch Grenzen gesetzt, daß er bei einer Falscheingabe Gefahr läuft, vom Probanden beobachtet zu werden.

Die Kontrollmöglichkeiten zielen in erster Linie auf die schwarzen Schafe unter den Interviewern. Zusammen mit jedem Interview läßt sich vom Interviewer unbemerkt die Start- und Endzeit der Interviews registrieren. Neben anderen Aspekten der Interviewlänge, deuten Abweichungen in der Länge bei einem Interviewer auf Fehlerquellen hin. Benötigt ein Interviewer häufig wesentlich weniger Zeit für ein Interview als seine Kollegen, so ist zu vermuten daß er entweder durch die Befragung hastet oder sie gar selbst ausfüllt. Zu schnelle Befragungen verhindern, daß der Proband wohl überlegte Antworten gibt, die Qualität der Daten sinkt.

Die genaue Interviewzeit kann auch wieder als Indiz für Fälschungen dienen. Interviews, die nach 23 Uhr durchgeführt wurden, lassen Zweifel an der Ehrlichkeit des Interviewers aufkommen. Diese Zeiten wären unter normalen Umständen nur bei Probanden im Freundeskreis zu realisieren. Gerade dort sollen die Interviewer jedoch auch bei Quotenauswahl nicht befragen.

Zu lange Interviews deuten ebenfalls auf einen fehlerhaften Ablauf hin. Eventuell läßt sich der Interviewer von den Probanden in Gespräche verwickeln und erzeugt damit einen Interviewerbias. Ein anderer Grund könnten mangelnde Fähigkeiten im Umgang mit dem Computer sein.

Für eine strafrechtliche Verfolgung reichen solche Hinweise nicht aus. Aus Gründen der Qualitätssicherung im Interviewerfeld sollte sich ein Institut von auffälligen Mitarbeitern trennen. Dieses Instrument verliert natürlich auch an Wirkung, wenn öffentlich über diese Kontrollmethode diskutiert wird, wie es im Falle einer Strafanzeige der Fall wäre.

Die Probleme müssen nicht zwingend vom Interviewer vorsätzlich herbeigeführt werden. In den anderen Fällen wird durch diese Kontrolle ein Schulungsbedarf deutlich.

Einen weiteren Hinweis auf die Qualität der Interviewer liefert die Anzahl der abgebrochenen Interviews. Die Erhebungsprogramme liefern auch die Daten der unvollständigen Interviews. Ein nachträgliches Komplettieren zu Hause kann durch eine Sperre der Daten verhindert werden. Generell sollte der Interviewer nach Abschluß der Befragung nicht mehr auf die Daten zugreifen können. Wiederum ist die Häufigkeit der Abbrüche ein Indiz für Probleme in der Person des Interviewers.

Die Auswertung dieser Daten muß über einen längeren Zeitraum, sprich über mehrere Studien erfolgen. Hierfür sind spezielle Anwendungsprogramme erforderlich, die diese Daten verwalten und analysieren.

3.3.3.14 Reaktionen des Befragten

Bei der telefonischen Befragung ist dem Befragten der Computereinsatz nicht immer bewußt. Im Interview und bei den unpersönlichen Befragungsformen kommt es zur direkten Konfrontation mit dem eingesetzten Computer. Dies verändert die psychologische Befragungssituation. Es stellt sich die Frage, wie der Befragte darauf reagiert. Bei der telefonischen Befragung konnten bislang keine negativen Reaktionen des Befragten ermittelt werden.[188]

Der Computer dringt in immer mehr Bereiche unseres täglichen Lebens ein. Auch für diejenigen, die im Beruf noch keinen Kontakt mit diesen Geräten haben, zeigt sich die Präsenz dieser Technik im täglichen Leben. Als Beispiele dient der Einkauf im Verbrauchermarkt an der Scannerkasse oder der Besuch der Bank, in der immer mehr Technik in Form von Geldausgabeautomaten, Auszugsdruckern und Serviceterminals einzieht. Der Computer hat sich mittlerweile in unseren normalen Alltag eingefügt.

Gutjahr berichtet aus seinen Erfahrungen, daß die Rolle des Interviewers durch den Computer an Bedeutung verliert. Damit mindert sich auch die Gefahr eines Interviewerbias. Je mehr der Befragte selbst mit dem Computer agiert, umso stärker wird der Interviewer in die Rolle des bloßen Assistenten gedrängt, der dem Befragten bei der Bedienung des Computers hilft. Selbst wenn zu Beginn eines Interviews der Befragte dem Computer reserviert gegenübersteht, so ist doch mit einer raschen Eingewöhnung zu rechnen, so daß sich durch den EDV-Einsatz auch qualitative Vorteile bezüglich der Antwortqualität ergeben.[189]

---

[188] S. S. 134f.
[189] Vgl. Gutjahr (1985), S. 39f.

Die Erfahrungen der GfM Schweiz[190] mit computerunterstützten Interviews gehen dahin, daß ein Interviewer einen professionelleren Eindruck vermittelt, wenn er mit einem Laptop beim Befragten auftritt. Dies verhilft ihm zu einer größeren Seriosität. Der Proband erkennt schneller, daß der Interviewer nichts verkaufen will. Daraus resultieren geringere Verweigerungs- und Abbruchraten. Ferner schätzt der Befragte bei den computerunterstützten Interviews die Befragungszeit kürzer als tatsächlich ein. Die Befragung macht ihm mehr Spaß.[191] Eine exakte wissenschaftliche Untersuchung der Folgen des Computereinsatzes liegt jedoch nicht vor.

Diese Erfahrungen decken sich im wesentlichen mit den früheren Erfahrungen von MacBride und Johnson.[192] Sie führten in England und Deutschland einen Vergleichstest zwischen der herkömmlichen und der computerunterstützten Methode durch. Er zeigte, daß das Interesse der Befragten höher war, die Daten weniger Fehler enthielten und zusätzlich reichhaltiger ausfielen, als es mit konventionellen Mitteln erreichbar wäre. Dies resultiert zum Teil aus dem effektiven Einsatz der Conjoint Analyse, wie er mit einem Papierfragebogen nicht realisierbar ist. Die Kosten bewegten sich bereits damals, angesichts deutlich höherer Hardwarepreise, in einem vergleichbaren Rahmen.

Einschränkend zu diesen positiven Ergebnissen muß angemerkt werden, daß es sich um eine Befragung von Einkäufern von Büroausstattungen in Firmen und Behörden handelte. Dieser Personenkreis dürfte aufgrund ihrer Aufgaben ein hohes technisches Interesse besitzen. Schwab hebt hervor, daß technisch interessierte und elektronikbegeisterte Probanden extrem positiv auf den Computereinsatz reagieren.[193] Dies bedeutet, daß das Erhebungsinstrument Computer bei bestimmten Themen, die sich auf die Beurteilung von Technik, Elektronik und ähnlichem beziehen, eine Veränderung der Datenqualität gegenüber der traditionellen Methode verursacht.

Diese Veränderungen gehen in zwei Richtungen. Zum einen antworten die technikbegeisterten Personen reichhaltiger, weil ihnen die Befragung mit dem Computer mehr Spaß macht. Dies verbessert die Datenqualität. Zum anderen könnten diese Personen aber auch dazu tendieren, alle Bewertungen zu technischen

---

[190] GfM Forschungsinstitut der Schweizerischen Gesellschaft für Marketing; Tochtergesellschaft der IHA Institut für Marktanalysen AG in Hergiswil, Schweiz.
[191] Vgl. Schwab (1991), S. 31.
[192] Vgl. MacBride/Johnson (1980), S. 39ff.
[193] Vgl. Schwab (1991), S. 31.

Problemen, angeregt durch den Computereinsatz, positiver vorzunehmen. Der Computer verzerrt die Antworten. Diese Schlußfolgerung wird auch durch folgenden Analogieschluß unterstützt. Viele Untersuchungen haben gezeigt, daß soziodemographische Merkmale der Interviewer immer dann einen größeren Einfluß auf die Ergebnisse ausüben, wenn ein Zusammenhang zum Befragungsthema existiert.[194]

Man kann in der Regel nicht davon ausgehen, daß alle Elemente einer Stichprobe in gleichem Maße technikbegeistert sind. Die Antwortbereitschaft der Technikbegeisterten liegt beim Computereinsatz wahrscheinlich signifikant höher als die derjenigen, die der Technik eher reserviert oder ablehnend gegenüber stehen. Die Technikablehner werden unter Umständen ein computerunterstütztes Interview von vorne herein verweigern. Dies mag für viele Studien keine Auswirkungen zeitigen. Für Studien aus dem oben genannten technischen Bereichen können die Ergebnisse jedoch verzerrt werden.

3.3.4 Rücklauf bzw. Rückübertragung

Traditionell werden die Fragebögen nach dem Ausfüllen per Post an das Institut zurückgesendet. Interviewer bzw. Studios warten dabei in der Regel, bis alle geforderten Interviews abgeschlossen sind. Wie oben beschrieben, bietet der Computereinsatz die Möglichkeiten des Datenträgeraustausches oder der Datenfernübertragung. Diese wurden bereits ausführlich erörtert.[195]

Während der Datenträgeraustausch analog zum bisherigen Versand der Fragebögen funktioniert, bietet die Datenfernübertragung die Chance, die Erhebungsdaten kontinuierlich sofort nach der Befragung an den Zentralrechner des Instituts zu übermitteln. Somit werden Zwischenauswertungen und eine laufende Kontrolle, insbesondere der Stichprobe, möglich. Ferner ergeben sich erheblich zeitliche und wirtschaftliche Vorteile.

---

[194] Vgl. Hyman (1975), S. 153ff.
[195] S. S. 63ff

3.3.5 Datenkontrolle

Die Datenkontrolle im Rahmen der Erhebung ist von der Datenbereinigung in der Datenaufbereitungsphase zu unterscheiden. Bei der Datenkontrolle geht es zunächst nur um formale Dinge. Dies sind:

- Sind alle Fragebögen bearbeitet wieder im Institut eingetroffen?
- Sind die Vorschriften zur Stichprobenziehung beachtet worden und entspricht die Verteilung vergleichbarer Merkmale denen in der Grundgesamtheit?
- Sind die Interviews vom Interviewer tatsächlich durchgeführt worden?

Insbesondere bei schriftlichen Befragungen kann nicht mit Rücklaufquoten von 100 Prozent gerechnet werden. Soweit die eingegangenen Fragebögen den Versandadressen zugeordnet werden können, folgt bei den fehlenden Probanden eine Nachfaßaktion. Gleiches gilt für diejenigen Interviewer, die Ihre Unterlagen bis zum gesetzten Termin nicht zurück schicken.

Die Kontrolle der Stichprobenziehung, soweit diese erst im Feld erfolgt, gestaltet sich schwierig. Bei Quotenstichproben werden die im Fragebogen angegebenen Merkmale wohl den Vorgaben entsprechen. Random-Route-Auswahl läßt sich etwas leichter überprüfen, wenn der Interviewer die Adressen der Befragten melden muß. Diese Probleme ergeben sich bei der telefonischen Befragung nicht, da hier die Überwachung im Studio durch den Computer erfolgt.

Kommerzielle Institute kontrollieren die Durchführung von Feldinterviews bei einer Unterstichprobe der bearbeiteten Fragebögen. Hierzu müssen die Adressen der Befragten bekannt sein. Die in der Unterstichprobe ausgewählten Probanden werden dann meist telefonisch befragt, ob der Mitarbeiter bei ihnen ein Interview durchgeführt hat. Es lassen sich so auch noch einige Angaben im Fragebogen, insbesondere Quotenmerkmale, überprüfen.

Insgesamt bringt der Computereinsatz bei diesem Kontrollabschnitt nur wenige Fortschritte. Bei der telefonischen Befragung macht der Computer eine manuelle Kontrolle an dieser Stelle überflüssig. Vereinfachungen ergeben sich beim Interview und den unpersönlichen Befragungsformen nur dann, wenn die Stichprobeneinheiten vor der Erhebung bestimmt wurden. Dann übernimmt der Computer den Abgleich mit dem Rücklauf und kann Fehlmeldungen erstellen. Diese können dann auch unmittelbar in Mahnschreiben münden, die automatisch erstellt werden.

3.4 Datenaufbereitungsphase

Sind die Erhebungsdaten im Institut eingetroffen und die erste Datenkontrolle durchgeführt, beginnt die Datenaufbereitungsphase. Diese gliedert sich, wie Abbildung 26 zeigt, in mehrere Stufen.

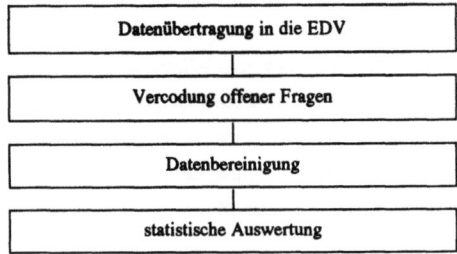

Abb. 26: Stufen der Datenaufbereitungsphase

3.4.1 Datenübertragung in die EDV

Bevor die erhobenen Daten mit Hilfe der EDV ausgewertet werden können, müssen diese in Form einer Datei vorliegen. Erfolgte die Erhebung nicht mit dem Computer, sondern in traditionell schriftlicher Form, so müssen diese Daten in die EDV übertragen werden. Im Normalfall geschieht dies durch Datentypistinnen. Sie tippen die Codenummern für die geschlossenen Fragen ein. Diese Codierungen sollten bereits bei der Konzeption der Befragung erstellt werden, da deren Ausgestaltung die Möglichkeiten späterer Auswertungen stark beeinflußt bzw. limitiert.[196]

Die maschinelle Auswertung offener Fragen erfordert eine Sortierung der Antworten in Gruppen mit anschließender Vercodung. Das nähere Vorgehen ist separat im folgenden Gliederungspunkt beschrieben.

Als Alternative zur manuellen Eingabe der geschlossenen Fragen existiert die Möglichkeit, den Fragebogen als maschinenlesbaren Beleg zu konstruieren. Die Antworten werden meist als Strichcodes auf dem Fragebogen markiert. Auch Zah-

---

[196] Vgl. Allerbeck (1977), S. 171.

len in Normschrift können von den optischen Beleglesern verarbeitet werden. Die Bögen werden in den Belegleser eingelegt und von diesem in Sekundenschnelle erfaßt. Bei ordnungsgemäß ausgefüllten Bögen ist die Fehlerquote sehr gering, wohl geringer als bei manueller Eingabe.

Offene Fragen können in dieser Weise nicht verarbeitet werden. Zwar gibt es Klarschriftleser, die Fehleranfälligkeit bei schlechten Handschriften ist jedoch sehr hoch. Darüberhinaus müßte der Interviewer die Antworten in Normschrift, das heißt in einer speziellen Druckschrift eintragen. Dies würde den Fluß der Befragung behindern und mit Sicherheit negative Effekte auslösen. Offene Fragen müssen, soweit sie nicht vor Ort direkt in einen Computer eingegeben werden, in traditioneller Weise verarbeitet werden. Nur bei hochstandardisierten Erhebungen lassen sich mit diesen Verfahren der maschinenlesbaren Fragebögen die Kosten der Übertragung in die EDV erheblich reduzieren.

Die Datenübertragung stellt in der papiergestützten Befragung einen erheblichen Zeit- und Kostenfaktor dar. Bei der computerisierten Datenerhebung reduziert sich die Datenübertragung auf das Überspielen der Daten von einem Datenträger auf einen Zentralrechner. Beim Einsatz der Datenfernübertragung entfällt sogar dieser Aufwand. Dieser Bereich stellt somit einen der wesentlichen Kosten- und Zeiteinsparungspotentiale des Computereinsatzes dar. Gleichzeitig ergibt sich eine Verbesserung der Datenqualität durch die völlige Vermeidung von Übertragungsfehlern.

3.4.2 Vercodung offener Fragen

Lassen sich die Antwortalternativen auf eine Frage durch den Forscher nicht vorhersehen oder wären sie zu umfangreich, so verwendet man eine offene Frage.[197] Der Interviewer notiert die verbale Antwort des Probanden wörtlich. Somit erhält man im Datensatz eine Menge verbaler Äußerungen, die sich in dieser Form zunächst einer statistischen Auswertung entzieht. Deshalb versucht man nachträglich, diese Aussagen zu klassifizieren. Diesen Vorgang bezeichnet man als Vercoden oder Verschlüsseln offener Fragen bzw. Antworten.

---

[197] Z. B. bei der Frage nach dem Beruf sind zwar die Antwortmöglichkeiten weitgehend bekannt, eine Auflistung wäre jedoch sehr lang und somit nicht praktikabel.

Der Forscher entwickelt ein Klassifikationsschema, anhand dessen die Vercodung vorgenommen werden soll. Hierzu werden alle offenen Antworten zunächst separat gesammelt. Anschließend ordnen der Forscher bzw. die Vercoderinnen die Antworten in Gruppen. Jede Gruppe erhält eine Kennziffer, die dann dem Datensatz des Probanden hinzugefügt wird. Mit diesen Werten sind diese Fragen auch einer statistischen Auswertung zugänglich.

An diesem Prozeß sind meist mehrere Personen beteiligt, die bei der Zuordnung einen gewissen Verständnisspielraum aufweisen. Damit ist eine verläßliche und einheitliche Vercodung aller Antworten nicht garantiert. Je mehr unterschiedliche Personen die Antworten vercoden, desto unterschiedlicher sind die Zuordnungen. Deshalb ist eine Feldvercodung, die der Interviewer gleich während der Befragung vornimmt, nur selten angebracht. Wenige Vercoderinnen im Institut lassen sich besser schulen und kontrollieren als eine ganze Feldorganisation.

Das gesamte Verfahren der Vercodung ist sehr fehleranfällig. Zuordnungsregeln werden verletzt oder mißverstanden oder die Werte werden fehlerhaft übertragen. Auf der anderen Seite handelt es sich um ein zeit- und kostenaufwendiges Verfahren.[198] Diese Sachlage verlangt geradezu nach einer Verbesserung des Ablaufs durch einen Computer.

Als Alternative zum manuellen Ordnen der offenen Antworten kann auch die EDV eingesetzt werden. Hierfür müssen jedoch alle Antworten wörtlich eingegeben werden. Dies bedeutet einen erheblichen Zeitaufwand, der den Zeitgewinn durch das maschinelle Ordnen der Antworten in vielen Fällen wieder aufwiegt. So bleibt dieser Komfort den computerisierten Erhebungen vorbehalten, wo die Antworten bereits bei der Erhebung eingegeben werden.

Es gibt sogenannte Linguistikprogramme, die in der Lage sind, die offenen Antworten zu ordnen. Dabei werden Antworten mit gleichen oder sinnverwandten Wörtern zu Gruppen zusammengefaßt. Die rein programmtechnische Seite stellt ein geringeres Problem dar. Für die Umfrageforschung kann man auf einige Linguistikprogramme zurückgreifen.[199] Diese unterstützen den Sortierprozeß erheblich bzw. führen ihn weitgehend selbständig aus.

---

[198] Vgl. Klingemann/Schönbach (1984), S. 228.

[199] Z. B. TEXTPAK (Klingemann et al. 1984, S. 15ff); GENERAL INQUIRER (Züll 1988, S. 554ff), der jedoch nur für englische Texte einsetzbar ist. Diese Software wurde bereits von Frisbie/Sudman (1968, S. 216ff) für ihre Untersuchung benutzt. INTEXT/PC (Klein 1990, S. 487).

Aufgrund dieser vorsortierten Liste erstellt der Forscher exakte Definitionen einzelner Klassen. Er legt fest, welche Begriffe und Wortkombinationen zusammengehören. Nun sortiert der Computer alle Fälle nach diesen Klassen. Ein Durchlauf genügt meist nicht, um alle Fälle zuzuordnen. Der Forscher muß seine Definitionen solange verfeinern, bis sich die Fälle auf eine von ihm gewünschte Anzahl an Klassen verteilt haben.

Die Zuordnung durch den Computer kann immer nur so gut sein, wie die Definitionen durch den Forscher. Die Erstellung dieser Definitionen bildet also den kritischen Punkt und nicht die Leistungsfähigkeit des Computers mit seiner Software.[200] Der enorme Setup-Aufwand seitens des Forschers macht den Einsatz dieses Vorgehens nur bei sehr großen Stichproben oder bei immer wiederkehrenden Aufgaben (zum Beispiel Liste der Berufe) sinnvoll.

Am Ende des Verfahrens schreibt der Computer das Ergebnis fest, in dem er die entsprechenden Klassenziffern den Datensätzen zuordnet. Die Daten können nun entsprechend ausgewertet werden. Zusätzlich hat der Forscher jederzeit die Möglichkeit, sich die Originalaussagen wörtlich auflisten zu lassen. Eine Änderung der Klassifikationen, zum Beispiel die weitere Unterteilung einer Klasse ist leicht und schnell möglich.

Qualitativ erbringt der Computereinsatz eine erhebliche Verbesserung. Er gruppiert alle Antworten nach exakt den gleichen Kriterien, während bei der manuellen Vercodung ein individueller Einfluß des einzelnen unvermeidbar ist. Vollständig "fehlerlos" kann jedoch auch der Computer nicht arbeiten. Die verbalen Aussagen der Probanden gehorchen nicht immer den exakten Verwendungs- und Bedeutungsregeln der deutschen Sprache. Versteht der Forscher unter einem Wort oder einer Wortkombination etwas anders als der Antwortende, so kann der Computer diesen Bedeutungsunterschied nicht erkennen und ordnet den Vorschriften entsprechend richtig, dem Inhalt gemäß jedoch falsch zu.

Gerade bei größeren Stichproben ergibt das Sortieren durch den Computers eine bedeutende Zeitersparnis. Diese wird durch den Kontrollaufwand nicht kompensiert. Zeitersparnis heißt in diesem Fall auch Kostenersparnis. Es reduziert sich der zeitliche Einsatz einer qualifizierten Vercoderin. Auf der anderen Seite wird der Forscher mehr beansprucht. Eine Definition der Klassen für eine EDV-Zuordnung verlangt vielmehr Sorgfalt und Ausführlichkeit als eine verbal an die Vercoderinnen gegebene Anweisung.

---

[200] Vgl. Frisbie/Sudman (1968), S. 252.

112

Klingemann und Schönbach[201] überprüften die Machbarkeit der automatischen Zuordnung von Berufsangaben dreier Personen im befragten Haushalt zu vorgegebenen Klassen. Sie stellten fest, daß der Fehler durch Falschzuordnung bei der automatischen Verarbeitung unter 3% liegt und somit deutlich geringer als bei manueller Vercodung auftritt. Es ergaben sich Restlisten mit nicht zuzuordnenden Angaben in der Größenordnung von 26-31%. Die Werte für die Fehler und Restlisten ließen sich nach Meinung der Forscher durch Optimierungen im verwendeten Programm auf die Hälfte reduzieren. In Übereinstimmung mit Frisbie/Sudman[202] ermittelten sie folgende Vor- und Nachteile:

"1) Leichte Manipulierbarkeit der Daten
2) Die Indifferenz gegenüber der Zahl der Kategorien des Klassifikationsschemas
3) Die Indifferenz gegenüber der Verläßlichkeit der Vercodung
4) Nähe zu den Daten und Gültigkeit
Aber auch die Nachteile:
1) Unvollständigkeit der Vercodung
2) Fehler durch Mehrdeutigkeiten
3) Hohe Entwicklungskosten."[203]

3.4.3 Datenbereinigung

Die Eintragungen des Interviewers oder die Datenübertragung vom Papier in die EDV können fehlerhaft oder unvollständig sein. Hierbei finden verschiedene Methoden Anwendung. Die Datenbereinigung wird heutzutage meistens mit Hilfe der EDV durchgeführt.

Spezielle Programme überprüfen die Vollständigkeit und die Zulässigkeit der Antworten. Die Angaben für dieses Prüfprogramm sind im wesentlichen mit denen bei der Programmierung eines elektronischen Fragebogens identisch.[204] Der Programmieraufwand wird bei der computerisierten Befragung demnach nur in die Fragebogenerstellung vorgezogen und stellt in diesen Fällen keinen Mehraufwand dar.

Diese Methode kann nicht alle Fehler, insbesondere keine Übertragungsfehler innerhalb des zulässigen Wertebereichs aufdecken. Hierfür läßt ein Teil der Forscher alle Fragebögen doppelt eingeben. Anschließend kontrolliert ein Computer-

---

201 Vgl. Klingemann/Schönbach (1984), S. 227ff.
202 Vgl. Frisbie/Sudman (1968), S. 225.
203 Vgl. Klingemann/Schönbach (1984), S. 269f.
204 Zulässiger Wertebereich, Anzahl ausgewählter Antworten bei Multiple-Choice-Fragen, falsche Filterführung, fehlende Antworten.

programm alle Datensätze auf Gleichheit und listet alle Unterschiede auf.[205] Bei diesen greift der Forscher auf die Originalfragebögen zurück und korrigiert die falschen Eingaben. Dieses Verfahren bietet die höchste Sicherheit gegen Übertragungsfehler. Gleichzeitig stellt es auch die kostenintensivste Methode dar. Deshalb findet es in kommerziellen Instituten kaum Anwendung.

Andere Methoden beschränken sich auf stichprobenartige Überprüfungen einzelner Fragebögen oder aller Fragebögen einzelner Vercoderinnen. Dies ermöglicht eine weniger perfekte, aber dafür kostengünstigere Überprüfung.[206]

Während Übertragungsfehler anhand der Originalfragebögen korrigiert werden können, ist eine Korrektur von Falscheintragungen oder fehlenden Werten in der Regel nicht möglich. Der Forscher kann alle Fälle mit mehr als x Prozent fehlender oder falscher Angaben von den weiteren Auswertungen ausschließen. Bei den übrigen kann er versuchen, die Fehler zu korrigieren. Da es nur in den wenigsten Fällen möglich ist, die richtige Antwort beim Befragten selbst zu ermitteln, birgt dies ein erhebliches Risiko in sich, falsche Werte anzunehmen.

Es werden zwei Korrekturverfahren eingesetzt. Zum einen werden Zellen gebildet, deren Struktur durch andere Erhebungen[207] bekannt sind. Entsprechend der Ausprägungen in den einzelnen Zellen wird eine Gewichtung vorgenommen, so daß die Strukturen des Datensatzes der Vergleichsquelle entsprechen. Zum anderen sucht man einen anderen Probanden in der Stichprobe, der ähnliche Antworten gab. Dessen Antwort wird dann für den fehlenden oder falschen Wert des ersten Probanden verwendet.[208] In den meisten Fällen lassen sich diese Fehler nicht mehr zuverlässig korrigieren. Es ist Cochran deshalb zu zustimmen, wenn er fordert:

> "Die wichtigsten Ergebnisse sollten auf jeden Fall mit Fehlergrenzen veröffentlicht werden. Bei Zufallsstichproben können Fehlergrenzen mühelos angegeben werden, wenn die Zahl aufgetretener Antwortverweigerungen unbedeutend oder vernachlässigbar klein ist."[209]

Die Computerisierung der Befragung erbringt diesbezüglich einen erheblichen Fortschritt:

> "Data generated by computer interviewing is essentially clean."[210]

---

[205] Vgl. Kroeber-Riel/Neibecker (1983), S. 197f.
[206] Vgl. Allerbeck (1977), S. 174f.
[207] Z. B. Volkszählung, amtliche Statistiken usw.
[208] Vgl. Baker (1990), S. 437f.
[209] Vgl. Cochran (1972), S. 23.
[210] Vgl. o. V. (1991b), S. 4.

Die Schritte der Datenbereinigung werden vom Computer bereits während der Befragung durchgeführt. Werte, die außerhalb des zulässigen Antwortintervalls liegen, weist das Befragungsprogramm sofort zurück und fordert zur Neueingabe auf. Gleiches gilt für die Auswahl von zu vielen oder zu wenigen Antwortalternativen. Fehlende Angaben können dadurch vermieden werden, daß der Computer erst nach der Beantwortung einer Frage zur nächsten geht.

Die Stufe der Datenbereinigung im Institut entfällt durch die computergestützte Erhebung völlig. Die entsprechenden Kosten werden eingespart. Wiederum ein Punkt, der den Computereinsatz wirtschaftlich lohnender macht.

3.4.4 Statistische Auswertung

Wenn alle Daten erfaßt sind, beginnt die statistische Auswertung. Sie hat zum Ziel, die einzelnen Antworten in Informationen zu verwandeln, welche die Fragestellung der Untersuchung beantworten.

Die Verfügbarkeit der EDV zur Datenaufbereitung bedeutete Ende der sechziger Jahre fast eine Revolution.[211] Die Forschung war damit in der Lage, nicht nur große Datenbestände auszuwerten, sondern auch neue Verfahren einzusetzen. Vorher stellte der Arbeitsaufwand für iterative Verfahren, wie zum Beispiel die multidimensionale Skalierung, eine unüberwindliche Barriere dar.[212]

Die weitere Entwicklung der Statistikprogramme erlaubt es heute zusammen mit immer schnellerer und leistungsfähigerer Hardware noch komplexere Analysen in kürzerer Zeit bei niedrigeren Kosten durchzuführen, als dies noch vor einigen Jahren möglich war.[213] Soweit die erhobenen Daten einer maschinellen Auswertung ihrer Art nach zugänglich sind, erfolgt heutzutage die Auswertung bei kommerziellen Marktforschungsinstituten mit Hilfe der EDV und Statistikprogrammen.[214]

Bereits die Standardpakete mit statistischer Software[215] bieten eine Vielzahl an integrierten Methoden. Insbesondere die Entwicklung der Menüsteuerung des

---

[211] Vgl. Allerbeck (1977), S. 170.
[212] Vgl. Allerbeck (1977), S. 180f.
[213] Vgl. Lubinsky/Young (1990), S. 205.
[214] Vgl. Gaul et al. (1986), S. 325ff.
[215] Z. B.: SAS, SPSS, BMDP u. a.; Jackling (1990, S. 395) spricht von über 200 erhältlichen Statistikprogrammen.

Programmaufrufes trug zur Verbesserung der Bedienerfreundlichkeit bei. Dies veranlaßte bereits schon frühzeitig einzelne Autoren, vor einem Mißbrauch dieser Programme zu warnen. Ohne fundierte statistische Kenntnisse ist es jeder mit der Software vertrauten Person möglich, Analysen mit beliebigen Variablen des Datensatzes vorzunehmen, ohne daß eventuell vorhandene Restriktionen Beachtung finden.[216] Es ist davon auszugehen, daß die meisten Auswertungen ohne Hinzuziehung eines Statistikers erfolgen.[217] Dieses fehlende Expertenwissen ließe sich theoretisch durch ein Expertensystem ersetzen. Dieses Expertensystem könnte den Mißbrauch der statistischen Programme eindämmen.[218]

1977 wies Allerbeck den Gedanken an einen "Computer als kompetentesten Datenanalytiker" als "von aller Realität weit entfernt" zurück.[219] Während andere Autoren bereits begannen, die Anforderungen an ein solches Expertensystem zu diskutieren und festzulegen.[220] Für ein statistisches Expertensystem fordert Fröschl,

"..., daß es Zahlen (Numerik) und allgemeine Symbole (Wissen) gleichermaßen verarbeiten kann. Diese Anforderung schließt neben der Verwaltung großer Datenmengen auch die Fähigkeit zu eigenständigen Schlußfolgerungen aus den vorhandenen Daten und dem gespeicherten Wissen mit ein."[221]

Im weiteren stellt er folgende Anforderungen:[222] Das Expertensystem sollte es dem Anwender ermöglichen, in einer möglichst natürlichen Sprache mit dem System zu kommunizieren. In einem Dialog erfragt das Programm vom Anwender alle Informationen, die es nicht selbst generieren kann. Anschließend schlägt es ein Untersuchungsdesign und eine statistische Auswertungsstrategie vor. Beides muß der Anwender genehmigen. Dabei kann der Forscher zusätzliche Informationen über die vorgeschlagenen Problemlösungswege sowie die Gründe der Auswahl im System abrufen. Liegen die Daten bereits vor, können die Auswertungen gleich selbständig vom Expertensystem ausgeführt werden. Die Interpretation der Ergebnisse erfolgt ebenfalls automatisch, so daß ein Endergebnis ausgegeben werden kann.

---

[216] Vgl. z. B. Allerbeck (1977), S. 179, 185f.
[217] Vgl. Wittkowski (1986), S. 343.
[218] Vgl. Lubinsky/Young (1990), S. 206.
[219] Vgl. Allerbeck (1977), S. 186.
[220] Vgl. z. B. Hultsch et al. (1978), S. 3ff; Fröschl (1984), S. 167ff; Haux (1986a), S. 313ff.
[221] Vgl. Fröschl (1984), S. 167.
[222] Vgl. Fröschl (1984), S. 173ff.

Da in den deutschen Marktforschungsinstituten nicht nur verschiedene Standardstatistikprogramme nebeneinander angewendet werden,[223] sondern auch die Dienstleistungen externer Rechenzentren eine Rolle spielen, sollte das Expertensystem in der Lage sein, die statistischen Verfahren selbständig in den verschiedenen Programmen aufzurufen. Dies schließt die Kenntnis über die Datenkommunikationswege zu externen Rechnern mit ein.[224] Der Benutzer benötigt somit keine Kenntnisse der Kommandosprachen der Statistikprogramme. Insbesondere Spezialprogramme für Korrespondenzanalysen, Conjoint-Analysen oder Multidimensionale Skalierung zeichnen sich häufig geradezu durch eine benutzerunfreundliche Gestaltung aus.[225] Die Formalien des Aufrufes auch solcher komplexer Programme können im Expertensystem abgespeichert werden.

Als letzte Forderung muß man die Lernfähigkeit solcher Systeme nennen. Es bleibt dem kreativen, lebenden Experten auch beim Einsatz der Expertensysteme der Weg zu neuen Lösungswegen offen. Dieser Findungsprozeß kann durch das System unterstützt werden. Nach der erfolgreichen Durchführung der neuen Alternative merkt sich das Expertensystem diesen Weg und kann diesen in Zukunft wieder verwenden.

Werden alle Anforderungen eines Tages erfüllt, sieht der Forscher einer guten Zukunft entgegen. Die arbeitsintensive Phase der Datenauswertung wird ihm vom Expertensystem weitgehend abgenommen, der Auswertungsprozeß verkürzt sich und Fehlentscheidungen des Forschers werden vermieden.

Mittlerweile sind die ersten Entwicklungen verfügbar. Hierbei handelt es sich bislang jedoch nur um Teilsysteme.[226] Es existieren eine Reihe weiterer Expertensysteme[227], die ein mehr oder weniger großes Spektrum der Anforderungen abdecken und somit den Namen "Expertensystem" mehr oder weniger verdienen. Diese Systeme befinden sich jedoch zum Teil noch in der Entwicklung bzw. werden permanent weiterentwickelt. Ein komplettes System, das den Statistiker als Experten ersetzt, ist bislang noch nicht entwickelt. Auch setzen die meisten bislang entwickelten Teilsysteme erst mit der eigentlichen Auswertung ein und sehen eine Betreuung des Anwenders in der Konzeptionsphase der Studie nicht vor. Die Forderung,

---

[223] Vgl. Gaul et al. (1986), S. 327f.

[224] Vgl. Wittkowski (1986), S. 349.

[225] Vgl. Huisman (1988a), S. 339.

[226] Z. B.: REX = Regression EXpert (vgl. Pregibon/Gale 1984, S. 242ff; Lubinsky/Young 1990, S. 207ff) oder GLIMPSE (O'Brien 1990, S. 324ff).

[227] CADEMO (vgl. Rasch et al. 1990, S. 332ff), DINDE (Oldford/Peters 1988, S. 191ff), EXPLORA (Klösgen 1990, S. 316ff), PANOS (Wittkowski 1985).

die Konzeptionsphase in die Gestaltung eines Expertensystems mit einzubeziehen, erhob 1984 bereits Fröschl in seinem Anforderungskatalog an statistische Expertensysteme.[228]

Streitberg[229] vertritt hingegen die Meinung, daß ein so komplettes Expertensystem, wie es zu fordern wäre, nicht zu entwickeln ist. Das Expertensystem müßte eine Strategie zur Problemlösung erarbeiten. Diese kreative Arbeit eines Statistikers ließe sich nach Meinung des Kritikers nicht durch Regeln in einer Wissensbasis generieren.

Zusammenfassend läßt sich sagen, daß die Anforderungen für ein statistisches Expertensystem bekannt sind. Die Umsetzung in die Praxis bereitet noch Schwierigkeiten. Die nahe Zukunft könnte jedoch schon bald so aussehen: Der Computer fragt nach den Hypothesen und Rahmenbedingungen. Durch dieses interaktive Vorgehen gelangt er schließlich zu Vorschlägen, wie die Thesen mit statistischen Verfahren am besten zu prüfen seien. Gleichzeitig gibt er die nötigen Anforderungen an die Datenqualität und -quantität aus. Dies bedeutet nichts anders, als daß er an dieser Stelle bereits in die Auswahl des Stichprobenverfahrens aktiv eingreift, um die Erfüllung der gestellten Anforderungen zu gewährleisten.[230]

Im Gesamtzusammenhang mit der Computerisierung der Befragung bleibt in diesem Bereich neben der Entwicklung von leistungsfähigen Expertensystemen nur noch die Forderung, daß die Statistiksoftware inklusive dem Expertensystem in ein Gesamtpaket Befragungssoftware integriert wird. Es ist auch der Weg denkbar, daß die Statistikprogramme sukzessive um weitere Programmelemente erweitert werden, bis alle Bereiche abgedeckt sind. Auf diesem Weg befindet sich zum Beispiel SPSS. Die PC-Version wurde bereits um ein Eingabeprogramm erweitert, das sich auch für den Einsatz zur computerisierten Datenerhebung eignet.[231]

3.5 Abschlußphase

Die Abschlußphase hat die Aufgabe, die Studie dem Auftraggeber zu präsentieren, die Ergebnisse schriftlich zu fixieren und diese für die Zukunft zu archivieren. Abbildung 27 zeigt diese drei Stufen.

---

[228] Vgl. Fröschl (1984), S. 173f; s. auch Haux (1986a), S. 320.
[229] Vgl. Streitberg (1988), S. 183.
[230] Vgl. Schach (1986), S. 106ff; Carpenter (1988), S. 418f.
[231] DATA ENTRY II (vgl. Sauerwein/Hönekopp 1990, S. 76f, 190).

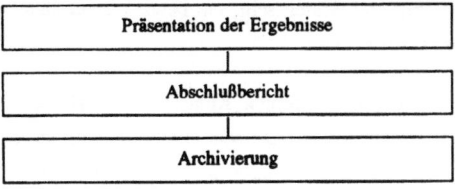

| Präsentation der Ergebnisse |
| Abschlußbericht |
| Archivierung |

Abb. 27: Stufen der Abschlußphase

3.5.1 Präsentation

Die mündliche Präsentation der Ergebnisse beim Auftraggeber der Studie ist nicht zwingend erforderlich. Sie gehört bei vielen Studien zum Leistungsumfang, da so in kurzer Zeit einem größeren Personenkreis die wichtigsten Ergebnisse vermittelt werden können.

Wohl zu Recht kritisiert Bartram die Praxis, die mehr Sorgfalt auf den schriftlichen Bericht als auf die Vorbereitung und Durchführung von Präsentationen legt. Mit der Präsentation wird in der Regel der entscheidende Schritt für die Vermittlung der Ergebnisse getan.[232] Der schriftliche Report wird von den wenigsten Managern einer intensiven Betrachtung gewürdigt.

Der Computer erobert zur Zeit vehement diesen Bereich. Er erstellt nicht nur Graphiken für die Präsentation, er steuert mittlerweile den gesamten Ablauf. Der Präsentator druckt die notwendigen Grafiken nicht mehr aus, um sie auf eine Folie zu kopieren. Er speichert sie im Laptop ab. Über entsprechende Zusatzgeräte projieziert sie der Computer direkt an die Leinwand. Gute Präsentationsprogramme in Verbindung mit leistungsstarken Computern gewährleisten einen schnellen Aufbau der Charts und eine flexible Abfolge. Hier verbessert der Computer die visuelle Qualität der Präsentation.

Der Computer optimiert auch den Inhalt der Präsentation. Es können Charts gezeigt werden, die nicht vorgesehen waren. Der Präsentationscomputer verfügt hierzu über die gesamten Daten der Studie, so daß bei auftauchenden Fragen zusätzliche Auswertungen vor Ort vorgenommen werden können. Dies erfordert vom Präsentator jedoch eine gute Beherrschung aller mit diesen zusätzlichen Auswertungen erforderlichen Programme. Ferner muß der Präsentationscomputer ent-

---

[232] Vgl. Bartram (1990), S. 489.

sprechend leistungsfähig und schnell sein, um lange Wartezeiten bei der Erstellung von Ad-hoc-Charts zu vermeiden.

In Verbindung mit der modernen Kommunikationstechnik muß weder der Computer noch der Präsentator vor Ort sein. Beide können via Datenleitung bzw. Bildtelefon[233] mit den Präsentationsteilnehmer in Kontakt treten. Ob sich diese "Entmenschlichung" der Beziehung zwischen Institut und Auftraggeber durchsetzt, darf an dieser Stelle bezweifelt werden. Der Datentransfer bietet sich hingegen an, wenn der Datenbestand sehr groß ist, so daß eine rasche Verarbeitung mit einem Laptop vor Ort nicht möglich ist.

Für den formalen Aufbau einer Präsentation gibt es reichlich Literatur mit Regeln und Checklisten.[234] Hierauf soll an dieser Stelle nicht eingegangen werden.

3.5.2 Abschlußbericht

Zu jeder Studie gehört ein Abschlußbericht, der die Fragestellung, das Untersuchungsdesign, alle Ergebnisse und die Empfehlungen festhält. In Absprache mit dem Auftraggeber ist festzulegen, inwieweit dieser Bericht komplette Auswertungstabellen oder nur relevante Tabellen enthält.

Im Gegensatz zur Präsentation beschränkt sich der Abschlußbericht nicht auf die wichtigsten Ergebnisse. Zu jeder Auswertung gehören eine kurze Beschreibung des Verfahrens sowie die Angaben zu fehlenden Werten, Sicherheitsgrenzen, Signifikanztests usw.

Die Verwendung eines Textverarbeitungsprogrammes zählt in deutschen Instituten heute zum Standard. Dies stellt jedoch bei weitem nicht das Maximum der Möglichkeiten dar. Moderne Desktop-Publishing-Programme können nicht nur Texte verarbeiten. Sie greifen auch auf Statistik- und Grafikprogramme zu. Somit müssen die Ergebnistabellen nicht nochmals getippt werden. Präsentationscharts werden im Bericht in angepaßter Größe im Text positioniert.

Die Nutzung der Programmöglichkeiten erfordert Übung mit der entsprechenden Software. Die Umstellung des gesamten Befragungsprozesses auf EDV verlangt vom Forscher das Erlernen verschiedener Anwendersprachen der einge-

---

[233] Z. B. in Form einer Videokonferenz.
[234] Vgl. z. B. Bartram (1990), S. 489f.

setzten Programme. Da es beim Desktop Publishing mehr um Schönheit, als um die Qualität der Informationen geht, werden wohl in naher Zukunft nur wenige Institute das Marketinginstrument Produktgestaltung effizient mit Hilfe der EDV einsetzen.

3.5.3 Archivierung

Die Archivierung der Studie dient dazu, daß man bei späteren Untersuchungen auf diese Studie und deren Daten wieder zurückgreifen kann. Dabei können der Aufbau oder die Abwicklung der Studie oder die einzelnen Ergebnisse von Interesse sein. Deshalb genügt es nicht, den Abschlußbericht zu archivieren.

Die Archivierung umfaßt alle mit der Durchführung verbundenen Unterlagen, also zum Beispiel auch Intervieweranweisungen und Interviewereinsatzpläne, gegebenenfalls die Papierfragebögen, die Rohdaten, alle Auswertungen, die Präsentation u.v.a.m.

Um eine Datenbank aufzubauen, muß der Forscher bei der Archivierung neben dem Titel der Untersuchung weitere Begriffe als Suchkriterien eingeben. Aus der Sicht eines kommerziellen Instituts könnten folgende Merkmale definiert werden:

-    Titel und Datum,
-    Auftraggeber,
-    Studienleiter,
-    Produkt-/Warengruppe,
-    Erhebungsart,
-    Anwendung bestimmter Auswertungsverfahren,
-    Anwendung bestimmter Fragebogentechniken,
-    Einsatz bestimmter Hilfsmittel oder Erhebungsprogramme
-    usw.

Die Qualität der Archivierung der Unterlagen und Daten entscheidet darüber, inwieweit die Erfahrungen dieser Studie in späteren Studien wirkungsvoll genutzt werden können.

4. Besonderheiten der persönlichen, computerunterstützten Befragungsarten

4.1 Telefonische Befragung

4.1.1 Entwicklung der telefonischen Befragung

Das computerunterstützte, telefonische Interview, kurz CATI[1] genannt, stellt nach Groves und Mathiowetz[2] die dritte Entwicklungsstufe der persönlichen Befragungsformen dar. Ausgehend vom Interview, bei dem die Interviewer von Haustür zu Haustür gingen, wandten sich die Forscher dem telefonischen Interview zu, das sie zunächst mit Papier und Bleistift durchführten. Heute sitzen die Interviewer vor einem PC oder einem Computerterminal und arbeiten mit einem interaktiven Programm. Der Telefonhörer ist durch einen Kopfhörer mit Mikrofon ersetzt. CATI wuchs rasch und ist heute in den USA und vielen anderen Staaten die gebräuchlichste Methode der telefonischen Befragung.[3]

Der Ausgangspunkt der Softwareentwicklung für computerunterstützte, telefonische Befragungen liegt über zwanzig Jahre zurück.[4] In der ersten Phase dominierten Systeme, die für Großrechner in der Sprache COBOL programmiert wurden. Die zweite Generation, die etwa bis 1983 reichte, gestattete ein besseres Layout und ließ sich auf kleineren Rechner betreiben. Dies verbilligte die Installation erheblich. Ab 1983 begann die Entwicklung der Programme, die auf einem PC laufen können. Damit wurde es möglich, auch Einplatzsysteme zu installieren und gleichzeitig die Option auf eine Erweiterung durch PC-Netzwerke zu behalten. Der Betrieb ist damit vom EDV-Spezialisten unabhängig geworden, da der Programmaufruf und die Durchführung der Interviews denkbar einfach geworden sind.[5]

---

1   CATI = Computer-Assisted-Telephon-Interview.
2   Vgl. Groves/Mathiowetz (1984), S. 356.
3   Vgl. Nicholls II (1988), S. 379.
4   Vgl. Fink (1983), S. 153.
5   Vgl. Baker/Lefes (1988), S. 388f.

Die eingesetzten Systeme reichen von Einplatz-PC über PC-Netzwerke bis hin zur Rechenanlage mit 100 und mehr Interviewerplätzen. Die gebäuchlichsten Systeme verfügen über 5 bis 60 Arbeitsplätze.[6] Die rein programmtechnischen Vorteile standen zunächst im Vordergrund. Durch die direkte Eingabe erhöhte sich die Geschwindigkeit der Auswertung. Die Software vereinfachte die Durchführung von Quotastichproben, verbesserte die Überwachung der Interviewer und ermög-

Fragebogen-erstellung	Nutzung von Fragenbibliotheken
	Unterstützung bei der Layoutgestaltung des Displays
	Ausdruck des Fragebogens auf Papier
Stichproben-management	Stichprobenauswahl
	Anwahl der Probanden
	ggf. Wiederanwahl
	Auswahl des zu befragenden Haushaltsmitgliedes
Datenerhebung	Präsentation der Fragen am Bildschirm
	Aufnahme der eingegebenen Antworten und Kommentare
	Antwortzeitmessung
	Fragebogenführung bei Verzweigungen und Rotationen
Erhebungs-kontrolle	Zulässigkeitskontrollen der Antworten
	Statistiken über die Interviewer
	Kontrollmöglichkeiten der Aufsicht während der Befragung
Datensatz-verwaltung	fortlaufende Numerierung der Datensätze
	Aggregation der einzelnen Datensätze zu auswertbaren Dateien
Zwischen-auswertungen	Überblick über die Stichprobenausschöpfung
	Zwischenauswertungen der Antworten

Abb. 28: Überblick über die Fähigkeiten von CATI-Software

---

[6] Vgl. Nicholls II (1988), S. 377.

lichte neue Formen der Befragung. Dies führte zu einer deutlichen Beschleunigung der gesamten Studie. Moderne Programme bieten vielfältige Unterstützung der Durchführungsphasen einer Befragung, wie Abbildung 28 zeigt.

Auf die Unterstüzungsmöglichkeiten des Computers bei der Fragebogenerstellung wurde bereits unter Pkt. 3.2.2[7] ausführlich eingegangen. Im Unterschied zu den noch zu behandelnden Methoden des computerunterstützten Interviews und der computergesteuerten Befragung bietet sich bei CATI die Möglichkeit, auf dem Bildschirm Intervieweranweisungen anzuzeigen, die vom Probanden nicht eingesehen werden können. Die eigentliche Fragebogenerstellung unterscheidet sich jedoch nicht von den anderen Methoden.

4.1.2 Stichprobenmanagement

Im Rahmen einer telefonischen Befragung können nur solche Personen befragt werden, die telefonisch erreichbar sind. Für Zufallsstichproben bedeutet dies, daß eine Stichprobe nur für die entsprechende Grundgesamtheit von Telefonbesitzern repräsentativ sein kann. Eine Repräsentanz für die gesamte Bevölkerung läßt sich mit den Zufallsverfahren nicht herstellen. Selbst mit Quotenverfahren gelingt dies nur bedingt.[8]

Für eine Auswahl benötigt man eine Liste aller Telefonteilnehmer zum Zeitpunkt der Erhebung. Die Telefonbücher spiegeln zu keiner Zeit den aktuellen Bestand an Teilnehmern wider. Bereits mit Erscheinen sind einige abgemeldet oder neu hinzu gekommen. Dabei handelt es sich zum Teil um eine oft äußerst mobile Gruppe, die ihren Wohnsitz häufiger wechselt oder um gerade erst neu gegründete Haushalte. Letzteres trifft wiederum vorwiegend für junge Menschen zu. Deren Nichtauswählbarkeit mangels Eintragung verzerrt die Stichprobe. Insgesamt ändern sich im Laufe eines Jahres 30% der Einträge im Telefonbuch.[9]

Eine weitere Problemgruppe stellen die Besitzer von Geheimnummern dar. Diese sind nicht im Telefonbuch eingetragen. Die restriktive Vergabe der Geheimnummern durch die regionalen Fernmeldeämter führte bislang in der Bundesrepublik Deutschland nur zu einer numerisch geringen Zahl an Geheimnummern,

---

[7] S. S. 45ff.
[8] Vgl. Hüttner (1989), S. 45f.
[9] Vgl. Strobel (1983), S. 223; Deutsche Bundespost Telekom (1991b), S. 2; Müller-Scholz (1991), S. 14.

wodurch in allgemeinen Stichproben nur ein geringer Fehler entstand.[10] Seit 01. Juli 1991 kann jedoch jeder Telefonbesitzer einer Eintragung im amtlichen Telefonbuch widersprechen. Die Deutsche Bundespost Telekom rechnet mittelfristig damit, daß sich 20% der Teilnehmer nicht mehr in das Telefonbuch eintragen lassen[11] und somit über dieses Medium für eine Stichprobe nicht auswählbar sind.

Eine Lösung dieser Probleme könnte nur der Zugriff auf den Datenpool der Deutschen Bundespost Telekom bringen, auf den das "Fräulein vom Amt" bei der Auskunft per Computer zugreift. In diesem Datensatz sind alle Nummern - einschließlich der Geheimnummern - auf aktuellem Stand enthalten. Dieser Zugriff wird aber den Forschungsinstituten aus Gründen des Datenschutzes verwehrt bleiben.

Seit Ende 1991 bietet die Deutsche Bundespost Telekom die Daten der amtlichen Telefonbücher auf drei CD-ROM an.[12] Diese bieten eine deutlich verbesserte Aktualität der Eintragungen.[13] Sie ermöglichen leider nicht, aus allen Nummern der Bundesrepublik Deutschland per Zufall auszuwählen. Die CD-ROM läßt eine Auswahl von Telefonnummern nur zu, wenn der Name und der Ort eingegeben wird. Für einen anderen Zugriff sind die Daten gesperrt. Sie können bzw. dürfen[14] auch nicht auf eine andere Datei kopiert werden, um sie mit einem anderen als dem auf der CD-ROM installierten Programm zu bearbeiten.

Die CD-ROM erlaubt es, in den Teilnehmerverzeichnissen zu blättern. Die traditionelle Auswahl aus Telefonbüchern wird so verbessert, da die Auswahl jedes n-ten Teilnehmers aus einer aktuelleren Datenquelle erfolgt. Die Rufnummern müssen jedoch für die Befragung neu in den Computer, der die Anrufe steuert, eingegeben werden.

Datenschutzrechtlich unbedenklich wäre es, wenn die Deutsche Postreklame nur die Telefonnummern ohne weitere personenbezogene Daten auf eine CD-ROM abspeichert und darauf einen Zugriff per Zufallsgenerator zuließe. Dies wäre für eine Zufallsauswahl eine gute Grundlage. Probleme, wie doppelte Eintragungen[15] oder fehlender Anschluß, könnten damit jedoch auch nicht beseitigt werden.

---

[10] Vgl. Strobel (1983), S. 219.
[11] Telefonische Auskunft des Fernmeldeamtes Bayreuth vom 13. September 1991.
[12] Vgl. Müller-Scholz (1991), S. 14; Deutsche Postreklame GmbH (1991a).
[13] Jeden Monat erscheint jeweils eine der drei CD-ROM neu, so daß alle drei Monate der Datenbestand komplett erneuert wird (vgl. Deutsche Postreklame GmbH 1991a, S. 6).
[14] Vgl. Deutsche Postreklame GmbH (1991b).
[15] Strobel fand heraus, daß 3,5% der Haushalte mehrfach im Telefonbuch eingetragen sind und 11% angaben, über mehr als einen Anschluß zu verfügen (vgl. Strobel 1983, S. 224).

Die meisten deutschen Institute, die ein CATI-System anwenden, bilden einen Pool aus Telefonnummern. Anhand von Telefonbüchern[16] werden meist unter Berücksichtigung regionaler Quoten, Klumpen oder Schichten Telefonnummern ausgewählt und in den Computer eingegeben. Da nun die Telefonnummern auf CD-ROM verfügbar sind, werden die Institute wohl künftig auf diese Datenbasis zurückgreifen.

Richten sich Befragungen nicht an die gesamte Bevölkerung, muß ein der Grundgesamtheit entsprechender Nummernpool gebildet werden. Beispiele hierfür wären Befragungen unter Angehörigen bestimmter Berufsgruppen oder bei Firmen, die als Abnehmer eines bestimmten Produktes in Frage kommen.

Das computergesteuerte Stichprobenmanagement greift auf einen Nummernpool zu und wählt daraus die zu befragenden Einheiten aus. Gute Programme lassen dabei verschiedene Auswahlverfahren zu.

Im Gegensatz zum Aufbau der Telefonnummern in den USA erlaubt das deutsche System keine völlig zufallsgesteuerte Anwahl der Teilnehmer durch zufällige Bildung einer Telefonnummer.[17] Weder die Ortskennzahlen[18] noch die Teilnehmernummern[19] verfügen über ein einheitliches Format.

Lediglich in modifizierter Form läßt sich eine ähnliche Methode[20] für Bevölkerungsstichproben einsetzen. Man wählt nach bisherigem Schema eine Telefonnummer aus. Es wird jedoch nicht diese Nummer angewählt, sondern eine daraus abgeleitete Nummer. Die Ortskennzahl wird übernommen und man ersetzt zum Beispiel bei einer vierstelligen Teilnehmernummer die letzten drei Ziffern durch zufällig ausgewählte Ziffern. Somit kann man einerseits davon ausgehen, daß das gewählte Format als Nummer möglich ist und andererseits haben Geheimnummern und noch nicht im Telefonbuch eingetragene Nummern die gleiche Chance wie die eingetragenen. Nachteilig ist bei diesem Verfahren, daß keine Anschlüsse im voraus ausgeschlossen werden können und somit eine Menge Fehlkontakte[21] entste-

---

16 Allein in den alten Bundesländern gibt es 100 verschiedene Regionalausgaben (vgl. Neumann, 1985, S. 210).

17 Man spricht hier vom Random-Digit-Dialing-(RDD)-Sampling (vgl. z. B. Dillman 1978, S. 238ff; Lepkowski 1988, S. 81ff).

18 3 - 5-stellig, z. B. München 089, Stuttgart 0711 oder Darmstadt 06151.

19 3 - 8-stellig.

20 Man spricht hierbei vom Two-Stage-RDD-Sampling, wobei zu beachten ist, daß die amerikanischen Methoden nicht exakt auf die deutschen Verhältnisse übertragbar sind (vgl. Lepkowski 1988, S. 85ff; Burkheimer/Levinsohn 1988, S. 99ff).

21 Z. B. gewerbliche Teilnehmer, Datenübertragungs-, Fax- oder nicht existente Anschlüsse.

hen. Dies erhöht die Kosten der Stichprobenziehung. Das Handling einer zufallsgesteuerten Auswahl in dieser Form ist aus wirtschaftlichen Gründen ohne den Einsatz des Computers nicht vorstellbar. Der Interviewer selbst bemerkt diesen aufwendigen Auswahlprozeß nicht. Er bekommt die endgültig ausgewählte Nummer angezeigt.

In der von Schach[22] 1987 im Saarland durchgeführten Raucherstudie, bei der nur Erwachsene zwischen 35 und 64 Jahren befragt wurden, konnten mit dieser Methode 43,4% der angewählten Nummern komplett befragt werden. Tabelle 8 stellt den Status der zufällig angewählten Telefonummern dar. Zielgruppenspezifisch fielen 29,3% der Nummern aus. Firmenanschlüsse besitzen mit 5,6% nur eine geringe Bedeutung und stellen somit keinen erheblichen Kostenfaktor als Fehlkontakt dar. 5,3% der Nummern waren zwar existent, es kam jedoch keine Verbindung zustande. Diese offensichtlich abwesende Gruppe übt eine systematische Verzerrung auf die Ergebnisse aus, da anzunehmen ist, daß sie mit den übrigen Befragten nicht deckungsgleich ist.

abgeschlossene Interviews	43,4%
keine Zielgruppe	29,3%
Verweigerung/Abbruch	7,5%
Firmenanschlüsse	5,6%
Ohne Antwort nach 9 Versuchen	5,2%
kein Anschluß	4,7%
Doppelkontakt	2,0%
nicht interviewbar	0,9%
nicht erreichbar	0,9%
Sonstiges	0,5%
Anzahl der angewählten Nummern	31 541

Tab. 8: Status der zufällig angewählten Telefonnummern[23]

---

22 Vgl. Schach (1987), S. 1ff.
23 Vgl. Schach (1987), S. 13, 20.

Bei dem relativ geringen Satz an Fehlkontakten, der auch bei anderen Studien unter 10% liegen dürfte, stellt der finanzielle Mehraufwand für diese Methode verglichen mit den Gewinnen an Qualität einen vertretbaren Aufwand dar. Der systematische Auswahlfehler ist bei dieser Methode, die durch den Computereinsatz erst handhabbar wurde, am geringsten. Sie läßt sich jedoch nur für Bevölkerungsstichproben einsetzen. Bilden Firmen oder zum Beispiel Ärzte die Zielgruppe, führt der Einsatz dieses Verfahrens zu einer unverhältnismäßig großen Anzahl von Fehlkontakten.

Bei 5,2% aller ausgewählten Nummern meldete sich auch nach neun Versuchen kein Teilnehmer. Die effektive Steuerung der Wiederanwahl läßt sich mit dem Computer leicht durchführen. Meldet sich der Teilnehmer nicht, so legt das Programm die Nummer in einem speziellen Speicher ab und probiert es zu einem späteren Zeitpunkt erneut. Dabei steuert das Programm die Wiederanwahl so, daß weitere Anrufe zu unterschiedlichen Tageszeiten erfolgen. Die Programme lassen die Vorgabe der Anzahl der Anrufversuche zu, so daß der Forscher entscheiden kann, wie oft die Nummer angewählt wird.

Die zunehmende Verbreitung von Anrufbeantwortern weitet die Nichterreichbarkeit aus. In den USA stellten Elmore-Yalch und Glasrock fest, daß die durch Anrufbeantworter entstehende Nichterreichbarkeit ausgewählter Stichprobenhaushalte 1990 gegenüber 1989 von 4,6% auf 7,8% stieg.[24] Sullivan berichtet hingegen, daß bei einer Untersuchung in Kalifornien durch zehnmaliges Anwählen der Teilnehmernummer die Nichterreichbarkeit durch Anrufbeantworter auf vier Prozent begrenzt werden konnte.[25] Der Anrufbeantworter ist in vielen Haushalten nicht immer eingeschaltet. Somit besteht eine gute Chance, durch viele Versuche den Zielhaushalt doch zu erreichen.

Verfügt der Teilnehmer im Moment nicht über die notwendige Zeit, die Fragen zu beantworten, oder ist die im Haushalt ausgewählte Person nicht verfügbar, kann der Interviewer einen Termin vereinbaren und in den Computer eingegeben. Zur festgesetzten Zeit teilt das Computerprogramm den Probanden dem gleichen Interviewer wieder zu. Ist dieser nicht im Dienst, so erhält ein freier Interviewer den Probanden.

Die Anwahl einer Telefonnummer führt zunächst nur in einen Haushalt oder eine Unternehmung. In den meisten Fällen stellt derjenige, der zunächst am Tele-

---

[24] Vgl. Elmore-Yalch/Glasrock (1991), S. 26.
[25] Vgl. Sullivan (1991), S. 43.

fon ist, nicht die Zielperson dar. Bei Haushalten erzeugt die Befragung derjenigen Person, die sich zu erst am Telefon meldet, in der Regel einen systematischen Fehler.[26] Ausnahme bildet hier lediglich die Befragung, die den Haushalt zum Ziel hat. Deshalb wurden für Bevölkerungsstichproben andere Methoden entwickelt, die den Anforderungen der Zufallsauswahl besser genügen.

Kish erfaßt zunächst alle Haushaltsmitglieder nach dem Geschlecht und bildet anschließend eine Rangreihe nach dem Alter. Die Auswahl der zu befragenden Person erfolgt schließlich mit Hilfe einer Zufallszahlentafel.[27] Der Computereinsatz vereinfacht diese Auswahl erheblich. Das umständliche Hantieren mit Zufallszahlentafeln entfällt. Der Computer bildet die Rangreihe und bestimmt mit Hilfe seines Zufallszahlengenerators das zu befragende Haushaltsmitglied.

Da dieses Verfahren ohne EDV-Unterstüzung zu Beginn eines Interviews sehr zeitaufwendig und umständlich ist, haben Troldahl und Carter ein einfacheres System entwickelt. Sie fragen nur nach der Menge der Personen, die der Grundgesamtheit angehören. Dies könnten zum Beispiel alle Haushaltsmitglieder über 18 Jahre sein.[28] Als zweites erfragt der Interviewer die Anzahl der männlichen Haushaltsmitglieder. Mit Hilfe von vorher entwickelten Auswahlmatrizen, die eine zufällige Rotation enthalten, kann die Auswahl leicht vorgenommen werden. So wird zum Beispiel in einem fünfköpfigen Haushalt mit drei männlichen Personen die ältere Frau befragt, während die Auswahlmatrizen beim nächsten gleichstrukturierten Haushalt die Befragung des Mannes mit mittleren Alters vorschreibt.[29] Auch dieses Verfahren läßt sich problemlos in ein Computerprogramm umsetzen und vom Interviewer genauso einfach bedienen. Er gibt die Anzahl der relevanten Haushaltsmitglieder und die der Männer ein und sofort wählt der Computer zufällig die zu befragende Person aus.

Ein Vergleich dieser beiden Auswahltechniken bei manueller Anwendung ergab nur wenige Unterschiede in Bezug auf die Kooperationsbereitschaft und die sozio-demographischen Merkmale.[30] Ein Computereinsatz wurde bislang nicht untersucht.

---

[26] Vgl. Green et al. (1991), S. 352.
[27] Vgl. Kish (1949), S. 383ff.
[28] Dieser Wert entspricht der unteren Grenze der Grundgesamtheit und kann entsprechend der Grundgesamtheit auch anders gewählt werden, z. B. 16 Jahre.
[29] Vgl. Troldahl/Carter (1964), S. 71ff.
[30] Vgl. Czaja et al. (1982), S. 384.

Eine weitere Vereinfachung ergibt sich, wenn man die Auswahl am Geburtstag festmacht. Diejenige Person wird ausgewählt, die zuletzt Geburtstag hatte. Der gleiche Effekt ergibt sich bei der Frage nach dem nächsten Geburtstag.[31] Im Vergleich zur oben beschriebenen Methode von Kish ergeben sich keine Unterschiede in der Qualität der Stichprobe. Wegen der einfachen Durchführung sinkt die Verweigerungsquote bei der Geburtstagsmethode gegenüber den bisher behandelten deutlich ab.[32] Da bei dieser Methode keine weitere komplizierte Auswahl erfolgt, erbringt der Computereinsatz mit dieser Methode keine Vorteile.

Ist die ausgewählte Person nicht zu Hause oder hat keine Zeit, so muß der Interviewer einen neuen Termin vereinbaren und versuchen, dann das Interview durchzuführen. Er darf dann nicht eine andere Person im Haushalt befragen. Dies würde die Auswahlvorschrift einer Zufallsauswahl verletzen und zu einem systematischen Fehler führen. Bei der Terminvereinbarung und der Terminkontrolle für weitere Anrufe hilft der Computer in idealer Weise.

Bei der Durchführung einer Quotenauswahl fragt sich der Interviewer im Haushalt solange durch, bis er einen passenden Probanden gefunden hat. Paßt keiner in die Stichprobe, muß er trotz eventueller Antwortbereitschaft das Gespräch abbrechen und eine neue Nummer anwählen. Der Computer unterstützt die Quotenauswahl, in dem er eine Übersicht der noch fehlenden Quoten anzeigen kann.

In Unternehmen benötigt man für die Befragung nicht eine zufällig ermittelte Person, sondern eine Person, die über die entsprechenden Kompetenzen bzw. Sachkenntnisse verfügt. Deren Name ist oft nicht bekannt. Eine Lösungsmöglichkeit bietet das Schneeballverfahren. Es gestattet auch Probanden zu befragen, die man vorher nicht als Einheiten der zu befragenden Grundgesamtheit identifizieren kann. Voraussetzung ist, daß man zumindest einige Elemente dieser weitgehend unbekannten Grundgesamtheit kennt und daß diese weitere Elemente angeben können. Nach der Befragung der bekannten Mitglieder läßt man sich weitere Mitglieder der angestrebten Grundgesamtheit von den Befragten nennen. Dieses Verfahren läßt sich mehrmals hintereinander durchführen.

Moriarty wendete es in der Investitionsgütermarktforschung an, um verschiedene Mitglieder von Einkaufsgremien zu befragen.[33] Die Zusammensetzung dieser Gremien ist für einen Außenstehenden nur schwierig zu ermitteln. Zunächst nur ein

---

[31] Vgl. Salmon/Nichols (1983), S. 270ff.
[32] Vgl. O'Rourke/Blair (1983), S. 432.
[33] Vgl. Moriarty (1983), S. 81ff.

Mitglied zu identifizieren fällt leichter. Von ihm ausgehend gelang es Moriarty, weitere Befragungen durchzuführen.

Der Computer unterstützt dieses Vorgehen als Terminplaner. Die neu genannten Probanden werden im Pool abgespeichert und angewählt. Ist eine Befragung nicht sofort möglich, wiederholt der Computer den Anruf zum vereinbarten Termin.

Nicht alle erreichten Personen sind auch bereit, die Fragen zu beantworten. Bei der telefonischen Befragung in privaten Haushalten liegen die Verweigerungsquoten zwischen 20% und 40% Prozent. Diese sind stark von der Themenstellung und der Interviewlänge abhängig.[34] Dabei entfallen die meisten Verweigerungen bereits auf den unmittelbaren Beginn des Kontaktes. Sullivan stellte fest, daß 60% der Verweigerer bereits vor der Auswahl der Zielperson im Haushalt eine Mitarbeit für alle Haushaltsmitglieder ablehnen. Weitere 30% tun dies nach der Bestimmung der richtigen Person und vor dem eigentlichen Beginn der Befragung. Nur 10% brechen die Befragung ab.[35] Die Gründe liegen zum einen an einer generellen Ablehnung von Befragungen und zum anderen an einem Mißtrauen, das aus dem Medium Telefon resultiert. Daneben gibt es auch noch weitere Gründe. Fehlende Zeit sollte hierbei jedoch keine Rolle spielen, da die computergestützten Stichprobenprogramme die Möglichkeit einer Terminvereinbarung vorsehen, zu dem ein weiterer Kontakt erfolgt.

4.1.3 Befragungssituation

Die telefonische Befragungssituation unterscheidet sich vom Interview dadurch, daß der Interviewer dem Befragten nicht gegenübersitzt, sondern mit Hilfe des Telefons den Kontakt zum Befragten in dessen Wohnung[36] herstellt. Dadurch ergeben sich im Vergleich der beiden Methoden einige Einschränkungen. Es können zum Beispiel keine visuellen Vorlagen oder Produktmuster zur Unterstützung der Befragung eingesetzt werden.[37] Sieht man von diesen Restriktionen ab, so zeigten Vergleichsstudien, daß die telefonische Befragung gegenüber dem

---

34 Vgl. Collins et al. (1988), S. 215ff; im Vergleich zu mündlichen Befragung liegen diese Quoten bei vergleichbaren Studien auf gleichem oder aber auch auf deutlich höherem Niveau.
35 Vgl. Sullivan (1991), S. 44, 53.
36 Die Wohnung ist der Regelfall. Es gibt jedoch auch die Befragung am Arbeitsplatz. Methodische Unterschiede ergeben sich daraus nicht.
37 Ein vorheriger Postversand solcher Materialien führte in den meisten Fällen zu unbefriedigenden Ergebnissen (vgl. z. B. Gutjahr 1985, S. 47).

Interview als gleichwertig gelten kann.[38] Somit beeinflußten bislang die Zeit- und Kostenvorteile der telefonischen Befragung die Methodenwahl erheblich. In den USA nimmt die telefonische Befragung bereits mit Abstand den ersten Rang unter den drei Befragungsformen[39] ein. In Großbritannien werden ein Drittel aller Interviews telefonisch abgewickelt.[40] Für Deutschland liegen keine verläßlichen Zahlen vor.

Der Computer unterstützt die telefonische Befragung bereits in weiten Bereichen. Die vorliegenden Vergleiche zwischen der Papier-und-Bleistift-Erfassung und CATI gliedern sich in verschiedene Aspekte:

-   Zeitersparnis,
-   Kostenersparnis und
-   Qualitätsverbesserungen.

Zeit und Kosteneinsparungen resultieren aus dem Wegfall folgender Phasen:

-   Druck der Fragebögen,
-   Versand der Fragebögen,
-   manuelles Stichprobenmangement,
-   Rückversand der Fragebögen,
-   Übertragung der Daten vom Papier in die EDV und
-   Datenbereinigung.

Zusätzliche Zeitersparnisse bewirkt der Computereinsatz durch eine Verkürzung der Interviewdauer. Dies resultiert aus einem leichteren Handling des Fragebogens, da die Software die Auswahl im Zielhaushalt und die Reihenfolge der Fragen steuert. Zeitersparnis bedeutet auch eine Reduktion der Telefongebühren und der Lohnkosten, da Studiointerviewer meist einen Stundenlohn erhalten.

Entscheidend für die Beurteilung des Computereinsatzes sollte jedoch die qualitative Betrachtung sein. Im folgenden wird nur auf die für die telefonische Befragung spezifischen Aspekte eingegangen. Die oben erörterten allgemeinen Vorteile und Möglichkeiten gelten somit auch in diesem Bereich, ohne daß sie nochmals diskutiert werden.[41]

---

[38] Vgl. de Leeuw/van der Zouwen (1988), S. 288. Sie untersuchten fünfundzwanzig Vergleichsstudien aus den Jahren 1952 bis 1986.

[39] Schriftlich - mündlich - telefonisch.

[40] Vgl. Clemens (1984), S. 47.

[41] S. S. 80ff.

Mit der Entwicklung der unterschiedlichen Methoden von Face-to-Face zu CATI veränderten sich auch die potentiellen Fehlerquellen. Groves und Mathiowetz untersuchten die Einflüsse des Computereinsatzes bei der telefonischen Befragung.[42] Der Vergleich der Befragungsergebnisse von zwei Splitgruppen mit und ohne Computer ergab nur wenige Unterschiede. Hinsichtlich des Antwortverhaltens der Befragten konnte nichts festgestellt werden. Bei den Interviewerfehlern ergab sich eine leichte Verbesserung. Dies resultiert aus der automatischen Eingabekontrolle des Computers sowie aus der vorgegebenen Fragebogenführung. Die Interviewer können hier keine Fehler mehr machen.

Als weiteres Ergebnis ist herauszustellen, daß die Interviewer, die beide Methoden anwandten, CATI einen leichten Vorzug gaben. Es ist einfach, dem Verlauf des Fragebogens zu folgen, und man ist vom teilweise umständlichen Umblättern des Fragebogens befreit. Frühere Antworten lassen sich leicht korrigieren. Die im Test beteiligten 33 Interviewer hatten kaum Akzeptanzprobleme gegenüber der neuen Technik. Ältere Interviewer zeigten mehr Ängste und benötigten eine längere Einarbeitungszeit als jüngere. Sie produzierten jedoch in der Befragung keine signifikant unterschiedlichen Ergebnisse.[43]

House fand heraus, daß der Einsatz des computergesteuerten Stichprobenmanagements deutlich höhere Verbindungsraten erbrachte als ein willkürliches und manuelles Vorgehen. Die systematische Wiederanwahl nicht erreichter Nummern führte zu einem signifikant höherem Erfolg.[44]

Auf die Verweigerungsraten scheint der Computereinsatz hingegen keinen Einfluß zu haben. Groves und Nicholls II analysierten fünf Studien.[45] In nur einem Fall wies die CATI-Erhebung eine signifikant niedrigere Verweigerungsquote auf als die Papier-und-Bleistift-Erfassung.[46] Eine konkrete Erklärung dafür bleiben die Autoren jedoch schuldig und führen das Ergebnis auf unkontrollierte Faktoren in der Vergleichsstudie zurück.[47]

---

[42] Vgl. Groves/Mathiowetz (1984), S. 356ff.

[43] Vgl. Groves/Mathiowetz (1984); S. 356ff; An der Studie waren 33 Interviewer beteiligt, die insgesamt 4 400 telefonische Befragungen durchführten, wovon je die Hälfte mit bzw. ohne Computerunterstützung. Jeder Interviewer wandte beide Methoden an.

[44] Vgl. House (1984); in Übereinstimmung mit Groves/Nicholls II (1986), S. 118f.

[45] Vgl. Groves/Nicholls II (1986), S. 119f; Sie zitieren Untersuchungen von Harlow et al. (1985), Coulter (1985), House (1984) und Ferrari (1984) und (1986).

[46] Vgl. Ferrari (1986).

[47] Vgl. Groves/Nicholls II (1986), S. 120.

Die Vernetzung der Erhebungsterminals bietet die Möglichkeit, jederzeit Zwischenergebnisse oder einen Überblick über die Zusammensetzung der Stichprobe zu erhalten. Im Feld wäre dies nur bei täglichem Datenaustausch in ähnlicher Form zu realisieren. Dem Auftraggeber können bereits vor Ende der Feldarbeit erste Trendmeldungen gegeben werden. Stabilisieren sich die Ergebnisse bereits vor der vollständigen Ausschöpfung der Stichprobe, kann die Befragung abgebrochen werden. Dies spart Zeit und Geld. Bislang bietet keine andere Befragungsart diese Chance. Erst die neuen computerisierten Befragungsformen können in diesem Punkt etwas aufholen.

Der Studioleiter überblickt jederzeit, inwieweit vorgegebene Quoten erfüllt sind. Bei Zufallsstichproben können Kontrollmerkmale definiert werden, deren Verteilung mit der bekannten Verteilung in der Grundgesamtheit abgeglichen werden. Der Studioleiter überwacht die Stichprobe permanent. Daraus resultierende Qualitätsprobleme werden frühzeitig erkannt.

Während der Feldinterviewer bei der Zu-Hause-Befragung eigenständig agiert, unterliegt der Studiointerviewer einer ständigen Überwachung. Die Vernetzung der Befragungsterminals optimiert diese Kontrolle. Der Studioleiter steht nicht mehr physisch hinter den Interviewer, sondern schaltet sich unbemerkt in die laufende Befragung ein. Dabei ermöglicht der Computer, daß er sowohl die Gespräche als auch die Eingaben in den Computer simultan verfolgen kann.

Die permanente Überwachung trägt zur Optimierung der Interviewerfähigkeiten bei. Es ist möglich, einen einheitlichen Interviewerstil im Studio zu etablieren, wie es in einer Feldorganisation mit gelegentlichen Schulungen wohl nur ein Wunschtraum bleibt. Der Interviewer erhält unmittelbar nach der Erhebung ein Feedback über seine Leistung. Manipulationen sind weitgehend ausgeschlossen. CATI bietet somit den größten Schutz vor Interviewerfehlern und -manipulationen von allen Erhebungsmethoden.[48]

Des weiteren zeigt die EDV mit Hilfe eines entsprechenden Programmes, wie erfolgreich der Interviewer arbeitet. Der Studioleiter erfährt die Anzahl der angewählten Nummern, der Verweigerungen und der Abbrüche während der Befragung. Diese Statistiken ermöglichen eine fortlaufende Selektion der Mitarbeiter. Deutlich höhere Verweigerungsraten gerade zu Beginn einer Befragung deuten auf eine ungeeignete Stimme hin, wenn man voraussetzt, daß alle Interviewer den gleichen Standardtext zu Beginn der Befragung verwenden.

---

[48] Vgl. Groves/Nicholls II (1986), S. 128.

Ohne Probleme registrieren die meisten Befragungsprogramme die Dauer jedes einzelnen Interviews. Regelmäßige Auswertungen dieser Informationen je Interviewer zeigen, welche Interviewer eventuell zu schnell oder zu langsam arbeiten. Zu schnelles Arbeiten deutet unter Umständen auf mangelndes Nachfassen hin. Überdurchschnittlich lange Interviews können zum Beispiel aus mangelnder Beherrschung der Tastatur oder aus unerlaubten Diskussionen mit dem Probanden resultieren. Der Studioleiter kann diese Personen genauer überwachen und Mängel im Interviewerstil beseitigen. Die Möglichkeit der computergesteuerten Zeitmessung dient als Instrument zur Verbesserung der Interviewerfähigkeiten.

Die permanente Gefahr, überwacht zu werden, wirkt sich auf den Interviewer unter Umständen als Stressfaktor aus, der die Motivation des Interviewers beeinflußt. Dies stellt jedoch eine nur mittelbare Folge des Computereinsatzes dar. Ob dieser Effekt auftritt, hängt vielmehr vom Betriebsklima des Studios als vom Computereinsatz ab.

Ein Problem sei hier nur am Rande erwähnt. Zu Anfang des Computereinsatzes bestanden Bedenken, ob das Klappern der Tasten bei der Eingabe die Befragung beeinträchtigt. Bislang sind diesbezügliche Effekte jedoch nicht nachweisbar.[49]

4.1.4 Organisatorische Aspekte

Der Einsatz des Computers wirkt sich auch auf Aspekte der Organisation aus. Die Datenfernübertragung ermöglicht die Überbrückung großer Entfernungen und bietet die Chance, eine dezentrale Organisationsstruktur mit regional verteilten Telefonstudios zu errichten. Bezogen auf die Standortwahl für ein Telefonstudio in der Bundesrepublik Deutschland besitzt dieser Aspekt nur geringe Bedeutung. Die Weitzone beginnt bei den Telefongebühren bereits ab 50 km.[50] Somit beeinflußt der Standort die Telefongebühren bei nationalen Erhebungen nur in geringem Ausmaß. In der Regel werden deshalb in der Bundesrepublik meist zentrale Studios eingerichtet. Eine Dezentralisierung in mehrere Studios lohnt sich nicht.

Der entscheidende Standortfaktor dürfte die Verfügbarkeit von genügend Interviewern am Ort sein. Das Personal eines Telefonstudios unterscheidet sich von

---

[49] Vgl. Harlow et al. (1985), S. 338.
[50] Vgl. Deutsche Bundespost Telekom (1992b), S. 12.

dem eines Feldstabes. Doch auch diese weisen bislang weder eine repräsentative Struktur auf, noch ist der Aufbau in allen Feldorganisationen gleich.[51]

Der Telefoninterviewer ist meist fest im Studio angestellt.[52] Dabei dürfte dies in der Bundesrepublik in vielen Fällen auf Basis der geringfügigen Beschäftigungsverhältnisse geschehen. Es werden aber teilweise auch Full-Time-Interviewer beschäftigt. Die festen Beschäftigungsverhältnisse tragen zu einer Professionalisierung der Tätigkeit bei. Dies wirkt sich zwangsläufig auch positiv auf die Fähigkeiten der Interviewer aus, sofern die Möglichkeiten zur Überwachung und Feedback genutzt werden.

Der Computereinsatz erschwert die Personalfindung in den meisten Fällen nicht. Als einzige Grundvoraussetzung besteht die Forderung nach Schreibmaschinenkenntnissen. Auch zunächst ängstliche Menschen finden sich nach entsprechendem Training rasch mit dem Computer zurecht. Dabei gibt es keine geschlechts- oder altersspezifischen Unterschiede in der späteren Leistungsfähigkeit der Interviewer.[53]

Durch die zu erwartende Europäisierung der Markt- und Meinungsforschung ergeben sich für die Standortwahl neue Aspekte. Hier bietet sich eine dezentrale Struktur an. Dies bedeutet, daß in mehreren Ländern jeweils ein eigenes Studio eingerichtet wird. Dies ist nicht nur aus wirtschaftlichen Überlegungen sinnvoll. Da die Befragungen in der jeweiligen Landessprache erfolgen, gäbe es bei einem zentralen Studio für ganz Europa Probleme, Personal mit entsprechenden Sprachkenntnissen zu finden.

Die Möglichkeiten der Datenkommunikation erlauben eine Vernetzung der dezentralen Studios. Die Vorteile der permanenten Zwischenauswertungen sowie der Geschwindigkeit der Feldarbeit bleiben auch bei einer dezentralen Struktur der Studios voll erhalten. Einziger Nachteil einer dezentralen Struktur ist die erschwerte einheitliche Einweisung der Studiointerviewer. Zwangsläufig können nur die Studioleiter informiert werden, die ihrerseits die Anweisungen an ihre Mitarbeiter weitergeben.

Der nächste Schritt nach der Standortwahl ist die Auswahl einer geeigneten Software. Generell stellt sich zunächst die Frage, ob eine Standardsoftware gekauft

---

[51] Vgl. Zeh (1990), S. 65ff.
[52] Vgl. Clemens (1984), S. 48.
[53] Vgl. Harlow et al. (1985), S. 338; Palit (1980), S. 517; s. S. 57ff.

wird oder ob die Software gemäß den eigenen Bedürfnissen selbst entwickelt wird. Da eine Selbstentwicklung mit einem enormen Entwicklungs- und Wartungsaufwand verbunden ist, kommt diese nur für große kommerzielle Institute in Frage. Betrachtet man die Leistungsfähigkeit der am Markt angebotenen Software, so darf die Wirtschaftlichkeit einer Eigenentwicklung doch stark in Zweifel gezogen werden. Ein kommerzieller Anbieter verteilt seine Entwicklungskosten auf viele Kunden. Ferner sorgt er ständig für eine Verbesserung seiner Software, so daß neue Methoden meist kurzfristig in den kommerziellen Angeboten verfügbar sind.

Für CATI besteht die Software aus zwei Teilen. Der erste dient der Fragebogenerstellung und der Ablaufsteuerung während der Befragung. Der zweite übernimmt das Stichprobenmanagement mit den Aufgaben

- Ziehung, evtl. zufallsgesteuerte Veränderung der Rufnummer und Überwachung der Stichprobenzusammensetzung,
- Verteilung der Nummern auf die Interviewer,
- Anwahl und die Wiederanwahl mit Terminmanagement usw.[54]

Die Anforderungen an die Leistungsmerkmale der Software hängen von den Bedürfnissen des einzelnen Studios ab. Ergänzend sei an dieser Stelle auf den Aufsatz von Norton verwiesen, der sich ausführlich mit der Softwareauswahl beschäftigte.[55]

Die heute kommerziell vertriebene Software verlangt als Hardware nur noch einen PC oder ein PC-Netzwerk. Dies bietet die Möglichkeit, dieselbe Software auch für computerunterstützte Zu-Hause-Interviews auf tragbaren Computern und im Studio einzusetzen.

Die Netzwerk-Software ist in der Regel nicht in der CATI-Software enthalten und muß gesondert beschafft werden. Die Netzwerk-Software regelt den Informationsaustausch zwischen dem Server und den einzelnen PC. Auch die Lösung der Aufgabe der Installation eines Netzwerkes ist sehr individuell zu sehen. Talley faßt dies sehr prägnant zusammen, wenn er schreibt:

"... there is no "best choice" for all people, but there is a "best choice" for your company."[56]

---

[54] Vgl. Curry (1989), S. 1.
[55] Vgl. Norton (1989).
[56] Vgl. Talley (1989), S. 7.

Die Anschaffung eines Netzwerkes bedarf einer genauen Planung, in der nicht nur die Anzahl der Arbeitsplätze, sondern auch die örtlichen Gegebenheiten sowie der Bedarf für spätere Erweiterungen oder die Kommunikation mit anderen Netzen festgelegt werden muß.

Der Einsatz eines Netzwerkes bedeutet für die Kostenseite, daß eine geschulte Person die permanente Wartung des Netzwerkes übernimmt. Dieser Netzwerkadministrator gewährleistet einen reibungslosen Arbeitsablauf und verhindert insbesondere, daß das System im Laufe der Benutzung an Geschwindigkeit verliert. Bei kleineren Netzwerken können diese Aufgaben auch von einem externen Experten in regelmäßigen Abständen übernommen werden.[57] Für die Einkaufsentscheidung empfiehlt sich folgende Reihenfolge:

- Planung der Anforderungen an das System,
- Entscheidung über die CATI-Software,
- ggf. Entscheidung über die passende Netzwerk-Software,
- Auswahl derjenigen Hardware, die CATI und Netzwerk optimal unterstützen.

Grundsätzlich muß die Kapazität der Hardware ausreichend für die geplante Anzahl an Befragungsplätzen bemessen sein. Die Hardware muß einen reibungslosen Befragungsablauf gewährleisten. Wartezeiten der Interviewer zwischen der Antworteingabe und dem Erscheinen der nächsten Frage müssen unter einer Sekunde liegen, um den Befragungsablauf nicht zu stören.

Groves und Mathiowetz stellten in einer Studie fest, daß bereits Wartezeiten über zwei Sekunden den Befragungsablauf hemmen und negative Folgen bis hin zum Abbruch des Interviews auftraten.[58] Da die Schnelligkeit der Hardware heutzutage weder ein technisches noch ein finanzielles Problem darstellt, sollte dieses Problem in der Praxis keine Bedeutung mehr besitzen.

Die bereits angesprochenen Netzwerke verdrängen zunehmend die Systeme mit einem Zentralrechner und angeschlossenen Terminals. Die Netzwerke erfordern niedrigere Investitionen, verursachen niedrigere Unterhaltskosten, insbesondere bezüglich des Wartungspersonals und lassen den Einsatz einer benutzerfreundlicheren PC-Software zu.[59]

---

[57] Vgl. Talley (1989), S. 13.
[58] Vgl. Groves/Mathiowetz (1984), S. 362.
[59] Vgl. Curry (1989), S. 3.

Bei PC-Lösungen können sämtliche PC als Einzelplatzsysteme unabhängig voneinander arbeiten. Der Ausfall eines Gerätes beeinflußt die Arbeit der übrigen Interviewerplätze nicht. Die Forschungsgruppe Wahlen wählte zum Beispiel diesen Ansatz bei ihren 46 Interviewerplätzen.[60] Damit gehen jedoch die Vorteile der Vernetzung verloren. Ein zentral gesteuertes Stichprobenmanagement ist unmöglich. Die Interviewer müssen selbst die Nummern anwählen. Zwischenauswertungen sind erst nach der Datenübertragung mit Hilfe einer Diskette in einen zentralen PC durchführbar. Damit werden große Vorteile des Computereinsatzes zugunsten einer etwas niedrigeren Investition verspielt.

Will man sich gegen den Ausfall der Zentraleinheit in einem Netzwerk absichern, übernehmen die einzelnen PC zu Beginn der Befragung die Fragen sowie die gezogenen Telefonnummern vom zentralen Netzwerk-PC in den eigenen Speicher. Sie arbeiten von da ab eigenständig. Die erhobenen Daten können jedoch jederzeit für Zwischenauswertungen in dem zentralen PC zusammengezogen werden. Auch bestehen alle Überwachungsmöglichkeiten des Befragungsablaufes. Fällt der zentrale PC aus, arbeiten die einzelnen PC allein weiter. Es entfallen lediglich die Möglichkeiten der Zwischenauswertungen während der Betriebsstörung. Bolton durchleuchtet in seinem Aufsatz alle Aspekte, die man beim Aufbau eines Netzwerks auf der Seite der Hardware beachten sollte.[61] Dem interessierten Leser sei dieser Aufsatz empfohlen.

Neben der Rechnereinheit erfordert auch die Entscheidung über das Eingabemedium einige Überlegungen. Von einem geschulten Interviewer kann man zwar verlangen, daß er eine Volltastatur beherrscht, jedoch stellt sie nicht immer die ideale Eingabeart dar. Becker und Engel machten mit der Mauseingabe gute Erfahrungen. Die Benutzung der Maus erfordert vom Interviewer keinerlei EDV- oder Schreibmaschinenkenntnisse. Alle Eingaben mit Ausnahme offener Antworten können damit vorgenommen werden.[62] Dieses Medium bietet insbesondere bei der Einführung von CATI die Chance, altbewährte Interviewer, die nicht über genügend Schreibmaschinenkenntnisse verfügen, auch nach der Einführung der neuen Technik weiterbeschäftigen zu können. Die Maus läßt sich bei entsprechender Software problemlos parallel zur Tastatur anwenden.

---

[60] Vgl. Becker/Engel (1990), S. 388.
[61] Vgl. Bolton (1989).
[62] Vgl. Becker/Engel (1990), S. 391.

4.1.5 Wirtschaftliche Analyse

Die wirtschaftliche Beurteilung des Computereinsatzes wird durch die Investition, die laufenden Unterhaltskosten und die studienspezifischen Kosten bestimmt. Der Investitionsaufwand hängt stark von den Bedürfnissen des Studiobetreibers ab. Die Forschungsgruppe Wahlen konnte ihr Studio 1987 für 1 300 DM je Arbeitsplatz mit Hardware ausstatten.[63] Bedenkt man den zwischenzeitlichen Preisverfall, liegt der Minimalaufwand für Hardware wohl deutlich unter 1 000 DM. Nach oben sind meist keine Grenzen gesetzt.

Auch für die Software lassen sich keine allgemeinverbindlichen Aussagen treffen. Eigenentwicklungen können rasch in die Größenordnung von 100 000 DM wachsen. Dagegen bieten Softwareanbieter CATI-Software deutlich günstiger an. Die Sawtooth Software, einer der führenden Anbieter in Amerika, verlangt für eine Lizenz mit zwanzig Plätzen umgerechnet rund 20 000 DM.[64] Dies sind pro Platz 1 000 DM.

Der gesamte Investitionsaufwand zur Computerisierung eines CATI-Studios bewegt sich pro Platz somit ab 2 000 DM aufwärts. Die Betrachtung einer kompletten Neugründung eines Telefonstudios geht über den gesteckten Rahmen dieser Arbeit hinaus. Dabei wären dann auch räumliche und andere technische Überlegungen, wie Elektroinstallation, Telefonanschlüsse usw. zu analysieren.[65]

Jedes EDV-System verursacht laufende Wartungskosten. Je größer der Zentralrechner oder das Netzwerk ist, desto höher sind die Anforderungen an ein qualifiziertes Personal. Einzelplatzrechner und kleine Netzwerke können noch vom versierten Studioleiter betreut werden. Eine Quantifizierung dieses Kostenblocks wäre nur in Zusammenhang mit einer konkreten Installation möglich.

Der dritte Aspekt besteht aus den Kosten, die bei der Durchführung einer Studie entstehen. Thompson[66] versuchte die beiden signifikant unterschiedlichen Kostenblöcke von CATI und Papier-und-Bleistift-Methode gegenüberzustellen. Bei CATI ist zu Beginn ein erheblicher Aufwand für die Programmierung und Überprüfung des Fragebogens erforderlich. Dagegen fällt bei der Papier-und-Bleistift-Methode ein großer Aufwand für die Datenübertragung in die EDV an.

---

63 Vgl. Becker/Engel (1990), S. 388.
64 Schriftliches Angebot aus dem Jahre 1991.
65 Vgl. Miller (1989).
66 Vgl. Thompson (1989), S. 92ff.

Der Programmierungsaufwand hängt sowohl von der Komplexität als auch von der Länge des Fragebogens ab. Die Datenübertragung vom Papier in die EDV wird hingegen nur von der Länge des Fragebogens bestimmt. Thompson verglich diese beiden Kostenblöcke. Als Richtwerte ermittelte sie folgende Schwellen. Befragungen mit einer Fallzahl von weniger als 500 sind in der Regel mit der herkömmlichen Methode kostengünstiger auszuführen. Einschränkungen dieser Aussagen ergeben sich jedoch, wenn die Stichprobenbildung sehr schwierig ist und in diesem Bereich durch den Computereinsatz zusätzliche Einsparungen zu erwarten sind. Studien mit mehr als 1 500 Fällen lohnen sich fast immer mit einem CATI-System durchzuführen.[67] Thompson berücksichtigt in ihrem Vergleich jedoch keine Einsparungen aus den Druckkosten der Fragebögen und durch den Einsatz der Datenfernübertragung, soweit Institut und Telefonstudio nicht eine räumliche Einheit bilden.

Bei der Betrachtung der Wirtschaftlichkeit sollte man diese jedoch nicht als allein ausschlagebend für eine Entscheidung heranziehen. Komplizierte Fragebögen sind unter Umständen nur mit einem großen Programmieraufwand zu verwirklichen. Die Kostenvorteile der Papier-und-Bleistift-Methode mögen dann groß sein. Aber eine erfolgreiche Durchführung in der traditionellen Weise scheitert eventuell im Feld, wenn die Interviewer den komplizierten Anweisungen zum Ablauf nicht folgen können. Viele Fehler können die Ergebnisse unbrauchbar machen. In solchen Fällen kann die vermeintlich teurere Methode am Schluß die kostengünstigere sein. Ist die Befragung einmal richtig programmiert, läuft sie bei jedem Interviewer und jedem Probanden fehlerfrei ab.

4.2 Zu-Hause-Interview

Die Zu-Hause-Interviews werden in der Regel von einem dezentralisierten Interviewerstab durchgeführt. Dabei handelt es sich um Mitarbeiter, die nicht hauptberuflich Interviewer sind. Die dezentrale Verteilung dieser Interviewer erfordert die Lösung zweier Probleme. Zum einen müssen die Mitarbeiter geschult werden[68] und zum anderen bedarf es der Regelung des Datentransfers[69]. Beide Aspekte wurden bereits ausführlich diskutiert.

---

[67] Vgl. Thompson (1989), S. 92ff.
[68] S. S. 57ff.
[69] S. S. 63ff.

4.2.1 Stichprobenziehung

Sofern dem Interviewer keine konkreten Adressen vorgegeben sind, wählt er die Probanden meist nach dem Random-Route-Verfahren oder dem Quotenverfahren aus. Mit Hilfe des Computers kann der Interviewer auch während der Feldarbeit jederzeit auf die Intervieweranweisung zugreifen, die ihm seinen Weg bzw. die geforderten Quoten beschreibt. Dies könnte durch eine Übersicht der bereits erfüllten Quoten ergänzt werden.

Bei der Stichprobenziehung verbessert der Computer das Verfahren vor allem, wenn die Grundgesamtheit auf Datenträger vorliegt. Er übernimmt in solchen Fällen nicht nur die zufallsgesteuerte Ziehung der Stichprobe. Über ein Zusatzprogramm kann er die gezogenen Adressen optimal auf die zur Verfügung stehenden Interviewer verteilen, so daß die Fahrtkosten minimiert werden. Dies erfolgt jedoch nicht im Befragungscomputer des Interviewers, sondern im Institut. Dieser Vorteil ließe sich demnach auch bei einem traditionellem Vorgehen im Feld nutzen.

4.2.2 Befragungssituation

Die Anfänge des computerunterstützten Interviews, das in der anglistischen Literatur meist mit CAPI[70] abgekürzt wird, liegen in den siebziger Jahren.[71] Trotzdem erreichte diese Technik bis heute in der Bundesrepublik nur eine geringe Verbreitung. In den Anfängen brachte man Terminals zu den Befragten und verband diese via Telefonleitung mit dem Zentralrechner. Diese umständliche Prozedur entfällt durch die Einsatzmöglichkeiten von tragbaren PC im DIN-A4-Format, dem sogenannten Notebook. Die Interviewsituation wird nun nicht mehr durch eine umfangreiche, technische Ausstattung belastet.

Der Befragungsablauf bestimmt auch die Sitzordnung des Interviewers und des Befragten. Ein schnelles Hinüberreichen des Fragebogens, um dem Probanden eine Skala zu zeigen, wird mit zwei bis drei Kilogramm schweren Geräten deutlich erschwert. Ganz abgesehen von der Gefahr, daß aus Versehen eine falsche Taste bei der Übergabe gedrückt wird. Abhilfe schaffen hier zum Beispiel die altbewährten Kärtchen, die dem Befragten separat vorgelegt werden.

---

[70] CAPI = Computer-Aided-Personel-Interview.
[71] Vgl. MacBride/Johnson (1980), S. 39ff; Curry (1988), S. 2; Greenberg (1988), S. 363.

Eine andere Möglichkeit besteht darin, daß die beiden Interviewpartner so sitzen, daß beide den Bildschirm einsehen können. Eine solche Anordnung wird durch eine abnehmbare Tastatur erleichtert. Der Interviewer hat diese gerade vor sich liegen, während eine Drehung des Displays beiden einen guten Einblick ermöglicht. Ein Nebeneinander vor dem Computer schafft eine etwas andere Interviewsituation als bislang. Traditionell "verhörte" der Interviewer sein Gegenüber. Nun sitzen beide vor dem Computer und lösen gemeinsam die Aufgabe der Befragung. Der Befragte wird nach Ansicht des Autors hierdurch stärker in die Befragung eingebunden, seine Motivation steigt und damit die Qualität seiner Antworten.

Der Computer erhöht offensichtlich auch das Vertrauen des Befragten in die Anonymität seiner Antworten. Die GfM Schweiz machte die Erfahrungen, daß Fragen der Probanden zu diesem Bereich deutlich seltener gestellt werden. Die Antworten "verschwinden" im Computer und sind so nach Meinung der Befragten wohl auch einem späteren Zugriff des Interviewers entzogen.[72]

4.2.3 Organisatorische Aspekte

Beim Einsatz des Computer im Interviewerstab stellen sich verschiedene organisatorische Aufgaben. Zunächst gilt es eine Software und eine dazu passende Hardware auszuwählen. Das Angebot an Befragungssoftware ist mittlerweile sehr groß. Schon für unter 1 000 DM sind Programme erhältlich. Eine Eigenentwicklung erscheint nur dann sinnvoll, wenn Programmelemente benötigt werden, welche die Standardsoftware nicht leistet. Für die Erhebung im Feld bieten sich verschiedene Computerarten an. Tabelle 9 stellt sie und ihre wichtigsten Leistungsmerkmale zusammen.

Die umfangreichsten Möglichkeiten bietet der Einsatz eines Notebook. Dies sind voll leistungsfähige PC mit einem Standarddisplay von meist 40 Zeilen à 80 Zeichen. Gegenüber den Laptop besitzen sie nur noch ein Gewicht von zwei bis drei Kilogramm und die Größe eines DIN-A4-Blattes. Sie verfügen über eine vollständige Tastatur. Es können somit sowohl wörtliche Eingaben als auch Zahleneingaben erfolgen.

Des weiteren kann eine Maus oder ein Trackball angeschlossen werden. In einzelnen, meist teueren Geräten sind diese schon im Notebook integriert. Die

---

[72] Vgl. Schwab (1991), S. 31.

Maus oder der Trackball ermöglichen, eine Markierung über das Display zu bewegen. Der Interviewer positioniert diese Markierung auf dem entsprechenden Eingabefeld und "klickt" dieses Feld an. Das erspart die Eingabe einer Codenummer für die Antwort oder das eher mühselige Positionieren des Cursors mit Hilfe der Funktionstasten auf dem Eingabefeld. Dabei ist zu beachten, daß die Eingabe von Codeziffern unter Umständen ein wertenden Effekt auf die Antwortalternative haben kann.

	Notebook	Spezial	Notepad
Eingabemedium:			
Volltastatur	x	-	-
Numerische Tastatur	x	x	-
Maus/Trackball	x	x	-
Peneingabe	-	-	x
Gerätegröße:			
DIN A4	x	-	x
kleiner DIN A4	(x)	x	-
Gewicht in kg	2-3	0,5-2	1,5-3
	(>0,5)		
Displaygröße:			
Standardgröße	x	-	x
Kleindisplay	(x)	x	-

x = trifft zu; - = nicht zutreffend
() = abweichende Angaben für Kleinst-PC[73]

Tab. 9: Hardware für Zu-Hause-Interviews

Da das Positionieren des Cursors mit den Richtungstasten umständlich ist, könnte die Ausgangsposition des Cursors einen ungewollten Einfluß ausüben. Springt der Cursor für eine Skaleneingabe zum Beispiel auf die Mitte, so besteht eine Tendenz zu den Werten um die Mitte, da die Angabe dieser Werte weniger Tastenanschläge erfordert. Ein Anklicken der Antwort mittels einer Maus oder eines Trackball ist somit eindeutig der Vorzug zu geben, auch wenn dies eine etwas höhere Investition erfordert.

Der Einsatz einer Maus bedingt eine ebene und rutschfeste Unterlage. Dies läßt sich bei Zu-Hause-Befragungen nicht immer gewährleisten. Deshalb ist der Trackball zu empfehlen, der sich in der Funktionsweise letztendlich nicht von der

---

[73] Man spricht hierbei auch vom Palmtop, wie z. B. HP 95LX (vgl. Hewlett-Packard 1991).

Maus unterscheidet. Der Interviewer bewegt eine Kugel in einer Halterung. Entsprechend dieser Bewegung wandert der Cursor auf dem Display.

Hochwertige Notebook sind heute auch schon mit Farbdisplays erhältlich. Dies ermöglicht die farbige Darstellung von Bildern, zum Beispiel Produktabbildungen, direkt am Bildschirm. Die noch hohen Preise dieser Geräte erlauben einen Einsatz sicher nur in ganz spezifischen Fällen, in denen die Farbdarstellung unumgänglich ist.

Die Miniaturisierung der tragbaren PC schreitet immer weiter fort. Es werden nun schon Geräte angeboten, die deutlich kleiner sind, aber trotzdem vollwertige PC mit dem Betriebssystem DOS darstellen. Man spricht hierbei von Kleinst-PC oder Palmtop.[74] Diese Bezeichnungen sind bislang nicht einheitlich. Der Unterschied zum programmierbaren Taschenrechner besteht in der Volltastatur. Mit abnehmender Größe werden jedoch auch Display und Tastatur kleiner. Während eine geringere Displaygröße bei Standardbefragungen nicht hinderlich sein muß, bedeutet eine Miniaturtastatur ein schlechtere Ergonomie für die Eingabe. Sind in Befragungen häufiger offene Antworten einzugeben, wächst die Gefahr von Tippfehlern bei den sehr eng nebeneinanderliegenden Tasten steil an.

Die Größe dieser Geräte verhindert den Einsatz von Diskettenlaufwerken oder Harddisk. Somit greifen die Hersteller auf die RAM-Karten als Speichermedium zurück. Für die Umfrageforschung bringt dies nur Vorteile mit sich. Die Kapazität der RAM-Karten ist völlig ausreichend. Der Zugriff erfordert deutlich weniger Energie, womit diese Geräte über eine längere netzunabhängige Betriebszeit verfügen als die herkömmlichen Notebook. Dies ermöglicht es dem Interviewer, seine täglichen Interviews im Feld ohne Akkutausch durchzuführen. Auch das Transportgewicht ist deutlich geringer. Der HP 95LX wiegt gerade noch 300 g.[75]

Wie schon erwähnt, stellt die Bedienung einer alphanumerischen Volltastatur gewisse Mindestanforderungen an den Interviewer. Setzt ein Institut nur wenige oder gar keine offenen Fragen ein, so kann beim Erhebungscomputer auf eine Volltastatur verzichtet werden. Wenngleich in diesen Fällen nicht auf Konfektionsware zurückgegriffen werden kann, stellt der Bau eines Computers gemäß den spezifischen Anforderungen weder ein technisches noch ein finanziell unüberwind-

---

74 Z. B. HP 95LX, Atari Portfolio, Poqet PC.
75 Vgl. Hewlett-Packard (1991), S. 11.

bares Problem dar. Den Anforderungen entsprechend wird das Gerät aus Standard-
bauteilen zusammengefügt.

Bei Spezialanfertigungen wird man in der Regel einen 10er-Block für numerische Eingaben sowie einige Funktionstasten einbauen. Die Funktionstasten
ermöglichen zum Beispiel ein Zurückblättern im Frageablauf, den Start und die
Beendigung eines Interviews, die automatische Datenfernübertragung oder zeigen
die Intervieweranweisungen an. Die Verwendung eines Trackball kann auch für
diese Geräte vorgesehen werden.

Da nur in den wenigsten Fällen der Standardbildschirm in seiner Größe voll
ausgenutzt wird, kann man bei solchen Geräten auch ein kleineres Display wählen.
Die gesamte Größe des Gerätes wird durch die Displaygröße sehr stark geprägt.
Man sollte jedoch auf gute Lesbarkeit achten. Hierzu gehört auch, daß die Dar-
stellung am Bildschirm nicht unbedingt einzeilig erfolgen sollte. Ein zu kleines
Gerät könnte auch beim Befragten Akzeptanzprobleme auslösen, wenn er den
Computer aufgrund des Augenscheins eher als Taschenrechner oder Spielzeug ein-
stuft.

Spezialanfertigungen orientieren sich immer am konkreten Bedarf eines
Institutes. Sie beschränken dadurch die Einsatzmöglichkeiten. Dies muß jedoch
kein Nachteil sein, wenn durch den möglichen Verzicht auf eine Volltastatur die
erfahrenen Interviewer dem Institut erhalten werden können.

Die neueste Entwicklung auf dem Hardwaremarkt geht zu einer Eingabe
gänzlich ohne Tastatur. Im Jahre 1991 kamen die ersten Notpad von IBM, Parcon
(Gridpad) und Momenta (Pentop) auf den Markt. 1992 folgte Samsung mit ihrem
Penmaster. Bernd Braune, Direktor für Produktmarketing bei NCR, prophezeit:

"Im Jahre 2000 werden Computer mit Tastaturen nur noch von Spezialisten gekauft."[76]

Für die Aufgabenstellung in der Markt- und Meinungsforschung sind diese
Geräte besonders geeignet. Der Interviewer bzw. der Proband muß keine Tastatur
mehr bedienen, die ihn bislang abschreckte oder doch zumindest stören konnte.
Der Fragebogen erscheint auf dem Display des Notpad. Trotz der Größe von etwa
DIN A4 können die Fragen hier übersichtlicher gestaltet werden als in der Papier-
version. Auf einer Seite erscheint nur eine Frage mit den Antwortmöglichkeiten.

---

[76] Vgl. Fiederer (1991), S. XXI.

Mit dem am Gerät angeschlossenen Spezialstift - Pen genannt - markiert der Interviewer die Antwortmöglichkeiten.

Das Ankreuzen von geschlossenen Fragen bereitet der heutigen Technik keine Probleme. Die Erkennung von individuellen Handschriften kann als noch nicht ausgereift gelten. Der Anwender muß seine Eingaben in Druckbuchstaben malen. Die Erkennungsquoten der Handschriften sind noch nicht ausreichend gut. Sie liegen bei 60-80%. Die Programme zur Handschriftenerkennung können die Handschrift des Interviewers kennenlernen, so daß die Quote bei häufigem und längerem Gebrauch deutlich ansteigt und laut Herstellerangaben nahezu 100% erreicht. Voraussetzung ist jedoch, daß sich der Anwender um eine ordentliche Handschrift bemüht.[77]

Als zusätzliche Alternative zu der Umsetzung der Schrift in maschinenlesbare Zeichen bietet der Linus Write-Top[78] an, die geschriebene Schrift als "Bild" abzuspeichern. Dieses Bild kann später wieder angezeigt oder ausgedruckt werden. Einer maschinellen Verarbeitung sind diese Bilder nicht zugänglich.[79] Hierfür müssen sie in maschinenlesbare Schrift übertragen werden. Die gesamten Daten einschließlich der Schriftbilder können per Datenfernübertragung an die Zentrale übermittelt werden.

Selbst wenn die Preisprognosen eintreffen, daß die Preise für die Notepad von aktuell 8 000 DM bis 12 000 DM auf ca. 5 000 DM bis Mitte der neunziger Jahre fallen werden,[80] stellt diese Höhe für die Marktforschung wohl eher eine unüberwindbare Barriere dar. Zur Amortisation dieser Investition bedarf es eines häufigeren Einsatzes, als dies bei einem Feldinterviewer realistisch ist.

Abschließend zur Diskussion der einzelnen Hardwareangebote ist noch die Forderung nach einer Robustheit der eingesetzten Geräte zu stellen. Ein Herabfallen vom Autositz in einer Kurve müssen das Gerät und die gespeicherten Daten schadlos überstehen. Die Vermeidung mechanischer Teile, wie Laufwerke, erhöht nicht nur die Robustheit, sondern in der Regel auch die Betriebszeit je Akkuladung. Des weiteren sollten die Geräte mindestens im geschlossenen Zustand spritz-

---

77 Vgl. Burgwitz/Siering (1991), S. 38.
78 Der Linus Write-Top besteht im Gegensatz zum Notpad aus zwei Teilen. Der Interviewer trägt die gut 3 kg schwere Rechnereinheit an einem Schultergurt. Das Eingabepad wiegt nochmals 1,5 kg (vgl. Sklarew/Buchholz 1989, S. 73).
79 Vgl. Sklarew/Buchholz (1989), S. 72.
80 Vgl. Fiederer (1991), S. XXI.

wassergeschützt sein, da die Interviewer nicht nur bei Sonnenschein von Haustür zu Haustür gehen. Dies bedeutet insbesondere, daß keine Anschlüsse freiliegen, sondern hinter Schiebern geschützt sein müssen.

Ein Computer benötigt nach einem Kaltstart eine gewisse Dauer, bis der Interviewer mit der Befragung beginnen kann. Dies kann zu unerträglich langen Wartezeiten bereits vor Beginn der Befragung führen. Deshalb sollten Kaltstarts beim Probanden vermieden werden. Dies ist mit Hilfe einer Funktion möglich, die als Auto-Resume bezeichnet wird. Der Interviewer startet den Computer bevor er Kontakt zum ersten Probanden aufnimmt und positioniert das Programm auf den Befragungsanfang. Anschließend versetzt er den Computer in einen Stand-By-Modus. Beim Befragten aktiviert er den Computer mit einem Tastendruck und kann sofort mit der Befragung beginnen.

Die vielen Anforderungen an ein optimales Erfassungsgerät erfüllt nach dem Überblick des Verfassers kein Standardgerät. Deshalb muß man entweder Abstriche machen oder man entschließt sich zu einer individuellen Sonderanfertigung.

Auch die teuerste Hardware gewährleistet nicht, daß ein Gerät ausfallen kann. Für diesen Fall ist Vorsorge zu treffen. Servicenetze der Hersteller können somit auch ein Entscheidungskriterium bei der Anschaffung darstellen.

Weitere organisatorische Aspekte betreffen die Organisation des Feldes. Die Auswahl und Schulung von Interviewern wurde bereits oben im allgemeinen Teil diskutiert.[81] Für die Feldinterviewer ist eine Hot Line zu schaffen. Diese Hot Line sollte auch am Abend besetzt sein, so daß der Interviewer bei auftretenden Problemen schnell einen Ansprechpartner im Institut findet.

Die Kommunikation zwischen Institut und Interviewer erfolgte bislang in der Regel schriftlich und nur zu Beginn und nach Abschluß einer Studie. Die Datenfernübertragung ermöglicht nun eine tägliche Kommunikation. Damit läßt sich der Interviewereinsatz optimieren. Jeder Interviewer kann dem Institut ohne Zeitverzögerung mitteilen, wenn er einen Auftrag nicht übernehmen kann. Die Feldleitung dirigiert die entsprechenden Aufträge sofort um.

Die Abrechnungen der Interviewer kommen nicht mehr auf Papier in das Institut. Vielmehr gibt bereits der Interviewer alle Daten ein. Die Abrechnung

---

[81] S. S. 57ff.

erfolgt damit automatisch. Es werden im Institut personelle Kapazitäten freigesetzt, die bislang nur die Abrechnungen eintippten.

4.2.4 Wirtschaftliche Analyse

Dem Investitonsaufwand für die Ausstattung der Interviewer mit den Computern, den Modems und der Schulung stehen vielfältige Einsparungsmöglichkeiten gegenüber. Diese liegen in folgenden Bereichen:

- Druckkosten der Fragebögen,
- Versandkosten zum Interviewer und zurück,
- Wegfall der Datenübertragung und
- Reduktion der Datenkontrolle und Datenbereinigung.

Für eine überschlägige Wirtschaftlichkeitsberechnung seien Investitionskosten in Höhe von 2 000 DM bis 3 000 DM je Interviewer angenommen. Diese können gemäß den individuellen Anforderungen des Instituts jedoch auch nur 1 000 DM oder über 10 000 DM betragen.

Je Interviewer geht der Autor beispielhaft von folgender Konstellation aus:

- 75 Aufträgen pro Jahr (Auft./Jahr),
- 5 Interviews je Auftrag (Int./Auft.),
- 20 Seiten (= 10 Blätter bei doppelseitigem Druck) je Interview,
- 1 Intervieweranweisung je Auftrag,
- 1 Abrechnungsbogen je Auftrag.

Bei Kosten von 5 Pfg. je Blatt ergeben sich Druckkosten pro Jahr und Interviewer von:

$$
\begin{aligned}
&75 \text{ Auft./Jahr} \times (5 \text{ Int./Auft.} \times 10 \text{ Blatt/Int.} + \\
&2 \text{ Blatt/Auft.}) \times 0,05 \text{ DM/Blatt} \\
&= 195,00 \text{ DM/Jahr}
\end{aligned}
$$

Bei Einsatz von DFÜ ergeben sich unter obigen Annahmen des Fragebogenumfangs gemäß Tabelle 6[82] Einsparungen in Höhe von

---

[82] S. S. 76.

$$5{,}40 \text{ DM/Auft. x } 75 \text{ Auft./Jahr} = 405{,}00 \text{ DM/Jahr}$$

Für die Datenübertragung vom Papierfragebogen in die EDV schätzt der Autor drei Minuten je Fragebogen. Dieser Wert hängt in der Praxis natürlich sehr stark von der Struktur des Fragebogens ab. Je mehr offene Fragen wörtlich einzugeben sind, desto länger dauert die Datenübertragung. Die Stunde inklusive aller Nebenkosten[83] soll 20 DM kosten.

$$3 \text{ Min./FB. x } 20{,}00 \text{ DM/Stunde x } 375 \text{ FB./Jahr} = 375{,}00 \text{ DM/Jahr}$$

Letzte Einsparungen resultieren aus einem verminderten Datencleaning. Der Autor nimmt 0,50 DM je Fragebogen und somit 2,50 DM je Auftrag an.

$$2{,}50 \text{ DM/Auft. x } 75 \text{ Auft./Jahr} = 187{,}50 \text{ DM/Jahr}$$

Die Zusammenstellung aller Positionen in Tabelle 10 ergibt sich eine Einsparung je Interviewer und Jahr von 1 162,50 DM.

Druckkosten	195,00 DM
Versandkosten	405,00 DM
Datenübertragung	375,00 DM
Datenbereinigung	187,50 DM
Summe	1 162,50 DM

Tab. 10: Einsparungen durch den Computer beim Zu-Hause-Interview

Ausgehend von dieser Beispielrechnung würde sich die Investition in die Ausstattung der Interviewer in ca. zwei bis drei Jahren amortisieren. Die Ausstattung aller Interviewer eines Feldes wird sich wohl nicht rechnen, da eine Reihe von Interviewern deutlich weniger als die angenommen 375 Interviews pro Jahr ausführt. Hingegen verbessert sich die Rechnung bei den engagierten Mitarbeitern erheblich, da die Einsparungen linear mit jedem weiteren Interview zunehmen. Bei

---

83 Auch Raumkosten und Ausstattung des Arbeitsplatzes.

500 Interviews im Jahr[84] betragen die Einsparungen bereits 1 550 DM je Interviewer.

Da gute Befragungsprogramme auch einen Ausdruck der Fragebögen ermöglichen, kann ein Institut durchaus zweigleisig verfahren. Die intensiv eingesetzten Interviewer werden mit der neuen Technik ausgestattet. Sie führen alle Studien durch, bei denen es auf eine kurze Erhebungsperiode ankommt. Besteht kein großer Termindruck, werden die übrigen Interviewer ebenfalls miteingesetzt. Diese arbeiten dann in traditioneller Weise mit Papier und Bleistift.

Neben den Chancen der Kostenreduktion, sollte man jedoch auch die Wettbewerbsvorteile für das innovative Institut berücksichtigen. Den Auftraggebern gegenüber kann wie folgt argumentiert werden:

- Die Durchführung der Studie erfolgt professioneller.
- Der Interviewerbias wird reduziert.
- Die Erfassungsfehler werden reduziert.
- Die Übertragungsfehler gänzlich vermieden.
- Die Dauer der Feldphase wird durch Datenfernübertragung reduziert.
- Der Computereinsatz trägt schließlich auch zum Umweltschutz bei, da weniger Papier bedruckt und transportiert wird.

Somit ergeben sich für das Institut neben den kostenmäßigen und qualitativen Vorteilen zusätzlich gute Argumente, die sich in der Konkurrenzsituation mit anderen Instituten wiederum in wirtschaftliche Vorteile verwandeln lassen. Eine Ausweitung der Aufträge bedeutet gleichzeitig auch eine schnellere Amortisation der Investitionskosten.

Alle obigen Berechnungen können nur ein Beispiel für eine exakte Investitionsrechnung sein. Die individuellen Verhältnisse der betreffenden Feldorganisation bestimmen letztlich die einzelnen Parameter. Ausführlichere Kostenvergleiche führte Passenberger durch. Er spricht zusammenfassend von deutlichen Rationalisierungseffekten durch den Computereinsatz.[85]

Die Tatsache, daß sich der Computereinsatz rechnet, leitet sich aus den Erfahrungen derjenigen ab, die es bislang versucht haben. GfM Schweiz spricht

---

84 = 100 Aufträge/Jahr mit je 5 Interviews.
85 Vgl. Passenberger (1989), S. 177ff.

von Kosteneinsparungen, die auch an die Kunden weitergegeben werden können.[86] Genaue Rentabilitätsberechnungen werden verständlicherweise nicht veröffentlicht.

4.2.5 Variante: Arbeitsplatzbefragung

Die Investitionsgütermarktforschung oder zum Beispiel auch die Pharmamarktforschung wenden häufig die Arbeitsplatzbefragung an. Die Auswahl der Probanden erfolgt dabei meist im Institut, da die Grundgesamtheiten häufig bekannt sind. In der Regel wird vor dem Besuch des Interviewers telefonisch ein Termin vereinbart. Die eigentliche Befragungssituation unterscheidet sich von der Zu-Hause-Befragung kaum. Der Befragte befindet sich in einer für ihn gewohnten Umgebung.

Durch die weite Verbreitung von Computern in der Arbeitswelt, ist für den PC-Einsatz zur Datenerhebung eine hohe Akzeptanz zu erwarten. Wenngleich dem Autor keine Erfahrungsberichte aus diesem Bereich vorliegen, läßt sich doch vermuten, daß dem mit einem Computer ausgestatteten Interviewer eine höhere Professionalität zugeschrieben wird.

Alle Vorteile, die für das Zu-Hause-Interview diskutiert wurden, gelten auch in diesem Bereich. Speziell hervorgehoben sei hier die Möglichkeit, die Befragung mit umfangreichen Zusatzinformationen zu kombinieren. Gibt ein Arzt an, ein bestimmtes Produkt zu verschreiben, so kann der Computer alle Konkurrenzprodukte oder die Inhaltsstoffe oder die Nebenwirkungen usw. für weitere Fragen nutzen. Wollte man bislang überprüfen, ob die Nebenwirkungen der verschriebenen Produkte bekannt sind, so mußte der Interviewer eine der Angebotsvielfalt an Arzneimitteln entsprechende Anzahl an Fragebogenvarianten bereithalten, was oft nicht realisierbar war.

Für diese Befragungen empfiehlt sich der Einsatz von Laptop oder Notebook mit einer größeren Leistungsfähigkeit und Speicherkapazität in Form einer Festplatte. Leistungsfähigkeit bedeutet, daß der PC schneller arbeitet und somit eventuelle Verzögerungen im Befragungsablauf vermieden werden, wenn die Hintergrunddateien sehr umfangreich sind. Die Gewichtsprobleme treten in den Hintergrund, da in der Regel gezielt zu einem Unternehmen hingefahren wird, bei dem vorher ein Termin vereinbart wurde. Da der Stromverbrauch dieser Geräte deutlich

---

[86] Vgl. Schwab (1991), S. 31.

höher liegt, beträgt die Betriebszeit häufig nur zwei bis drei Stunden. Durch Ersatzakkus läßt sich dieses Problem lösen.

Die Investitionen in eine entsprechende Hardware können je nach Ansprüchen erheblich höher als bei den Zu-Hause-Interviews liegen. Ca. 5 000 DM lassen sich derzeit als Richtwert nennen. Eine Amortisation nur über Kosteneinsparungen ist deshalb nicht zu erwarten. Die Nutzung der Hintergrunddateien eröffnet jedoch deutlich verbesserte Gestaltungsmöglichkeiten, so daß die höheren Kosten eventuell an den Kunden weitergegeben werden können.

4.3 Studiointerview

Bei Studiobefragungen richtet das Institut an einem oder mehreren zentralen Orten ein Studio ein, in dem die Befragungen durchgeführt werden. Dabei muß es sich nicht zwingend um eine Dauereinrichtung handeln. Manche Studios werden nur für eine Befragung oder für eine bestimmte Zeit aufgebaut, wie zum Beispiel auf Messen. Andere sind in Fahrzeugen installiert und somit mobil einsetzbar.

Die Gründe für die Studiobefragung lassen sich grob in folgende Gruppen einteilen:

- Die benötigten Testmaterialien sind zu umfangreich, um sie vor Ort zu transportieren oder können dort überhaupt nicht bereit gestellt werden.
- Die benötigten Testmaterialien sind nicht in ausreichender Zahl verfügbar, um einen Interviewerstab zu versorgen (zum Beispiel Packungsdummies).
- Die Studie erfordert die Durchführung unter gleichen und kontrollierten Bedingungen. Dies trifft insbesondere dann zu, wenn die Befragung auch einen experimentellen Teil enthält.
- Die technische Ausstattung läßt sich nicht transportieren oder ist zu teuer, um sie jedem Interviewer zur Verfügung zu stellen (zum Beispiel leistungsstarke Befragungscomputer mit Farbmonitor).
- Aus Gründen der Geheimhaltung sollen möglichst wenig Personen Zugriff auf die Testmaterialien haben.
- Die visuelle Vorlage von Unterlagen erfordert die Anwendung eines Interviews. Die finanziellen Ressourcen lassen jedoch keine Zu-Hause-Befragung zu.

Meist ist es eine dieser Restriktionen, die eine Entscheidung zwischen Studio oder Zu-Hause-Interview gar nicht zulassen.

4.3.1 Stichprobenproblematik

Befragungen in einem oder mehreren zentralen Studios leiden fast immer unter einer mangelnden Repräsentativität. Für die Stichprobenbildung werden verschiedene Verfahren eingesetzt. Gleichgültig, ob die Probanden per Telefon oder auf der Straße unter Berücksichtigung vorgegebener Quoten angeworben werden, kann die Stichprobe im günstigsten Fall für den regionalen Raum um das Studio repräsentativ sein. Der Bereich um die Teststudios bildet jeweils nur einen Klumpen der Grundgesamtheit aller Personen in Deutschland. Da nur selten mehr als fünf Teststudios eingesetzt werden, kann die Stichprobe nicht für das gesamte Bundesgebiet repräsentativ sein. Auch der Einsatz von mobilen Teststudios kann diesen Mangel nicht beseitigen, ohne die meist engen zeitlichen und finanziellen Grenzen zu sprengen.

Die Studios liegen in Deutschland meist in belebten Einkaufsstraßen der Innenstädte. In den USA bildet sich daneben das Studio in Einkaufszentren heraus. Man spricht von Mall Intercept.[87] Die Amerikaner bemühen sich dabei, die Auswahl der Probanden zu optimieren, so daß annähernd von einer Zufallsauswahl gesprochen werden kann.[88] Dupont kritisiert diese Auswahlmethoden, da sie seiner Meinung nach in der Praxis kaum durchführbar sind.[89] Aufgrund der Gegebenheiten in Deutschland lassen sich diese Ansätze nur schwer übertragen. Das Mall Intercept konzentriert sich nicht nur auf die Studiobefragung, sondern umfaßt auch die Straßenbefragung und die Bildschirmbefragung, die weiter unten noch erörtert werden.

Die Anwerbung der Probanden auf der Straße ist mit extrem hohen Verweigerungsraten verbunden. Phillips wertete die Angaben eines kommerziellen Instituts zu Mall-Intercept-Studien aus. Von fast 45 000 angesprochenen Personen gaben nur 12% ein komplettes Interview. Alle übrigen verweigerten die Teilnahme oder brachen die Befragung ab.[90]

---

87 Vgl. z. B. Gates/Solomon (1982); Reid (1984); Bush/Hair (1985).
88 Vgl. Sudman (1980), S. 423ff.
89 Vgl. Dupont (1987), S. 46f.
90 Vgl. Phillips (1978), S. 6f.

Die Stichprobenproblematik soll hier im weiteren nicht vertieft werden. Der Computereinsatz verändert die Qualität nur marginal. Er kann lediglich die Quotenvorgaben überwachen. Bei telefonischer Einladung übernimmt der Computer wie bei CATI das Stichprobenmanagement.

4.3.2 Befragungssituation

Der ideale Befragungsraum ist mit einem großen farbigen Bildschirm[91] ausgestattet. Die beiden Beteiligten sitzen über ein Eck oder nebeneinander und haben so einen optimalen Blick auf die Texte. Der Interviewer verfügt über eine Tastatur und eine Maus zur Eingabe der Antworten. Die eigentliche Recheneinheit des Computers steht abseits, um den Tisch nicht zu überladen.

Alternativ wäre auch die Installation von zwei Bildschirmen möglich. Da bei dieser Anordnung die Beteiligten in traditioneller Weise gegenübersitzen, können auf dem Monitor des Interviewers zusätzliche Anweisungen eingeblendet werden, die vom Befragten nicht eingesehen werden können. Dies erfordert vom Fragebogenprogrammierer jedoch einen erheblichen Mehraufwand. Keines der im Anhang genannten Standardprogramme verfügt über eine solche Option. Die Programmierung ist entsprechend aufwendig und damit auch kostenintensiv.

Die Möglichkeit des Befragten, die Fragen und auch die eingegebenen Antworten auf dem Monitor mit zu verfolgen, verhindert Manipulationen. Der Interviewer kann weder den Fragentext eigenmächtig verändern noch die Antworten verfälschen, in dem er falsch "ankreuzt" oder offene Antworten in unzulässiger Weise verkürzt. Der Befragte selbst überwacht die korrekte Eingabe. Glagow sieht darin die Ursache für ein größeres Vertrauen des Befragten, einer größeren Antwortbereitschaft und vermutet eine größere Ehrlichkeit.[92]

Der Monitor zeigt dem Befragten auch Bilder oder Videos. Meier erwartet dadurch eine gesteigerte Aufmerksamkeit des Probanden. Das Timing für die Einspielung übernimmt das Befragungsprogramm des Computers.[93]

---

[91] Die Bildschirmdiagonale beträgt mindestens 14". Soweit finanziell vertretbar sollten größere Monitore eingesetzt werden.

[92] Vgl. Glagow (1984), S. 44, 48f.

[93] Vgl. Meier (1988), S. 107ff; Meier (1990), S. 411ff.

Das computerunterstützte Studiointerview bietet gegenüber der Zu-Hause-Befragung die besseren technischen Möglichkeiten. Die übrige Befragungssituation ähnelt dem Zu-Hause-Interview. Deshalb gelten auch hier die oben gemachten Ausführungen.

Ein Nachteil der Studiobefragung liegt in der größeren Anfälligkeit für einen Interviewerbias. Der einzelne Interviewer führt wesentlich mehr Interviews aus, als bei einem Interviewerstab. Es werden Studien durchgeführt, bei denen auf einen Interviewer mehr als 10% aller Interviews entfallen. Da der Computereinsatz generell den Interviewereinfluß minimiert, verringert sich auch diese Fehlerquelle.

4.3.3 Organisatorische Aspekte

Das Vorgehen bei der Auswahl der Software entspricht dem bei CATI diskutierten. Um die Möglichkeiten des umfassenden Technikeinsatzes nutzen zu können, muß die Befragungssoftware über entsprechende Steuerungsmodule verfügen.

Aus der Sicht des Computereinsatzes bietet das Studiointerview deutlich bessere Bedingungen als die Zu-Hause-Befragung. Die Anforderungen an die Hardware sind wesentlich geringer. Ausmaße, Gewicht und netzunabhängige Betriebszeit besitzen hier keine Bedeutung. Zusätzlich bietet die tägliche intensive Nutzung der Computer bessere Chancen zur raschen Amortisation der Investitionen.

Es empfiehlt sich, alle Befragungscomputer zu vernetzen. Es erspart das umständliche Hantieren mit Disketten, um die Fragebögen auf die einzelnen Computer zu laden bzw. vermeidet möglichen Datenverlust durch fehlerhafte Zusammenfügung der Befragungsergebnisse.

Der Studioleiter hat, ähnlich wie bei CATI, durch die Vernetzung die Chance, die Tätigkeit der Interviewer besser zu überwachen. Er sieht jedoch nur die Fragen und Eingaben auf seinem Kontrollmonitor, da ein Mithören nicht möglich ist. Eine weitere Kontrollmöglichkeit bietet die Zwischenauswertung der Daten und der Vergleich zwischen den Ergebnissen der einzelnen Interviewer.[94] Aufgedeckte Probleme können mit dem betreffenden Interviewer sofort besprochen werden.

---

[94] Z. B.: Abbruchquoten, Befragungsdauer, signifikant unterschiedliche Antworten zu einzelnen Fragen usw.

Neben der internen Vernetzung empfiehlt sich auch eine externe Vernetzung der einzelnen Studios untereinander sowie mit der Zentrale. Dies ermöglicht es, jederzeit Zwischenergebnisse abzurufen, den Fragebogen zu ändern oder neue Aufträge zu übermitteln.

4.3.4 Wirtschaftliche Analyse

Analog zum oben entwickelten Schema[95] berechnen sich die Einsparungen durch den Computereinsatz anhand der folgenden Prämissen. Die Gesamtkapazität eines Computerarbeitsplatzes pro Jahr ermittelt sich aus den Angaben der Tabelle 11.

Anzahl Interviews pro Stunde	2,5
Betriebsstunden pro Tag	8
Arbeitstage pro Jahr	230
Gesamtkapazität an Interviews	4 600
durchschnittliche Auslastung	54 %
genutzte Kapazität pro Jahr	2 500

Tab. 11: Kapazitätsberechnung je Computerarbeitsplatz im Studio

Für die Druckkosten geht der Autor von einem durchschnittlichen Fragebogenumfang von zwanzig Seiten aus. Dies entspricht zehn doppelseitig bedruckten Blätter. Die Intervieweranweisung und die Abrechnungsbögen werden in diesem Zusammenhang vernachlässigt, da sie nur in sehr geringem Umfang anfallen. Die eingesparten Druckkosten belaufen sich bei 5 Pfg. je Blatt somit auf:

$$2\,500 \text{ Int./Jahr} \times 10 \text{ Blatt/Int.} \times 0,05 \text{ DM/Blatt} = 1\,250,00 \text{ DM/Jahr}$$

Für die Berechnung der Versandkostenersparnis werden 50 Fragebögen je Auftrag unterstellt. Die Jahreskapazität setzt sich somit aus 50 Aufträgen pro Jahr zusammen. Teilweise befinden sich Studio und Institut in einem räumlichen Zusammen-

---

[95] s. S. 150ff.

hang, so daß es Fälle gibt, in denen die Versandkosten entfallen, da die Fragebögen durch einen Mitarbeiter überbracht werden können.

$$27,91 \text{ DM/Auft.}^{96} \times 50 \text{ Auft./Jahr} = 1\ 395,50 \text{ DM/Jahr}$$

Die Datenübertragungskosten vom Papier und für die Datenbereinigung werden
genauso wie oben beim Zu-Hause-Interview berechnet:

$$3 \text{ Min./FB.} \times 20,00 \text{ DM/Stunde} \times 2\ 500 \text{ FB./Jahr} = 2\ 500,00 \text{ DM.}$$

Schließlich finden noch die Kosten für die Datenbereinigung Beachtung. Der Satz
wurde ebenfalls analog zu den Zu-Hause-Interviews angesetzt.

$$0,50 \text{ DM/FB.} \times 2\ 500 \text{ FB./Jahr} = 1\ 250,00 \text{ DM.}$$

Die Tabelle 12 faßt die einzelnen Positionen zusammen.

Druckkosten	1 250,00 DM
Versandkosten	1 395,50 DM
Datenübertragung	2 500,00 DM
Datenbereinigung	1 250,00 DM
Summe	6 395,50 DM

Tab. 12: Einsparungen durch den Computer beim Studiointerview

Mit rund 6 400 DM läßt sich unter den getroffenen Annahmen der nominell
größte Einsparungseffekt von allen Befragungsarten erzielen. Eine Gegenüberstel-
lung mit notwendigen Investitionen ist sehr schwierig, da jedes Institut wohl andere
Anforderungen an die technischen Möglichkeiten der Studiocomputer stellt. Mit
rund 10 000 DM je Interviewerplatz dürften fast alle Wünsche realisierbar sein.
Damit amortisiert sich die Computerisierung in ca. zwei Jahren, auch wenn aufgrund räumlicher Nähe zwischen Institut und Studio keine Versandkostenersparnis

---

[96] 50 Int./Auftrag x 10 Blatt/Int. = 500 Blatt; Ersparnis ergibt sich laut Tabelle 6, s. S. 76.

eintritt. Hinzuzurechnen sind jedoch die Kosten für Zusatzgeräte, wie zum Beispiel Videorecorder.

Bei der Investitionsrechnung sollte jedoch auch der laufende Wartungsaufwand berücksichtigt werden. Die Vernetzung der Arbeitsplätze und der Einsatz von Multimedia in der Befragung erfordern eine regelmäßige Wartung. Nur so ist ein reibungsloser Ablauf des Studiobetriebes zu gewährleisten. Dies unterscheidet den Studiocomputer vom Notebook des Zu-Hause-Interviewers, das normalerweise fast ohne Wartung auskommt.

4.3.5 Variante: Klassenzimmerbefragung

Die übliche Form der Studiobefragung ist das Einzelinterview. Daneben gibt es auch Klassenzimmerbefragungen. Kroeber-Riel und Neibecker berichten über Erfahrungen der computerunterstützten Klassenzimmerbefragung in Japan. Die Fragen werden dabei von einem Interviewer an alle Probanden gleichzeitig gestellt. Im Gegensatz zur traditionellen Methode mit Papier und Bleistift gibt der Proband seine Antwort gleich über eine vereinfachte Tastatur in den Computer ein. Diese Tastaturen bestehen nur aus wenigen Tasten, die mit Symbolen (zum Beispiel für ja und nein) oder Zahlen gekennzeichnet sind. Diese Tastaturen gewährleisten eine rasche Eingewöhnung des Probanden und weniger Berührungsängste als eine Volltastatur.[97]

Betrachtet man dieses Vorgehen, ist festzustellen, daß hier ein großes Potential des Computereinsatzes verschenkt wird. Unter Ausnutzung der technischen Möglichkeiten könnte die Befragung von jedem Befragten auch ohne Interviewer allein bewältigt werden. Der Interviewer hätte dann nur noch eine Überwachungs- und Beratungsfunktion. Der Übergang zur Bildschirmbefragung, die weiter unten ausführlich behandelt wird,[98] empfiehlt sich in diesen Fällen. Man wird von festen Anfangszeiten für die Befragungsgruppe unabhängig, jeder bestimmt sein Arbeitstempo selbst und die Orientierung an den Antworten des Nachbarn entfällt. Ferner können dann auch Verzweigungen im Fragebogen genutzt werden, was bei der Klassenzimmerbefragung nicht möglich ist.

Den Einsatz in der Praxis verdankt diese Technik zwei Vorteilen. Die Investitionshöhe für die Software und Hardware sind deutlich geringer als bei einer ent-

---

[97] Vgl. Kroeber-Riel/Neibecker (1983), S. 193ff.
[98] S. S. 186ff.

160

sprechenden Anzahl von Bildschirmbefragungsplätzen. Bei der Klassenzimmerbefragung kann man zum Beispiel auf einen Bildschirm ganz verzichten. Zum anderen ist der Aufwand zur Erstellung eines Fragebogens wesentlich niedriger. Die Fragentexte und -formate müssen nicht eingespeichert werden. Es werden lediglich die zulässigen Antworttasten je Fragennummer programmiert.

Wie bei allen computerisierten Befragungen entfällt eine Reihe von Phasen, wie die Datenkontrolle, die Datenübertragung, das Datencleaning usw. Somit kann der Computer die Klassenzimmerbefragung bei einem relativ geringen Investitionsaufwand erheblich beschleunigen und die Investitionen über Kostenreduktion amortisieren.

4.4 Außer-Haus-Interview

Als dritte Form des Interviews ist die Außer-Haus-Befragung bezüglich der Folgen des Computereinsatzes zu diskutieren. Sie wird meist auf belebten Strassen, in Geschäften oder im Rahmen bestimmter Veranstaltungen (zum Beispiel Messen) durchgeführt. Sie eignet sich für Befragungen von kurzer Dauer, die quasi im Vorübergehen beantwortet werden. Die spezifischen Anforderungen der Untersuchungsziele bestimmen die Wahl dieser Methode.

4.4.1 Stichprobenproblematik

Die Straßenbefragung leidet unter der gleichen Stichprobenproblematik wie die Studiobefragung. Sie bietet sich jedoch an, wenn man mehr an schnellen Ergebnissen mit einer groben Beurteilung interessiert ist und auf einen repräsentativen Ansatz verzichten kann.

Ferner eignet sie sich in besonderem Maße, wenn Besucher einer Veranstaltung befragt werden sollen und die Einrichtung eines Studios dort nicht möglich ist. Mit Hilfe ausgefeilter Auswahltechniken ließe sich auf Messen annähernd eine Zufallsauswahl erreichen. Hierzu müssen die Befragungszeiten und Befragungsorte (zum Beispiel die einzelnen Ausgänge) zufällig rotiert werden.[99]

---

[99] Vgl. Sudman (1980), der ein solches Schema für die repräsentative Erfassung von Besuchern eines Einkaufszentrums entwickelte.

4.4.2 Befragungssituation

Der Interviewer spricht die ausgewählte Person an und beginnt mit deren Einverständnis am gleichen Ort mit der Befragung. Bislang heftete er seinen Papierfragebogen auf ein Klemmbrett, das er mit einer Hand hielt, und schrieb mit der anderen. Das Notebook mit Volltastatur und aufgeklappten Display ist auf der Straße nur schwer zu bedienen, da es mit einer Hand gehalten werden muß, während die andere in ergonomisch schlechter Weise über der Tastatur kreist. Die Schreibgeschwindigkeit mit nur einer Hand nimmt deutlich ab. Für einen flüssigen Ablauf eines Interviews mit offenen Fragen wird sie zu langsam.

Alternativ ließe sich das Notebook auf einem Brett analog zu einem "Bauchladen" befestigen. Damit hätte der Interviewer beide Hände zur Eingabe frei. Dies dürfte jedoch die Verweigerungsquoten deutlich erhöhen, da viele Passanten angesichts des "Bauchladens" den Interviewer für einen aufdringlichen Verkäufer hielten. Der Interviewer bekäme gar keine Gelegenheit, sein Anliegen vorzutragen.

Offene Fragen sind nur dann einsetzbar, wenn kurze Antworten zu erwarten sind, wie etwa die Berufsbezeichnung oder der Wohnort. Längere Antworten können praktisch nicht eingegeben werden, da sonst aufgrund einer langwierigen Eingabe mit einem Abbruch des Interviews zu rechnen ist. Die Computerisierung des Außer-Haus-Interviews schränkt die Gestaltungsmöglichkeit des Fragebogens ein.

Die Antworten auf geschlossene Fragen gibt der Interviewer über Codes auf einem in der Tastatur integrierten Zehner-Block ein. Dieser läßt sich problemlos mit einer Hand bedienen. Auch der Einsatz eines Trackball ist in dieser Situation denkbar, verteuert jedoch die Anschaffung der Geräte.

Ein Einfluß der Code-Ziffern auf den Probanden ist auszuschließen, da sich Befrager und Befragter in dieser Situation in der Regel gegenüberstehen und der Befragte somit die Angabe der Codes auf dem Display nicht sehen kann. Der Interviewer liest ihm die Antwortmöglichkeiten vor.

Daneben ist auch die Vorlage von Kärtchen für Skalen und dergleichen möglich. Der Verwendung dieser Hilfsmittel sind durch die spezielle Situation enge Grenzen gesetzt, denn der Interviewer hat in der Regel keinen Tisch, worauf er diese ablegen könnte. Er muß vielmehr alles in der Hand und seinen Taschen haben.

Besonders bei Straßenbefragungen spielt der physische Umfang des Fragebogens oft als Grund für Verweigerungen bzw. Abbrüche eine große Rolle. Der Umfang eines Fragebogens erhöht sich häufig durch eine Vielzahl an Verzweigungen, so daß die eigentliche Länge des Bogens anhand des sichtbaren Papierstapels vom Probanden überschätzt wird. Der Proband kann beim PC die Länge der verbleibenden Fragen nicht abschätzen. Er verläßt sich auf die Zeitangaben des Interviewers. Es ist mit einer größeren Antwortbereitschaft in solchen Fällen zu rechnen.

Wie die Untersuchung von Fuchs und Lamnek im Rahmen einer Befragung von Besuchern einer Ausstellung ergab, nutzen häufig Probanden das Umblättern des Interviewers im Fragebogen, um die Befragung abzubrechen.[100]

4.4.3 Organisatorische Aspekte

Bei der Außer-Haus-Befragung steht die Eingabe von ausführlichen offenen Antworten nicht im Vordergrund. Es entfällt daher die Anforderung an die Hardware, daß die Tastatur eine ergonomisch gute Größe besitzt. Damit eröffnen sich auf der Seite der Hardware neue Möglichkeiten. Es bietet sich an, kleinere Geräte zu verwenden. Hinzukommt, daß ein zwei bis drei Kilogramm schweres Notebook von einem durchschnittlichen Interviewer nicht über mehrere Stunden auf dem Arm gehalten werden kann.

Es bieten sich zwei Produktgruppen an. Dies sind die Kleinst-PC und die Organiser. Die Kleinst-PC verfügen über eine miniaturisierte Standardtastatur und ein kleines Display. Damit verringern sich die gesamten Außenmaße[101] und das Gewicht[102] dieser Geräte.

Noch handlicher sind die Organiser. Sie sind primär für den professionellen Einsatz in Außendiensten von Firmen konzipiert, um Bestellungen aufzunehmen. Daraus leitet sich eine hohe Robustheit der Geräte ab. Während die aufgeklappten Kleinst-PC nicht so einfach in der Hand gehalten werden können, ist dies bei den Organisern durch ihr Hochkantformat und den Maßen von ca. 15 x 8 cm[103] leichter. Das Display ist wie bei einem Taschenrechner über der Tastatur integriert. Es

---

[100] Vgl. Fuchs/Lamnek (1990), S. 105.

[101] Z. B. Poqet PC: 22 x 11 cm (vgl. Poqet Computer Corp. 1989, S. 6).

[102] Z. B. HP 95LX: 300g (vgl. Hewlett-Packard 1991, S. 11).

[103] Höhe x Breite.

bietet jedoch nur bis zu vier Zeilen mit 80 Zeichen.[104] Daraus ergeben sich einige Einschränkungen der Gestaltungsmöglichkeiten. Die Fragenlänge und die Anzahl der Antwortvorgaben sind begrenzt, wenngleich es möglich ist, diese Elemente auch auf mehrere Bildschirmseiten zu verteilen. Dabei besteht die Gefahr, daß der Interviewer beim "Blättern" Fehler macht. Deshalb sollte der Fragentext bzw. die Antwortvorgaben möglichst kurz gestaltet werden.

Eine Sonderanfertigung eines Befragungscomputers empfiehlt sich in diesem Bereich nicht, da bei den Kapazitäten der einzelnen Geräte ein Institut wohl kaum mehr als zwanzig bis dreißig Computer einsetzen wird.

Eine spezielle Befragungssoftware ist für die Kleinst-PC und die Organiser nicht erforderlich, da die Geräte DOS-kompatibel sind. Somit läuft auf ihnen die gleiche Software, wie auch auf den Computern für Zu-Hause- oder Studiointerviews. Sie muß lediglich an die Möglichkeiten des Displays angepaßt werden.

Keine Probleme gibt es bei der Datenübertragung. Mit Hilfe von meist bereits schon vom Hersteller integrierten Zusatzprogrammen und einem Kabel kommunizieren die Kleinst-PC und die Organiser mit normalen Tischrechnern oder über ein Modem und der Telefonleitung mit dem Rechner in der Zentrale.

Wie der Verfasser aus eigener Erfahrung weiß, muß die Beschränkung des Displays auf wenige Zeilen kein Hindernis sein. Eine Handelsgesellschaft testet bereits seit Jahren alternative Produkte mit programmierbaren Taschenrechnern. Es werden nur wenige Daten erfaßt:

- Geschlecht (gibt der Interviewer nach Augenschein ein)
- Alter
- Welche der drei bis fünf Produktalternativen gefallen dem Probanden am besten.
- Welchen Preis hält er dafür für angemessen.
- Mit welcher Wahrscheinlichkeit würde er das Produkt kaufen.

Das verwendete Erfassungsgerät verfügt lediglich über ein zweizeiliges Display mit je 40 Zeichen. Die Kaufwahrscheinlichkeit bestimmt der Proband anhand einer extra auf einem Blatt Papier vorgelegten Skala.

Die kompletten Erfassungsgeräte werden nach Abschluß der Erhebung an den Auftraggeber zurückgesendet, da für die Datenübertragung eine spezielle Hardware

---

[104] Z. B. Psion Organiser II (vgl. Psion GmbH o. J., S. 4).

und Software benötigt wird. Wenige Stunden nach dem Eintreffen der Geräte ist die Auswertung abgeschlossen. Schneller und effektiver kann eine Befragung kaum durchgeführt werden.

Im praktischen Einsatz befindet sich ferner eine Kombination aus Papier und Computer. Rowley et al. berichten über das Ferranti Market Research Terminal (MRT). Hier wird ein kleiner Erfassungscomputer neben dem schriftlichen Fragebogen auf einem Klemmbrett montiert. Der Computer zeigt nur die Nummer der nächsten Frage an. Der Interviewer liest den Text vom Papierfragebogen ab und gibt die Antworten ein. Dieses System arbeitet nur mit geschlossenen Fragen.[105]

Diese Variante senkt die Investitionskosten. Die wichtigsten Vorteile des Computereinsatzes, wie zum Beispiel die Steuerung des Befragungsablaufs, die Eingabekontrolle usw. bleiben erhalten. Diese Version läßt sich auch mit den erwähnten Organisern realisieren. Der Papierfragebogen beseitigt die Nachteile der kleinen Displays für die Frageformulierung, so daß die Organiser ihre Stärken der größeren Robustheit und besseren Handlichkeit gegenüber dem Kleinst-PC und vor allem dem Notebook voll ausspielen können.

Die Entwicklung des Notpad ist geeignet, den Nachteil der umständlichen Eingabe von offenen Antworten zu beseitigen. Die im Moment verfügbaren Geräte sind jedoch noch zu schwer (1,5 bis 3 kg), zeigen Schwächen in der Handschrifterkennung und haben einen hohen Preis (10 000 bis 12 000 DM).[106] Alle drei Schwächen dürften die Anbieter in den nächsten Jahren beseitigen, so daß dies dann das geeignetste Gerät darstellt. Einen ersten Versuch führte das IMW[107] bereits auf der CeBIT '91 mit vier Gridpad durch.[108] Für den Interviewer ändert sich gegenüber der Papiervariante wenig. Er kreuzt die Antworten mit einem Stift an oder schreibt sie wörtlich auf. Es entfällt das mühsame Hantieren mit den Fragebögen. Er muß weder umblättern noch den Fragebogen auf seinem Klemmbrett nach jeder Befragung auswechseln.

Abschließend zu diesem Punkt sollen die wichtigsten Merkmale der einsetzbaren Geräte noch einmal in Tabelle 13 gegenübergestellt werden.

---

[105] Vgl. Rowley et al. (1986), S. 74ff.
[106] Vgl. Burgwitz/Siering (1991), S. 38ff.
[107] Institut für industrielle Markt- und Werbeforschung.
[108] Vgl. o. V. (1991e), S. 27.

Bei der zu erwartenden Entwicklung der Notpad werden diese Geräte die erste Wahl darstellen. Preise und Gewichte werden sinken und die Handschrifterkennung wird leistungsfähiger. Bis dahin sind die Organiser und die Kleinst-PC zu bevorzugen. Die Entscheidung hängt letztlich vom Bedarf an offenen Antworten ab. Kann weitgehend darauf verzichtet werden, empfiehlt sich der Organiser, der unter Umständen durch einen Papierfragebogen ergänzt wird. Werden etwas größere Ansprüche an die offenen Antworten oder auch an die Gestaltungsmöglichkeiten des Displays gestellt, bietet sich der Kleinst-PC an. Das Notebook scheidet aufgrund seines Gewichtes und seiner damit einher gehenden Unhandlichkeit aus.

	Notebook	Kleinst-PC	Organiser	Notepad
Gewicht	--	+	+	o
Handlichkeit	-	o	+ +	+
Display	+ +	+	o	+ +
DFÜ	+	+	+	+
Offene Antworten	o	o	-	+
Tastatur	+ +	+	o	
Preis	o	+	+	--
Empfehlung	-	+	+	-

Tab. 13: Übersicht über die Hardware für Außer-Haus-Interviews

4.4.4 Wirtschaftliche Analyse

Als wichtigen positiven Effekt der Computerisierung ist die Zeitersparnis zu nennen. Der Ablauf einer Straßenbefragung als Blitzumfrage könnte wie in Abbildung 29 aussehen. Dieses Schema zeigt, daß mit diesem Instrument binnen 48 Stunden eine Felduntersuchung durchgeführt werden kann. Dabei lassen sich je eingesetztem Erhebungscomputer zwischen 50 und 100 Interviews pro Tag realisieren. Dieses Volumen steht in Abhängigkeit des Fragebogenumfangs, eventueller Quotenvorgaben und einiger anderer Faktoren. 500 Befragungen pro Tag müßte ein entsprechend ausgerüstetes Feldinstitut somit verwirklichen können.

166

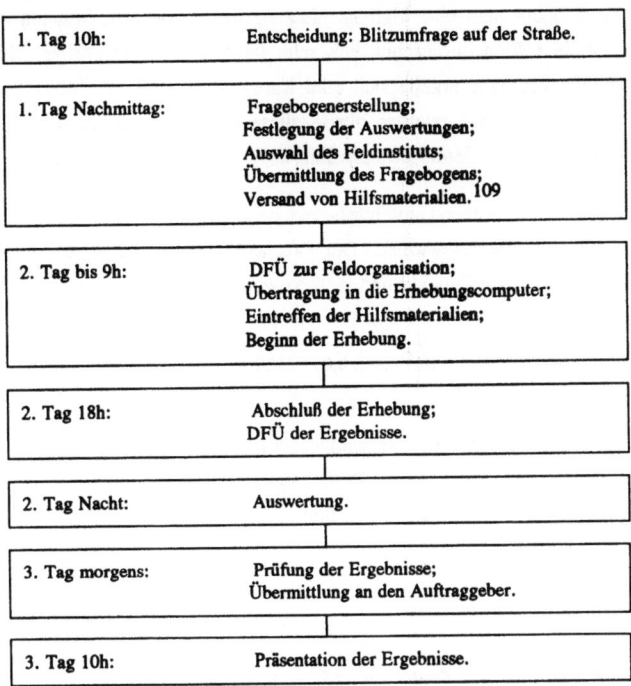

| 1. Tag 10h: | Entscheidung: Blitzumfrage auf der Straße. |

| 1. Tag Nachmittag: | Fragebogenerstellung;
Festlegung der Auswertungen;
Auswahl des Feldinstituts;
Übermittlung des Fragebogens;
Versand von Hilfsmaterialien.[109] |

| 2. Tag bis 9h: | DFÜ zur Feldorganisation;
Übertragung in die Erhebungscomputer;
Eintreffen der Hilfsmaterialien;
Beginn der Erhebung. |

| 2. Tag 18h: | Abschluß der Erhebung;
DFÜ der Ergebnisse. |

| 2. Tag Nacht: | Auswertung. |

| 3. Tag morgens: | Prüfung der Ergebnisse;
Übermittlung an den Auftraggeber. |

| 3. Tag 10h: | Präsentation der Ergebnisse. |

Abb. 29: Ablaufschema einer Außer-Haus-Blitzumfrage

Auch CATI ist in der Lage, mit dieser Geschwindigkeit eine Blitzumfrage zu realisieren. Die Kosten liegen dabei höher, und es können keine visuellen Vorlagen genutzt werden. Dafür läßt sich eine repräsentative Stichprobe ziehen. Die Wahl zwischen beiden Möglichkeiten wird durch die individuellen Bedürfnisse des Informationsnachfragers bestimmt.

Auch hier soll entsprechend des bereits verwendeten Schemas der Versuch unternommen werden, die Kosten je Interview im Vergleich zu schätzen. Die Investitionskosten sind sehr stark von den individuellen Anforderungen des Instituts abhängig. Der empfohlene Preis eines HP 95LX liegt bei 1 395 DM. Hinzu kommt die Software sowie die anteiligen Kosten für den Tischrechner und das Modem zur Datenfernübertragung. Unter Berücksichtigung erzielbarer Rabatte durch Abnahme mehrerer Geräte, dürfte die Investition je Gerät komplett 2 000 DM nicht übersteigen.

---

[109] Versand z. B. mit IPEC, die eine Zustellung bis 9h am folgenden Tag garantieren.

Pro Gerät kann man eine tägliche Nutzungsdauer von acht Stunden annehmen. Pro Stunde sollten durchschnittlich zehn Interviews durchführbar sein. Bei 230 Arbeitstagen pro Jahr ergäbe sich eine Kapazität von 18 400 Interviews pro Jahr. Da es keinem Institut gelingen dürfte, diese Kapazität voll auszulasten, geht der Autor von rund 4 000 Interviews pro Jahr aus.

Der Umfang der Außer-Haus-Interviews liegt im Durchschnitt deutlich unter denen der anderen Interviewarten. Der Verfasser geht von einer zweiseitig bedruckten Seite aus. Die Druckkosten werden wieder mit 5 Pfg angesetzt.

4 000 Int./Jahr x 1 Blatt/Int. x 0,05 DM/Blatt = 200,00 DM/Jahr

Für die Datenübertragungs- bzw. Versandkosten nimmt der Autor 200 Fälle je Einsatzort an. Die Einsparungen durch DFÜ liegen laut Tabelle 6[110] in Höhe von 23,71 DM je Auftrag. Die Ersparnis pro Jahr beträgt:

23,71 DM/Auft. x 20 Auft./Jahr = 474,20 DM/Jahr

Die Datenübertragung vom Papierfragebogen in die EDV nimmt nach Schätzung des Autors eine Minute in Anspruch.

1 Min./FB. x 20,00 DM/Stunde x 4 000 FB./Jahr = 1 333,33 DM/Jahr

Für die Datenbereinigung von 4 000 Fragebögen dürfte der Aufwand aufgrund des meist einfachen Aufbaus nicht sehr groß sein. Der Autor setzt pauschal 100 DM pro Jahr an. Tabelle 14 gibt den Gesamtüberblick.

Druckkosten	200,00 DM
Versandkosten	474,20 DM
Datenübertragung	1 333,33 DM
Datenbereinigung	100,00 DM
Summe	2 107,53 DM

Tab. 14: Einsparungen durch den Computer beim Außer-Haus-Interview

---

[110] S. S. 76.

Die Investitionen von rund 2 000 DM können bei 20 Aufträgen mit je 200 Interviews bereits im ersten Jahr durch Einsparungen amortisiert werden. Die Umstellung dieser Interviewart auf Computer empfiehlt sich unabhängig von den qualitativen und zeitlichen Verbesserungen bereits eindeutig aus wirtschaftlicher Sicht.

5. Besonderheiten der unpersönlichen, computergesteuerten Befragungsarten

5.1 Allgemeine Aspekte

Die klassische Methode der unpersönlichen Befragung ist die schriftliche Befragung. Sie zeichnet sich durch einige Vorteile gegenüber den persönlichen Formen aus. Mit ihr lassen sich in manchen Fällen Personen ansprechen, die weder persönlich noch telefonisch erreichbar sind. Dies trifft zum Beispiel auf bestimmte Berufsgruppen zu.[1] Ferner ist eine bessere räumliche Verteilung als beim Interview realisierbar. Diesen Vorteil weist auch die telefonische Befragung auf. Schriftliche Befragungen unterliegen jedoch nicht der Beschränkung auf Haushalte mit Telefon. Sie können theoretisch alle Haushalte erreichen. Diese Aspekte tragen zur Verbesserung der Repräsentanz gegenüber den persönlichen Befragungsformen bei. Ferner unterstellt man der schriftlichen Befragung bessere Ergebnisse, wenn es um Themen aus sensiblen Bereichen geht.

Neben den qualitativen Vorteilen gibt es auch technische und wirtschaftliche. Für die gesamte Abwicklung einer schriftlichen Befragung ist der geringste technische Aufwand von allen Arten notwendig. In den meisten Fällen weist die schriftliche Befragung Kostenvorteile gegenüber den persönlichen, traditionellen Befragungsformen auf.[2]

Der Hauptnachteil der schriftlichen Befragung liegt in der oft sehr geringen Rücklaufquote, die nicht nur zu wirtschaftlichen Problemen, sondern auch zu starken Verfälschungen der Repräsentativität der Ergebnisse führt.[3] Für eine Vertiefung der Diskussion über die Vor- und Nachteile der schriftlichen Befragung sei auf die einschlägige Literatur verwiesen.[4]

Die Frage ist nun, ob der Computer auch in diesem Bereich den schriftlichen Fragebogen ersetzen kann. Dabei haben sich verschiedene Formen entwickelt, die unter dem Begriff Computerbefragung zusammengefaßt werden.

---

[1] Z. B. Fernfahrer, Monteure, Reisende usw., die oft die ganze Woche unterwegs sind.
[2] Vgl. Böhler (1992), S 86.
[3] Vgl. Gutjahr (1985), S. 42.
[4] Vgl. z. B. Hafermalz (1974, 1976); Goode/Hyatt (1976); Dillman (1978); Atteslander (1984), S. 111ff; Gutjahr (1985), S. 42ff; Hüttner (1989), S. 41ff.

5.1.1 Entwicklung der Computerbefragung

Die computergesteuerte Befragung unterscheidet sich von der computerunterstützten Befragung dadurch, daß kein Interviewer Fragen vorliest oder Antworten eingibt. Dies muß der Proband selbst tun. Sofern überhaupt ein Betreuer während der Befragung anwesend ist, hilft dieser nur bei technischen Problemen oder übernimmt die Anwerbung und Einweisung der Probanden.

Die Anfänge der computergesteuerten Befragung gehen in die sechziger Jahre zurück. Dabei spielte die Disziplin der Psychologie eine Vorreiterrolle, als sie zuerst solche Systeme einsetzte. Die Patienten arbeiten allein mit dem Befragungscomputer. Der Computer entscheidet aufgrund von ausführlichen Hintergrunddateien und den bisherigen Antworten über die jeweiligen zu stellenden Fragen.[5]

In der Marktforschung entwickelte sich zuerst die im Studio durchgeführte Bildschirmbefragung. Sie deckt sich methodisch mit der von den Psychologen praktizierten. Daneben entwickelten sich weitere Varianten und Methoden, wie Terminalbefragung, Disk-by-Mail-Befragung, Btx-Befragung und elektronische Panelbefragung.

5.1.2 Befragungssituation

Da der Proband allein mit dem Computer agiert, entfällt wie bei der schriftlichen Befragung der Interviewereinfluß.[6] Dies ist einer der bedeutendsten Vorteile aller unpersönlichen Befragungen.

Von den einzelnen Autoren, die das Verhältnis des Befragten zum Computer untersuchten, wird vorwiegend Positives berichtet. Fast alle Probanden waren nach einer kurzen Eingewöhnungszeit in der Lage, die Computerbefragung allein auszuführen. Dies schloß teilweise auch Kinder mit ein.[7]

---

5 Vgl. Greist/Klein (1980), S. 161ff; Butcher (1987b), S. 3f.
6 Vgl. Kroeber-Riel/Neibecker (1983), S. 205.
7 Vgl. Greist et al. (1973b), S. 249ff; O'Brien/Dugdale (1978), S. 233; Kroeber-Riel/Neibecker (1983), S. 200; McBrien (1984), S. 65, 69ff; Saris/de Pijper (1986), S. 146f; Hippler et al. (1990), S. 402f.

Probleme treten lediglich bei stark verminderter Sehfähigkeit auf.[8] Ältere Probanden benötigen tendenziell etwas länger zur Bearbeitung des elektronischen Fragebogens. Sie erzielen jedoch keine schlechteren Ergebnisse. Personen, die beruflich oder privat bereits über Computererfahrung verfügen, erledigen die Befragung erwartungsgemäß schneller als die übrigen.[9]

Hatten die Befragten in den Untersuchungen Gelegenheit, sowohl die Computerbefragung als auch eine konventionelle Erhebung zu erleben, so favorisierten die meisten die Computerbefragung. Sie sei interessanter, mache mehr Spaß und die Befragung gehe nach subjektiven Empfinden schneller. Diese Haltung ist beim Vergleich mit dem Interview noch ausgeprägter als gegenüber der schriftlichen Befragung. Es wird zusätzlich noch genannt, daß der Computer mehr Zeit zum Nachdenken als ein Interviewer läßt.[10]

Schon 1968 stellten Slack und Van Cuba bei ihrer Studie im medizinischen Bereich fest, daß der Computer auf eine breite Akzeptanz und Bevorzugung gegenüber dem Interviewer stößt. Annahme und Ablehnung der Technik zeigten keinerlei Korrelationen zu sozio-demographischen Merkmalen.[11] Dabei ist bemerkenswert, daß diese Ergebnisse aus einer Zeit stammen, in der der Computer noch keineswegs so selbstverständlich im Alltag präsent war wie heute.

In eine ähnliche Richtung gehen die Befunde von Saris und de Pijper. Sie stellten fest, daß die Befragten die Fragen am Computer konzentrierter bearbeiteten. Abschweifungen vom eigentlichen Thema, wie beim Interview, konnte sie nicht registrieren.[12]

Es gibt aber durchaus auch negative Stimmen. So wird die persönliche Kommunikation im Vergleich zum Interview vermißt. Andere fühlen sich zu einer Nummer degradiert.[13]

Vergleicht man die Ergebnisse zwischen schriftlicher und computergesteuerter Befragung, so zeigt sich bei neutralen Fragen zunächst kein Unterschied. Spezifische Fehlerquellen der schriftlichen Befragung, wie fehlende Antworten, Übertragungsfehler usw. sind bei dieser Betrachtung ausgeschaltet. Tangiert die Frage

8 Vgl. Kroeber-Riel/Neibecker (1983), S. 200; Glagow (1984), S. 51.
9 Vgl. McBrien (1984), S. 69f.
10 Vgl. O'Brien/Dugdale (1978), S. 233ff; MacBride/Johnson (1980), S. 39ff; Erdman et al. (1983), S. 66ff; McBrien (1984), S. 65ff.
11 Vgl. Slack/Van Cura (1968), S. 530f.
12 Vgl. Saris/de Pijper (1986), S. 147.
13 Vgl. Greist et al. (1973b), S. 253; O'Brien/Dugdale (1978), S. 234.

jedoch die Intimsphäre oder das Prestigebewußtsein des Befragten, scheint die Computerbefragung die Aufrichtigkeit des Befragten selbst gegenüber der schriftlichen Befragung nochmals zu verbessern.[14] Glagow spricht von einer verbesserten Antwortbereitschaft und Antwortehrlichkeit bei tabuisierten und prestigegeladenen Themen.[15] Stefflre konnte durch den Computereinsatz die fehlenden Antworten zu den finanziellen Verhältnissen der Befragten von 12-15% in schriftlichen Befragungen auf nur noch 1% in Computerbefragungen absenken.[16]

O'Brien und Dugdale verglichen in zwei Gruppen die Bildschirmbefragung mit dem Interview. Es zeigte sich, daß die Ergebnisse tendenziell näher an dem als wahr angenommenen Wert lagen. Das Verschwinden der Antworten im Computer erinnert den Probanden nicht wie bei der Schriftform ständig daran, daß seine Angaben später von einer anderen Person noch gelesen werden.[17] Die größere Anonymität erwies sich insbesondere im Bereich der medizinischen Befragungen als ausgesprochen positiv. Die Patienten bevorzugten die Bildschirmbefragung und gaben dabei reichhaltigere Antworten.[18]

Für die Computerbefragung gelten auch die bereits im allgemeinen Teil beschriebenen Vorteile der computerisierten Befragung. Erhebliche Qualitätssteigerungen resultieren aus der automatischen Ablaufsteuerung, der Antwortkontrolle, der Item- und Fragenrotation, der Antwortzeitmessung, der Vermeidung von Übertragungsfehlern usw.[19] Im weiteren sollen die Unterschiede, insbesondere zur schriftlichen Befragung, herausgearbeitet werden. Dabei wirken die erwähnten Vorteile zum Teil in größerem Ausmaß als bei den computerunterstützten Verfahren.

Die Ablaufsteuerung stellt gegenüber der schriftlichen Befragung eine erhebliche Qualitätssteigerung dar. Oft werden vom Probanden Fragen übersehen oder Anweisungen zur Verzweigung nicht beachtet. Komplizierte Verzweigungen sind praktisch nicht einsetzbar. Der Computer beseitigt diese Fehlerquelle. Er ermöglicht darüber hinaus die Verwendung von komplizierten Verzweigungen im Frage-

---

14 Vgl. Kroeber-Riel/Neibecker (1983), S. 203ff.
15 Vgl. Glagow (1984), S. 45.
16 Vgl. Stefflre (1989), S. 97.
17 Vgl. O'Brien/Dugdale (1978), S. 228ff.
18 Vgl. Slack/Van Cura (1968), S. 527ff; Greist et al. (1973a), S. 262f; Greist/Klein (1980), S. 168f.
19 S. S. 80ff.

bogen. Der Proband merkt davon gar nichts. Das Programm übernimmt die Einhaltung der richtigen Reihenfolge.[20]

Bei der schriftlichen Befragung wird als Nachteil betrachtet, daß der Proband den Fragebogen vor seiner Beantwortung erst ganz durchlesen kann.[21] Der Einsatz eines Befragungscomputers behebt diesen Nachteil völlig. Über das Programm läßt sich steuern, ob und in welchem Umfang ein "Blättern" im Fragebogen zulässig ist. Im Normalfall zeigt der Computer die nächste Frage erst nach der Beantwortung der vorangegangenen an. Ein Blättern ist allenfalls zur Korrektur vorangegangener Angaben erlaubt.

O'Brien und Dugdale stellen heraus, daß die Computerbefragung durch die Präsentation von jeweils nur einer Frage auf dem Bildschirm einen Vorteil erzielt. Bei der schriftlichen Erhebung werden die Befragten teilweise von einer ganzen Batterie von Fragen erschlagen. Die Autoren folgern dies daraus, daß es im Gegensatz zu schriftlichen Befragungen bei den Computerbefragungen keine Verweigerungen zur Teilnahme angesichts des Computers gab, wohl aber angesichts umfangreicher Fragebögen.[22]

Die automatische Antwortkontrolle besitzt ebenfalls eine größere Bedeutung als bei den persönlichen Befragungsvarianten. Während bei den persönlichen Methoden der Interviewer auch als Kontrolleur fungiert, macht den Probanden bei der schriftlichen Befragung niemand auf unzulässige Antworten aufmerksam. Der Computer hingegen meldet sofort, wenn zum Beispiel zu viele Antworten einer Multiple-Choice-Frage ausgewählt werden. Ebenso weist er unzulässige Werte, wie zum Beispiel die Eingabe einer 9 auf einer 7er-Skala, zurück.

Die Antwortkontrolle verhindert auch eine Nichtbeantwortung einzelner Fragen. Das Befragungsprogramm kann auf einer Antworteingabe bestehen, das heißt, es geht erst zur nächsten Frage, wenn eine Antwort eingegeben wurde. Um einen Abbruch der gesamten Befragung zu verhindern, kann der Forscher dem Probanden erlauben, seinen Wunsch, die Antwort zu verweigern, explizite anzugeben.[23] Dies geschieht durch die Eingabe einer Codeziffer oder das Drücken einer spezifizierten Taste. Der qualitätssteigernde Aspekt der Antwortkontrolle fällt bei der Computerbefragung stärker ins Gewicht als bei den persönlichen Befragungen.

---

20 Vgl. z. B. Erdman et al. (1983), S. 66.
21 Vgl. z. B. Hüttner (1989), S. 43.
22 Vgl. O'Brien/Dugdale (1978), S. 233.
23 Vgl. Erdman et al. (1983), S. 66.

Ein weiterer Vorteil der Computerbefragung liegt in den vom Probanden unbemerkt registrierten Daten über Datum, Zeit und Dauer des Ausfüllens. Somit läßt sich die bislang unbekannte Variable "Ausfülltag" kontrollieren. Die Aktualität der Ergebnisse wird nachvollziehbar. Die Dauer der Befragung dient als Anhaltspunkt, wie ernsthaft der Proband gearbeitet hat. Extrem kurze Zeiten lassen unter Umständen spontane und unüberlegte Antworten vermuten. Wissenschaftliche Auswertungen zu diesem Problem liegen bislang nicht vor. Einzig die Bedeutung der Antwortzeit je Frage wurde untersucht.

Nieschlag et al. bezeichnen die Antwortzeitmessung als den entscheidenden Vorteil der Computerbefragung.[24] Im Vergleich zu den persönlichen Befragungsarten dürfte die Antwortzeitmessung bei der unpersönlichen valider ausfallen. Es entfällt der Einfluß des Interviewers, da er die Messung nicht durch von ihm verursachte Pausen, langsames oder mehrmaliges Vorlesen der Frage beeinflußt. Trotzdem bleiben die Einwände gegen die Aussagekraft dieser Meßwerte bestehen. Auch die Probanden besitzen eine unterschiedliche Lesegeschwindigkeit und Auffassungsgabe. Nur bei kurzen und leicht verständlichen Fragen kann deshalb davon ausgegangen werden, daß die Reaktionszeit und nicht die Lesegeschwindigkeit oder die Auffassungsgabe gemessen wird.

Die Technik erlaubt es, die Befragung in verschiedenen Sprachen zu programmieren. Während bei den persönlichen Arten dies zwar auch möglich ist, scheitert es in der Regel daran, daß der Interviewer nur wenige Sprachen zum Vorlesen der Fragen beherrscht. Bei der Computerbefragung entfällt dieses Problem. Der Befragte wählt zu Beginn seine Sprache aus und führt den gesamten Dialog in dieser Sprache. Dieser Vorteil ist zum Beispiel bei Befragungen auf internationalen Messen von großer Bedeutung.[25] Selbst die Umsetzung in die verschiedenen japanischen Schriftarten ist bereits erfolgreich durchgeführt worden.[26] Die Tastatur begrenzt jedoch diese Möglichkeiten. Auf ihr ist nur ein Zeichensatz darstellbar. Für mehrsprachige Befragungen empfiehlt es sich deshalb, auf ein anderes Eingabemedium[27] als die alphanumerische Tastatur zurückzugreifen.

---

24 Vgl. Nieschlag et al. (1991), S. 717.
25 Vgl. Reiter/Heller (1991), S. 131.
26 Vgl. Poynter (1989), S. 103ff.
27 Z. B.: Maus, Trackball, Touchscreen, Lightpen; s. S. 177ff.

5.1.3 Organisatorische Aspekte

Die Auswahl des Rechnertyps hängt sehr stark von der Methode und den individuellen Anforderungen ab. Allgemeingültiger sind hingegen die Betrachtungen über die einsetzbaren Eingabemedien. Im Normalfall gibt der Proband seine Antworten selbst in den Computer ein. Dabei ist man bestrebt, ihm diese Aufgabe so leicht wie möglich zu machen.

Tabelle 15 zeigt die Eingabemedien, die in Betracht kommen, im Überblick. Dabei werden die markantesten Vor- und Nachteile genannt. Der Einsatz dieser Medien hängt nicht nur von den technischen Möglichkeiten, sondern auch von den Zielen des Forschers und der Befragungsart ab.

Die Erkenntnisse über die Verwendung einer Volltastatur sind in der Literatur sehr widersprüchlich. Während Messinger[28] aufgrund ihrer Erfahrungen beim amerikanischen Burke Institut die Eingabe von offenen Antworten als das größte Problem der Computerbefragung ansieht, berichten andere von durchaus guten Erfolgen.[29] Die positiven Erfahrungen stammen jedoch vorwiegend aus dem medizinischen Bereich. Dort darf bei den Probanden von einer größeren Motivation zur Bewältigung der Aufgabe ausgegangen werden.

Für die Marktforschung ist von einer geringeren Motivation auszugehen. Die Probanden verfügen in der Mehrheit über keine ausreichenden Schreibmaschinenkenntnisse.[30] Dies führt bei der Eingabe zu Problemen. Allenfalls kurze Antworten, wie zum Beispiel die Berufsbezeichnung, werden vom Probanden eingegeben. Sind offene Fragen in der Studie notwendig, so sollte der Forscher für die Erfassung dieser Angaben eine Alternative wählen. Dies könnte die Verwendung eines separaten Bogens Papier sein, die Assistenz eines Interviewers oder die Aufzeichnung der verbalen Antwort.

Die Antworten einer computerisierten Befragung lassen sich auch ausschließlich über die vier Cursortasten und der Entertaste eingeben. Die Software muß diese Form zulassen, was nicht bei allen angebotenen Systemen der Fall ist. Der Befragte positioniert mit diesen Richtungstasten den Cursor auf dem Antwortfeld und bestätigt die Eingabe mit der Entertaste.

---

[28] Vgl. Messinger (1989), S. 28f.
[29] Vgl. Greist et al. (1973b), S. 253.
[30] Vgl. Messinger (1989), S. 29.

Eingabe-medium	Vorteile	Nachteile
Volltastatur	Eingabe offener Antworten	verwirrend und abschreckend für Personen ohne Schreibmaschinenkentnisse
Volltastatur mit Assistent	Eingabe offener Antworten, keine Schreibmaschinenkenntnisse	Interviewereinfluß durch Assistenten
Zehner-Block	einfache Bedienung Eingabe von Codeziffern	nur numerische Eingaben, Einfluß der Codeziffern
Cursortasten	relativ einfache Bedienung bewegen des Cursors auf das Antwortfeld	Positionierungseffekt, keine offenen Antworten
Spezialtastatur Funktions-tasten	einfache Bedienung Eingabe über Symbole	keine offenen Antworten
Maus/Trackball	einfaches Anklicken der Antworten	keine offenen Antworten, Eingewöhnung erforderlich
Light-Pen	einfaches Kennzeichen der Antworten auf dem Bildschirm	keine offenen Antworten, störanfällig
Touchscreen	Berühren der Antwortvorgaben	keine offenen Antworten
Pen auf Notepad	Bearbeitung wie auf Papier, Eingabe offener Antworten	Schrifterkennung noch nicht ausgereift
Sprache	einfachste Bedienung	Technik noch nicht ausgereift

Tab. 15: Eingabemedien für Computerbefragungen

Selbst einfache Zahlenangaben können erfaßt werden, indem auf dem Bild-schirm ein Zehnerblock eingeblendet wird, auf dem der Befragte die Ziffern mar-kiert. Denkbar ist auch eine Volltastatur zur Eingabe von offenen Antworten, die auf dem Display dargestellt wird. Die Auswahl der einzelnen Buchstaben ist jedoch sehr langwierig. Die meisten Befragten werden dies nicht mitmachen.

Liefield untersuchte im Rahmen einer Vergleichsstudie der Computerbefra-gung mit der traditionellen schriftlichen und mündlichen Befragung auch die

Effekte durch die Eingabe mit den Cursortasten.[31] Er erkannte drei verschiedene Effekte.

(1) Einfluß der Ausgangsposition des Cursors

Bei Skalen befindet sich der Cursor in der Mitte als Ausgangsposition. Der Befragte muß von dort aus den Cursor nach rechts oder links bewegen, um seinen gewünschten Skalenwert auszuwählen. In 17 von 27 skalierten Fragen ergaben sich bei Liefield für die computergesteuerte Befragung höhere Mittelwerte als bei den traditionellen Vergleichsmethoden. Seine These lautet: Durch unsere gewohnte Schreibweise von links nach rechts tendiert der Befragte dazu, den Cursor nach rechts hin zu den höheren Werten zu bewegen. Diese These ließ sich mit den Daten jedoch nicht beweisen. Die höheren Mittelwerte sind nicht signifikant unterschiedlich von den Vergleichswerten.

(2) Einfluß der Links-Rechts-Bewegung

Will der Proband einen extremen Wert auf einer Skala auswählen, so benötigt er mehr Zeit, um den Cursor dorthin zu bewegen, als wenn er sich für einen mittelwertsnahen Wert entscheidet. Entweder er drückt die Taste so lang, bis der Cursor die gewünschte Position erreicht oder er betätigt die Taste so oft, bis der Cursor am Ziel ist. Im Gegensatz zu den traditionellen Verfahren ist der Aufwand für extremere Positionen also größer. Im schriftlichen Fragebogen ist es gleich, wo er sein Kreuz auf der Skala setzt. Liefield stellte in 21 der 27 skalierten Fragen eine niedrigere Standardabweichung fest. Die statistischen Auswertungen ergaben nur im Vergleich mit der schriftlichen Methode einen signifikanten Unterschied der Standardabweichung. Da dieses Ergebnis nur das 10%-Niveau besitzt und der Vergleich mit dem Interview nicht signifikant ist, kann auch diese Hypothese nicht als bewiesen angesehen werden.

(3) Einfluß des vorher skalierten Wertes

Diese These beruht auf einer Besonderheit des verwendeten Befragungsprogramms CAPPA.[32] Werden mehrere Skalen hintereinander abgefragt, geht das Programm nicht auf den Mittelpunkt der nächsten Skala, sondern positioniert den Cursor auf dem in der vorangegangenen Skala ausgewählten Wert. Dieser Einfluß konnte aus den Daten von Liefield widerlegt werden. Der Vergleich der einzelnen Skalenwerte mit denen der vorangegangenen ergab

---

[31] Vgl. Liefield (1988), S. 407ff.
[32] S. Anhang, S. 240ff.

für alle drei Methoden die fast gleichen Korrelationswerte. Der Haloeffekt verstärkt sich durch diese Cursorplazierung gegenüber der schriftlichen und mündlichen Befragung nicht.

Die Effekte (1) und (2) konnte Liefield weder bestätigen noch widerlegen. Der Forscher muß also mit der Möglichkeit dieser Effekte rechnen. Die Ausgangsposition läßt sich bei dieser Form der Eingabe nicht verändern. Eine Positionierung an einem Ende der Skala hätte, wenn überhaupt, eher noch negativere Effekte. Der Aufwand, den Cursor auf extreme Positionen zu bewegen, läßt sich durch eine entsprechende Intervallskala minimieren. Bei einer 7-er-Skala muß der Proband für einen Extremwert maximal dreimal auf die entsprechende Richtungstaste drücken. Zwischenlagen wären dann jedoch nicht zulässig.

Diese Effekte können auch Multiple-Choice-Fragen tangieren. Hier steht der Cursor normalerweise am Anfang der Liste der Antworten. Antwortvorgaben am Ende der Liste haben unter Umständen eine geringere Wahrscheinlichkeit, ausgewählt zu werden. Die zufallsgesteuerte Antwortrotation kann diesen Effekt in der gesamten Stichprobe ausgleichen, so daß sich insgesamt eine Verbesserung der Daten durch den Computer ergibt.

Liefield berichtet von insgesamt guten Erfahrungen mit diesem Eingabemedium.[33] In seiner Befragung befanden sich jedoch keine offenen Fragen. Den Effekt einer Zahlenauswahl am Bildschirm, zum Beispiel für die Altersangabe, hat er nicht untersucht.

Tastaturen lassen sich nach den Wünschen des Forschers gestalten. In der Regel verfügen diese Spezialtastaturen nicht über die Möglichkeit, Buchstaben einzugeben. Sie beschränken sich auf wenige Funktionstasten, die eventuell mit einem Zehnerblock zur Zahleneingabe kombiniert sind. Die Verwendung dieser Tastaturen dient dem Ziel, die Bedienung des Computers zur Beantwortung möglichst einfach zu gestalten.[34] Ferner erlaubt der Verzicht auf die Volltastatur, daß die wenigen benötigten Tasten eine vernünftige Größe aufweisen, ohne daß der gesamte Computer größere Ausmaße annehmen muß. Die Anzahl der Antworttasten begrenzt zugleich die Anzahl der vorgebbaren Antwortalternativen. Hier muß bei der Konstruktion der Tastatur ein sinnvoller Kompromiß gefunden werden. Im Regelfall dürften zehn bis zwölf Tasten für fast alle Fragen ausreichend sein.

---

[33] Vgl. Liefield (1988), S. 408f.
[34] Vgl. Kroeber-Riel/Neibecker (1983), S. 200.

Die Eingabe von offenen Antworten ist mit diesen Tastaturen nicht möglich und auch nicht gewollt. Schließlich soll dieses Medium einfach gestaltet sein. Ist bei einzelnen Studien die Anwendung offener Fragen unbedingt erforderlich, so kann die einfache Spezialtastatur ohne Probleme durch eine Volltastatur ersetzt werden. Eine parallele Verwendung beider Tastaturen ist zwar technisch möglich, erfordert jedoch einen erheblichen Programmieraufwand, um ein einwandfreies Funktionieren zu gewährleisten.

Einen kompletten Verzicht auf jegliche Tastatur ermöglicht der Einsatz einer Maus oder eines Trackball. Mit deren Hilfe bewegt der Befragte den Cursor über den Bildschirm auf das gewünschte Antwortfeld. Der Vorteil des Trackball liegt darin, daß er in ein Gehäuse integriert ist, während die Maus immer eine ebene und rutschfeste Unterlage benötigt. Bei der Maus passiert es immer wieder, daß sie die rutschfeste Unterlagen verläßt. Für einen Computerkenner stellt dies kein Problem dar. Er hebt die Maus an und setzt sie wieder in die Mitte der Unterlage. Ein unerfahrener Proband scheitert dabei unter Umständen an der Bedienung der Maus und bricht die Befragung ab. In Abhängigkeit des Einsatzortes bekommen diese Aspekte eine unterschiedliche Gewichtung. Im Studio läßt sich die Maus problemloser einsetzen, da hier ein Bildschirmassistent bei Problemen hilft. Für die Terminalbefragung bietet sich eher der Trackball an.

Aus der Sicht des computerunerfahrenen Befragten fällt die Bedienung einer Maus leichter. Die physischen Bewegungen der Maus werden direkt auf den Cursor umgesetzt. Beim Trackball bewegt sich die Hand zwar in identischer Weise, die Kugel bleibt jedoch stationär. Die relative Position unter der Handfläche verändert sich. Dies wirkt auf den ungeübten Benutzer verwirrend.

Für beide Medien gilt, daß der Proband zu Beginn der Befragung die Gelegenheit zur kurzen Einübung der Funktionsweise der Maus bzw. des Trackball erhalten muß. Erst nach diesen Übungsfragen, die in Form eines kleinen Lernprogramms gestaltet sein sollten oder durch einen Interviewer geleitet werden, kann die eigentliche Befragung beginnen. Diese Übungsphase dauert nach Erfahrungen von Poynter nur etwa eine Minute.[35] Hinzukommen Hinweise zur Bedienung des Programmes, insbesondere zur Korrektur gegebener Antworten.

Die Beobachtungen von Reiter und Heller zur Verwendung der Maus sind jedoch nicht so positiv. Sie stellten fest, daß die Bedienung der Maus oft mehr

---

[35] Vgl. Poynter (1991), S. 57.

Geschicklichkeit von unerfahrenen Befragten forderte, als diese leisten konnten. Die Technik stieß bei diesen Personen auf Ablehnung.[36]

Weder Maus noch Trackball lassen eine direkte Eingabe von Ziffern oder Buchstaben zu. Man kann jedoch eine entsprechende Tastatur auf dem Display abbilden. Der Proband klickt dann die benötigten Ziffern an. Für die Angabe des Alters ist diese Prozedur durchführbar, für größere Eingaben ist sie jedoch zu umständlich und deshalb nicht zu empfehlen.

Der Aufwand, den Cursor zu extremen, sprich von der Ausgangsposition weit entfernten Items, zu bewegen, unterscheidet sich kaum von nahen Positionen. Gerade in Studien, in denen viele Skalen zu bewerten oder Items aus Listen auszuwählen sind, stellt die Eingabe mit Maus oder Trackball eine Erleichterung für den Probanden dar. Hieraus resultieren eine höhere Motivation und wohl auch bessere Ergebnisse.

Eine Vergleichsstudie zwischen den Eingabemedien Maus und Cursortasten zur Bewertung von Skalen zeigte folgende Ergebnisse: Diese Aufgabe bewältigten die Probanden mit der Maus signifikant in 25% geringerer Zeit als mit den Cursortasten. Bei letzterem Verfahren zeigten die Ergebnisse eine deutliche Ermüdung der Teilnehmer zum Ende der Befragung, die bei der Mauseingabe nicht feststellbar war. Als weiteren Vorteil erzielte die Maus schließlich signifikant höhere Standardabweichungen.[37]

Die Bedienung der Maus läßt sich vereinfachen. Poynter setzt die Maus vorwiegend für Skalen ein. Der Cursor springt zu Beginn auf die Mitte der Skala. Die Maus überträgt nur Rechts-Links-Bewegungen auf den Cursor. Alle anderen Richtungen werden ignoriert. Das vereinfacht die Bedienung erheblich. Mit der linken Maustaste kennzeichnet der Befragte den gewünschten Skalenwert. Anschließend springt der Cursor auf die nächste Skala in die Ausgangsposition. Mit der rechten Maustaste kann der Proband zur vorhergehenden Frage zur Korrektur zurückkehren.

Die Auswertung von Skalen erhält durch diese Eingabemedien eine neue Dimension. Ein Einteilung der Skala in bestimmte Intervalle, wie zum Beispiel 5er-, 6er oder 9er-Skala, entfällt. Der Forscher muß diese Intervalle nicht mehr betiteln. Er benennt nur die Extrempunkte. Der Befragte positioniert den Cursor

---

[36] Vgl. Reiter/Heller (1991), S. 130.
[37] Vgl. Poynter (1991), S. 58f.

dort, wo er es für richtig empfindet. Das Computerprogramm kann die Skala in nahezu beliebig viele Intervalle unterteilen und den angeklickten Wert exakt erfassen.[38]

Vor einer allzu detaillierten Auswertung dieser "exakten" Daten muß jedoch gewarnt werden. Dem Probanden wird durch dieses Verfahren die Entscheidung erleichtert und vorgegebene Intervalle beeinflussen diese Entscheidung nicht. Er wird jedoch kaum in der Lage sein, den Cursor so exakt zu positionieren, daß eine Auswertung der Skala in einhundert Intervallen ein sinnvolles Ergebnis brächte.

Andererseits muß angemerkt werden, daß die Positionierung des Cursors mit der Maus oder dem Trackball mehr Fertigkeiten erfordert als mit den Cursortasten, die den Cursor in festen Intervallen bewegen. Über den Erfolg dieses Eingabemediums entscheidet der Forscher bei der Fragebogengestaltung in erheblichem Ausmaß. Er muß die Antwortfelder ausreichend groß gestalten, damit die Positionierung nicht zur Feinarbeit ausartet.

Grundsätzlich muß die Befragungssoftware eine Eingabe mit der Maus oder dem Trackball zulassen. Darüberhinaus sollte die Eingabe zweistufig erfolgen. Im ersten Schritt bewegt der Befragte den Cursor auf das gewünschte Antwortfeld und klickt dieses mit der linken Maustaste an. Dieses Feld sollte nun graphisch hervorgehoben werden, damit der Befragte sieht, welches Feld er tatsächlich auswählte. Im zweiten Schritt bestätigt er die Eingabe mit der rechten Maustaste, einer separaten Entertaste oder dem Anklicken eines Eingabefeldes. Dieses Vorgehen schließt eine Falschauswahl weitgehend aus.

Ein weiteres Eingabemedium ist der Lichtgriffel. Er besitzt die Größe eines Stiftes. An seiner Spitze befindet sich eine Lampe. Bei der Berührung eines speziell ausgerüsteten Bildschirms registriert der Computer mit Hilfe dieses Lichtstrahl das berührte Feld und positioniert dort den Cursor. Somit ist die Funktionsweise ähnlich einer Eingabe mit der Maus.

Die Erfahrungen von Poynter mit dem Lichtgriffel, die bereits bis 1982 zurückreichen, zeigten, daß es für die Befragten sehr ermüdend ist, den Lichtgriffel bei längeren Befragungen über 30 bis 90 Minuten vor dem Bildschirm

---

[38] Vgl. Bahner (1987), S. 20f; Poynter (1991), S. 56.

zu führen. Deshalb lehnt er ihn als unpraktikabel ab.[39] Reiter und Heller stellten fest, daß sich der Lichtgriffel mit der Zeit als sehr störanfällig entpuppte.[40]

Wiederum einen Schritt weiter geht die Verwendung eines Touchscreen. Der Bildschirm wird mit einer sensitiven Oberfläche ausgestattet. Diese registriert jede Berührung mit dem Finger. Damit ist eine einfache Stufe der Eingabe erreicht, die von jedem Befragten ohne große Übung bewältigt werden kann.[41] Auch hier kann man behelfsmäßig eine Tastatur auf dem Touchscreen einblenden. Dies ermöglicht die Eingabe von Ziffern oder Buchstaben.[42] Die Bedienung ist zwar einfacher als mit den anderen Mitteln, es bleiben die grundsätzlichen Schwierigkeiten mit Tastaturen bestehen. Eine Anwendung empfiehlt sich nur in begrenztem Umfang und für kurze Eingaben.

Der Touchscreen weist auch Nachteile auf. Die Antworten werden in einem Rahmen dargestellt. Der gesamte Rahmen wird als Feld definiert. Die Antwortfelder müssen auf dem Bildschirm so groß und so weit voneinander entfernt positioniert werden, daß auch dicke Finger diese berühren können, ohne daß es zu falschen Eingaben kommt. Damit reduziert sich der Platz für die Antworten erheblich. Auch Skalen müssen entsprechend groß dargestellt werden, um eine differenzierte Eingabe zu ermöglichen. Die Verwendung von größeren Bildschirmen kann diese Probleme lindern, bedeutet jedoch einen erheblich höheren Investitionsaufwand.

Durch die Berührungen verschmutzt die Oberfläche des Bildschirms. Dies kann die Lesbarkeit beeinflussen. Es könnte jedoch auch einen Effekt auf die Antworten ausüben, wenn sich an bestimmten Stellen des Bildschirmes Flecken bilden, die den Befragten unbewußt auffordern, auch an diese Stelle zu tippen. Nach Möglichkeit sollte der Bildschirm nach jeder Befragung gereinigt werden.

Das Notepad bietet wohl in naher Zukunft das ideale Eingabemedium.[43] Hier arbeitet der Proband wie auf einem Blatt Papier mit einem Stift. Er muß nicht mehr in unnatürlicher Haltung auf einem senkrechten Bildschirm hantieren. Zu den noch bestehenden Problemen, insbesondere der Erkennung von Handschriften und

---

39 Vgl. Poynter (1991), S. 64.
40 Vgl. Reiter/Heller (1991), S. 130f.
41 Vgl. Reiter/Heller (1991), S. 131.
42 Vgl. Sokat (1989), S. 21.
43 Vgl. Poynter (1991), S. 64.

des Anschaffungspreises, wird auf die bereits gemachten Ausführungen[44] verwiesen.

Die zunehmenden Fortschritte auf dem Gebiet der Spracheingabe ermöglichen eventuell in nicht allzu ferner Zukunft den Verzicht auf jegliche Hilfsmittel. Der Computer stellt die Fragen und der Proband antwortet, wie er es auch bei einem Interviewer täte, mündlich. Die Umsetzung des gesprochenen Wortes in maschinenlesbare Antworten ist noch nicht ausgereift. Insbesondere die vielen regionalen Dialekte bereiten der Verarbeitung Schwierigkeiten.

Derzeit realisierbar ist die Aufnahme der verbalen Antworten auf ein Speichermedium ohne automatische Umsetzung in maschinenlesbare Form. Hier müssen dann später die Antworten oder der entsprechende Code manuell in die Datei übertragen werden, wie es bei der traditionellen Datenübertragung auch geschieht.[45]

Die Antworteingabe auf geschlossenen Fragen bereitet mit keiner der diskutierten Möglichkeiten Probleme. Schwierig bleibt die Beantwortung von offenen Fragen. Aus einer Untersuchung im medizinischen Bereich, in dem die Motivation der Patienten zur Teilnahme an der Befragung höher eingestuft werden kann, zeigte sich, daß die Patienten nach einer Eingewöhnungszeit letztlich keine Probleme mit der Volltastatur hatten. Sie beantworteten auch die offenen Fragen zur Zufriedenheit der Ärzte.[46]

Es bieten sich neben der direkten Eingabe durch den Probanden drei Alternativen an:

(1) Der Befragte bekommt einen Bildschirmassistenten an die Seite, der die offenen Antworten für ihn eintippt. Damit tritt jedoch wieder ein Interviewereinfluß auf.[47] Die Funktion des Bildschirmassistenten kann sich jedoch auf die Erfassung sozio-demographischer Merkmale wie Beruf und Wohnort beschränken, so daß er während der eigentlichen Befragung dann nicht mehr anwesend ist.

---

[44] S. S. 147f.
[45] Vgl. Reiter/Heller (1991), S. 131.
[46] Vgl. Greist et al. (1973b), S. 253.
[47] Vgl. Kroeber-Riel/Neibecker (1983), S. 207.

(2) Der Proband beantwortet offene Fragen in traditioneller Weise auf einem Blatt Papier.[48] Wie aber aus der Forschung zur schriftlichen Befragung bekannt ist, fallen solche Antworten meist sehr dürftig aus, da bereits weiten Teilen der Bevölkerung das Schreiben fremd geworden ist.[49] Ob also mit dieser Variante eine größere Vielfalt erzielbar ist, bleibt zweifelhaft.

(3) Die akustische Aufzeichnung der Antworten bringt die geringsten Nachteile mit sich. Der Proband spricht nach der Aufforderung durch den Computer seine Antwort auf einen Tonträger. Der Computer kann heute diese Antworten selbst abspeichern. Hierfür ist jedoch erheblicher Speicherplatz erforderlich.

Während die erste Alternative maschinenlesbare Daten liefert, müssen die Antworten bei den übrigen beiden in einem späteren Arbeitsgang erst in die EDV übertragen werden.

Die Beantwortung offener Fragen stellt eines der größten Probleme der Computerbefragung dar. Die Situation gegenüber der schriftlichen Befragung ist tendenziell sogar ungünstiger, da der Proband während der Befragung mit verschiedenen Medien kommunizieren muß. Man sollte bei der Konstruktion von Computerbefragungen möglichst auf den Einsatz von offenen Fragen verzichten. Ist dies nicht möglich, sollte sich der Forscher eventuell für eine persönliche Befragungsart entscheiden.

5.2 Bildschirmbefragung im Studio

5.2.1 Stichprobenproblematik

Die Bildschirmbefragung ist formal mit dem Studiointerview verwandt. Die Auswahlverfahren und Stichprobenprobleme decken sich. Es wird hier auf die entsprechenden Ausführungen verwiesen.[50]

---

48 Vgl. O'Brien/Dugdale (1978), S. 234.
49 Vgl. Gutjahr (1985), S. 42.
50 S. S. 155f.

5.2.2 Befragungssituation

Die Bildschirmbefragung im Studio unterscheidet sich von der persönlichen, computerunterstützten Studiobefragung dadurch, daß während der Befragung kein Interviewer anwesend ist. Ein Interviewereinfluß auf die Antworten des Befragten tritt nicht auf. Der Proband arbeitet allein mit dem Computer. Die Befragungssituation wird dabei nicht durch Dritte oder andere Umwelteinflüsse gestört.

Ein Betreuer übernimmt die Einweisung der Probanden, steht bei auftretenden Problemen zur Verfügung und sorgt für die Einhaltung der erforderlichen konstanten Befragungssituation. Dabei ist nicht jedem Befragten ein Betreuer zugeordnet, vielmehr überwacht ein Betreuer mehrere Teilnehmer der Studie.[51]

Dieses Vorgehen fand in der Vergangenheit auch bei der schriftlichen Befragung Anwendung. Hafermalz stellte fest, daß eine schriftliche Befragung im Studio die Antwortquote verbessert.[52] Dies dürfte auch für die Bildschirmbefragung im Vergleich zu den übrigen computergesteuerten Verfahren gelten. Der Befragte wird nicht abgelenkt und kann bei auftretenden Problemen eine Aufsichtsperson fragen.

Die Bildschirmbefragung kann auch an Orten eingesetzt werden, in denen keine räumliche Isolation der Befragten stattfindet. So führte zum Beispiel Middleton eine Messebefragung in der Nähe des Hauptausgangs durch. Die Tische mit den zehn eingesetzten Computern befanden sich für jedermann sichtbar hinter einer kleinen Absperrung. Das ungestörte Arbeiten der Probanden wurde durch entsprechende Abstände gewährleistet. In diesem "Studio" konnten an neun Tagen 2 600 Befragungen realisiert werden.[53] In einem ähnlichen Projekt konnten auf der IAA 1989 mit fünf Bildschirmen an zehn Tagen 5 500 Personen befragt werden. Die Befragungsdauer für die 45 Fragen belief sich im Durchschnitt auf 3,5 Minuten.[54]

Den computergesteuerten Verfahren wird vereinzelt eine reduzierte Lesbarkeit der Fragen, insbesondere bei Probanden mit schwacher Sehkraft vorgeworfen.[55] Der Studioeinsatz bietet die Möglichkeit, die Fragen akustisch vom Computer stellen zu lassen. Die eigentliche Sprachausgabe durch den Computer ist bislang noch nicht einsatzreif. Hier würde der Computer die Worte anhand der eingegebenen Buchstaben selbst artikulieren. Einfacher und vor allem bereits heute schon

---

[51] Vgl. Wyatt (1991), S. 37.
[52] Vgl. Hafermalz (1976), S. 7ff.
[53] Vgl. Middleton (1989), S. 83ff.
[54] Vgl. Reiter/Heller (1991), S. 132.
[55] Vgl. Glagow (1984), S. 51.

realisierbar ist die Technik, die Fragen durch eine Person auf ein Speichermedium sprechen zu lassen. Der Computer spielt dann an der vorgesehenen Stelle diese Aufnahmen ab.

Die traditionellen Medien Tonband und Videoband besitzen den Nachteil, daß die Fragen nur sequentiell abgerufen werden können. Der Computer kann zwar die Wiedergabe stoppen und nach der Eingabe der Antwort wieder starten, ein Überspringen einzelner Fragen ist jedoch nicht möglich. Bessere Möglichkeiten bieten die Speichermedien interne Festplatte des Computers, CD-ROM oder Bildplatte. Hier erhält jeder Fragentext eine individuelle Adresse. Der Computer sucht den richtigen Fragentext zur nächsten Frage anhand dieser Adresse aus und gibt den Text über einen Lautsprecher aus. Dabei ist die Kombination mit bewegten Bildern möglich, so daß eine Situation fast wie im Interview erreicht wird. Die Anwendung der zufallsgesteuerten Fragenrotation und der Fragebogenverzweigungen bleibt voll erhalten.

Diese Technik gewährleistet gegenüber dem echten Interview den Wegfall eines uneinheitlichen Interviewereinflusses. Alle Fragen werden an alle Probanden im selben Stil und Wortlaut gestellt. Wenn der Sprecher einen Einfluß ausübt, so tut er dies bei allen Befragten in gleicher Weise. Als Nachteil muß angeführt werden, daß keine Antworten auf frühere Fragen in aktuelle Fragen eingebaut werden können. Dies verdeutlicht Abbildung 30.

Frageformulierung bei sprachunterstützter Bildschirmbefragung:

> Welche der nachfolgenden Eigenschaften treffen auf die von Ihnen benutzte Marke zu?

Frageformulierung im Interview und für die Anzeige auf dem Computer bei computergesteuerten Verfahren:

> Welche der nachfolgenden Eigenschaften treffen auf die von Ihnen benutzte Marke **blend-a-med** zu?

Abb. 30: Unterschiede in der Frageformulierung durch Sprachunterstützung bei Bildschirmbefragungen

Dieser Nachteil läßt sich dadurch abmildern, daß auf dem Bildschirm die Aufnahme der vorangegangenen Antwort erfolgt, während die Stimme die Frage allgemeiner formuliert. Es ist darauf zu achten, daß zwischen Stimme und Anzeige am Bildschirm keine größeren Diskrepanzen bestehen, die den Befragten verwirren.

So bestechend diese Möglichkeiten auf dem ersten Blick sind, so stehen dem praktischen Einsatz wirtschaftliche und zeitliche Barrieren entgegen. Der Fragebogen muß nach seiner Konzeption audiovisuell umgesetzt werden. Sind die Aufwendungen für die Vertonung noch vertretbar, erfordert die Produktion einer Bildplatte schon eine professionelle Filmstudioausstattung mit entsprechender Kamera, Beleuchtung und Fachpersonal. Sollen neben dem Interviewer auch noch andere Medien in die Befragung integriert werden, können rasch 10 000 DM und mehr an Produktionskosten für die Erhebungsunterlagen erreicht werden. Letztlich entscheidet nicht das aufwendige Layout einer Befragung über die Qualität der Ergebnisse, sondern die vom Forscher adäquat gewählte Methode und Frageformulierung.

Bei der akustischen Präsentation der Fragen bietet sich die Komplettierung des Mensch-Maschine-Dialoges an. Offene Antworten sollten dann ebenfalls akustisch erfaßt werden. Der Proband spricht mit dem Computer. Da eine direkte Umsetzung der Antworten in maschinenlesbare Dateien im Moment noch nicht möglich ist, sollte sich dieser Dialog nur auf die offenen Fragen beschränken. Die Antworten auf geschlossene Fragen gibt der Proband über ein Eingabemedium ein. Nur so kann der Computer bei Bedarf Verzweigungen im Ablauf steuern, und die nachträgliche Datenübertragung entfällt.

Neibecker kombiniert die computerkontrollierte Magnitudemessung mit der Bildschirmbefragung. Der Befragte drückt den Grad seiner Zustimmung zum Beispiel durch die Länge eines Tastendrucks oder die Helligkeit einer Lampe usw. aus.[56] Dieses Instrument läßt sich in dieser Kombination nun auch für Massenbefragungen einsetzen. Eine Vergleichsstudie mit herkömmlichen Skalierungsverfahren kam zu ermutigenden Ergebnissen, so daß mit dieser Methode zusätzliche Informationen gewonnen werden können.[57] Die Bildschirmbefragung eröffnet hier wiederum neue Möglichkeiten. Ohne einen Interviewer können apparative Meßverfahren in die Befragungen integriert werden. Generell können während der Befragung die gleichen multimedialen Möglichkeiten wie im Studiointerview genutzt werden.[58]

---

56 Vgl. Neibecker (1983), S. 211ff.
57 Vgl. Neibecker (1984), S. 329.
58 S. S. 156ff.

5.2.3 Organisatorische Aspekte

Auch in organisatorischer Hinsicht zeigt sich die Verwandtschaft der Bildschirmbefragung zum Studiointerview. Es ist die gleiche Hardware einsetzbar.[59] Zusätzlich empfiehlt sich, soweit möglich, auf die Volltastatur zu Gunsten eines anderen Eingabemediums zu verzichten. Eine Vernetzung der Bildschirme ermöglicht jederzeit Zwischenauswertungen. Haben sich die Ergebnisse auf einem signifikanten Niveau stabilisiert, kann die Befragung abgebrochen werden. Oder die Teile, in denen die Ergebnisse eindeutig sind, werden aus der weiteren Befragung zugunsten anderer Vertiefungen aus dem Fragenprogramm genommen.[60]

Die Software muß eine zusätzliche Option besitzen. Um Manipulationen am Programm und Computer zu verhindern, sind alle Tasten, die dies ermöglichen zu sperren. Dies gilt insbesondere für solche, die ein Verlassen des Programms erlauben. Gelangt ein Proband auf die Betriebssystemebene, kann er unter Umständen großen Schaden anrichten. Es gehört zu den Aufgaben des Betreuers, dies zusätzlich zu den programmtechnischen Vorkehrungen zu verhindern.

5.2.4 Wirtschaftliche Analyse

McBrien ermittelte bereits 1984, angesichts deutlich höherer Hardwarepreise, für die Bildschirmbefragung einen Kostenvorteil von bis zu 40% gegenüber einem traditionell durchgeführten Interview.[61] Eine exakte Berechnung der Einsparungspotentiale ist hier nicht möglich. Die Kosten werden sehr stark von der Nutzung der neuen Möglichkeiten durch den Computer bestimmt. Einsparungen treten in den Bereichen Druck, Versand, Datenübertragung und -kontrolle auf. Dem stehen unter Umständen höhere Aufwendungen bei der Programmierung und Produktion des Befragungsprogramms gegenüber. Die Kosten für die Studioausstattung hängen ebenfalls sehr stark von der Art der Nutzung ab. Die Kombination mit anderen Medien erfordert einen höheren Aufwand, als der Wunsch, nur einfache Befragungen durchzuführen. Im letzteren Fall erzielt die Bildschirmbefragung gegenüber der schriftlichen Studiobefragung Einsparungen. Bei aufwendigen multimedialer Gestaltung können die Kosten jedoch wesentlich höher liegen. Dies sollte durch eine Qualitätssteigerung der Ergebnisse gerechtfertigt werden.

---

[59] S. S. 157f.
[60] Vgl. Glagow (1984), S. 50f.
[61] Vgl. McBrien (1984), S. 65, 78f.

Bei gleichem Befragungsumfang erspart die Bildschirmbefragung einen Großteil der Interviewerkosten gegenüber dem computerunterstützten Interview ein. Hier ist die Einsparung offensichtlich, da ein Interviewer mehrere Probanden gleichzeitig betreuen kann. Gerade im Studio bietet sich für viele Studien der Übergang von der persönlichen zur unpersönlichen Befragungsform an. Die Kontrolle der Stichprobe und der Befragungssituation bleiben erhalten. Durch die Bildschirmbefragung entfällt der Interviewereinfluß, und es entstehen deutliche wirtschaftliche Vorteile bei qualitativ äquivalenten Ergebnissen.

5.2.5 Variante: Terminalbefragung

Die Terminalbefragung ist eine Variante der Bildschirmbefragung. Sie unterscheidet sich dadurch, daß kein Interviewer die Einweisung und Betreuung übernimmt und daß sie nicht in eingerichteten Studios stattfindet. Der Übergang zwischen den beiden Arten ist in der Praxis fließend. Der Computer steht am Befragungsort völlig allein. Man spricht deshalb auch von einem Stand-Alone-Terminal. Um Probanden zu interessieren, bleibt nur ein Plakat oder ein Aufsehen erregendes Bild auf dem Bildschirm (zum Beispiel ein blinkendes "Hallo Sie"). Der Bildschirm vermittelt dem Befragten alle Informationen zur Bedienung. Diese müssen einfach und klar sein. Es empfiehlt sich, eine vereinfachte Tastatur oder einen Touchscreen zu verwenden.

Da auf die Stichprobenziehung niemand einen Einfluß ausübt, kann mit dieser Methode der Selbstauswahl keine Repräsentativität erzielt werden. Bestimmte Personengruppen werden ohne explizite Aufforderung nicht an einer Terminalbefragung partizipieren. Ist keine repräsentative Stichprobe nötig, sondern will man eine bestimmte Zielgruppe befragen, von der anzunehmen ist, daß sie das Terminal bedienen wird, so scheint diese Methode erfolgversprechend und wirtschaftlicher als mit einem Interviewer. Dabei könnte es sich zum Beispiel um unzufriedene Reisende handeln, denen man mit einem Terminal am Bahnhof oder Flughafen Gelegenheit geben möchte, ihren Ärger mitzuteilen. Das Ziel einer solchen Befragung wäre nicht die Zufriedenheit aller Reisenden zu ermitteln, sondern möglichst rasch auf von den Kunden wahrgenommene Probleme hingewiesen zu werden.

Ein weiterer Einsatzort ist die Befragung am Point-of-Sale. Der Aufwand, einen Interviewer ganztägig in einem Geschäft einzusetzen, steht oft in keinem wirtschaftlichen Verhältnis, wenn er nur Käufer eines bestimmten Produktes befragen soll. Das Befragungsterminal ersetzt den Interviewer. Die Kassiererin könnte die gesuchten Käufer bitten, am Terminal ein paar Fragen zu beantworten.

Auf Messen und Ausstellungen lassen sich Befragungsterminals ebenfalls gut einsetzen. An einem Messestand oder an zentralen Orten, wie den Ausgängen, werden die Terminals installiert. Das damit ermittelte Stimmungsbild der Messebesucher ist jedoch durch die Selbstauswahl der Probanden nicht repräsentativ. Auf der CeBIT'88 beantworteten an vier aufgestellten Terminals während sechs Tagen ca. 1 800 Messebesucher die etwa dreiminütige Befragung.[62]

Trotz des relativ geringen Zeitaufwandes für die gesamte Befragung brachen bei der Wiederholung dieser Studie auf der CeBIT'89 fast drei Viertel aller Teilnehmer die Befragung vorzeitig ab.[63] Meier verglich die sozio-demographischen Merkmale dieser Gruppe mit denen, die die Befragung beendeten. Interessanterweise zeigten sich zwischen diesen Gruppen keine Unterschiede.[64] Die Hypothese, daß sich die Nichtteilnehmer an der Befragung dann auch nicht unterscheiden werden, liegt zwar nahe, kann jedoch mit den vorliegenden Daten nicht bestätigt werden.

Newsted[65] führte bereits 1983 eine Vergleichsstudie der Terminalbefragung mit der schriftlichen Befragung durch. Bei der schriftlichen Methode sprach ein Interviewer die Probanden an und überwachte das Ausfüllen der Bögen. Dabei konnten drei Befragte gleichzeitig ihren Bogen ausfüllen. Das Computerterminal war auf sich alleine gestellt. Am Computer bearbeiteten wesentlich mehr Personen die Fragen. Ein Viertel der Teilnehmer gab jedoch an, bereits zum wiederholten Male die Fragen zu beantworten. Diese wurden von der Auswertung ausgeschlossen. Es verblieben schließlich 734 Personen in der Computergruppe und 585 in der Gruppe mit manueller Erhebung.

Die Mehrfachbearbeitung der Befragung stellt ein großes Problem der Terminalbefragung dar. Es kann angenommen werden, daß nicht alle Probanden die Frage nach einer vorherigen Bearbeitung richtig beantworten. Trotzdem sollte man diese Frage in jede Untersuchung mit dieser Methode aufnehmen.

---

62 Vgl. Meier (1989), S. 17.
63 Bricht eine Person die Befragung ab, so schließt das Programm nach einer voreingestellten Zeit, in der keine Eingabe erfolgt, die Befragung ab und kehrt an den Ausgangspunkt zurück. Damit ist das Terminal für die nächste Befragung bereit.
64 unveröffentlichte Daten von F. Meier vom 09.07.90.
65 Vgl. Newsted (1985), S. 231ff.

Als weitere Ergebnisse der Untersuchung von Newsted zeigten sich, daß die Teilnehmer in der Computergruppe deutlich jünger und besser gebildet waren, während sich die Verteilung der Geschlechter nicht unterschied. 76% der Computerbenutzer empfanden die Durchführung der Befragung als sehr einfach. Nur 4% bewerteten sie als schwierig oder sehr schwierig. Dementsprechend bevorzugten sie auch die Terminalbefragung gegenüber der schriftlichen Befragung.

Die inhaltlichen Unterschiede zwischen den Gruppen lassen sich im wesentlichen auf die unterschiedlichen Auswahlmethoden zurückführen. Ersetzt man die Selbstauswahl bei der Terminalbefragung durch die Auswahl durch einen Mitarbeiter, können auch Personen für die Teilnahme gewonnen werden, deren Fehlen in der Untersuchung von Newsted die Ergebnisse verzerrten.

Auch bei Newsted zeigte sich, daß einige Probanden am Terminal herumspielen. Der Computer muß so eingerichtet werden, daß er keine unerlaubten Manipulationen zuläßt. Da er ohne Aufsicht plaziert wird, ist damit zu rechnen, daß einige Personen anstatt die Befragung zu beantworten, ihren Ehrgeiz darauf verwenden, das System zum Absturz zu bringen. Wird eine Volltastatur eingesetzt, so sind bei der Installation des Terminals die entsprechenden Tasten zu sperren. Bei der Verwendung eines Touchscreen treten diese Probleme in der Regel nicht auf.

Die Gestaltung des Befragungsablaufs muß der Befragungssituation angepaßt sein. Der Befragte erledigt die Befragung quasi im Vorübergehen. Daraus folgt, daß der Programmumfang eher kurz gehalten werden sollte. Komplizierte Aufgaben sind zu vermeiden.

5.3 Disk-by-Mail

Der Versand von Computerdisketten zur Befragung stellt eine in Deutschland bislang wenig beachtete und weitgehend unbekannte Befragungsmethode dar. Bei diesem Ansatz werden die Vorteile der schriftlichen Befragung mit denen einer computergesteuerten verknüpft. Anstatt eines Papierfragebogens erhält der Proband eine Diskette, auf der sich sowohl die Fragen als auch die benötigte Software befindet. Der Befragte legt diese Diskette in sein Laufwerk ein und startet das Programm mit einem einfachen Kommando,[66] das ihm im Anschreiben mitgeteilt wird

---

[66] Z. B.: "A:\Start".

und zusätzlich auf dem Etikett der Diskette steht. Er liest die Fragen am Bildschirm ab und gibt seine Antworten direkt in seinen PC ein. Dieser speichert die Antworten auf der Diskette ab. Nach Abschluß der Befragung schickt der Proband die Diskette im Freiumschlag wieder an das Institut zurück.

Eine Reihe von Autoren berichtet über Erfahrungen mit dieser neuen Methode.[67] Einzelne haben auch Vergleichstests mit traditionellen Methoden durchgeführt[68] oder die Reaktionen der Befragten auf die Disk-by-Mail-Methode erfaßt.[69] Im folgenden wird zusammenfassend auf diese Berichte Bezug genommen. Die Erfahrungen der einzelnen Autoren decken sich in den wesentlichen Erkenntnissen. Disk-by-Mail wird meist mit DBM abgekürzt. Dies soll auch hier übernommen werden.

5.3.1 Stichprobenproblematik

Die Grundgesamtheit wird bei DBM zunächst genauso wie bei der schriftlichen Befragung definiert. Auch die Probleme der Stichprobenziehung, insbesondere der Adressen von Ansprechpartnern in Firmen unterscheiden sich nicht. Neben dem postalischen Versand sind wie bei der schriftlichen Befragung auch andere Wege zum Befragten denkbar. So können die Disketten an bestimmten Orten, zum Beispiel Computergeschäften, ausgelegt oder einer Computerzeitschrift beigelegt werden.

Für die erfolgreiche Anwendung der DBM-Methode müssen fünf weitere spezifische Voraussetzungen erfüllt sein:

- Zugriff des Probanden auf einen Computer,
- zur Befragungssoftware kompatibles Betriebssystem,
- zur Befragungssoftware kompatibler Bildschirm,
- entsprechendes Diskettenformat und
- eine fehlerfreie Befragungsdiskette.

---

67 Vgl. Goldstein (1987), S. 55ff; Bahner (1988), S. 369ff; Goldstein (1988), S. 397ff; Greenberg (1988), S. 363ff; Morrison (1988), S. 375ff; Pilon/Craig (1988), S. 387ff; Gershenfeld et al. (1989), S. 19ff; Wilson (1989), S. 1ff; Zandan/Frost (1989), S. 5ff; Horton (1990), S. 76f; Bahner (1991), S. 6.
68 Vgl. Higgins et al. (1987), S. 437ff; Wilson (1989), S. 1ff.
69 Vgl. Zandan/Frost (1989), S. 7ff.

Aus der Tatsache, daß nicht jeder Zugang zu einem PC hat, ergibt sich eine deutliche Einschränkung der DBM-Methode. Sie kann nur für Grundgesamtheiten angewendet werden, bei denen man von der Verfügbarkeit eines entsprechenden PC ausgegangen werden kann. Für die Durchführung von repräsentativen Studien der Gesamtbevölkerung Deutschlands eignet sich dieses Instrument nicht, da die Verbreitung von PC in Privathaushalten ungenügend ist. Nur 11% der deutschen Haushalte verfügen über einen PC.[70] Sinnvolle Studien sind in diesem Bereich nur für bestimmte Zielgruppen möglich. Bei Computerbesitzern werden zum Beispiel die Absatzmöglichkeiten von Zubehör, wie Drucker, Software, Scanner usw. oder die Anforderungen an eine Computerzeitschrift u. v. a. m. erhoben.

Die vorliegenden Erfahrungsberichte stammen vorwiegend aus dem Bereich der Investitionsgütermarktforschung im EDV-Sektor. Hersteller befragen ihre Kunden und Nicht-Kunden zu deren Einstellungen zu speziellen EDV-Geräten. In dieser Grundgesamtheit kann von einer nahezu 100%-igen Verbreitung von PC ausgegangen werden.

Nahezu alle Großunternehmen und Mittelstandsbetriebe verfügen heutzutage über PC. In den deutschen Unternehmen mit mehr als 100 Mitarbeitern standen Anfang 1992 insgesamt über 935 000 PC. Dies bedeutet, daß im Schnitt vier bis fünf Mitarbeiter einen PC zur Verfügung haben.[71] Deutlich schlechter ist die Situation in kleineren Betrieben, wenngleich keine exakten Daten vorliegen.

Obwohl die Befragungssoftware keine großen Ansprüche an die Hardware stellt,[72] so erlauben trotzdem viele Computer die Anwendung von DBM nicht. Über die Verwendbarkeit eines Computers entscheidet zunächst das Betriebssystem. Das in Deutschland verbreiteste Betriebssystem ist DOS. Daneben gibt es eine Reihe weiterer Systeme.[73] Vor allem Spielecomputer arbeiten meist mit individuellen Betriebssystemen. Die Disketten lassen sich nicht so konfigurieren, daß sie mit verschiedenen Betriebssystemen funktionieren. In der Regel beschränken sich die DBM-Befragungen auf DOS-kompatible Rechner.

Pilon und Craig weisen darauf hin, daß die Befragungsprogramme nicht bei allen DOS-Betriebssystemen die Systemuhr zur Zeiterfassung nutzen können. Es besteht somit die Gefahr, daß das Befragungsprogramm bei der Abfrage der

---

[70] Vgl. o. V. (1993), S. 24.
[71] Vgl. o. V. (1992a), S. 1, 6.
[72] Für Befragungen lassen sich selbst einfach Homecomputer einsetzen (vgl. Saris/de Pijper 1986, S. 144ff; Saris 1988, S. 93ff).
[73] Z. B. OS/2 von IBM oder Apple Macintosh u. a.

Systemzeit hängen bleibt und eine weitere Befragung unmöglich wird.[74] Die Befragungssoftware sollte auf die Kompatibilität mit den verbreitesten DOS-Versionen[75] getestet werden.

Diese Probleme ließen sich dadurch vermeiden, daß sich das Betriebssystem mit auf der Befragungsdiskette befindet. Der Proband müßte dann nur noch die Diskette ins Laufwerk einlegen und den Computer einschalten. Ohne einen weiteren Befehl einzugeben, erhält der Proband gleich den ersten Bildschirm der Befragung angezeigt. Lizenzrechtliche Gründe verhindern jedoch diese sichere und für den Befragten komfortable Methode.

Der verwendete Bildschirm bzw. die dazugehörige Grafikkarte stellen ein weiteres Problem dar. Um auf allen gängigen Bildschirmen eine korrekte Darstellung der Fragen zu erreichen, muß die Programmierung auf dem niedrigsten gemeinsamen Nenner erfolgen. Dies bedeutet in der Regel einen Verzicht auf farbliche Gestaltung. Einige Befragungsprogramme[76] bieten einen Ausweg aus diesem Dilemma. Die Befragung wird zunächst in Farbe gestaltet. Dies macht die Aufgabe für die Probanden interessanter. Verfügt der Befragte nicht über einen entsprechenden Bildschirm, so wird die Farbgestaltung mit Hilfe eines einfachen Kommandos von der Befragungssoftware in eine monochrome Darstellung konvertiert.[77]

Zunehmend problematisch erweist sich die Größe der Diskette. War bislang das 5,25"-Format Standard, verbreitet sich das kleinere 3,5"-Format recht rasch, zumal es mit dem Wachstumsbereich tragbarer PC verbunden ist. Zusätzlich gibt es Double-Density- und High-Density-Laufwerke. Die Verwendung von High-Density-Disketten sollte in jedem Fall vermieden werden. Eine Double-Density-Diskette läuft auch in High-Density-Laufwerken, aber nicht umgekehrt. Will der Forscher dieses Problem vermeiden, so müßte er zwei Double-Density-Disketten in den Formaten 5,25" und 3,5" je Probanden versenden. Dies erhöht die Kosten.

Die Stichprobengrößen liegen häufig weit über der Grenze, bis zu der alle Disketten auf Fehler kontrolliert werden können. Die Disketten werden als Massenware produziert. Ein geringer Prozentsatz wird Fehler aufweisen und somit eine

---

74 Vgl. Pilon/Craig (1988), S. 392.
75 Z. B. MS-DOS, DR-DOS, PC-DOS, Compaq-DOS usw. jeweils in den unterschiedlichen Versionen.
76 Z. B. Ci2.
77 Vgl. Morrison (1988), S. 379.

Befragung verhindern.[78] Neben Kopierfehlern kommen auch Schäden beim Transport in Betracht. Die zunehmende Verbreitung der 3,5"-Laufwerke stellt für DBM in dieser Hinsicht eine positive Entwicklung dar. Diese Disketten besitzen eine harte Kunstoffhülle, die sie auf dem Transportweg besser vor Beschädigungen schützt.

Sind alle diese Barrieren überwunden, steht einer Befragung nichts mehr im Wege. Trotzdem bearbeiten nicht alle Empfänger die Disketten und senden sie zurück. Die Rücklaufquote stellt wie bei der schriftlichen Befragung ein großes Problem dar. Die Erfahrungen mit Disk-By-Mail zeigen, daß die Quoten hier im Vergleich zur schriftlichen Erhebung deutlich höher ausfallen.

Die höheren Antwortquoten resultieren aus verschiedenen Aspekten. Zum einen ist diese Erhebungsmethode neu und erzielt somit eine besondere Aufmerksamkeit bei den Befragten. Dieser Effekt könnte sich verlieren, wenn eines Tages die Entscheidungsträger in den Unternehmen mit Disketten genauso überschwemmt werden, wie heute mit Fragebögen. Zum anderen wenden Computerbesitzer ihren PC gern an, das heißt sie arbeiten meist lieber mit ihm als mit anderen Medien. Dies führt zu einer Bevorzugung von DBM. Als letztes kommt hinzu, daß die Diskette den Umfang des Fragebogens verbirgt. Insbesondere Fragebögen mit Verzweigungen weisen auf den ersten Blick einen grösseren Umfang auf, als eigentlich zu bearbeiten ist. Diese Überschätzung des Bearbeitungsaufwandes schreckt einen Teil der ausgewählten Personen ab, und sie beantworten den Fragebogen nicht.

Bei Higgins et al. blieb die Rücksendequote jedoch unerwartet unverändert. DBM erreichte 66% gegenüber 63% der schriftlichen Methode. Ein Nachfassen bei denjenigen, welche die Diskette nicht zurücksandten, ergab, daß von diesen ein Großteil die Diskette nicht verarbeiten konnten, weil sie entweder keinen PC hatten oder das Befragungsprogramm nicht systemkompatibel war. Bereinigt man die Rücksendequote um diejenigen, die systembedingt nicht in der Lage waren, die Befragung zu bearbeiten, so steigt sie für DBM auf 78%.[79] Dies deckt sich besser mit den Erfahrungen der übrigen Autoren, die einen höheren Rücklauf durch DBM erreichten.

Bei Morrison zeigte sich ein weiteres Problem. Das Programm ließ nur eine Befragung je Diskette zu. Unterbrach der Proband die Befragung, so konnte er die

---

78 Zandan/Frost (1989, S. 6) gehen von etwa 1% schadhafter Disketten aus, die trotz Qualitätskontrollen zum Versand gelangen.
79 Higgins et al. (1987); ähnliche Ergebnisse erzielte auch Morrison (1988, S. 376) in ihrer Vergleichsstudie.

Befragung nicht wieder aufnehmen. Ein nicht bekannter Teil hat wohl dann die nur teilweise bearbeitete Diskette nicht zurückgesendet. Bei den übrigen Disketten waren 6% unvollständig, was die Autorin auf eine Unterbrechung der Befragung zurückführt.[80]

Es läßt sich folgern, daß DBM einen höheren Rücklauf erzielt, wenn die Systemprobleme in den Griff zu bekommen sind. Bereits eines der genannten Probleme führt dazu, daß der Proband die Befragung nicht beantworten kann. Deshalb ist es bei DBM zu empfehlen, die ausgewählten Probanden vor dem Versand anzurufen. So werden sie auf die Befragung vorbereitet, zur Teilnahme motiviert und die Systemvoraussetzungen können geklärt werden. Der Befragte erhält dann eine Version, die zu seiner Hardware, seinem Betriebssystem und zu seinem Laufwerk kompatibel ist. Nach den Erfahrungsberichten liegen die Rücklaufquoten bei DBM hauptsächlich im Bereich von 40-60%.

5.3.2 Befragungssituation

Die Befragungssituation ist mit derjenigen der schriftlichen Erhebung vergleichbar. Der Proband bearbeitet die Fragen allein und zu einem von ihm gewählten Zeitpunkt. DBM weist gegenüber der schriftlichen Befragung und auch gegenüber den persönlichen Befragungsformen einige Vorteile auf, die sich vor allem in einer Qualitätsverbesserung der Ergebnisse niederschlagen. Als computergesteuerte Methode verfügt DBM zunächst über alle spezifischen Vorteile des Computereinsatzes. Besonders zu nennen ist hierbei die automatische Ablaufsteuerung, die es ermöglicht, selbst komplizierte Verzweigungen im Fragebogen zu realisieren. Des weiteren können Fragen oder Items rotiert werden. Schließlich liefert die Erfassung des Ausfüllzeitpunktes und der Dauer weitere interessante Daten. Dies alles ist bei der schriftlichen Befragung nicht oder nur mit großem Aufwand und ungewissem Ergebnis zu realisieren.

Die Möglichkeit, DBM mit anderen Verfahren, wie zum Beispiel der Conjoint Analyse, zu kombinieren, stellt wohl einen der interessantesten Vorteile dar. Es lassen sich Studien durchführen, die ohne Computer selbst mit Interviewern nur schwer oder gar nicht realisierbar waren. Zusammen mit der Ablaufsteuerung kann man feststellen, daß DBM gegenüber der schriftlichen Befragung geradezu revolutionäre neue Gestaltungsmöglichkeiten bietet. Werden diese richtig genutzt, so

---

[80] Vgl. Morrison (1988), S. 376.

erlaubt DBM die Gewinnung von deutlich besseren Daten als die schriftliche Befragung.

Die Antwortkontrolle des Befragungsprogrammes führt bei DBM zu vollständigeren Antworten. Wie die Vergleichsstudie von Higgins et al. zeigte, fallen zusätzlich die Antworten auf offene Fragen reichhaltiger aus.[81] Bei Computeranwendern gibt es weder Berührungsängste mit der Tastatur noch eine unüberwindliche Barriere mangelnder Schreibmaschinenkenntnisse hinsichtlich der Eingabe von verbalen Antworten.

Gegenüber den persönlichen, computerunterstützten Methoden entfällt bei Disk-By-Mail der Interviewereinfluß. Insbesondere werden alle Fragen tatsächlich jedem Probanden im gleichen Wortlaut vorgelegt. DBM besitzt also diesbezüglich die Vorteile der schriftlichen Befragung. Im Gegenzug entsteht ein Computerbias, auf den weiter unten noch eingegegangen wird. Im Vergleich zur Bildschirmbefragung sind die Probanden nicht gezwungen, die Befragung an einem zentralen Ort zu einer bestimmten Zeit zu bearbeiten. Vielmehr bestimmen sie selbst den Zeitpunkt.

Die Aufgabe am Computer wird von den Befragten als interessanter beurteilt und erlebt. Wohl deshalb schätzen sie die Bearbeitungszeit für die DBM-Erhebung deutlich niedriger ein, als dies tatsächlich der Fall ist. Die eigenen Schätzungen weichen bis zu einem Drittel von den tatsächlichen, vom Computer registrierten Bearbeitungszeiten nach unten ab. Ein Effekt, der bei der schriftlichen Befragung nicht in diesem Ausmaß feststellbar ist. Die positiven Erfahrungen der Befragten mit diesem neuen Instrument lassen erwarten, daß auch für die Zukunft eine höhere Bereitschaft zum Beantworten einer DBM-Befragung als bei einer schriftlichen Erhebung besteht.

Einen deutlichen Methodeneffekt stellten Higgins et al. bei technischen Fachfragen zum Themenbereich Computer u. ä. fest. Die Befragten mußten neun Items auf einer 7-stufigen Skala beurteilen. Die Werte in der DBM-Gruppe fielen signifikant höher, das heißt positiver, aus.[82] Es zeigt sich wiederum, daß bei einem Zusammenhang zwischen Merkmalen der Erhebungsmethode und dem Befragungsgegenstand Artefakte auftreten.

---

81 Vgl. Higgins et al. (1987), S. 437ff.
82 Vgl. Higgins et al. (1987), S. 437ff.

Ein weiterer interessanter Effekt der Studie von Higgins et al. ergab sich aus einer dritten Gruppe. Diese erhielt so wohl einen schriftlichen Fragebogen als auch eine Diskette. Den Befragten war freigestellt, in welcher Form sie die Befragung durchführten. Der Rücklauf zeigte, daß genau die Hälfte jeweils den Papierfragebogen bzw. die Diskette wählten. Leider liegen keine Auswertungen der Hintergründe dieser Methodenentscheidung vor. Es könnte jedoch sein, daß ein Teil den schriftlichen Bogen nur deshalb wählte, weil die Diskette auf dem eigenen System nicht lief. Wilson stellte nämlich bei seinem Versuch fest, daß zwei Drittel der Befragten die Diskette bevorzugten.[83]

DBM kann die Befragungssituation gegenüber anderen Methoden optimieren und somit die Ergebnisqualität steigern. Die erforderlichen Systemvoraussetzungen verhindern jedoch einen breiten Einsatz.

5.3.3 Organisatorische Aspekte

Ist die Stichprobe gezogen, kann das Befragungspaket an den Probanden versandt werden. Es besteht nicht nur aus der Diskette, sondern analog zur schriftlichen Befragung auch aus einem Anschreiben und einem frankierten Rückumschlag. Das Anschreiben muß jedoch nicht alle, für die Befragung notwendigen Informationen enthalten. Detaillierte Erläuterungen können alternativ vor der eigentlichen Befragung auf dem Bildschirm dargestellt werden. Wichtig ist, dem Probanden die Handhabung der Diskette zu erläutern. Grundsätzlich ist davon auszugehen, daß nicht jeder, der an einem PC arbeitet auch Kenntnisse über die Handhabung des Gerätes besitzt, die von seinem Standardprogramm abweichen. Morrison berichtet zum Beispiel von einem Anruf eines Probanden, der wissen wollte, wie und wo man die Diskette in den Computer einlegt.[84]

Wie auch bei der schriftlichen Befragung, unterliegt die Gestaltung des gesamten Pakets bestimmten Regeln, welche die Aufmerksamkeit des Adressaten steigern und ihn zur Teilnahme motivieren sollen. Für DBM bedeutet dies zusätzlich, daß die Disketten mit gedruckten Etiketten versehen sind, auf denen die Rücksendeadresse mit einer Telefonnummer vermerkt ist. Es empfiehlt sich, auch die Begleitmaterialien einem Pretest zu unterziehen.

---

[83] Vgl. Wilson (1989), S. 1.
[84] Vgl. Morrison (1988), S. 375.

Interessant ist der Vorschlag, eine Hot-Line für die Befragten einzurichten. Diese Telefonnummer sollte im Anschreiben und auf den Disketten deutlich vermerkt sein. Hinzukommt ein Hinweis, wann diese Nummer besetzt ist. Mit Hilfe einer 0130-Nummer bleibt der Anruf für den Befragten gebührenfrei. Er wird sich bei Problemen somit eher an das Institut wenden.

Zandan und Frost erhielten bei einer Studie mit 1 311 versendeten Disketten insgesamt 31 Anrufe. Diese Anfragen verteilen sich wie in Tabelle 16 dargestellt.

Gebrauch der Diskette	15
Diskettenfehler	9
Auf dem Postweg beschädigte Disketten	7
Summe der Anrufe	31

Tab. 16: Anrufe bei einer DBM-Hot-Line[85]

Neben der Chance, eine Befragung trotz aufgetretener Probleme erfolgreich abzuschließen, bietet dieser Telefonservice auch die Möglichkeit zu einem Feedback aus dem Feld. So kann das Institut häufig auftretende Fehler erkennen und zukünftig vermeiden.[86]

Bahner[87] weist auf die Gefahr hin, daß durch den Austausch von Disketten zwischen unbekannten Partnern Viren in die Computer transportiert werden können. Zum einen hält diese Gefahr eventuell den Probanden davon ab, die Diskette in sein Laufwerk einzulegen. Zum anderen kann sich das Institut beim Zusammenspielen der Datensätze einen Virus einfangen.

Zur Beruhigung des Probanden dient neben der Zusicherung, daß keinerlei Daten der Diskette in die Speicher des PC übernommen werden, ein seriöses Auftreten des Absenders. Dies wird durch einen bekannten Institutsnamen, entsprechendem Briefpapier, gedruckten Etiketten auf der Diskette und ähnlichem unterstrichen. Im Institut sind entsprechende Vorsichtsmaßnahmen zu treffen. Bahner empfiehlt, die Daten zunächst auf einem separaten Computer zusammenzufassen und dort auf Viren zu untersuchen.

---

[85] Vgl. Zandan/Frost (1989), S. 8.
[86] Vgl. Bahner (1988), S. 370.
[87] Vgl. Bahner (1988), S. 371f, (1991), S. 6.

Zur erfolgreichen Durchführung einer DBM-Befragung läßt sich aus den vorliegenden Berichten folgende Checkliste aufstellen (Tabelle 17).

Ausführlicher Pretest des Fragebogens.
Test der Befragungsdiskette in verschiedenen Computern mit verschiedenen Bildschirmen, um die Kompatibilität zu gewährleisten.
Test des Anschreibens und der Wirkung von Incentive analog zur schriftlichen Befragung.
Test der Erinnerungstechnik analog zur schriftlichen Befragung.
Anruf der ausgewählten Probanden vor der Befragung, um deren Teilnahme zu sichern und die Hardwarevoraussetzungen zu überprüfen.
Einrichtung einer Hot-Line für Rückfragen.
Stichprobenartige Überprüfung der Qualität der Befragungsdisketten.

Tab. 17: Checkliste zur Vorbereitung einer DBM-Befragung

Eine Variation der DBM-Methode wird durch die kleinen transportablen Computer möglich. Theoretisch könnten Befragungscomputer in der Größe, wie sie zum Beispiel als Fremdsprachenübersetzungscomputer[88] angeboten werden, mit der Post verschickt werden. Problematisch dabei ist jedoch die Rücksendequote. Während eine nicht zurückgesandte Diskette keinen größeren finanziellen Verlust darstellt, bekommt dieses Problem bei kompletten Computern eine andere Dimension.

Es bietet sich die Kombination mit einem Interviewer an. Er übernimmt die Anwerbung der Probanden und übergibt ihnen einen Befragungscomputer. Dies könnte sowohl ein Kleinst-PC als auch ein Notebook oder Notepad sein. Nach einer bestimmten Zeit holt er das Gerät wieder ab. Der Interviewer kann so in wesentlich kürzerer Zeit seine Befragungen durchführen, da er die eigentliche Befragung nicht vornimmt. Alle Vorteile der computergesteuerten Befragung können genutzt werden. Systemschwierigkeiten mit dem Computer des Befragten sind ausgeschlossen. Für die nahe Zukunft ist dieser Ansatz sicher sehr interessant. Die Probleme der Computerbefragung mit mangelnden Schreibmaschinenkenntnissen blieben jedoch auch bei diesem methodischen Ansatz bestehen.

---

[88] Z. B. Hexaglot EG6000: 16x10x2 cm (vgl. VITAL-Versand Tien o. J., S. 6).

5.3.4 Wirtschaftliche Analyse

Die angestellten Kostenvergleiche ergeben in etwa folgendes Bild. Die Aufwendungen je Aussendung sind höher als bei der schriftlichen Befragung. Die Druckkostenersparnis deckt nicht die höheren Ausgaben für spezielle Kuverts, Disketten und Diskettenvervielfältigung. Aus den USA liegt eine Kostenaufstellung für DBM vor (Tabelle 18). Die Angaben beziehen sich auf je eine Diskette. Bei den Preisen sind größere Abnahmemengen unterstellt. Gegenüber der reinen schriftlichen Befragung erhöhen sich die Aufwendungen je Aussendung um lediglich $ 0,78. Hinzu kommen die Kosten für das Duplizieren der Disketten.

Vorformatierte Diskette	$ 0,50
Vorgedruckte Etiketten	$ 0,03
Bedruckte Hüllen für Disketten	$ 0,10
Versandkuverts für Disketten	$ 0,15
Summe:	$ 0,78

Tab. 18: Zusatzkosten bei DBM[89]

Durch den besseren Rücklauf bei DBM und die vollständigere Beantwortung sinken die Kosten je verwertbaren Fragebogen gegenüber der schriftlichen Methode. Ferner können die zurückgesandten Disketten und auch die speziellen Diskettenkuverts in der nächsten Befragung wiederverwendet werden. Im weiteren Verlauf der Studie entfallen die Aufwendungen für die Datenübertragung und die Datenbereinigung. Es entstehen Kostenvorteile, welche zur Amortisation der Investitionen in Hardware und Software dienen. Die Autoren stimmen weitgehend überein, wenn sie feststellen, daß DBM insgesamt die gleichen Kosten wie eine schriftliche Befragung verursacht.

Die Kosten liegen deutlich höher, wenn man die ausgewählten Personen vor der Aussendung anruft. Der Forscher muß entscheiden, ob die dadurch erzielbare Qualitätsverbesserung die höheren Ausgaben rechtfertigt. Kostenmäßig interessant bleibt DBM mit Anruf gegenüber der telefonischen oder mündlichen Befragung.

Ein Nachteil der schriftlichen Befragung ist die meist lange Feldzeit. Hier schafft DBM zwar keine Abhilfe, jedoch etwas Linderung. Die Disketten werden von den Befragten schneller zurückgeschickt als Papierfragebögen. Hinzu kommt,

---

[89] Vgl. o. V. (1991c), S. 5.

daß die Datenübertragung entfällt, so daß DBM als schneller bezeichnet werden kann, wenngleich sie an die Zeiten einer telefonischen Umfrage nicht herankommt.

5.4 Bildschirmtextbefragung

Die Bildschirmtextbefragung (kurz Btx-Befragung) ist eine computergesteuerte Befragungsform. Sie bedient sich als Kommunikationsweg eines speziellen Angebotes der Deutschen Bundespost Telekom. Dabei handelt es sich um den Bildschirmtext, einen

> "... öffentlichen Fernmeldedienst der DBP, bei dem die Teilnehmer elektronisch gespeicherte, textorientierte Informationen abrufen, Datenverarbeitungsleistungen und andere Dienste bestimmter Anbieter in Anspruch nehmen sowie Mitteilungen an von ihnen bestimmte Teilnehmer elektronisch übermitteln können."[90]

Btx steht jedem Fernsprechteilnehmer zur Verfügung, der eine entsprechende Zulassung von der Deutschen Bundespost Telekom und ein Btx-Terminal besitzt. Alternativ zum Btx-Terminal lassen sich auch Computer für die Nutzung von Btx ausrüsten.

Bei der Btx-Befragung stellt der Proband selbst die Verbindung zum zentralen Befragungscomputer her. Die Zentraleinheit steuert die Befragung. Der Befragte gibt die Antworten auf der Tastatur seines Btx-Terminals ein. Die meisten computerspezifischen Vorteile, wie zum Beispiel Ablaufsteuerung und Antwortkontrolle, kommen auch bei der Btx-Befragung zum Tragen. Das Btx-System erlaubt jedoch keine Kombination mit anderen Medien. Der Einsatz von Bildern oder Videofilmen ist nicht möglich.

Der Einsatz einer Volltastatur bereitet in dieser Methode keine Schwierigkeiten. Da die Befragten in der Regel das Btx-System in erster Linie für andere Anwendungen als Befragungen nutzen, ist ihnen die Bedienung vertraut.

In Deutschland führte Dubke 1984 eine Untersuchung zur Anwendbarkeit der Btx-Befragung durch.[91] Den Btx-Teilnehmern wurden keine speziellen Hinweise auf die Befragung gegeben. Sie war lediglich im Inhaltsverzeichnis aller verfügbaren Dienste aufgeführt. Damit hing die Teilnahme von zwei Variablen ab. Zunächst mußte der Btx-Teilnehmer das Angebot, an einer Befragung teilnehmen

---

90 Vgl. Hansen (1986), S. 700.
91 Vgl. Dubke (1984), S. 67ff.

zu können, im Inhaltsverzeichnis finden. Zum anderen entschied er selbst, ob er an der Befragung teilnahm. Die Auswahl erfolgte somit mittels der Selbstselektion.

Folgende Ergebnisse sind hervor zu heben. 6% aller Btx-Teilnehmer beteiligten sich an dieser Befragung, davon waren 75% Männer. Die Altersgruppe der 20- bis 50-jährigen war überproportional vertreten. Auch bei anderen sozio-demographischen Merkmalen heben sich die Befragten vom Bundesdurchschnitt deutlich ab. So verfügen sie über ein höheres Einkommen und Bildungsniveau und arbeiten häufiger in technischen Berufen. Eine repräsentative Stichprobe konnte in diesem Versuch auch nicht annähernd erreicht werden.

Die Selbstselektion erhält bei der Btx-Befragung eine größere Bedeutung. Daraus resultiert, daß bestimmte Gruppen, auch wenn sie über einen Btx-Zugang verfügten, in solchen Befragungen unterrepräsentiert sein werden. Dabei dürfte es sich nach den Vermutungen von Meffert und Hensmann um die "... unteren sozialen Schichten, ältere Menschen und solche mit Computeraversionen ..."[92] handeln.

Der Verbreitungsgrad dieses Dienstes ist in Deutschland viel zu gering, um überhaupt repräsentative Ansätze realisieren zu können. Schon 1987 prognostizierte Zentes, daß die Btx-Befragung wegen dieses geringen Verbreitungsgrades in Deutschland in naher Zukunft keine Chance haben wird.[93] Da sich die Situation bislang nicht veränderte, gilt diese Prognose auch unter den heutigen Bedingungen. 1989 gab es knapp 200 000 Teilnehmer des Btx-Systems. Eine Aufschlüsselung nach gewerblichen und privaten Teilnehmern liegt nicht vor. Die Anzahl der Telefonanschlüsse belief sich zum gleichen Zeitpunkt auf über 29 Millionen.[94]

Auf der CeBIT '92 kündigte die Deutsche Bundespost Telekom eine neue Offensive für ihr Btx-Angebot an. Es soll unter neuem Namen (Datex-J) ausgebaut werden.[95] Es bleibt abzuwarten, inwieweit diesen Bemühungen Erfolg beschieden sein wird.

Eine Chance zur Anwendung in Deutschland bietet sich innerhalb geschlossener Gruppen an. Diese bestehen zum Beispiel aus Herstellern oder Großhandelsunternehmen und ihren gewerblichen Abnehmern.[96] Zu den Daten einer geschlossenen Benutzergruppe haben nur Btx-Teilnehmer mit einer speziellen Kennung

---

92 Vgl. Meffert/Hensmann (1989), S. 259.
93 Vgl. Zentes (1987), S. 40.
94 Vgl. Statistisches Bundesamt (1990), S. 310.
95 Vgl. o. V. (1992b), S. 36.
96 Vgl. Tietz (1987), S. 516f.

Zugang. Die Abdeckung innerhalb dieses Benutzerkreises[97] ist meist sehr groß. Über die Mailbox können sie gebeten werden, eine Befragung zu beantworten. Damit wird der Aufwand, die Befragung im System überhaupt zu erkennen, minimiert. Wenngleich keine Untersuchungen vorliegen, könnte dieser Spezialfall für die Teilnehmer einer geschlossenen Gruppe valide Ergebnisse liefern.

Geschlossene Gruppen liegen auch innerhalb von Netzwerken vor. Ohne das Medium Btx können in solchen, meist firmeninternen Netzwerken Befragungen in analoger Weise realisiert werden. Man spricht in diesem Zusammenhang dann übergreifend von einem Electronic-Mail-Survey (kurz EMS).[98]

In Frankreich stellt sich für diese Methode eine gänzlich andere Situation dar. Durch eine starke Subventionierung der Miniterminals hat das französische Angebot des "Vidéotex" eine rasche Verbreitung gefunden.[99] Unter Berücksichtigung der diskutierten Einschränkungen lassen sich dort eher Befragungen durchführen.

Die wirtschaftlichen Vorteile der Btx-Befragung sind gravierend. Dubke errechnete eine Einsparung von 30 bis 40% der Kosten je komplette Befragung gegenüber einer schriftlichen Befragung.[100] Trotzdem erlauben die Stichprobenprobleme nur einen Einsatz in Spezialpopulationen.

5.5 Elektronische Panelbefragung

Elektronische Befragungspanel zeichnen sich dadurch aus, daß die Teilnehmer in einer länger andauernden Beziehung zum Institut stehen. Dies eröffnet diverse Möglichkeiten bei den Teilnehmern Hardware zu installieren, wie es bei Ad-hoc-Befragungen nicht wirtschaftlich ist.

---

[97] Z. B. Kunden oder Außendienstmitarbeiter.
[98] Vgl. Hippler/Beckenbach (1992), S. 45.
[99] Vgl. Zentes (1987), S. 40.
[100] Vgl. Dubke (1984), S. 74.

5.5.1 Tele-Interviewing

Saris und de Pijper[101] berichten über die ersten Erfahrungen mit einer neuen Methode, die sie Tele-Interviewing nennen. In den Niederlanden rüstete die Dutch Gallup Institute Nipo 500 Haushalte mit einem Homecomputer[102] aus. Die Sociometric Research Foundation führte vorab den im folgenden beschriebenen sechsmonatigen Versuch mit 100 Testhaushalten durch.

Zu jedem Homecomputer gehört ein Modem für die Kommunikation mit dem Zentralrechner, ein Diskettenlaufwerk, eine Tastatur und ein Verbindungskabel zum TV-Gerät des Panelteilnehmers. Der eigentliche Befragungsablauf gestaltet sich denkbar einfach und ist in Abbildung 31 dargestellt. Der Ablauf ist weitgehend automatisiert. Sollten dennoch während der Befragung Probleme auftauchen, kann sich der Proband einer telefonischen Beratung im Institut bedienen (Hot-Line).

Für die Überprüfung der Qualität der Panelbefragung wandte Saris ein dreistufiges Vorgehen an. Zuerst wurden die Testpersonen persönlich befragt. In der zweiten Stufe sollten Sie einige Fragen selbständig am Computer beantworten. Schließlich warb man diese Probanden für die Teilnahme am Computerpanel an. Durch den fortlaufenden Prozeß stiegen die gesamten Verweigerungen an, so daß in den drei Stadien drei unterschiedliche Stichproben entstanden. Bemerkenswert ist die Tatsache, daß nur 10% der Verweigerungen auf den Übergang vom Interview zur Computerbefragung entfielen. Der Computer als solcher schreckte die Probanden also nur in wenigen Fällen ab.

Ein Vergleich der Stichprobe des Face-to-Face-Interviews mit der des Computerpanels ergab geringe Unterschiede bei den sozio-demographischen Merkmalen Alter, Haushaltsgröße und Bildung. Dieser Befund ist jedoch äußerst kritisch zu betrachten, da die Darstellung von Saris dadurch geschönt wurde, daß er die gesamte Stichprobe des ersten Schrittes mit der des letzten vergleicht. Das Bild wandelt sich, wenn man nur die Verweigerer betrachtet. Die exakten Zahlen sind nur für die Variable Alter veröffentlicht. Hieraus läßt sich ein Vergleich zwischen Verweigerern und Teilnehmern am Computerpanel berechnen, wie dies in der Spalte "Verweigerer" der Tabelle 19 dargestellt ist.

---

101 Vgl. Saris (1988); Saris/de Pijper (1986).
102 Man wählte aus Kostengründen einen Philips MSX2 Homecomputer. Dies ist kein IBM-kompatibles Gerät.

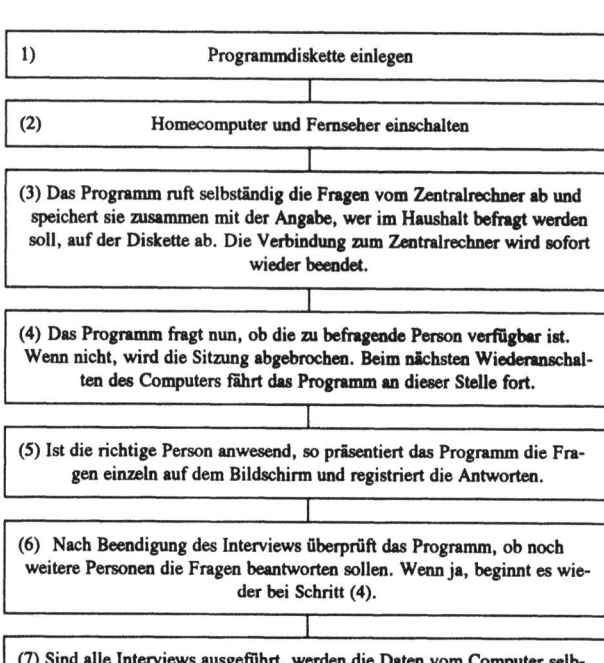

1)	Programmdiskette einlegen

(2)	Homecomputer und Fernseher einschalten

(3) Das Programm ruft selbständig die Fragen vom Zentralrechner ab und speichert sie zusammen mit der Angabe, wer im Haushalt befragt werden soll, auf der Diskette ab. Die Verbindung zum Zentralrechner wird sofort wieder beendet.

(4) Das Programm fragt nun, ob die zu befragende Person verfügbar ist. Wenn nicht, wird die Sitzung abgebrochen. Beim nächsten Wiederanschalten des Computers fährt das Programm an dieser Stelle fort.

(5) Ist die richtige Person anwesend, so präsentiert das Programm die Fragen einzeln auf dem Bildschirm und registriert die Antworten.

(6) Nach Beendigung des Interviews überprüft das Programm, ob noch weitere Personen die Fragen beantworten sollen. Wenn ja, beginnt es wieder bei Schritt (4).

(7) Sind alle Interviews ausgeführt, werden die Daten vom Computer selbständig an den Zentralrechner übermittelt und dort gespeichert.

Abb. 31: Befragungsablauf beim Tele-Interviewing[103]

Alter	Face-to-Face		Tele-Panel		Verweigerer	
	abs.	%	abs.	%	abs.	%
<34	40	26	25	28	15	23
35-54	64	41	44	49	20	30
55-70	41	26	18	20	23	35
>70	11	7	3	3	8	12
Total	156	100	90	100	66	100

Tab. 19: Unterschiede zwischen den Stichproben beim Tele-Interviewing

Es zeigt sich deutlich, daß die Verweigerer eine deutlich andere Altersstruktur aufweisen als die gesamten Stichproben. Ältere Personen verweigerten erheb-

---

[103] Vgl. Saris (1988), S. 94.

lich häufiger die Teilnahme in den drei Stufen der Studie als jüngere. Dadurch ist die Stichprobe des Tele-Interviewing-Panel zumindest vom Alter her systematisch verzerrt. Es ist also keineswegs ein Fehlereinfluß, der sich durch Gewichtung problemlos beseitigen läßt. Da angesichts des Computers nur wenige verweigerten, kann angenommen werden, daß es sich nicht um eine computerbedingte Verzerrung handelt.

Während der sechsmonatigen Testphase des Telepanels sollten die Teilnehmer jedes Wochenende eine Befragung bearbeiten. Unter Berücksichtigung einer Erinnerung wurden Antwortquoten von durchschnittlich 90% erreicht. 2% der 100 Testhaushalte wiesen ein zu unregelmäßiges Antwortverhalten auf und wurden deshalb ausgesondert. Etwa die Hälfte der fehlenden Interviews waren auf technische Schwierigkeiten zurückzuführen.

Die technischen Schwierigkeiten der Datenübertragung konnten beim Start der kommerziellen Nutzung durch die Dutch Gallup Organisation eliminiert werden. Bis auf wenige Verbesserungen im Programmablauf wurde das Telepanel wie im Test mit nun 500 Teilnehmern realisiert. Die Stichprobe wurde nach einem Quotenverfahren repräsentativ für die niederländische Bevölkerung zusammengestellt. Die Verweigerung aufgrund des Computers wird mit unter 5% angegeben.

In den ersten sechs Monaten betrug die Ausfallquote[104] nur 2%. Die Antwortquote pro Befragung lag in der Regel über 90%. Im Ferienmonat Juli mußte jedoch eine Fehlquote von 21% allein aufgrund der Abwesenheit der Teilnehmer hingenommen werden. Unter Abzug derjenigen, die abwesend waren, der technisch bedingten Ausfälle und derjenigen die verzogen, ergibt sich eine Verweigerungsquote von lediglich 2%.

Der hohe Ausfall im Ferienmonat Juli macht deutlich, daß auch mit diesem Instrument die Gruppe der mobilen Personen nur schwer zu erfassen ist. Diese Personen machen im Laufe des Jahres mehrere Reisen und fallen somit öfter bei der Befragung aus. Dies führt zu einer systematischen Verzerrung der Stichprobe. Der Autor hält es deshalb nicht für gerechtfertigt, bei der Berechnung der Verweigerungsquote die abwesenden Probanden einfach herauszurechnen, um den schönen Wert von nur zwei Prozent präsentieren zu können.

---

104 Ausfallquote hier im Sinne der Anzahl der Haushalte, die eine weitere Mitarbeit verweigerten.

Clemens[105] beschreibt eine interessante Anwendung in Großbritannien. 550 Haushalte wurden mit einem speziellen Terminal[106] ausgestattet. Dieses Gerät beinhaltet alle notwendige Hardware. Neben einem 9"-Monitor befinden sich ein Zehnerblock und vier Funktionstasten. Mit diesen werden alle Funktionen gesteuert. Mit Hilfe dieses Panels wurden Blitzumfragen in Zusammenhang mit dem Fernsehprogramm durchgeführt. Die Probanden beantworteten dabei nur ein oder zwei Fragen. Die Ergebnisse des repräsentativen Panels lagen drei Minuten nach der Fragestellung vor.

Aufgrund der guten Erfahrungen wurde dieses Instrument ausgebaut, um auch größere Befragungen durchzuführen. Die Panelteilnehmer werden gebeten, sich ein bestimmtes Fernsehprogramm anzusehen. Im Anschluß erhalten sie Fragen zu den Werbespots. Daten zu einem Werbespots können schnell und preiswert erfaßt werden. Die Ergebnisse liegen bereits am nächsten Morgen beim Auftraggeber vor. Bei dieser Anwendung dürfte sich jedoch schnell ein Paneleffekt einstellen. Wenn die Teilnehmer merken, daß sie vorwiegend zur Werbung befragt werden, werden sie diese mit größerer Aufmerksamkeit verfolgen.

Erfolgversprechender erscheint das zweite von Clemens berichtete Anwendungsbeispiel.[107] Er stattete 150 Ärzte mit dem Viewdata-Terminal aus. Im Auftrag der pharmazeutischen Industrie wird das Verschreibungsverhalten, die Anwendung neuer Produkte und wechselnde Ad-hoc-Themen erfaßt. Neben enormen finanziellen Einsparungen gegenüber dem Interview erzielt diese Methode bei den wöchentlichen Befragungen eine Antwortrate von über 70%. Der Arzt kann die Befragung dann bearbeiten, wenn er Zeit hat. Dies stellt wohl den größten Vorteil für den Arzt dar und steigert seine Antwortbereitschaft. Die Mitarbeit der Ärzte wird vom Institut mit diversen Mitteln belohnt.

Für die Ausstattung der Haushalte mit Hardware gibt es unterschiedliche Möglichkeiten, die sich am Bedarf der späteren Befragungen orientieren. Das Viewdata-Terminal bietet den größten Bedienungskomfort. Alles ist in einem Gerät vereint. Es sind jedoch nur numerische Antworten möglich. Die Einbeziehung des Fernsehapparates bereitet insbesondere bei der Installation mehr Schwierigkeiten, was zu Verweigerungen führen kann. Der Proband muß auch die übrigen Geräte[108]

---

[105] Vgl. Clemens (1984), S. 51ff.
[106] Pye Visa Viewdata Set oder kurz Viewdata-Terminal genannt.
[107] Vgl. Clemens (1984), S. 56.
[108] Recheneinheit, Tastatur und Modem.

neben dem Fernseher positionieren, während ein extra Terminal oder auch ein kompletter PC nicht im Wohnzimmer stehen muß.

Die Anbindung der Geräte an das Institut erfolgt mittels eines Modem. Es bietet sich die Nutzung des Telefonanschlusses an. Einen zusätzlichen Anreiz für die Teilnehmer stellt die Kommunikation über Btx dar. Hier übernimmt das Institut die Kosten für den Anschluß. Die Befragungen können im Dialog abgewickelt werden. Zusätzlich kann der Proband auch die normalen Angebote im Btx nutzen.

Zusammenfassend müssen für diese neue Methode folgende Nachteile genannt werden. Wie jedes Panel ist auch hier das Problem präsent, daß sich formal zwar repräsentative Stichproben bilden lassen, daß jedoch gewisse "Typen" generell und unabhängig von sozio-demographischen Merkmalen die Mitarbeit verweigern. Gegenüber den normalen Panels wird diese Gruppe noch durch die "Technikfeindlichen" oder "Technikängstlichen" vergrößert. Wie bei allen Panels ist die urlaubsbedingte Abwesenheit ein Problem, da sich diejenigen, die in Urlaub fahren von denen, die nicht fahren, unterscheiden. Bei Durchführung von gleichartigen Befragungen, wie zum Beispiel Befragungen zu Werbespots, ist mit einem rasch eintretendem Paneleffekt zu rechnen, der eine weitere Nutzung dieses Panels für diese Fragen zweifelhaft erscheinen läßt.

Die meisten der genannten Nachteile sind jedoch generell mit einem Panel verbunden. Der Vergleich mit der herkömmlichen Panelmethode zeigt die Vorteile auf. Die Fluktuationsrate erscheint aufgrund der von Saris beschriebenen Erfahrungen extrem niedrig zu sein. Dies geht mit einer höheren Antwortquote pro Erhebung einher. Weniger Ausfälle bedeuten weniger Verzerrungen in den Resultaten. Hinzukommt die Schnelligkeit der Erhebung. Die Feldarbeit ist binnen einer Woche oder sogar binnen weniger Minuten abgeschlossen und die Daten liegen in maschinenlesbarer Form vor.

Die Panelmethode läßt sich durch den Computereinsatz qualitativ verbessern. Dies resultiert sowohl aus einer besseren Ausschöpfung der Stichprobe als auch wiederum aus den spezifischen Möglichkeiten des Computereinsatzes.

5.5.2 Elektronisches Verbraucherpanel

Im Gegensatz zur Ad-hoc-Erhebung stehen die Teilnehmer eines Befragungspanels mit dem Institut in einem meist vertraglich geregelten Verhältnis. Wie im

Befragungspanel erhalten sie regelmäßig Fragebögen zu ihrem Untersuchungsthema. Dieses Untersuchungsthema bleibt im Verbraucherpanel[109] konstant. Die Aufgabe dieser Panels besteht darin, das Einkaufsverhalten der Haushalte bzw. der Individuen repräsentativ für die Gesamtbevölkerung und fortlaufend zu erfassen.

Traditionell erhalten die Teilnehmerhaushalte einen Einkaufskalender, in dem sie wöchentlich ihre Einkäufe eintragen. Den ausgefüllten Bogen schicken sie an das Institut, wo Verschlüsslerinnen die schriftlichen Angaben in die EDV eintippen.

In den letzten Jahren wird viel über den Einsatz des Inhome-Scanning gesprochen. Dabei erfolgt die Erfassung der gekauften Artikel beim Panelteilnehmer zu Hause mittels eines Lesestiftes. Der Teilnehmer führt diesen Lesestift über den EAN-Code der gekauften Produkte. Der Lesestift ist mit einem Kleinstcomputer verbunden, der diese Nummern speichert und die weiteren benötigten Information abfrägt.[110] Dies sind Einkaufstag, Geschäft, Preis, Stückzahl, wo im Geschäft[111] entnommen und für welchen Zweck[112] gekauft.

Technisch stellt die Erfassung der EAN-Codes im Hause des Befragten keine Probleme dar. Auch die übrigen Informationen lassen sich mit einer Dialogsoftware abfragen. Der Computereinsatz bietet zusätzlich die Chance, diesen Dialog in verschiedenen Sprachen zu programmieren. Somit können auch Haushalte in das Panel mit einbezogen werden, die bislang aufgrund der Sprachbarriere nicht erfaßt werden konnten.

Als Hardware eignen sich Handheldcomputer in der Größe eines Organisers.[113] Für die Abfragen wird nicht zwingend ein großes Display benötigt. Die Datenübertragung läßt sich sowohl mit der Datenfernübertragung als auch mit Datenträgeraustausch von RAM-Karten verwirklichen.

Trotzdem bestehen nach wie vor Probleme, die den Einsatz dieser neuen Technologie beim Marktführer in Deutschland, der G&I Verbraucherforschung,

---

[109] in der Bundesrepublik Deutschland bieten G&I und GFM-Getas solche Verbraucherpanels an, die bislang noch nach dem traditionellen schriftlichen Verfahren arbeiten. A.C. Nielsen baut im Moment ein elektronisches Haushaltspanel auf.

[110] Vgl. Ciesla (1991), S. 2f.

[111] Regal oder Zweitplazierung.

[112] Eigenverbrauch, Vorrat, Verschenken.

[113] S. S. 163.

bislang verhinderten.[114] Der EAN-Code befindet sich nicht auf allen Waren, selbst nicht auf allen des täglichen Bedarfs, die den Erfassungsschwerpunkt der Verbraucherpanels darstellen. Problembereiche sind Getränke, Frischeprodukte und Spezialverpackungen verschiedener Handelsorganisationen, wie bei Aldi, Norma u. a.

Im Getränkebereich bieten viele regionale Anbieter ihre Produkte in Flaschen und Kästen ohne EAN-Nummer an. Lediglich SB-gerechte Einwegverpackungen und Produkte überregionaler Anbieter verwenden die EAN auf ihren Etiketten. Die Erfassung dieses Bereichs ausschließlich über den EAN-Code ist somit nicht möglich.

Der Frischebereich ist durch den Verkauf von offenen Waren geprägt. Sie werden im Geschäft auf speziellen Wunsch des Kunden abgepackt. Selbst wenn dabei ein Etikett mit Strichcode aufgeklebt wird, ist dieser Code, da es sich um einen Instore-Code handelt, für das Erhebungsinstitut nicht zu entschlüsseln. Auch in diesem Bereich ist eine Erfassung über EAN nicht möglich. Nur am Rande sei hier darauf verwiesen, daß die Erfassung dieser Warengruppen auch in der traditionellen Methode erhebliche Schwierigkeiten bereitet. Der Verbraucher kauft häufig Produkte im Frischebereich nach dem Aussehen, zum Beispiel "eine Ecke von diesem Käse", ohne die genaue Sortenspezifizierung zu kennen. Auch kann er teilweise das genaue Gewicht nicht angeben.

Der dritte Problembereich stellt sich als spezifisch deutsches Problem dar. Durch die große Bedeutung einiger Handelsformen, wie Aldi, aber regional auch Norma u. a. macht sich der fehlende EAN-Code auf Handelsmarken schmerzlich bemerkbar. Bedenkt man, daß Aldi in manchen Warengruppen bis zu 50 % Marktanteil besitzt, ist eine Erhebung ohne genaue Abdeckung dieses Segmentes fehlerbehaftet und sinnlos. Da Anbieter wie Aldi mit einem überschaubaren Sortiment arbeiten, bringt ihnen der Einsatz von Scannern an der Kasse keine Vorteile, so daß mit einer Änderung dieser Verhältnisse nicht zu rechnen ist.

Für die Erfassung von Artikeln ohne EAN-Code bieten sich verschiedene Wege an (Tabelle 20).

---

[114] Die nachfolgenden Ausführungen stützen sich weitgehend auf persönliche Gespräche mit den G&I-Mitarbeitern Herrn Birke und Herrn Dr. Prester im November 1991, die für die Einführung neuer Technologien verantwortlich sind.

Problem: Kein EAN auf dem Produkt	
(1)	Eingabe über eine Volltastatur
(2)	Vorgabe aller bekannten Artikel ohne EAN in einem Codebuch
(3)	Vorgabe allgemeiner Produktattribute in einem Codebuch
(4)	Abfrage allgemeiner Produktattribute in einem Dialog mit Vorgabe konkreter Produkte

Tab. 20: Problemlösungswege zur Erfassung von Artikeln ohne EAN-Nummer

Zunächst könnte der Panelteilnehmer die Produktbezeichnung, Sorte und Packungsgröße über eine Tastatur eintippen. Eine Dialogsoftware fragt diese Attribute sukzessive ab. Bei diesem Vorgehen ist jedoch mit großen Problemen zu rechnen. Breite Bevölkerungsschichten besitzen nach Meinung der G&I Hemmungen vor der Benutzung einer Volltastatur. Wie an anderer Stelle dargestellt, kommt diesem Problem in anderen Versuchen keine überragende Rolle zu. Verschiedene Untersuchungen ergaben, daß auch ungeübte Probanden mit Volltastaturen zurecht kamen und teilweise durch die Herausforderung, einen Computer zu bedienen, eine höhere Motivation aufwiesen.[115] Bei mangelnder Beherrschung der Tastatur wird die Eingabe mühsam und zeitraubend. Vereinzelt könnten Panelteilnehmer dazu neigen, Artikel ohne EAN-Nummer nicht mehr vollständig zu berichten, um die Benutzung der Tastatur zu umgehen.

Eine andere Alternative, die von A. C. Nielsen praktiziert wird, gibt den Teilnehmern ein Codebuch an die Hand, in dem alle Artikel von Aldi aufgelistet sind. Der Teilnehmer muß sich zunächst aus einer Übersicht die passende Warengruppe heraussuchen, die entsprechende Seite aufschlagen und dann mit einem Lesestift einen im Codebuch bei dem Produkt abgedruckten Strichcode einlesen. Problematisch bei diesem Vorgehen ist das unhandliche Codebuch sowie dessen Aktualität. Durch Sortimentsänderungen können neue Produkte auftauchen. Der Teilnehmer kann diese zwar als "Sonstige" einscannen, dem Institut bleiben jedoch dann alle weiteren produktspezifischen Eigenschaften, wie Marke, Sorte und Packungsgröße verborgen. Ferner darf bezweifelt werden, ob alle Teilnehmer auch immer zuverlässig das aktuelle Codebuch verwenden und nicht mit einer veralteten Version arbeiten oder das Codebuch gar verlegen. Der Aufwand, den entsprechenden Strichcode zu finden, ist auch mit dieser Methode sehr hoch, so daß auch hier

---

[115] Vgl. Greist et al. (1973b), S. 253.

die Gefahr besteht, daß Probanden diesen Aufwand vermeiden, in dem sie solche Produkte gar nicht oder nur unvollständig berichten.

Lassen sich die speziellen Artikel von Aldi noch relativ einfach überschauen und aktualisieren, so ist dies für die Handelsmarken aller Organisationen schlicht unmöglich. Ein diesbezüglicher Informationsverlust wäre somit vorprogrammiert.

Die G&I favorisiert in ihren Versuchen einen etwas anderen Weg. Zunächst erhält auch hier der Teilnehmer ein Codebuch mit Strichcodes für die Antworten. Tauchen bei der Eingabe der Einkäufe Produkte ohne EAN auf, so geht der Teilnehmer in einen speziellen Dialog. In diesem Dialog werden die Eigenschaften des Produktes über mehrere Stufen abgefragt. Der konkrete Produktname wird dabei nicht eingegeben, da keine alphanumerische Tastatur zur Verfügung steht. Es geht vielmehr um Attribute, die es hinterher dem Institutsrechner ermöglichen, anhand der Angaben und einer Artikelstammdatei den Einkauf einer konkreten Marke zuzuordnen.

Dieses Verfahren erlaubt die Herstellung eines wesentlich einfacheren und allgemeingültigen Codebuches, in dem sich der Proband leichter zurecht findet. Nachteilig ist jedoch, daß er für ein Produkt mehrere Antworten einscannen muß. Auch dies könnte einzelnen Probanden zu mühsam sein.

Das Scannen eines Aldi-Kaffees erfordert folgende Eingaben, um später im Institutsrechner das genaue Produkt zu bestimmen. Die Tabelle 21 zeigt in der linken Spalte in Stichworten die Fragen des Systems und rechts die Antwortfelder, deren Strichcodes der Proband im Codebuch einliest. In Abhängigkeit von der Displaygröße kann die Formulierung der Fragen auch ausführlicher gestaltet werden. Der Text der Frage findet sich jeweils als Überschrift im Codebuch wieder.

Mit Hilfe dieser Angaben, einer Artikelstammdatei und der Angabe der Einkaufstätte kann der Institutsrechner einen bestimmten Artikel ermitteln. Neu im Markt angebotene Artikel werden automatisch nach dem Schema von den Verbrauchern erfaßt und können durch eine entsprechende Aktualisierung der Artikelstammdatei identifiziert werden. Beim Nielsen-System wüßte das Institut nur, daß eine sonstige Marke zum Preis X zum Beispiel bei Aldi gekauft wurde. Reicht die Warengruppenangabe, der Preis und das Geschäft nicht für eine Identifizierung aus, gehen in diesem System Informationen verloren.

WARENGRUPPE SEITE 1	"Heißgetränke"
PRODUKTGRUPPE SEITE 3	"Kaffee"
ART DES KAFFEES SEITE 4	"koffeinhaltig"
KAFFEESORTE SEITE 4	"naturmild"
PACKUNGSART SEITE 4	"Weichpackung"
PACKUNGSGRÖSSE SEITE 6	"500 g"

Tab. 21: Dialogerfassung von Artikeln ohne EAN-Nummer mit Hilfe eines Codebuches

Im Beispiel der Tabelle 21 muß der Befragte insgesamt sechs Schritte durchlaufen, bis er alle Merkmale des Artikels erfaßt hat. Geht man wieder von einem unmotivierten Panelteilnehmer aus, gilt auch hier, wie bei den vorangegangenen Methoden, der Einwand, daß in einzelnen Fällen der Proband sich die Mühe sparen wird und seine Einkäufe unvollständig berichtet.

Die Methoden (2) und (3) aus Tabelle 20 weisen jeweils eigene Vor- und Nachteile auf. Die Nielsen-Methode ist zu Anfang für den Panelteilnehmer schwieriger zu handhaben. Weiß er jedoch, wo seine von ihm bevorzugten Artikel im Codebuch stehen, so kann er diese Artikel schneller als bei der G&I-Version eingeben, bei der er immer alle Schritte durchlaufen muß. Der Informationsverlust durch Produkte, die nicht im Codebuch stehen, hängt von der Pflege des Codebuches ab. Sowohl wirtschaftliche Überlegungen als auch die Bestrebung, den Teilnehmer nicht mit laufend neuen Codebüchern zu belästigen, setzen der Häufigkeit der Neuauflagen Grenzen.

Durch den Einsatz einer leistungsfähigeren Hardware ließen sich die Vorteile der Methoden (2) und (3) kombinieren. Der Computer müßte über einen Speicher und ein großes Display mit mindestens zwanzig Zeilen verfügen. Bei Artikeln ohne EAN ruft der Proband einen speziellen Dialog auf. Die Abfrage der Waren- und Produktgruppe erfolgt analog zum Vorgehen in Tabelle 21. Im Speicher des Computers befindet sich eine Artikelstammdatei, in der alle bekannten und bedeutenden Handelsmarken ohne EAN erfaßt sind. Zusammen mit der bereits vorher vom

Teilnehmer erfragten Einkaufsquelle zeigt nun der Bildschirm im dritten Schritt eine Liste aller Kaffeesorten von Aldi. Dort markiert er sein gekauftes Produkt. Findet er seinen gekauften Artikel in der Liste nicht, so ermöglicht die Option "Sonstige" eine Fortführung des Dialoges. Mühevolles Suchen in Codebüchern entfällt. Für keinen Artikel gehen Informationen verloren. Die Artikelstammdatei kann bei jedem Datentransfer zum Institut vom Probanden unbemerkt aktualisiert werden. Wenngleich auch hier mehrere Schritte durchlaufen werden, bietet diese Methode für den Befragten den höchsten Komfort. Er benötigt kein Codebuch und arbeitet ausschließlich mit dem Computer.

Obwohl dies die beste Methode darstellt, stehen einem praktischen Einsatz wirtschaftliche Gründe entgegen. Die erforderliche Hardware mit Speicher und großem Display ist erheblich teurer als die kleinen Handheldcomputer, die bei den anderen Methoden einsetzbar sind. Hinzu kommen höhere Datenübertragungskosten durch die permanente Aktualisierung der Artikelstammdatei.

Alle bisherigen Versuche zum Inhome-Scanning verwendeten einen kleinen Handheldcomputer. Daran angeschlossen ist ein Lesestift, zur Erfassung der EAN. Die Größe des Gerätes bringt es mit sich, daß das verfügbare Display meist sehr klein (zwei Zeilen à 20 Zeichen) ausfällt. Eine optisch gelungene Menüführung ist damit nicht möglich.

Als ein ideales Erfassungsgerät könnte sich das Notepad[116] in Kombination mit einem Lesestift und einem Modem entwickeln. Der Proband liest die EAN ein und macht alle weiteren Angaben auf der Oberfläche des Notepad. Ein Menü befreit ihn von fast allen numerischen Eingaben. Er deutet nur auf eine entsprechende Antwortalternative und das Programm steuert den weiteren Befragungsablauf. Die Preisangabe nimmt er in Klarschrift auf dem Pad vor. Alternativ erscheint auf dem Bildschirm ein Zehnerblock, auf dem die Ziffern berührt werden. Alternativ können die Preise und auch Artikelbezeichnungen bei fehlender EAN handschriftlich eingegeben werden.

Betrachtet man die im Moment am Markt verfügbaren Notepad, so reicht die Preisspanne von 5 000 DM[117] bis 12 200 DM[118]. Darin sind jedoch noch keine Lesestifte für den EAN, kein Modem und keine spezifische Software enthalten. Empfehlenswert wäre auch eine Docking-Station. In diese wird der Computer wie

---

[116] S. S. 147.
[117] Z. B. GridPad, mündliche Preisangabe auf der CeBIT'91.
[118] Z. B. NCR System 3125, vgl. Burgwitz/Siering (1991), S. 38.

ein Schub eingeschoben. Ohne weitere Handgriffe ist er dann mit dem Modem und dem Akkuladegerät verbunden. Multipliziert man die Kosten mit den Panelgrößen von 5 000 und mehr, gerät man schnell in astronomische Investitionssummen.

Die Datenkommunikation stellt kein Problem dar. Ist der Erfassungscomputer über ein Modem mit einer Telefonsteckdose verbunden, ruft der Zentralrechner nachts (zum Beispiel von Sonntag auf Montag) selbständig die Daten ab. Dabei können dem Teilnehmer auch Nachrichten übermittelt werden.[119] Alternativ kann auch der Datenträgeraustausch eingesetzt werden.

Die Einsparungsmöglichkeiten sehen im elektronischen Verbraucherpanel nicht so günstig aus, wie bei anderen Befragungsarten. Einsparungen ergeben sich in den Bereichen Druck, Porto, Vercodung und Kontrolle. Dem stehen jedoch erhebliche Aufwendungen im Bereich der Pflege der Artikelstammdatei gegenüber. G&I schätzt, daß ein Artikelstamm von mindestens zwei Millionen Artikeln verwaltet werden muß. Durch die Europäisierung der Märkte könnte sich diese Zahl in naher Zukunft auch verdoppeln. Jedes Produkt, das in Deutschland verkauft wird oder verkauft werden könnte, ist zu erfassen. Neben der Bezeichnung bedarf es der Zuordnung der Einzelartikel zu den internen Codes, die wiederum die Zuordnung der Produkte zu Warengruppen, Firmen, Marken, Sorten usw. bei der Auswertung regeln. Aufgrund der Erfahrungen von AGB in den USA, ergibt sich ein Personalbedarf für die Stammdateipflege, der die Einsparungen bei den Schlüsslerinnen überkompensiert.[120]

Für die Amortisation der nicht unerheblichen Investitionen bleiben also nur die Einsparungen bei den Druck- und Versandkosten. Diese sind im Moment nicht ausreichend, so daß sich die Hoffnung nur auf einen Wettbewerbsvorsprung gegenüber der Konkurrenz richten könnte, wie dies A. C. Nielsen offenbar anstrebt. G&I hält einen wirtschaftlichen Einsatz der neuen Technik erst bei Gerätepreisen inkl. Software um 1000 DM für realisierbar.[121]

Bei der Einführung dieser Geräte in den Haushalten, stellt sich die Frage, ob Akzeptanzprobleme zu befürchten sind. Wie aus einem internen Bericht der G&I hervorgeht, ergaben sich in einem Test keinerlei Hinweise auf Akzeptanzprobleme. Im Vergleich zur traditionellen Erhebung mit dem Kalender wurde der Handheld-

---

[119] S. Pkt. 3.3.1 Datenfernübertragung, S. 63ff.
[120] Nach mündlichen Informationen der G&I.
[121] Vgl. Birke (1988), S. 2.

computer mit seinem Lesestift von den Teilnehmern präferiert.[122] Eine Aufteilung nach Altersgruppen zeigt bei älteren Teilnehmern eher eine bessere Beurteilung des Gerätes als bei den jüngeren. Die bessere Beurteilung zeigt sich tendenziell auch bei niedrigeren sozialen Schichten.[123]

Ferner deutet sich in diesem kleinen Test an, daß sich die Panelbindung der Teilnehmer durch den Einsatz der modernen Technik und die Überlassung eines "wertvollen" Gerätes erhöht.[124] Dies würde wiederum zur Kostenreduktion beitragen, da die Panelsterblichkeit einen nicht unbedeutenden Kostenfaktor darstellt. Als weitere positive Folge läßt sich eine bessere Berichtsmoral durch den Geräteeinsatz feststellen, das heißt die Teilnehmer berichten vollständiger. Trotz der kleinen Stichproben sind die Ergebnisse dieses kleinen Tests für einen Einsatz sehr vielversprechend.

Ein weiterer Testbericht[125] liegt aus der Schweiz vor. Hier wurde ein erweiterter Single-Source-Ansatz gewählt.

"Unter "Single-Source" wurde dabei die Panel-Erhebung von Konsumgewohnheiten, Hörverhalten sowie Leseverhalten von Tageszeitungen, Wochenzeitungen und Zeitschriften im gleichen Haushalt und - soweit möglich - bei ein und derselben Person verstanden. Der Einbezug der Bildschirmnutzung war einem Anschlussprojekt vorbehalten."[126]

Als Hardware wurde ein speziell entwickeltes MODATA-Gerät eingesetzt. Es ist im Querformat[127] gestaltet, verfügt über ein Display von 2 x 40 Zeichen, einen Zehnerblock, 32 Funktionstasten und einen Lesestift. Die Datenübertragung erfolgt mit Hilfe einer RAM-Card auf dem Postweg. Die verwendete Hardware hat sich in diesem Test bewährt und wird in nur leicht modifizierter Form bei weiteren Projekten des Instituts eingesetzt.

Beim Aufbau des Panels legte man auch besonderen Wert auf die Verweigerer. Die Nicht-Teilnehmer unterschieden sich von den Teilnehmern in den erfaßten Punkten Freizeitverhalten, Mediennutzung und Interesse an Computern nicht signifikant. Es bestätigten sich auch bei dieser Rekrutierung die Erfahrungen aus traditionellen Panels, daß gewisse sozio-demographische Gruppen schwieriger als andere für eine Mitarbeit zu gewinnen sind. Die Panelmortalität lag etwas unter

---

[122] Vgl. Birke (1988), S. 1. In einem lateinischen Quadrat wurden beide Methoden je drei Monate in zwei Gruppen à 30 Haushalte getestet.

[123] Vgl. Birke (1988), Anlage 7, o. S.

[124] Vgl. Birke (1988), Anlage 7, o. S.

[125] Vgl. SRG-Publikumsforschung Bern et al. (1991).

[126] Vgl. SRG-Publikumsforschung Bern et al. (1991), S. 1.

[127] 195x130x27 mm.

den bisherigen Erfahrungswerten bei 25% während der neunmonatigen Projektphase.

Die Ergebnisse dieses Tests und auch einiger vorangegangener zeigten, daß insbesondere die Hausfrauen kaum Probleme mit der Technik hatten, zuverlässig berichteten und das Inhome-Scanning der schriftlichen Erfassung vorzogen. Insgesamt sind die Testergebnisse sehr positiv. Ein weiterer Einsatz bietet sich an.

In anderen Ländern werden bereits Computer und Lesestifte zur Erfassung der Einkäufe eingesetzt. Blyth berichtet von einem Panel in den USA mit 15 000 Haushalten und zwei im Aufbau befindlichen in England mit 8 500 bzw. 7 000 Haushalten.[128] Dies sind jedoch Länder, die das Aldi-Problem nicht in deutschem Ausmaß kennen. Somit ist eine meist fast vollständige Erfassung der abgepackten Ware über EAN möglich.

Der Einsatz von Inhome-Scanner bereitet hinsichtlich der Akzeptanz bei den Teilnehmern und der Datenqualität keine Probleme. Die spezifische Situation in Deutschland, mit einem hohen Anteil von Artikeln ohne EAN, erfordert einen größeren Aufwand zur Datenerfassung als in anderen Ländern und wirkt daher hemmend auf eine Einführung. Da die Auswirkungen auf die Kosten kaum wirtschaftliche Vorteile erwarten lassen, liegt der Anreiz für einen Einsatz wohl eher in den Aspekten Zeit- und Imagegewinn sowie den Kombinationsmöglichkeiten im Sinne eines Single-Source-Ansatzes.

5.5.3 Scannerpanel

Beim Scannerpanel handelt es sich in der Regel um ein Handelspanel im Gegensatz zum oben beschriebenen Verbraucherpanel. Geschäfte, die beim Kassiervorgang den EAN-Code nutzen, überspielen ihre Abverkaufsdaten an ein Institut. Dieses Vorgehen stellt keine Befragung, sondern eine Beobachtung dar. Deshalb wird diese Methode an dieser Stelle nicht vertieft.

Die automatische Datenerfassung an der Scannerkasse läßt sich auch im Rahmen der Verbraucherforschung nutzen. Dieser Ansatz ist zum Beispiel im Projekt GfK-Behavior-Scan realisiert. Der Panelteilnehmer zeigt an der Kasse eine ID-Karte vor, deren Nummer beim Kassiervorgang mit erfaßt wird. Das Geschäft überspielt dann alle die Abverkaufsdaten und die dazugehörige Haushaltsnummer

---

[128] Vgl. Blyth (1990), S. 200.

an das Institut, wo diese Daten über eine Stammdatei mit den Haushaltsmerkmalen verknüpft werden. Die weitere Auswertung geht den gewohnten Weg.[129]

Bei über 300 000 Verkaufsstellen in der Bundesrepublik Deutschland ist an einen flächendeckenden Ansatz nicht zu denken. Eine repräsentative Erfassung aller Absatzkanäle ist mit dieser Methode nicht realisierbar. Man denke neben vielen anderen Problemen nur wieder an Aldi, der sich bislang gegen jede Herausgabe von Informationen an Marktforschungsinstitute sperrt. Diese Alternative bleibt demnach Testzwecken vorbehalten. Hier erzielen die entsprechenden Angebote der Institute auch methodisch gute Ergebnisse.

---

[129] Vgl. z. B. Tietz (1987), S. 520ff, Böhler (1992), S. 52f.

6. Schlußbetrachtung

6.1 Entscheidungskriterien für die Anwendung computerisierter Befragungsmethoden

Für die Entscheidung über die Nutzung der Computertechnologie im Rahmen von Befragungsstudien gibt es vier Kriterien. Zunächst bestimmt die Realisierbarkeit, welche Bereiche für eine Computerisierung überhaupt in Frage kommen. Im nächsten Schritt muß nach den potentiellen Qualitätsverbesserungen der Computernutzung gefragt werden. Fällt auch diese Betrachtung positiv aus, entscheidet abschließend die Wirtschaftlichkeitsberechnung über eine Investition. Selbst wenn alle drei erwähnten Prüfungen positiv ausfallen, können organisatorische Aspekte noch einen Computereinsatz verhindern.

6.1.1 Realisierbarkeit computerisierter Befragungen

Aus den gemachten Ausführungen ergeben sich eine Reihe von Entscheidungskriterien für oder gegen eine computerisierte Befragung. An erster Stelle der Überlegungen steht die praktische Realisierbarkeit des Computereinsatzes. In den verschiedenen Stufen bestehen unterschiedliche Programmanforderungen. Stellt man den Untersuchungsprozeß zusammenfassend mit allen Stufen den Möglichkeiten gegenüber, ergibt sich die folgende Tabelle 22. Es existiert bislang kein System, das den Ablauf in allen Phasen und Stufen unterstützt. Die Wirtschaftlichkeit wurde in dieser Übersicht nicht berücksichtigt.

Die Auswahlentscheidungen in der Vorbereitungsphase erfordern Expertensysteme, die bislang noch nicht in der benötigten Qualität vorliegen. Die Entwicklungskosten solcher Systeme sind in den meisten Fällen für den einzelnen Anwender prohibitiv hoch. Deshalb bleibt die Unterstützung des Forschers bei der Auswahl der Erhebungsmethode und der statistischen Auswahlverfahren noch ein unerfüllter Traum. Ansätze liegen nur für die Auswahl der statistischen Verfahren vor.

Stufen einer Befragung	Software
Zielformulierung	(Expertensystem)
Sekundärforschung	Datenbanksystem
Leitstudie	(Befragungssoftware)
Formulierung der Arbeitshypothesen	(Expertensystem)
Festlegung der erforderlichen Daten	(Expertensystem)
Auswahl der Erhebungsmethode	Expertensystem
Festlegung des Auswahlverfahrens	Expertensystem
Erstellung des Ablaufstrukturplanes	Projektmanagementsystem
Auswahl von Software und Hardware	Expertensystem
Fragebogengestaltung	Befragungssoftware
Hilfsmittelgestaltung	(Desktop-Publishing)
Intervieweranweisung bzw. Anschreiben	Lernsystem
Interviewerauswahl (Anwerbung)	Lernsystem
Interviewerauswahl (Einteilung)	Statistikprogramm
Interviewerschulung	Lernsystem
Pretest	Befragungssoftware
Ziehung der Stichprobe	Befragungssoftware
Versand	DFÜ, DTA
Stichprobenmanagement	Befragungssoftware
Befragung	Befragungssoftware
Rücklauf	DFÜ, DTA
Kontrolle	Befragungssoftware
Datenübertragung in die EDV	entfällt
Vercodung offener Fragen	Statistikprogramm
Datenbereinigung	Statistikprogramm
statistische Auswertung	Statistikprogramm
Präsentation der Ergebnisse	Desktop-Publishing
Abschlußbericht	Desktop-Publishing
Archivierung	Datenbanksystem

() = bedingt einsetzbar

Tab. 22: Gesamtüberblick der Einsatzmöglichkeiten

Datenbanksysteme sind auf dem Softwaremarkt in vielfältiger Form erhältlich. Hinzukommen die Abfragesprachen der kommerziellen Datenbanken. Der
Errichtung einer effektiven Datenbank für die Sekundärforschung steht somit kein
technisches Problem entgegen. Hinderlich ist die mangelnde Vereinheitlichung der
Sprachen untereinander sowie deren Kompatibilität zu den weiteren im Forschungsprozeß eingesetzten Sprachen.

Weite Felder werden durch die Bereiche Befragungssoftware und Statistikprogramme abgedeckt. Deshalb verknüpfen die Softwareanbieter diese Bereiche
zunehmend. Damit ist eine einheitliche Programmumgebung gewährleistet, die
Schwierigkeiten beim Wechsel von einer Anwendung in eine andere vermeidet.
Dies vereinfacht zum einen die Bedienung durch den Forscher und vermeidet zum
anderen Fehler bei der Datenübertragung zwischen den Anwendungen.

Für die Auswahl, Ausbildung und Einweisung von Interviewern oder Probanden empfehlen sich Lernsysteme. Ein großer Teil der Aufgaben eines Lern-
systems läßt sich auch mit der eigentlichen Befragungssoftware realisieren. Das
Befragungsprogramm muß hierfür eine flexible Gestaltung des Bildschirmes erlauben. Zum Beispiel IBIS eignet sich auch als interaktives Lernsystem.

Die Datenfernübertragung oder der Datenträgeraustausch erfordern eine einmalige Installation eines Steuerprogrammes und der Hardware. Anschließend kann
diese Aufgabe durch die Eingabe weniger Parameter gelöst werden. Eine Einbindung in ein Gesamtpaket wäre zwar wünschenswert, ist aber nicht besonders
dringlich, da die Anwendung sehr einfach abläuft.

Zur Gestaltung von Hilfsmitteln, Präsentationen und des Abschlußberichtes
können Desktop-Publishing-Programme genutzt werden. Eine Einbindung wird
hier wohl nicht erfolgen, da sich hier Anbieter entwickelten, die die Software ständig optimieren, wie es ein Spezialist für Statistikprogramme nicht tun könnte. Es
sind auch nicht unbedingt diese aufwendigen und flexiblen Programme nötig. Oftmals erfüllt auch eine Standardtextverarbeitung die geforderten Aufgaben.

Der Computer läßt sich theoretisch in fast allen Bereichen einer empirischen
Studie einsetzen. Die unterschiedlichen Programmpakete erfordern vom Anwender
jedoch ein intensives Wissen, um die bestehenden Möglichkeiten dann auch im
Forschungsprozeß einzusetzen. Von der Seite der Hardware existieren heute keine
Probleme mehr. Es empfiehlt sich wegen der weiten Verbreitung und dem damit

verbundenen Softwareangebot, Rechner mit dem Betriebssystem DOS einzusetzen. Alle benötigten Programmteile können von diesem Rechner ausgeführt werden.

6.1.2 Qualitätsverbesserungen durch den Computereinsatz

Nachdem die Realisierbarkeit festgestellt wurde, sollte der Qualitätsaspekt die weiteren Entscheidungen bestimmen. Hier wurde deutlich, daß der Computer durch seine Möglichkeiten eine Reihe von Fehlerquellen vermeidet und andere Prozesse verbessert.

Große Vorteile ergeben sich in der Konzeptionsphase. In der Praxis werden wohl häufig Studien mit inadäquaten Erhebungs- und Auswertungsverfahren realisiert. Expertensysteme könnten hier Fehlerquellen beseitigen. Leider sind solche Expertensysteme bislang noch nicht verfügbar.

Eine Projektmanagementsoftware unterstützt den gesamten Ablauf einer Studie. Qualitätsvorteile ergeben sich nur dort, wo bislang keine laufende Projektkontrolle stattfand. Die Kontrollaufgaben ließen sich bislang auch problemlos manuell erledigen. Der Computer schafft somit in erster Linie einen Rationalisierungseffekt, in dem er die Personalkosten senkt.

In der Vorbereitungsphase erhöht der Einsatz von Befragungscomputern den Arbeitsaufwand. Einerseits ist eine Fragenbibliothek bei der Fragebogenerstellung sehr hilfreich, andererseits erfordert die Programmierung des Fragebogens erheblich mehr Aufwand als das Schreiben in einem Textverarbeitungssystem. Dieser Aufwand wird durch zusätzliche Gestaltungsmöglichkeiten der Materialien für die Befragung weiter erhöht. Diese Möglichkeiten werden, wenn sie vorhanden sind, auch genutzt. Eine Arbeitsersparnis bringt der Computer durch seine schnellen und einfachen Möglichkeiten, erstellte Fragebögen zu ändern.

Eine abwechslungsreiche Gestaltung erhöht die Aufmerksamkeit, verhindert Langeweile und gibt der Befragung einen professionellen Anstrich. Ein Zuviel an Gestaltung kann den Befragten oder den Interviewer verwirren, ablenken oder "erschlagen". Unüberlegte oder falsche Antworten sowie Abbrüche können die Folge sein. Die Gestaltungsmöglichkeiten bieten für die Qualität somit Chancen und Risiken, wobei die Forschungen zum Ausmaß eines "Zuviels" an Gestaltung bislang ungenügend sind.

Sofern die Grundgesamtheit in einer Datei verfügbar ist, bietet der Computer für die Stichprobenziehung enorme Vorteile, die sich in der Qualität und der benötigten Zeit niederschlagen. Zufallsstichproben aus Dateien werden genauso perfekt gezogen, wie Quotenauswahlen anhand von abgespeicherten Kriterien. Problematisch bleibt in diesem Zusammenhang die teilweise ungenügende Qualität der Grundgesamtheit. Oft gibt es in diesen Dateien Probleme mit der Aktualität und der Identität der einzelnen Einheiten. Die Auswahl erfolgt zwar streng nach den Maßstäben der Zufallsstichprobe, die Auswahlgrundlage weist jedoch Fehler auf, die auch die beste Auswahlmethode nicht beheben kann.

Am leichtesten sind die Qualitätsvorteile in der Erhebungsphase zu realisieren. Dies resultiert vor allem aus der Ablaufsteuerung, den Kontrollfunktionen und dem Wegfall der Datenübertragung vom Papier in den Auswertungscomputer. Ferner erlaubt der Computereinsatz, daß häufiger auf die Anwesenheit eines Interviewers verzichtet werden kann, womit diese nicht unerhebliche Fehlerquelle eliminiert wird.

Der Computer kann seine Qualitätsvorteile umso besser ausspielen, je standardisierter eine Befragung ist. Umgekehrt heißt dies, je mehr offene Fragen in der Befragung enthalten sind, desto eingeschränkter sind die Einsatzmöglichkeiten. Ein versierter Interviewer wird für die Eingabe der Antworten erforderlich.

Der Computer als solcher kann jedoch auch negative Auswirkungen auf die Ergebnisse besitzen. Ein Computerbias ist immer dann zu befürchten, wenn das Befragungsthema in einem Zusammenhang mit moderner Technik oder speziell mit Computern steht.

Die Vorteile des Computers in der Auswertungsphase sind wohl unbestritten und werden in der Praxis in fast allen Fällen bereits intensiv genutzt. Kritisch ist hierbei anzumerken, daß die einfache Bedienung der Programme es auch dem Nichtfachmann ermöglicht, komplexe Verfahren aufzurufen. Die Programme selbst sind dabei häufig nicht in der Lage, zu prüfen, ob die Daten die für diese Verfahren notwendigen Voraussetzungen erfüllen.

Die Qualität der Ergebnisse hängt zwar nicht direkt mit der Gestaltung einer Präsentation oder eines Abschlußberichtes zusammen, trotzdem wird der Computer auch in dieser Phase immer bedeutender. Seine Möglichkeiten erlauben es, die Ergebnisse wirkungsvoller zu präsentieren, so daß auf der Seite des Informationsnachfragers ein besseres Verständnis entsteht, welche Konsequenzen aus den Ergebnissen gezogen werden dürfen und welche nicht.

Mit der Archivierung schließt sich der Ablauf einer Studie mit Hilfe des Computers zu einem Kreislauf. Die Einspeisung der Ergebnisse in eine Datenbank schafft für spätere Studien eine gute Grundlage für eine effektive Sekundärforschung. Ferner dienen die Erfahrungen mit dem Fragebogen als Basis für die Gestaltung anderer Fragebögen mit Hilfe einer Fragenbibliothek.

Wenngleich der Computereinsatz auch einige Risiken in sich birgt, wirkt er sich in allen Bereichen qualitätssteigernd aus. Aus Qualitätsaspekten heraus ist ein breiter Einsatz zu empfehlen.

6.1.3 Wirtschaftlichkeit

In der Praxis wird wohl das wirtschaftliche Kriterium das größte Gewicht besitzen. Der Computer bewirkt vielfältige Einsparungen, aber auch erhebliche Anschaffungsinvestitionen und teilweise Wartungsaufwand.

Der Computereinsatz in der Vorbereitungsphase verursacht durch die Konstruktion von Expertensystemen unter Umständen große Investitionen, denen keine offensichtlichen Einsparungen gegenüberstehen. Nur teilweise führen solche Systeme zu Personaleinsparungen. Expertensysteme ermöglichen auch kleineren Instituten den Zugang zu Fachwissen, auf das sie bislang verzichteten.

Auch die Nutzung von Datenbanken führt, soweit es keine internen Datenbank sind, zu erheblichen Gebühren. Die erhaltenen Informationen bestimmen letztendlich, ob dieser Aufwand gerechtfertigt ist. Oft sind die Informationen aus Datenbanken manuell nur schwer oder gar nicht zu beschaffen.

Die Stichprobenziehung erledigt der Computer rasch und kostengünstig, wenn die Grundgesamtheit auf Datenträger vorliegt. Ist dies nicht der Fall, so ist in jedem einzelnen Fall der Aufwand, die Grundgesamtheit zu erfassen, dem der manuellen Auswahl gegenüber zu stellen.

Die deutlichsten und kalkulierbarsten Einsparungen entstehen in der Erhebungsphase. Dies wurde ausführlich dargestellt. Sie sind umso größer, je intensiver der Computereinsatz ist, das heißt je mehr Papier durch den Computer ersetzt wird. Dann entfallen die Druck- und Versandkosten für die Fragebögen, die

Kosten der Datenübertragung vom Papier in den Computer sowie ein Teil der Datenbereinigungskosten, da die Computerdaten bereits während der Erhebung vom Computer kontrolliert werden.

Die Auswertung von größeren Datenmengen oder die Anwendung komplexer Verfahren ist heute ohne Computer nicht mehr denkbar. Der personelle Aufwand, solche Dinge manuell auszuführen, ist erheblich größer als die Investition und der Betrieb der EDV. Dies wird durch das breite Angebot an Auswertungspaketen zu günstigen Preisen unterstützt. Hinzukommt, daß meist für eine manuelle Auswertung nicht die benötigte Zeit verfügbar ist.

Dem Einsatz von Desktop-Publishing-Programmen steht wiederum keine direkte Einsparung gegenüber. Vielmehr entsteht zusätzlich ein höherer Personalaufwand zur Gestaltung der Präsentation und des Abschlußberichtes. Hierfür sprechen also nur Wettbewerbsvorteile des Instituts beim Kunden, die sich letztlich auch in neuen Umsätzen niederschlagen können.

Aus wirtschaftlicher Sicht bringt der Computereinsatzes insgesamt Vorteile. Die Realisierung dieser Vorteile hängt jedoch von einer Reihe von Faktoren ab. Die Installation einer umfangreichen Hard- und Software amortisiert sich in der Regel nicht mit einer einzelnen Studie. Auch können die Möglichkeiten solcher komplexen Systeme nur dann genutzt werden, wenn die Anwender häufig damit arbeiten. Gerade bei der Einführung neuer Technologien kommt es zunächst zu einem enormen personellen Mehraufwand. Sämtliche Anwender müssen sich mit der neuen Technik vertraut machen. Sehr bald treten hierbei, gute Schulungen vorausgesetzt, Lerneffekte ein. Der zeitliche Mehraufwand kehrt sich in personelle Einsparungen um.

Die Häufigkeit der durchgeführten Studien allein reicht für eine Investitionsentscheidung nicht aus. Darüberhinaus ist die Verteilung auf die einzelnen Befragungsarten zu beachten. Spezialisiert sich ein Institut auf eine einzige Methode, so ist natürlich kein Expertensystem für die Methodenauswahl erforderlich. Die notwendigen Investitionen für diese eine Erhebungsart amortisieren sich schneller. In der Praxis finden sich bislang nur CATI-Institute.[1] Denkbar wären jedoch auch Spezialisten in den einzelnen anderen Bereichen. Die heutigen Befragungsstudios könnten sich zu Bildschirmbefragungsstudios entwickeln. Es könnten sich Anbieter für Disk-By-Mail oder Terminalbefragungen herausbilden, welche die entsprechende Hardware besitzen und diese durch häufigen Einsatz amortisieren. Das For-

---

[1] Z. B.: Link & Partner, Frankfurt.

schungsinstitut mit einem universellen Feld könnte dabei bald der Vergangenheit angehören. Der Forschungsprozeß wird mehrstufig werden, in dem das beauftragte Institut für die Erhebung auf einen externen Spezialisten zurückgreift.

Weitere Kriterien sind der Grad der Standardisierung und der Umfang der Erhebung. Wenig standardisierte Befragungen bieten im gesamten Forschungsprozeß nur wenig Einsatzmöglichkeiten für den Computer. Sowohl die Konzeption als auch die Durchführung und Auswertung erfordern eine kreative Denkweise vom Forscher, welche die Computer auf unabsehbare Zeit noch nicht leisten können.

Untersuchungen mit kleinen Stichproben lassen den Aufwand insbesondere für die Programmierung komplexer Fragebögen als fraglich erscheinen. Die Programmierung stellt im Gegensatz zu den Druck- und Versandkosten Fixkosten dar, die von der Fallzahl unabhängig sind. Die kritische Größe der Stichprobe verschiebt sich weiter nach oben, wenn extra für diese Untersuchung eine entsprechende Hard- und Software beschafft werden muß.

6.1.4 Organisatorische Aspekte der Computernutzung

Selbst wenn die qualitativen und wirtschaftlichen Vorteile für eine computerisierte Befragung sprechen, läßt sich diese nicht immer realisieren. Ein kritischer Faktor ist die Zeit. Ist die nötige Ausstattung nicht vorhanden, so beansprucht die Beschaffung der Hard- und Software und die nötigen Schulungsmaßnahmen oft mehr Zeit als zur Verfügung steht. In der Praxis können computerisierte Befragungen meist nur in bestehenden Feldorganisationen mit entsprechender Ausrüstung durchgeführt werden. Ist eine solche Organisation vorhanden, kehrt sich das Zeitargument in einen Vorteil um, da die Ergebnisse von computerisierten Befragungen in der Regel viel schneller vorliegen als bei konventionellem Vorgehen.

Ein weiteres Hemmnis der computerisierten Befragung liegt in der Organisationsstruktur der Institute begründet. Wie bei den meisten technischen Neuerungen wird wohl auch die Einführung der EDV im gesamten Forschungsprozeß zu Widerständen in der Organisation führen. Die Geschäftsleitung muß zunächst die strategischen Ziele des Marktforschungsinstituts formulieren. Diese bestimmen, auf welchen Feldern sich das Institut in Zukunft bewegen will. Erfolgt die Ausrichtung sehr stark auf Tiefeninterviews, so hilft ein Computer bei der Datenerfassung nur wenig. Will das Institut mehr mit standardisierten Studien arbeiten, müssen die Bereiche fixiert werden, in denen Schwerpunkte liegen sollen (zum Beispiel Omnibusbefragungen). Es ist wohl nicht wirtschaftlich, zugleich in alle Möglichkeiten der computerisierten Befragung zu investieren.

6.2 Zusammenfassung der Ergebnisse für die einzelnen Befragungsarten

Die Vorteile des Computers in den einzelnen Phasen einer Studie wurden hinreichend dargestellt. In der Datenerhebungsphase besitzen die einzelnen Methoden über die allgemeinen Vorteile, wie Ablaufsteuerung, Antwortkontrolle usw. hinaus weitere spezifische Vor- und Nachteile. Diese sollen hier noch einmal zusammenfassend gegenübergestellt werden.

6.2.1 Telefonische Befragung

Eine ganze Reihe von Aspekte sprechen für eine Umstellung der telefonischen Befragung auf CATI. Speziell im Telefonstudio wird der Studioleiter bzw. der Interviewer durch das computergesteuerte Stichprobenmanagement zeitlich erheblich entlastet. Diese Zeiten lassen sich zur Verbesserung der Interviewerfähigkeiten sinnvoll einsetzen.

Der Computereinsatz zum Stichprobenmanagement kann nicht alle Probleme der Stichprobenbildung beseitigen. Durch eine wahrscheinlich zunehmende Zahl an Geheimnummern auch in Deutschland bekommt die Zufallsauswahl von Telephonnummern für Haushaltsstichproben eine größere Bedeutung. Das zufällige Verändern der letzten Stellen einer Telefonnummer läßt sich in idealer Weise mit dem Computer durchführen. Wenngleich dieses Verfahren auch Schwächen zeigt, ermöglicht es die sauberste Zufallsauswahl, da es allen anderen manuellen Verfahren überlegen ist.

Große Fortschritte ergeben sich bei der Vervollständigung abgebrochener Interviews. Durch die Computersteuerung läßt sich die Nummer wieder anwählen und der Interviewer erhält gleichzeitig die bisher erhobenen Daten auf dem Bildschirm angezeigt.

Die Möglichkeiten der wiederholten Anwahl des Probanden erhöhen die Ausschöpfung der Stichprobe. Wenngleich dieses Vorgehen auch manuell durchführbar wäre, steht dem in der Praxis der zu hohe Organisationsaufwand entgegen. Somit macht der Computereinsatz die Wiederanwahl erst praktikabel und wirtschaftlich vertretbar.

Die Computertechnologie erbringt für Studio und Studienleiter jedoch an anderer Stelle Mehrbelastungen. Die technische Möglichkeit jederzeit Zwischenberichte zu erstellen, führt fast automatisch zu einer Nachfrage von der Auftraggeberseite. Der Ausdruck ist zwar relativ rasch zu erstellen, jedoch bedarf es einer Überprüfung der Daten hinsichtlich ihrer Qualität. Es ist nicht sinnvoll, Zwischenberichte weiterzugeben, in denen zum Beispiel die Stichprobe bislang sehr einseitig ausgeschöpft wurde oder in denen die Stichprobe noch zu gering ist.

Die Zwischenergebnisse können wiederum eine kurzfristige Änderung des Befragungsprogrammes oder der Stichprobe bedingen. Dies sind sowohl zusätzliche Chancen durch den Computereinsatz, als auch zusätzlicher Arbeitsaufwand für die Programmierung der Änderungswünsche. Die Vorteile, die Befragung noch in der Feldphase optimieren zu können, überwiegen jedoch eindeutig.

Lediglich bei einfachen und kurzen Studien bleibt die traditionelle Papier-und-Bleistift-Methode wirtschaftlicher. Dies hängt jedoch stark vom Programmieraufwand ab. Je anwenderfreundlicher die Software ist, desto niedriger sinkt die Schwelle, ab der sich CATI wirtschaftlich einsetzen läßt.

Die Entwicklung geht unaufhaltsam in Richtung CATI. Sie ist in diesem Bereich auch bereits am weitesten fortgeschritten. Wenngleich die wirtschaftlichen Vorteile nicht immer gegeben sind, so rechtfertigen die qualitativen Möglichkeiten diese Entwicklung.

6.2.2 Zu-Hause-Interview

Bislang wurden erst wenige Erfahrungen in diesem Bereich veröffentlicht. Trotzdem läßt sich aus dem gesamten Material eine positive Bilanz ziehen. Nach dem Stand der Erkenntnis stellt die computerunterstützte Zu-Hause-Befragung einen qualitativen und auch zeit- und kostenmäßigen Fortschritt dar.

Die deutlichsten Vorteile werden neben den allgemeinen Effekten durch die Datenfernübertragung realisiert. Die Institute können täglich mit ihren Mitarbeitern kommunizieren. Längere Postlaufzeiten entfallen. Die Verteilung der einzelnen

Aufträge läßt sich rechnergesteuert optimieren und das Institut kann kurzfristig Zwischenauswertungen und Änderungen des Befragungsprogramms vornehmen.

Bei der Betrachtung der Vorteile stellt sich die Frage, warum bislang in Europa nur sehr wenige Institute den Computer im Feld einsetzen. Dies läßt sich nur aus der Tatsache erklären, daß eine Einführung zunächst eine sehr große Investitionssumme darstellt. Die Ausstattung eines 1 000er-Interviewerstabes erfordert zunächst zwei bis drei Million DM. Viele rechnen, abgeschreckt von dieser Zahl, wohl nicht mehr weiter und erkennen so die wirklichen wirtschaftlichen und qualitativen Chancen nicht.

6.2.3 Studiobefragung

Im Studio sollte der Proband die Fragen und Antwortvorgaben auf dem Bildschirm selbst mit verfolgen können. Damit verringert sich die Gefahr des Interviewerbias gegenüber der Zu-Hause-Befragung. Je mehr der Befragte selbst mit dem Computer agiert, umso stärker wird der Interviewer in die Rolle des bloßen Assistenten gedrängt, der dem Befragten bei der Bedienung des Computers hilft. Dies bedeutet den Übergang zur unpersönlichen Bildschirmbefragung.

Weitere Vorteile erreicht das computerunterstützte Studiointerview bei den besseren Möglichkeiten, andere Techniken und Medien mit der Befragung zu kombinieren. Es muß jedoch an dieser Stelle auch deutlich gesagt werden, daß die Schaffung von vielen Gestaltungsmöglichkeiten in der Befragung durch Multimedia u. a. immer auch mit einem größeren Aufwand an Programmierung verbunden ist. Will ein Institut alle technischen Möglichkeiten der computerunterstützten Befragung nutzen, so ist wohl ein Spezialist für die Fragebogenerstellung nötig.

Wirtschaftlich ergeben sich durch die täglich mehrstündige Nutzungsdauer der Geräte sehr gute Chancen, die Investitionen rasch zu amortisieren. Nach längstens zwei Jahren sollte dies erreicht sein. Diese Zeitspanne kann sich in Abhängigkeit der laufenden Kosten für Wartung und einen Fragebogenprogrammierer verlängern.

6.2.4 Außer-Haus-Befragung

Die Außer-Haus-Befragung eignet sich wegen ihrer oft mangelnden Repräsentativität nicht für alle Befragungsprobleme. Ihre spezifischen Vorteile macht sie jedoch für bestimmte Aufgaben interessant. Der Computereinsatz verbessert die Befragungsqualität auch hier. Das schwierige Handling von Fragebögen und eventuellen Hilfsmitteln wird vereinfacht. Der Computer führt sicher in der richtigen Reihenfolge durch die Befragung, ohne daß eine Fragebogenseite überblättert wird.

Entscheidend für den Computereinsatz sind hier auch die wirtschaftlichen und zeitlichen Vorteile. Die Investitionskosten lassen sich in ein bis maximal zwei Jahren amortisieren. Nur der Einsatz von Notepad verlängert diese Periode bzw. stellt eine Wirtschaftlichkeit in Frage.

Durch die modernen, elektronischen Kommunikationswege und dem Wegfall von Datenübertragung und Datenbereinigung entwickelt sich die Außer-Haus-Befragung mit Hilfe des Computers zu einer der schnellsten Befragungsarten überhaupt. Sie bricht damit in die Domäne von CATI ein und bietet die zusätzliche Möglichkeit, visuelle Vorlagen einzusetzen.

6.2.5 Unpersönliche Computerbefragung

Alles in allem läßt sich als Resümee ziehen, daß der Einsatz der Computerbefragung gegenüber der schriftlichen Befragung keine wesentlichen inhaltlichen Veränderungen der Ergebnisse bezogen auf die einzelne Frage erbringt. Dies gilt jedoch nur für Fragen, die vom Proband korrekt beantwortet wurden. Häufig treten hierbei jedoch Fehlerquellen auf. Die Antworten sind unvollständig oder unzulässig. Liest der Proband den Fragebogen vor der Befragung erst komplett durch, können verschiedene Ausstrahlungseffekte auftreten. Diese Fehlerquellen verhindert der Computer. Hinzukommen die zusätzlichen Gestaltungsmöglichkeiten, insbesondere der Einsatz von komplizierten Verzweigungen, die dem Befragten dank des Computers unbekannt bleiben.

Zieht man die erweiterten Gestaltungsmöglichkeiten und die Vermeidung einiger Fehlerquellen mit heran, verbessert sich die Bilanz erheblich zu Gunsten der computergesteuerten Befragung. Deshalb spricht bei standardisierten Befragungen alles für den Computer. Probleme bestehen lediglich bei der Erfassung offener Antworten, wenn sie in größerem Umfang in einer Befragung enthalten sind.

Die Mehrheit der Autoren, die die Folgen des Computereinsatzes untersuchten, ziehen ebenfalls ein positives Resümee, wenngleich einige einräumen, daß noch nicht alle Aspekte untersucht wurden.[2]

6.2.5.1 Bildschirmbefragung

Die Bildschirmbefragung im Studio wird sich wohl in naher Zukunft gegenüber der persönlichen Studiobefragung durchsetzen. Der Computer gewährleistet einen korrekten Befragungsablauf, so daß ein Interviewer gleichzeitig mehrere Befragte betreuen kann. Dies senkt die Erhebungskosten je Proband. Zusätzlich entfällt der Interviewereinfluß und die Qualität der Ergebnisse steigt.

Im Studio kommen auch die Vorteile der Vernetzung der Befragungscomputer voll zum Tragen. Es können Zwischenauswertungen und eventuelle Änderungen im Befragungsablauf vorgenommen werden. Durch die niedrigeren Personalkosten amortisiert sich diese Investition noch schneller als beim persönlichen Studiointerview. Hinzukommt, daß die Ausstattung der Studios sowohl für die persönliche als auch für die unpersönliche Befragungsvariante einsetzbar ist.

6.2.5.2 Disk-By-Mail

Die Einsetzbarkeit von Disk-By-Mail leidet unter der Beschränkung auf Grundgesamtheiten mit Computerzugang. Es ist also vorab sorgfältig zu prüfen, ob diese Voraussetzung in der definierten Grundgesamtheit gegeben ist. Innerhalb dieser Gruppen weist diese Befragungsform jedoch enorme Vorteile auf. Die Novität von Disk-By-Mail führt im Moment noch zu einem höheren Rücklauf als in der schriftlichen Befragung. Auch ist die Datenqualität zusätzlich zu den allgemeinen Effekten weiter gesteigert.

Disk-By-Mail erbringt gegenüber der schriftlichen Befragung einige zusätzliche Daten. Bislang war der Ausfülltag der Fragebögen weitgehend unbekannt. Disk-By-Mail erfaßt diese Angaben und gibt Auskunft über die Dauer der Bearbeitung.

Die Disketten lassen sich auch für die Auswahl nach dem Schneeballverfahren nutzen, in dem das Befragungsprogramm mehrere Befragungen gestattet. Der

---

2   Vgl. O'Brien/Dugdale (1978), S. 228; Erdman et al. (1983), S. 68; Glagow (1984), S. 52f; Liefield (1988), S. 408f; u. a.

erste Befragte gibt die Diskette einfach weiter, ohne daß erst neue Fragebögen an die weiteren Probanden verschickt werden müßten. Allerdings birgt dieses Vorgehen das Risiko in sich, daß ein späterer Befragter die Diskette weder weitergibt noch zurückschickt. Damit kommt es zum vollständigen Datenverlust auch der vorangegangenen Befragungen mit dieser Diskette.

Bei etwa gleichen Kosten ist die Disk-By-Mail-Methode der schriftlichen Befragung eindeutig vorzuziehen.

6.2.5.3 Btx-Befragung

Der Einsatz der Btx-Befragung wird durch die mangelnde Verbreitung von Btx-Anschlüssen eingeschränkt. Sinnvoll einsetzbar ist sie in geschlossenen Benutzergruppen. Neben den qualitativen Vorteilen, die bei den anderen Arten der computergesteuerten Befragung bereits hervorgehoben wurden, stellt die Btx-Befragung die wirtschaftlichste Befragungsform dar.

6.2.5.4 Elektronische Panels

Der Einsatz von elektronischen Befragungspanels ermöglicht die Einbeziehung von Probanden in computergesteuerte Befragungen, die sonst keinen Zugang zu einem PC besitzen. Die Vorteile gegenüber der schriftlichen Erhebung liegen einerseits wiederum in der Optimierung der Ablaufsteuerung, der Antwortkontrolle und der Beschleunigung der Erhebung. Anderseits zeigt sich eine deutlich höhere Panelbindung der einzelnen Teilnehmer. Die in einem Panel erheblichen Kosten der Panelsterblichkeit verringern sich drastisch.

Der Computer kann die bekannten Paneleffekte grundsätzlich nicht beseitigen. Eine Verbesserung tritt jedoch in den Fällen ein, in denen die elektronische Erhebung die Erfassung deutlich vereinfacht, wie dies durch das Scannerpanel geschieht. Hier wird die Vollständigkeit erhöht. Anderseits dürfte die Computernutzung an sich einen eignen Paneleffekt auslösen.

6.3 Fazit

Der Computer kann in vielen Phasen einer Erhebung erfolgreich eingesetzt werden. Insbesondere die Möglichkeiten während der eigentlichen Befragung führen zu erheblichen qualitativen und wirtschaftlichen Vorteilen. Es ist zu erwarten, daß der Computer in den nächsten Jahren hier eine weite Verbreitung findet.

Die anhaltende Entwicklung auf dem Hardwaremarkt, wonach die Leistung der Geräte bei sinkenden Preisen ständig weiter steigt, ist für den Einsatz in der Befragung nicht mehr von Bedeutung. Die Leistungsfähigkeit der billigsten Geräte übersteigt meist schon die Anforderungen durch die Befragungssoftware. Ein Abwarten auf fallende Preise ist nicht sinnvoll, da die kostengünstigen Geräte nicht noch billiger werden und eine Leistungssteigerung bei gleichem Preis keine weiteren Vorteile bringt.

Auch die Expertensysteme für die Konzeptionsphase werden wohl in einigen Jahren mit einem wirtschaftlich vertretbaren Aufwand zu realisieren sein.

Insgesamt verbessert der Computereinsatz die Befragungsergebnisse in einem erheblichen Ausmaß. Ein verbreiteter Einsatz wird sich wohl nicht aufhalten lassen.

Anhang:

1. Reine Befragungssoftware

a) Exemplarische Anbieterübersicht

ACS-Query

Analytical Computer
Service/Software Inc:
434 Sandford Ave.
Westfield, NJ 07090
USA

Automated Custom Research System

ACRS Division M/A/R/C INC.
P.O. Box 650083
Dallas, TX 75265-0083
USA

CAPPA[1]

P. E. Green
Palo Alto
USA[2]

Ci2/Ci3 System[3]

Sawtooth Software Inc.
Suite 302
1007 Church St.
Evanston, IL 60201
USA

IBIS[4]

Forschungsgruppe IBIS
Friedhelm Meier
Hülsbergstraße 77a
4630 Bochum

Interview System

Marketing Metrics Inc.
305 Rt. 17
Paramus, NJ 07652-2905
USA

PC-Survent

Computer for Marketing Corp. (CFMC)
547 Howard St.
San Francisco, CA 94105
USA

Political Poll Public Opinion

Stolzberg Research
3 Seabrook Ct.
Stony Brook, NY 11790
USA

Quick-Poll

TBX Inc.
106 Woodrest Dr.
Rome, GA 30161
USA

---

[1] S. nachfolgende Programmbeschreibung, S. 240ff.
[2] exakte Adresse nicht bekannt.
[3] S. nachfolgende Programmbeschreibung, S. 243ff.
[4] Vgl. Meier (1988, 1989, 1990); Hippler et al. (1988, 1990).

Survey   Persimom Software
                                1901 Gemway Dr.
                                Charlotte, NC 28216
                                USA

The Survey   Cybernetic Solutions Company
                                372 W. 800 S.
                                Alpine, UT 84004
                                USA

Aus diesen Programmen wurden zwei ausgewählt und im nachfolgenden näher dargestellt.

b) CAPPA

Bei CAPPA handelt es sich um eine PC-Software, die über die Erhebung hinaus auch Auswertungsverfahren anbietet. Green et al. haben dieses Programm bereits Anfang der 80er Jahre entwickelt. Von ihnen stammt auch das dieser Kurzbeschreibung zugrunde liegende Handbuch[5]. Eine neuere Beschreibung des Programms liegt nicht vor, so daß sich die folgenden Ausführungen auf den Stand des Jahres 1985 beziehen.

Das CAPPA-System stellt aus heutiger Sicht nur geringe Anforderungen an die Hardware. Ein IBM-kompatibler PC mit dem Betriebssystem MS-DOS 2.0 (oder höher) und 230K verfügbarer Arbeitsspeicher sind ausreichend. Lediglich für die statistischen Auswertungsprogrammteile wird ein 8087 Coprozessor empfohlen, um die Verarbeitungsgeschwindigkeit zu erhöhen. In bezug auf die Anzahl der Laufwerke werden höhere Anforderungen gestellt. Das Programm läuft nur, wenn in einem der zwei erforderlichen Laufwerke die Schlüsseldiskette eingelegt ist. Damit will der Hersteller seine Software vor unberechtigter Verbreitung schützen. Für den Feldeinsatz heißt dies, daß jeder Interviewer eine Schlüsseldiskette, eine Programmdiskette und eine Datendiskette benötigt. Programm- und Datendiskette können durch eine Festplatte (oder adäquates Speichermedium) ersetzt werden. Für den Studioeinsatz kann das Programm in einem Netzwerk mit nur einer Schlüsseldiskette im Server betrieben werden.

Das Programm ist für die Benutzung eines Farbbildschirmes ausgelegt. Die Verwendung eines monochromen Bildschirmes ist möglich. Problemlos lassen sich Fragebogen und die Ergebnisse auf Standarddruckern[6] ausgeben.

---

[5] Vgl. Green et al. (1985).

[6] Vorgeschlagen wird u. a. Epson, dessen Standard von vielen Druckern bewältigt wird (vgl. Green et al. 1985, S. 3).

Das Programmpaket besteht aus zehn Teilprogrammen. Das erste Teilprogramm übersetzt die mit einem zeilenorientierten Editor[7] geschriebenen Fragebögen. Der Komfort der Fragebogenerstellung hängt somit von der Leistungsfähigkeit des Editors ab. Mit EDLIN lassen sich nur kleinere Aufgaben lösen. WordStar oder auch Norton bieten dagegen schon die Möglichkeit, aus "Archivdateien" Fragen zu übernehmen. Die übersetzten Fragebögen werden auf eventuelle Fehler in der Vercodung automatisch überprüft.

CAPPA verarbeitet 15 verschiedene Fragentypen. Die Grundtypen sind: Alternativfrage, Multiple Choice[8], offene Fragen[9] und Skalierungsfragen. Die 15 genannten Möglichkeiten ergeben sich aus verschiedenen Varianten und Kombinationen dieser Grundtypen. Die Fragen können so programmiert werden, daß eine Antworteingabe erfolgen muß, bevor die nächste Frage aufgerufen werden kann. Bei Multiple Choice Fragen kann die Minimal- und Maximalanzahl der auswählbaren Antworten eingestellt werden. Damit ist eine automatische Kontrolle der Eingabe bereits während der Befragung möglich. Das Programm bewältigt die Fragen- und die Itemrotation. Die zu rotierenden Blöcke können frei gewählt werden. Die Rotation erfolgt mit Hilfe eines Zufallsgenerators. Eine Verzweigung im Fragebogen ist an jeder Stelle möglich. Bei der Fragebogenerstellung werden die Bedingungen und die dann folgenden Fragen programmiert. Ohne Angabe geht das System immer zur folgenden Frage.

Ein weiteres Teilprogramm steuert die Darstellung der einzelnen Fragen auf dem Bildschirm und die Antworteingabe. In der Regel wird eine Frage allein angezeigt. Das System zentriert die Fragen und die Antworten selbständig, so daß ohne weitere Programmierung ein gutes Bildschirmlayout gegeben ist. Darüberhinaus kann der Fragebogenautor den Bildschirm auch weitgehend frei gestalten.

Am komfortabelsten ist die Eingabe der Antworten mit der Maus[10]. Ohne Maus wird der Cursor über die Richtungstasten der Tastatur gesteuert. Nach Meinung der Programmautoren ist dies für einen Probanden, der den Umgang mit einem Computer nicht gewohnt ist, schwieriger. Deshalb empfehlen sie die Verwendung der Maus. Bei Befragungen ohne offene Fragen benötigt man somit keine Tastatur.

---

[7] Z.B. EDLIN oder WordStar im entsprechenden Modus. EDLIN ist Teil der Betriebssystemsoftware MS-DOS und somit ohne zusätzlichen Aufwand verfügbar.

[8] Bis zu 50 Items können vorgegeben werden.

[9] Für die Texteingabe der Antwort setzt das Programm keine Platzbeschränkung.

[10] Empfohlen wird die 3-tastige Logimouse Logimate von Logitech; vgl. Green et al. (1985) S. 3.

Auch die Programmsteuerung kann mit der Maus erfolgen. Hierzu steht am unteren Rand des Bildschirmes eine Kommandozeile zur Verfügung. Der Bediener kann die nächste Frage aufrufen, im Fragebogen zurückblättern, Hilfe anfordern und die Befragung abbrechen. Ein nach vorne Durchblättern ist nur bis zur nächsten Frage mit zwingender Antwort möglich.

Ein möglicher Computerbias kann durch die Ausgangsposition des Cursors vor der Antworteingabe entstehen.[11] Nur bei der Alternativfrage ergeben sich keine Probleme, da der Cursor zwischen den Alternativen positioniert wird. Bei Multiple-Choice-Fragen steht der Cursor auf dem ersten Item. Dadurch werden die Items zu Beginn der Liste begünstigt. Der Effekt läßt sich durch den Einsatz der zufallsgesteuerten Itemrotation kontrollieren. Bei Skalen steht der Cursor zunächst in der Skalenmitte.

Das Programm bietet die Möglichkeit, die Befragung in drei Teile[12] zu zerlegen. Der Interviewer gibt zunächst die Daten ein, die er vorab erfragt, um zum Beispiel zu prüfen, ob der Proband in die Stichprobe paßt. Danach erfolgt die eigentliche Befragung. Im Anschluß daran bietet das Programm die Gelegenheit, daß der Interviewer noch weitere Angaben, zum Beispiel Verhaltensbeobachtungen, eingibt. Für die Computerbefragung erhält der Proband im ersten Teil allgemeine Informationen zur Befragung und kann einige Übungsfragen zur Eingewöhnung beantworten.

Die Ergebnisse können täglich zusammengefaßt werden, so daß der Auftraggeber einen laufenden Überblick über den Stand der Untersuchung erhält. Während die obigen Teilprogramme menügesteuert ablaufen, erfordern die Teile der deskriptiven Analyse die Programmierung von sogenannten Batch-Programmen. Der Anwender muß vor Programmstart alle Angaben über Prozedur, Variablen, Einschränkungen, Form der Ausgabe usw. in dieses Steuerprogramm schreiben. Dabei werden die Befehle aus der Programmiersprache FORTRAN verwendet. Anschließend wird dieses Programm gestartet und läuft ohne Eingreifen des Anwenders bis zur Ausgabe der Ergebnisse.

Das Angebot an deskriptiven statistischen Verfahren reicht von der Erzeugung verschiedener Kreuztabellen mit Signifikanztests über Mittelwerte, Standardabweichungen u. ä. bis zu Korrelationen und Varianzanalysen. Hinzukommen multivariate Verfahren, die in komfortabler Weise im Dialogbetrieb gesteuert wer-

---

[11] S. S. 178ff.
[12] Vorbefragung, Hauptbefragung und Nachbefragung.

den, wie multiple Regression und Diskriminanzanalyse. Somit sind alle gebräuchlichen Verfahren abgedeckt. Bei darüber hinausgehendem Bedarf kann CAPPA die Daten direkt zum Beispiel in SPSS einspeisen.

CAPPA bewältigt sowohl die reine Computerbefragung als auch die CAPI-Vorgehensweise. Dabei ist jedoch zu beachten, daß die Kommandozeile sowie die Standardhilfstexte und Fehlermeldungen in Englisch am Bildschirm erscheinen. Vor einem Einsatz in Deutschland müßten diese übersetzt werden, um eine Ablehnung der Befragten durch englische Texte zu vermeiden.

CAPPA ist eine leistungsfähige Befragungssoftware mit guter farbiger Darstellung der Fragen auf dem Bildschirm. Alle wichtigen Fragestellungen sind anwendbar. Nachteile bestehen hinsichtlich der nicht vorhandenen Unterstützung bei der Fragebogenerstellung, dem Programmieraufwand für Fragebogen und Auswertung sowie den englischen Hilfs- und Kommandotexten. Für kleinere Institute mit geringerem Befragungsaufkommen bietet diese PC-Software eine gute Alternative. Die Beherrschung der Kommandosprachen dieses Programmpaketes erfordern jedoch ein gewisses EDV-Verständnis, daß wohl nicht bei jedem Studienleiter vorausgesetzt werden kann. Für die Datenauswertung ist der Übergang zu benutzerfreundlicheren Programmen zu empfehlen.

c) Ci2/Ci3-System

Ci2 zählt in den USA zu den ausgereiftesten Befragungsprogrammen.[13] 1992 wurde die Neuentwicklung Ci3 vorgestellt, die neben der bewährten Software Ci2 angeboten wird.[14] Bislang liegen zu diesem neuen Produkt noch keine Erfahrungsberichte vor, so daß sich die folgenden Ausführungen auf das bewährte Ci2-System beschränken.

Durch eine Reihe von Zusatzmodulen bewältigt Ci2 auch Aufgaben wie CATI, Conjoint Analysen, Mapping u. a. Die weiteren Ausführungen beziehen sich auf Informationsbroschüren des Anbieters Sawtooth Software und eine Reihe anderer Veröffentlichungen.[15]

---

[13] Vgl. Hippler et al. (1990), S. 398.

[14] Vgl. o. V. (1992c), S. 6f.

[15] Vgl. Sawtooth Software (o. J. a-e); Johnson (1985); Smith (1986), S. 83ff; Toy (1986), S. 24ff; Crispell (1987), S. 52f; Saltzman (1987), S. 101ff.

Dieses Programm ist bezüglich der Hardware ähnlich anspruchslos wie CAPPA. Ein IBM-kompatibler PC mit 8086 Prozessor und wenigstens 256K Arbeitsspeicher ist ausreichend. Als Betriebssystem setzt Ci2 DOS voraus. Für die Durchführung von Befragungen genügt ein Laufwerk. Es ist keine Schlüsseldiskette notwendig. Ci2 verfolgt hier eine andere Politik. Diese ermöglicht auch die Vervielfältigung der Software auf Disketten zum Versand im Rahmen einer Disk-By-Mail-Befragung.

Gegenüber CAPPA zeichnet sich Ci2 durch einen eigenen Editor zur Fragebogenerstellung aus. Hiermit werden zunächst alle Fragen eingetippt und der Bildschirm gestaltet. Dies kann jedoch auch mit anderen Textverarbeitungsprogrammen geschehen. In einem zweiten Arbeitsgang werden die Fragenreihen und eventuell Angaben zum zulässigen Wertebereich eingegeben. Alle Standardfragentypen, wie offene Frage, Multiple-Choice, Skalen, konstante Summen u. ä. sind möglich. Das Programm kann auf vorherige Antworten zurückgreifen und in die aktuelle Frage einbauen. Auch sind mathematische Operationen aus verschiedenen Antworten möglich. In einer Befragung können bis zu 1 000 Fragen programmiert werden.

Ci2 ist zunächst als Version für eine Einzelplatzanwendung konzipiert. Für den Betrieb in einem Netzwerk, wie es für CATI zu empfehlen ist, bietet Sawtooth Software eine eigene Version an. Diese ermöglicht die volle Nutzung der Möglichkeiten zur Stichprobenauswahl und -überwachung und zu Zwischenauswertungen. Einen kompletten Überblick der Leistung dieser Software gibt Abbildung 32.

Ci2 läßt sich mit anderen Programmen kombinieren. Hierzu steht ein OUT-Befehl zur Verfügung, der ein vorübergehendes Verlassen der Software und den automatischen Aufruf eines anderen Programmes ermöglicht. Dies ist zum Beispiel erforderlich, wenn eine Conjoint Analyse in eine Befragung eingebaut werden soll. Dabei ist der Anwender nicht auf die Verwendung der vom gleichen Hersteller angebotenen Programme angewiesen. Sawtooth Software bietet folgende Erweiterungsmodule an:

- ACA für adaptive Conjoint Analyse,
- APM für adaptives Perceptual Mapping,
- CCA für konvergente Clusteranalyse.

CATI FEATURE COMPARISON SHEET

compare	Ci2 CATI	Use this to other systems	
Stations			
Ci2 CATI6	6		
Ci2 CATI20	20		
Ci2 CATI36	36		
Ci2 CATI60	60		
Number of Studies Simultaneous studies	24		
Call Management Electronically transfer sample from another computer or enter manually	√		
Automatically transfer sample from disks (such as Survey Sampling)	√		
Interviewers can enter sample from lists/phone books while interviewing	√		
Generate random or household +1 numbers	√		
Sort, filter, edit, or merge sample records	√		
Pre-assign calls to specific interviewers	√		
Pre-schedule calls	√		
Pre-assign respondent's quota cell when known	√		
Control number of call attempts per phone number	√		
Automatic call-back control	√		
Control time interval before re-dialing busys	√		
Automatic time zone control	√		
Call record fields that are user-definable	15		
Outbound and in bound calling	√		
Telephone Dialing Manual or autodial	√		
International telephone numbers	√		
Long distance access codes	√		
Long distance account codes	√		
Quota Control Automatic quota control	√		

Number of quota cells	100		
Qualifications per quota cell	5		
Assign priority to lower incidenc cells	√		
Control group of quota cell sub-totals	√		
Close quota cells automatically or manually	√		
Call Disposition Monitoring Automatic call disposition monitoring	√		
User-definable codes	40		
Continious tracking of study incidence	√		
Questionaire Design Questionaire design software	Ci2		
Complete control of screen format	√		
Library for storing frequently-used text screens	√		
Logic and arithmetic skip/branches	√		
Randomization of question/answer choices	√		
Records open-ended responses	√		
Interview times automatically recorded	√		
Color or monochrome screens	√		
Include call record information in interview	√		
Quick editing/adding of questions	√		
Multi-lingual interviews	√		
Interviewer Assistance Call history displayed before each attempt	√		
Call record info can be updated during interview	√		
Call waiting status	√		
Transfer calls to other stations	√		
Automatic call-backs and re-dial of busys	√		
Predetermined recall scheduling for no answers	√		
Automatic qualification control/termination	√		
Interviewer sees verification of answer entered	√		
Study schedule shown for call-back schelduling	√		
Automatic no-answer rescheduling	√		

Automatic control of call times by times zones	√		
Question Screen Speed Instanteous question screens	√		
Not slowly by adding stations	√		
Progress Reports Reports available during interviewing	√		
Daily or cumulative quota reports	√		
Daily or cumulative disposition reports	√		
Daily or cumulative incidents reports	√		
Top-line reports and filtered marginals	√		
Interviewer productivity reports	√		
Remote Staions Set up studies from remote station in network	√		
Generate/display reports from remote station in network	√		
Monitor interviews from remote station in network	$500		
Data Processing ASCII data files	√		
Use any cross-tab or statistical package	√		
Open-end coder	$500		
Ease of Use No computer operator required	√		
No special interviewer skills or training	√		
Menu-driven study set up	√		
Easy-to-learn questionnaire writer	√		
Well-written manuals	√		
Responsive technical support	√		
Other Benefits Questionnaire can be administered stand-alone	√		
Clients can be given questionnaire for review on their PCs	√		
Clients can write field-ready CATI questionnaire with their Ci2 System	√		
Clients can be given data on disk	√		
Mailing labels can be printed for selected respondents	√		

PCs can be used for other office tasks	√		
Other applications can run on network simultaneously	√		
Hardware IBM PCs compatibles	√		
DOS compatible local area network (e.g. Novell, 3Com)	√		
Hayes modems or compatibles (optional)	√		
Color or monochrome monitors	√		
Reliability Interviewing continues if a station fails or supervisor computer interrupted	√		
Stand-alone back-up mode	√		
Automatic bach-up of data and call information	√		
Prices and Guarantee Ci2 CATI6	$5,000		
Ci2 CATI20	12,000		
Ci2 CATI36	15,000		
Ci2 CATI60	20,000		
Each additional Ci2 CATI20 System	$4,000		
Each additional Ci2 CATI36 System	5,000		
Each additional Ci2 CATI60 System	6,000		
Per station fee	None		
Monthly or annual license fee	None		
License for stand-alone interviewing	Incl.		
Trade-up credit	Full		
Free technical support	1 year		
Money-back guarantee	60 day		
Installment payment plan	√		
Delivery	2 day		

Abb. 32: Ci2-CATI Programmfeatures[16]

---

[16] Vgl. Sawtooth Software (o. J.b), lose Beilage.

2. Programmpakete

Die Programmpakete versuchen einen möglichst großen Teil des Forschungsprozesses abzudecken. Der Ausgangspunkt ihrer Entwicklung liegt meist bei einem Statistikprogramm. In diesem Bereich existieren einige Anbieter, die die Software auch in deutscher Version anbieten.

a) Exemplarische Anbieterübersicht

Delphi	ACS Angewandte Computer Software GmbH Landsberger Straße 439 8000 München 60
Quantime[17]	Quantime Ltd. London GB
SPSS/PC+	SPSS GmbH Software Steinsdorfstraße 19 8000 München 22

b) Delphi

Delphi ist in erster Linie ein Datenerfassungs- und Auswertungsprogramm. Hierfür bietet es vielfältige Gestaltungsmöglichkeiten der Eingabemasken und des späteren Ausdrucks von Grafiken und Tabellen. Miltivariate Auswertungen sind nicht enthalten. Ein Zusatzmodul ermöglicht den Einsatz des Programms direkt zur Datenerhebung. Die Fragebogengestaltung ist zwar einfach, läßt jedoch keine Nutzung einer Fragenbibliothek zu. Ein Stichprobenmanagement, insbesondere für CATI, ist nicht enthalten. Die Hardwareanforderungen sind relativ gering, so daß dieses System auf einem normalen PC problemlos möglich ist.[18]

Wenngleich das Delphi-System mehrere Bereiche des Forschungsprozesses abdeckt, ist es als Gesamtsystem nicht ausreichend.

---

[17] Vgl. Schwab (1990), S. 29ff.
[18] Vgl. Angewandte Computer Software GmbH (1990).

d) Quantime

Thomae[19] gibt in seinem Artikel einen Überblick über die Leistungsfähigkeit des Quantime-Systems. Es besteht aus mehreren Modulen. Die Computerunterstützung des Forschungsprozesses beginnt mit der Fragebogengestaltung. Sie führt dann weiter über die Stichprobensteuerung und Anrufsteuerung speziell für CATI zur Steuerung der eigentlichen Befragung. Das Programm eignet sich auch für das computerunterstützte Interview. Die erhobenen Daten lassen sich bearbeiten. Das System unterstützt dabei die Vercodung offener Antworten. Schließlich führt die Software Tabellierungen und einige statistische Testverfahren durch. Für weitere Auswertungen bestehen Schnittstellen zu SPSS, SAS aber auch zu Grafikprogrammen.

Die einzelnen Module stellen unterschiedliche Hardwareanforderungen. So können Befragungen bereits von einem DOS-kompatiblen PC mit einem 8086 Prozessor gesteuert werden, während die Auswertungsverfahren oder Mehrplatzsysteme höhere Anforderungen stellen.

Quantime scheint aktuell die umfassendste Software für den gesamten Befragungsablauf zu sein. Fehlende Optionen werden durch Schnittstellen ausgeglichen. Der Einsatz anderer Programme, wie zum Beispiel ACA[20] in der Datenerhebung oder SPSS in der Datenauswertung sind möglich.

e) SPSS/PC+

SPSS/PC+ stellt die PC-Version der Großrechnerversion dar. Die PC-Version wurde dabei benutzerfreundlicher gestaltet und um einige Module erweitert. So enthält SPSS/PC+ das Modul Data-Entry II. Dieses Programm wurde entwickelt, um die Dateneingabe zu erleichtern. Zur Fehlerreduzierung lassen sich in einem Fragebogen vergleichbare Masken definieren. Diese Möglichkeit führt gleichzeitig zur Eignung als Befragungssoftware.[21] Diese Software kann sowohl innerhalb des Gesamtprogrammpaketes SPSS/PC+ als auch als Einzelversion eingesetzt werden und ist somit vom Gesamtpaket unabhängig nutzbar[22].

---

[19] Vgl. Thomae (1992).
[20] ACA = Adaptive Conjoint Analysis (Vgl. Johnson 1987).
[21] Vgl. Sauerwein/Hönekopp (1990), S. 76, 190.
[22] Vgl. SPSS GmbH Software (o. J.), S. 2.

Trotzdem bleibt SPSS vornehmlich ein Statistikpaket. Eine Unterstützung der Fragebogenerstellung und des Stichprobenmanagementes fehlen. Data Entry II bietet als Befragungssoftware nicht den Komfort anderer Programme.

Glossar

Nachfolgend sind die wichtigsten Fachbegriffe mit Definitionen aufgeführt. Verweise innerhalb des Verzeichnisses zu weiteren Einträgen sind durch kursive Schrift gekennzeichnet. Der Verfasser hat diese Methode auch innerhalb von wörtlichen Zitaten angewandt, so daß entsprechende Hervorhebungen in der Regel in der Originalquelle nicht vorhanden sind.

Abbruch einer Befragung	Vorzeitiges Beenden einer Befragung, ohne daß das reguläre Ende erreicht worden wäre, i. d. R. durch den Befragten.
Ad-hoc-Befragung	Einmalige empirische Studie bei einer nur für diese Studie gezogenen Stichprobe.
Akku	wiederaufladbare Batterie.
Akustikkoppler	"Ein *Modem* ..., daß es dem Computer ermöglicht, mittels akustischer Signale über das Telefonnetz maschinenlesbare Daten zu senden und zu empfangen" (vgl. Ratzke 1990, S. 9). Das Gerät wird über die Sprech- und Ohrmuschel des Telefonhörers gestülpt.
Alternativfrage	Dem Befragten stehen - abgesehen von "ich weiß nicht"- nur zwei Antwortalternativen zur Verfügung. Häufigste Form ist die Ja-Nein-Frage.
analoger Mobilfunk	"Alle heute existierenden Autotelefon-Netze, also das B1-, B2-Netz und das C-Netz in der Bundesrepublik, sind analoge Mobilfunknetze. Bei analogen Systemen werden für jede Verbindung zwei Sprechkanäle benutzt und während der ganzen Verbindungszeit belegt. Für jedes Gespräch wird deshalb ein Sender und ein Empfänger benötigt. Der Aufwand dabei ist beträchtlich ..." (vgl. Gusbeth 1990, S. 10) siehe auch *digitaler Mobilfunk.*
Anlagenkonfiguration	*Hardwarekonfiguration.*
Anticlustering	Austauschheuristik zur Bildung von mehreren möglichst heterogener Klumpen einer Grundgesamtheit. (vgl. Bausch 1990, S. 80ff).
Antwortfehler	Der Befragte beantwortet die Fragen bewußt oder unbewußt falsch.
Antwortzeit	Die Zeit, die zwischen dem Stellen der Frage (bei Bildschirmbefragungen: dem Erscheinen auf dem Bildschirm) und der Nennung bzw. Eingabe der Antwort vergeht.
Arbeitsspeicher	Enthält die aktuell bearbeiteten Dateien und Programme, um einen schnellen Zugriff zu ermöglichen.
Artefakt	= Kunsterzeugnis; *hier:* systematische Störvariable im Befragungsablauf, die zu einer Abweichung der Ergebnisse von der Wirklichkeit führt; *Bias*
Auskunftsperson	*Befragter*
Ausstrahlungseffekt	*Halo-Effekt.*

Austauschheuristiken	Zusammenfassung verschiedener Ziehungsverfahren für Stichproben aus Grundgesamtheiten mit einer Reihe von bekannten Merkmalen, wie sie zum Beispiel in Kundenkarteien vorhanden sind. "Ein geeignetes Ziehungsverfahren hätte damit die Aufgabe, die Grundgesamtheit in mehrere möglichst heterogene Klumpen aufzuteilen, die die Basis für die Datenerhebung bilden." (vgl. Bausch 1990, S. 79ff).
Auswahlfehler	Sie entstehen "... durch fehlerhafte Handhabung des Auswahlverfahrens bzw. der Auswahltechnik und falsche Behandlung der Stichprobe ..." (vgl. Hüttner 1989, S. 411).
Auswertung	Dies umfaßt alle Arbeiten vom Eingang der ausgefüllten Fragebögen bis zum fertigen Bericht. (Synonym: Datenaufbereitung)
Außer-Haus-Befragung/-Interview	Interview, das in einer Straße bei zufällig vorbeikommenden Passanten durchgeführt wird; = Straßenbefragung/-interview.
BehaviorScan	" ... Mini-Testmarkt zur quasi-experimentellen Überprüfung von Marketing-Maßnahmen ... Basis des Mini-Testmarkts bildet ein nach Soziodemographie und Verbrauchsverhalten repräsentatives Haushaltspanel von 3 000 Haushalten ... Die Panelhaushalte sind mit einer Identifikationskarte ausgestattet, die bei jedem Einkauf in den am Ort unter Vertrag genommenen Einzelhandelsgeschäften vorgelegt werden soll. Da die Geschäfte mit Scannerkassen ausgerüstet sind, können der individuelle Einkauf des Haushaltes und die Abverkäufe der einzelnen Geschäfte per Scanning erfaßt werden (Single-Source-Ansatz)." (vgl. Böhler 1992, S. 52).
Batchbetrieb	*Stapelverarbeitung*
Baud	"Abk.: Bd. Schrittgeschwindigkeit beim Telegrafieren 1 Bd = 1 Schritt = ein Bit pro Sekunde (1 Bit/s). Maßeinheit für die Datenübertragungsgeschwindigkeit" (vgl. Ratzke 1990, S. 19).
Befragter	Person, die nach bestimmten Vorgaben ausgewählt wurde und Fragen aus einem vorgegebenen Programm beantwortet. Synonym: Proband.
Befragung	Erhebung bestimmter Sachverhalte durch die Notierung verbaler Äußerungen des Befragten.
Befragung, computergesteuerte	Der Computer führt den Dialog direkt mit dem Befragten. Ein Interviewer ist nicht anwesend. Der Computer steuert den gesamten Befragungsablauf. (= unpersönliche Befragung).
Befragung, computerisierte	Alle Befragungsarten, die sich zur Erfassung der Antworten eines Computers bedienen.
Befragung, computerunterstützte	Der Computer unterstützt den Interviewer bei der Befragung. (= persönliche Befragung = Interview)
Befragung, mündliche	Persönliche Befragung (*Interview*) des Befragten durch einen Interviewer von Angesicht zu Angesicht . Die telefonische Befragung fällt nicht hierunter.
Befragung, persönliche	*Interview*; Neben der mündlichen Befragung zählt hierzu auch die *telefonische Befragung*.
Befragung, schriftliche	Der Befragte bearbeitet einen Fragebogen selbständig, ohne daß ein Interviewer Fragen stellt oder die Antworten notiert.

254

Befragung, telefonische	Der Kontakt zwischen Befragten und Interviewer wird über das Telefon hergestellt. Der Interviewer fragt und notiert die durch das Telefon vom Probanden erhaltenen Antworten.
Befragung, unpersönliche	Bei dieser Form arbeitete der Befragte allein mit dem Fragebogenmedium. Es ist kein Interviewer anwesend. Die traditionelle Methode ist die *schriftliche Befragung*. Hizugekommen sind jetzt die *computergesteuerten Befragungen*.
Beobachtung	"Beobachtungen als Datengewinnungstechnik liegen vor, wenn das Verhalten von Personen (Einzelpersonen, die Angehörigen einer Stichprobe oder alle Elemente der Grundgesamtheit), ohne Beeinflussung der Situation erfaßt wird." (vgl. Scheuch 1989, S. 258).
Betriebssystem	"Die Gesamtheit aller Programme, die - unabhängig von einer bestimmten Anwendung - den Betrieb des Datenverarbeitungssystems ermöglichen ..." (vgl. Heinrich/Roithmayr 1989, S. 87).
Bias	*systematischer Fehler* in der Befragung.
Bildplatte	"Bildplatten sind elektronische, optische oder optoelektronische Speichermedien für Fest- oder Bewegtbilder und/oder Ton und Text, bei denen die Bild-, Ton- oder Textinformation analog oder digital auf scheibenförmigen Trägern aufgebracht ist" (vgl. Ratzke 1990, S. 23).
Bildschirm	*Display*
Bildschirmbefragung	Computergesteuerte Befragung, bei der die Befragten selbst den Dialog mit dem Computer führen. Kein Interviewer unterstützt den Ablauf der Befragung.
Bildschirmtext	Es handelt sich um einen "öffentlichen Fernmeldedienst der DBP, bei dem die Teilnehmer elektronisch gespeicherte, textorientierte Informationen abrufen, Datenverarbeitungsleistungen und andere Dienste bestimmter Anbieter in Anspruch nehmen sowie Mitteilungen an von ihnen bestimmte Teilnehmer elektronisch übermitteln können" (vgl. Hansen 1986, S. 700). Abk.: Btx.
Bildschirmtextbefragung	Computergesteuerte Befragung, die das Kommunikationsmedium Btx benutzt.
Binär-System	Das Verfahren, mit dessen Hilfe jede Information durch nur zwei Zeichensymbole, nämlich 0 und 1, dargestellt werden kann" (vgl. Ratzke 1990, S. 24).
Bit	(= Binärzeichen) ist die kleinste interne Organisationseinheit eines Rechners. Es kann nur zwei Werte annehmen: binäre Null und binäre Eins (vgl. Hansen 1986, S. 124).
Bit/s	"Einheit für die Datenübertragungsrate (Bit pro Sekunde) oder die Datenübertragungsgeschwindigkeit..." (vgl. Heinrich/Roithmayr 1989, S. 94).
Bitrahmen	"Eine Folge von Ziffern, die ein Zeichen repräsentieren. 10000001 ist zum Beispiel der Bitrahmen für den Buchstaben "a" im EBCDIC-Code" (vgl. Lipinski 1990, S. 85).
Breitbandkommunikation	"Jede Form von elektronischer Kommunikation, zu deren Übermittlung ein Kabel benutzt wird, dessen Kapazität größer ("breiter") ist, als das einer Telefonleitung" (vgl. Ratzke 1990, S. 27).
Briefing	"Führen eines kurzen Vorgesprächs, häufig mit der Vorgabe der Zielrichtung eines Projektes" (vgl. Ratzke 1990, S. 28). Diese Vorgaben können auch schriftlich erfolgen.

Aufgrund der Vorgaben wird ein *Untersuchungsdesign* entwickelt.

Btx   = *Bildschirmtext*

Btx-Terminal   Gerät, das i. d. R. an das Fernsehgerät angeschlossen wird, um mit Btx arbeiten zu können. Es gibt auch die Möglichkeit einen PC zum Btx-Terminal auszubauen.

Byte   eine Folge von acht Bits, die z. B. einen Buchstaben darstellen (vgl. Hansen 1986, S. 124).

C-Netz   Telefonnetz für den *analogen Mobilfunk*. "Das C-Netz bietet die Möglichkeit über den Sprachdienst hinaus folgende weitere Dienste zu nutzen: Telefax, Datenübertragung mit Modem bis 2,4 Bit/s, Datex-P, Telebox, Btx." (vgl. Gusbeth 1990, S. 32).

CD-ROM   "Eine Compact-Disk als *ROM*, die vom Hersteller beschrieben wird, mit einer Kapazität von etwa 600 Mbyte" (vgl. Heinrich/Roithmayr 1989, S. 109).

CD-Video   "Compact Disc mit Ton- und Videosignalen. Als "Goldene" 12-cm-Single mit 20 Minuten Musik und 6 Minuten Video-Clips, als 20-cm-Platte (beidseitig) mit bis zu 40 Minuten Bild und Ton je Seite" (vgl. Ratzke 1990, S. 36).

CeBIT   "Centrum Büro und Informationstechnik. Messe in Hannover" (vgl. Ratzke 1990, S. 36).

Cleaning der Daten   Bearbeiten der Datenbestände nach der Erhebung, um fehlende Werte und unzulässige Werte zu ersetzen. Datensätze mit zu vielen Fehlern werden eliminiert.

Computerbefragung   *Bildschirmbefragung*

computergesteuerte Befragung *Befragung, computergesteuerte.*

computerunterstützte Befragung *Befragung, computerunterstützte*

Cursor   Positionsmarke auf dem Bildschirm, die die aktuelle Zeichenstelle kennzeichnet (vgl. Hansen 1986, S. 251).

Cursortasten   Tasten, mit deren Hilfe der Cursor auf dem Bildschirm oder Display bewegt wird, um z. B. Eingabefelder zu mar-kieren.

D-Netz   europäisches Telefonnetz für den *digitalen Mobilfunk*. "Neben der Sprachübertragung (Telefon) werden Daten- und Telematikdienste wie Videotex (Btx), Teletex und Telefax angeboten ... Das D-Netz wird ab Ende 1991 jedoch erst regional angeboten werden können, eine Flächendeckung dürfte erst ab etwa 1994 erfolgen. (vgl. Gusbeth 1990, S. 45).

D1-Netz   *D-Netz* der Deutschen Bundespost Telekom.

D2-Netz   Privates *D-Netz*, das von einem Konsortium unter Führung der Mannesmann Mobilfunk GmbH betrieben wird. Bei gleicher Technik steht es in Konkurrenz zum *D1-Netz* der Deutschen Bundespost Telekom.

Datei   besteht aus einem oder mehreren *Datensätzen*

Daten   "... jede Form von quantitativen oder qualitativen Beschreibungsgrößen des Unternehmens und seiner Umwelt" (vgl. Bausch 1990, S. 11).

Datenaufbereitung   *Auswertung*

Datenaustausch   *Datenfernübertragung*

Datenbank	faßt eine oder mehrere *Dateien* zusammen und verwaltet sie mit einer eigens dafür erstellten Software.
Datencleaning	*Cleaning der Daten*
Datenerhebung	*hier*: Synonym zu *Befragung*; generell fällt hierunter auch das Ergebnis von Beobachtungen und Experimenten.
Datenfernübertragung	"Eine Datenübertragung zwischen zwei Datenendeinrichtungen über ein öffentliches Netz (...). Datenendeinrichtungen können sein: zwei Datenstationen, eine Datenstation und ein Datenverarbeitungssystem oder zwei Datenverarbeitungssysteme (vgl. Heinrich/Roithmayr 1989, S. 129) Abk.: DFÜ
Datenkommunikation	Erweiterte Form der *Datenfernübertragung*, die eine gegenseitige Kommunikation zuläßt.
Datensatz	besteht aus einem oder mehreren Datenfeldern, denen bestimmte Einzeldaten zugeordnet sind
Datenträger	"Das Material, in dem bzw. auf dem Daten gespeichert werden" (vgl. Heinrich/Roithmayr 1989, S. 141); z. B. *Disketten, Festplatte, Magnetband, ROM.*
Datenträgeraustausch	Übermittlung von Daten/Dateien mit Hilfe von *Festspeichermedien*, wie z. B. Disketten, Magnetbänder, RAM-Disks, ROM-Disks...
Datenübertragung	Eingabe der auf einem Papierfragebogen erfaßten Antworten in die EDV.
Datex	"Data Exchange; Datenaustausch. Die Datexdienste arbeiten nach zwei unterschiedlichen Vermittlungsprinzipien: Leitungsvermittlung oder Durchschaltevermittlung (circuit switching) und Speichervermittlung mit den Untergruppen Paketvermittlung (packet switching) und Nachrichtenvermittlung (message switching). Bei der Leitungsvermittlung wird für die gesamte Dauer einer Verbindung eine Leitung von einem Teilnehmer zu einem anderen geschaltet. Bei der Speichervermittlung wird eine Nachricht zusammen mit der Zieladresse als Ganzes an die nächste Vermittlungsstelle übermittelt. Dort wird sie zwischengespeichert, bis eine Leitung zur nächsten Vermittlungsstelle oder Zieladresse frei ist. Beim Übermitteln von Daten mit Hilfe der Datenpaketvermittlung werden die Informationen portionsweise in Paketen gespeichert, adressiert und nach bestimmten Ablaufverfahren (Prozedurprotokollen) übermittelt. Bildlich gesprochen wird aus der digitalisierten Information oder den digitalisierten Daten ein Paket hergestellt, das eingewickelt ist in einen Datenbriefumschlag. Dieser Briefumschlag (Header) enthält die Zieladresse und einige zusätzliche Daten, die dazu dienen, Übermittlungsfehler zu erkennen und zu beheben. Die Informationen in jedem Header, zusammen mit der Vermittlungsintelligenz des Netzwerkes, lassen jedes Paket über verschiedene Vermittlungsknotenstellen mit Zwischenspeichermöglichkeit zu einer genauen Anschrift, also zu seinem Empfänger, gelangen" (vgl. Ratzke 1990, S. 50).
Datex-L	"50 bis 9600 bit/s. Postalische Kurzbezeichnung: Dx-L; Datex-L ist ein leitungsvermittelter Fernmeldedienst der Deutschen Bundespost und dient der Übermittlung von Texten und Daten. Es ist ein öffentliches Wählnetz und Teil des integrierten Datennetzes IDN" (vgl. Ratzke 1990, S. 51).
Datex-P	"300 bis 48.000 bit/s (auch Datex-PV). Postalische Bezeichnung: DX-P; Datex-P ist die wichtigste Variante

der Speichervermittlung. Als Datenpaketvermittlung dient Datex-P der schnellen Datenübermittlung, insbesondere zwischen Datenverarbeitungsanlagen und -terminals" (vgl. Ratzke 1990, S. 51).

Desk Research
Sekundärforschung

Desktop-Computer
Dies sind im Moment die Standardgeräte, die am Schreibtisch benutzt werden. Sie lassen sich als Einzelplatzsysteme oder im *Netzwerk* mit anderen Computern betreiben.

DFÜ
Datenfernübertragung

Dialogbetrieb
Dialogverarbeitung

Dialogverarbeitung
"Unter der Dialogverarbeitung (...) versteht man eine Betriebsart, bei der zur schrittweisen Auftragsabwicklung eine ständige Kommunikation zwischen Benutzer und EDV-System erfolgt." (vgl. Hansen 1986, S. 341). Diese Verarbeitungsart steht im Gegensatz zur *Stapelverarbeitung*.

digital
"ziffernmäßig ... Darstellung und Übertragung von Signalen durch Zeichen in "codierter Form"... Im engeren Sinne kennzeichnet der Begriff digital in der elektronischen Datenverarbeitung ausschließlich jegliche Darstellungsform im *Binär-System*" (vgl. Ratzke 1990, S. 57).

digitaler Mobilfunk
"... Anders als bei analogen Systemen wird dabei eine größere Bandbreite (200 kHz) gewählt und mehrere Sprachkanäle zeitlich ineinander geschachtelt übertragen.... Für acht Kanäle braucht man deshalb nur einen Sender und einen Empfänger." (vgl. Gusbeth 1990, S. 50). siehe auch *analoger Mobilfunk*.

digitalisieren
"elektronisch zerlegen; Umwandlung von Text- und Bildinformation in maschinenlesbare Form für die Verarbeitung in einem Computer" (vgl. Ratzke 1990, S. 57).

Disk-By-Mail-Befragung
Unpersönliche Befragungsform, bei der anstatt eines schriftlichen Fragebogens eine Diskette verschickt wird. Die Adressaten müssen Zugang zu einem entsprechenden PC besitzen.

Disketten
"... sind flexible, runde Kunststoffplatten, die auf beiden Seiten mit einer magnetisierbaren Schicht bedeckt sind. Die Information wird durch Magnetisierung in konzentrischen Kreisspuren mit Hilfe eines Schreib-/Lesekopfes aufgezeichnet" (vgl. Hansen 1986, S. 173). Disketten gehören zu den Festspeichermedien bzw. Datenträgern.

Display
Anzeigefeld zur optischen Darstellung von Daten (z. B. Bildschirm) (vgl. Heinrich/Roithmayr 1989, S. 47).

DOS
"Disk Operating System. *Betriebssystem* für (Personal-) Computer" (vgl. Ratzke 1990, S. 60). Es gibt hierfür zwei namhafte Anbieter: Microsoft (*MS-DOS*) und Digital Research (*DR-DOS*).

EAN (EAN-Code)
europaeinheitliche Artikelnummer

Echtzeituhr
Dies ist eine im Computer eingebaute, batteriegepufferte Uhr mit Datum. Sie ermöglicht es Programmen, die Zeit oder Zeitmessungen in den Verarbeitungsprozeß aufzunehmen und abzuspeichern. Somit läßt sich z. B. der Zeitpunkt und die Dauer einer Befragung erfassen und abspeichern.

Editor
"Ein Programm zum Bearbeiten von Daten und Texten im Dialogbetrieb" (vgl. Heinrich/Roithmayr 1989, S. 168).

EDV	= Elektronische Datenverarbeitung

EDV = Elektronische Datenverarbeitung

Einkaufsstättenbefragung Befragung, die in einem Geschäft oder in einem (regionalen) Einkaufszentrum mit dort vorbeikommenden Personen durchgeführt wird. (engl. Mall Intercept, Central-Location Interviewing, Shopping-Center Sampling oder Shopper Survey; vgl. Hüttner 1989, S. 47f).

EPROM (Erasable programmable read only memory) Der Inhalt dieses *Festwertspeichers* kann vom Anwender mit Hilfe spezieller Geräte gelöscht und einige Male neu programmiert werden. Wird dieser mechanische Vorgang durch ein elektronisches Verfahren ersetzt, so spricht man von EEPROM oder E^2PROM (vgl. Hansen 1986, S. 41).

Experiment "Im allgemeinsten Sinne läßt sich das Experiment auffassen als ein Prozeß, in dem eine oder mehrere unabhängige Variable variiert oder kontrolliert und die Wirkung auf die abhängige(n) Variable(n) studiert werden." (vgl. Hüttner 1989, S. 398).

Expertenbefragung Befragung von Personen, die in Bezug auf den Befragungsgegenstand ein spezielles Wissen oder Kompetenz besitzen.

Expertensystem "... ist ein Informationssystem, das fachspezifische Kenntnisse, d.h. das Wissen von Experten, in einem (meist eng) abgegrenzten Anwendungsbereich verfügbar macht. Wesentliche Bestandteile sind eine Wissensbasis (Datenbank mit Expertenwissen) und eine Problemlösungskomponente (Inferenzkomponente)." (vgl. Hansen 1986, S. 399). Ziel ist es, die Lösung von nicht oder nur schlecht strukturierten Aufgaben zu unterstützen und dies auch Nichtexperten überhaupt zu ermöglichen (vgl. Heinrich/Roithmayr 1989, S. 188f).

Fall *hier:* eine Befragung.

Fallzahl *hier:* Anzahl der durchgeführten Befragungen

Fehler, statistischer Die Differenz zwischen dem berichteten Wert und dem wahren Wert (vgl. Sudman/Bradburn 1982, S. 289).

Fehler, systematischer "ein Fehler, der sich in der Masse nicht kompensiert; Fehler, der tendenziell nur ein Vorzeichen aufweist. Im Gegensatz zum *Zufallsfehler*" (vgl. König 1976, S. 356). Zu den systematischen Fehlern gehören der *Stichprobenfehler* und der *non-sampling error*; Systematische Fehler sind "... u. a. auf Mängel der Abgrenzung der Erhebungsgesamtheit, der Begriffsbildung, der Erhebungs- und Aufbereitungstechnik zurückzuführen [*Szameitat* und *Koller*, 1958, S. 10-16] und treten sowohl in Stichprobenerhebungen als auch in Totalzählungen auf." (vgl. Krug/Nourney 1987, S. 158).

Feld, Feldorganisation Organisatorischer Aufbau der Interviewer und ihrer Leitung in einem Institut.

Festplatte Dies ist der *Magnetplattenspeicher*, der fest in den Rechner eingebaut ist.

Festspeicher, Festwertspeicher "... Speicher, der während des normalen Speicherbetriebs nur gelesen werden kann. Man unterscheidet irreversible und reversible Festwertspeicher" (vgl. Hansen 1986, S. 40). Bei Stromabschaltung bleibt der Inhalt erhalten. *ROM, EPROM*

File Server *Server*

259

Filter, Filterfrage	Die Antwort des Befragten entscheidet darüber, welche Frage(n) im Anschluß an diese Frage gestellt wird (werden).
Filterführung	Art und Weise, wie dem Interviewer die Fragenreihenfolge bei *Filterfragen* mitgeteilt wird.
Floppy Disk	*Disketten*
Fragebogen	Schriftliche Aufstellung der Fragen und bei geschlossenen Fragen der Antworten, die der Befragte oder Interviewer liest bzw. die Antworten im Fragebogen einträgt. Der Fragebogen kann um eine Anweisung zur Durchführung des Interviews und/oder eine Einführung zum Thema ergänzt werden.
Fragebogenmedium	Der Träger der Fragen und Antworten. Es gibt Papier oder Computer.
Fragebogensplitt	Aufteilung des Fragebogens in verschiedene Teile aufgrund einer *Filterfrage*.
Funktelefon	*Mobilfunk*
Geschlossene Frage	Der Befragte kann nur zwischen vorgegebenen Alternativen auswählen.
Großrechner	Die Einteilung der Rechner in die einzelnen Kategorien erfolgt über die Dimensionen Leistung und Preis. Durch die Entwicklung sind keine absoluten Werte angebbar. Als Hilfskriterium kann dienen, daß für einen Großrechner Bedienungspersonal, Organisationsprogrammierer und andere EDV-Spezialisten erforderlich sind (vgl. Hansen 1986, S. 45f).
Gruppendiskussion	Eine Form des wenig oder unstrukturierten Interviews, bei dem mehrere Personen gleichzeitig und gemeinsam über das Untersuchungsthema diskutieren.
Gruppeninterview	*Klassenzimmerbefragung*
Halo-Effekt	"Beeinflussung eines Verhaltens durch die Ausstrahlungen früherer Erlebnisse oder räumlich naheliegender Faktoren, die bei Beurteilung dieses Verhaltens in Rechnung zu stellen sind (z. B. die Beeinflussung der Antwort auf eine Frage durch die vorhergehenden, der Reaktion auf spätere Teile einer Sendung durch die früheren usw.)" (vgl. König 1976, S. 359). *Reihenfolgeeffekt*
Hand-Held-Computer	"... sind vorwiegend als Notizbuchrechner einzustufen. Sie arbeiten mit eigenen, nicht DOS-kompatiblen *Betriebssystemen* und enthalten keine Disketten- oder Plattenlaufwerke. Programme sind im *ROM* ... eingebaut. Der Bildschirm ist einfacher Bauart *LCD Flüssigkristallanzeige*). Hand-Held-Computer zeichnen sich durch Batteriebetrieb mit langer Betriebszeit aus. Der *Datenaustausch* mit anderen PCs erfolgt in der Regel nur über die *serielle Schnittstelle* mit entsprechenden Transferprogrammen - soweit ein Datenaustausch hier überhaupt gefragt ist." (vgl. Albrecht 1987, S. 32).
Hardware	Alle Geräte einer EDV.
Hardwarekonfiguration	"... die Zusammenstellung der Komponenten der Hardware..." (vgl. Heinrich/Roithmayr 1989, S. 273); *Konfiguration*.
Hot-Line	telefonischer Beratungsservice eines Software- oder Hardwareanbieters zur Beseitigung auftretender Fehler und Probleme.

IBM-kompatibler PC	IBM setzt zusammen mit Microsoft einen der Industriestandards für PCs. Alle Rechner, die den Anforderungen dieses Standards genügen, werden als IBM-kompatibel bezeichnet. In Abhängigkeit des eingebauten Prozessors spricht man von IBM-PC, IBM-XT oder IBM-AT.
Informationen	"... die Menge der strukturierten, aggregierten, dem Entscheidungsträger direkt zugänglichen Kennzahlen und Aussagen" (Bausch 1990, S. 11).
Institut	Ein Unternehmen, das im Auftrag Dritter Untersuchungen konzipiert, durchführt und auswertet.
Integrated Services Digital Network	*ISDN*
Interview	"Für unsere Zwecke bezieht sich der Begriff des Interviews auf einen Wortwechsel zwischen Personen, wobei die eine, der Interviewer, aus der anderen, den Befragten, Informationen, Meinungsäußerungen oder auch Überzeugungen herauszulocken versucht." (vgl. Maccoby/Maccoby 1976, S. 37); = persönliche Befragung.
Interview, mündliches	Nur Interviews, bei denen sich der Interviewer und der Befragte direkt miteinander kommunizieren. Die telefonische Befragung stellt kein mündliches Interview in diesem Sinne dar.
Interviewer	Eine Person, die im Auftrag eines Dritten Probanden an Hand eines vorgegebenen Programmes befragt.
Interviewer-Bias/-einfluß/-fehler	Abweichung vom wahren Wert, die vom Interviewer ausgeht. Dabei kann es sich sowohl um unbewußte Einflüsse, z. B. aufgrund des Aussehens des Interviewers usw., als auch um Folgen einer unsachgemäßen Durchführung des Interviews handeln.
Interviewerfeld/-stab	Gesamtheit, der für ein Institut arbeitenden Interviewer; Teil der Feldorganisation
ISDN	(= Integrated Services Digital Network) "ist ein universelles digitales Fernmeldenetz, welches sich aus dem digitalisierten Telefonnetz entwickelt. Es bietet für einen Teilnehmeranschluß (...) eine Vielfalt von Diensten der Sprach-, Daten-, Text- und Festbildkommunikation ... Es sind Wähl- und Standverbindungen für die Mehrfach- und Mischkommunikation möglich" (vgl. Hansen 1986, S. 598). "Das ISDN-Netz ist erweiterungsfähig zum künftigen integrierten Breitbandfernmeldenetz IFBN, bei dem mit Hilfe der Glasfasertechnik dann auch bewegte Bilder (Filme etc.) übertragen werden können" (vgl. Ratzke 1990, S. 112f).
Item	Eine Ausprägung oder Eigenschaft, die den Befragungsgegenstand charakterisiert.
Itembatterie	Eine Anzahl von *Items*, die alle an Hand der gleichen Merkmale (Skala) eingestuft werden müssen.
Kärtchenspiele	Auf den Kärtchen wird jeweils ein Begriff (Merkmal, Ausprägung, Item,...) vermerkt. Durch manuelles Mischen wird eine Rotation der Reihenfolge erreicht, in der der Befragte die Begriffe beurteilt.
KB	Kilobytes; *Byte*
Klassenzimmerbefragung	Mehrere Probanden werden gleichzeitig in einem Raum von einem Interviewer befragt. Die Antworten notiert der Befragte bzw. gibt sie direkt in einen Computer ein.
Konfiguration	"Die Zusammenstellung aller Funktionseinheiten eines Datenverarbeitungssystems. Unter der Anlagenkonfigura-

tion (Hardwarekonfiguration) wird die Zusammenstellung der Komponenten der Hardware verstanden. Die Softwarekonfiguration bezeichnet die Zusammenstellung der Komponenten der Software. Hard- und Software einer bestimmten Konfiguration können von einem Hersteller oder von verschiedenen Herstellern ... stammen. (vgl. Heinrich/Roithmayr 1989, S. 273).

Künstliche Intelligenz

"Problemorientierte Software, die zur Strukturierung und Verknüpfung von Datenbeständen nach bestimmten Kriterien fähig ist." (Götz/Häfner 1991, S. 216).

Laptop

PC im Aktentaschenformat, der auch netzunabhängig betrieben werden kann. "Von englisch: lap dog - Schoßhund" (vgl. Ratzke 1990, S. 122).

Laufwerk

Schreib- und Lesegerät für Disketten.

Lichtgriffel/-stift

"Elektronischer "Bleistift", der über Kabel mit dem Rechner verbunden ist und bei Berühren des Bildschirmes gewünschte Änderungen auslöst" (vgl. Ratzke 1990, S. 124). Er wird auch Lichtstift oder Light Pen genannt.

Light-Pen

Lichtgriffel

Magnetband

"Ein *Datenträger* in Form eines Bandes, ... bei dem die Daten durch Magnetisierung aufgezeichnet werden ..." (vgl. Heinrich/Roithmayr 1989, S. 303).

Mailbox

elektronischer Briefkasten zur Hinterlegung von Nachrichten. *Electronic Mail; Telebox 400.*

Maus

Zusatzgerät, das etwa mausgroß ist, auf einer ebenen Fläche bewegt wird und somit den Cursor auf dem Bildschirm positioniert. Sie verfügt über Tasten, um die vom Cursor gekennzeichneten Felder am Bildschirm zu markieren (vgl. Hansen 1986, S. 255). Engl.: mouse.

MDE

Mobile Datenerfassung

Minitel-Terminal

französische Variante des deutschen *Btx-Terminals*

MNP 5

Programm für die Datenkommunikation, das die Daten je nach Inhalt auf ein bis zwei Drittel ihres ursprünglichen Umfanges komprimiert. Darüberhinaus dient es der Fehlererkennung (vgl. o. V. 1991d, S. 19).

Mobile Datenerfassung

Datenerfassung vor Ort mit transportablen Geräten.

Mobilfunk

"Bezeichnung für drahtlose Kommunikation von Teilnehmern mit Hilfe verschiedener Funkkommunikationssysteme ..." (vgl. Gusbeth 1990, S. 87). Man unterscheidet *analogen Mobilfunk* und *digitalen Mobilfunk*.

Modem

(= Kunstwort aus «Modulator und Demodulator») Er dient zur Datenübertragung. "Der Modem paßt die digitalen Signale der Dateneinrichtung und die analogen Übertragungssignale des Telefon- oder Breitbandweges aneinander an" (vgl. Hansen 1986, S. 538).

Monitor

"Bildschirmgerät zur Darstellung von Schrift- und Grafikinformationen" (vgl. Ratzke 1990, S. 133). *Display.*

Netz, Netzwerk, Netzwerktechnik

Die Gesamtheit von Vermittlungsstellen, Teilnehmereinrichtungen und Leitungen. (vgl. Heinrich/Roithmayr 1989, S. 336); *PC-Netzwerk.*

Notebook-PC

Die Abgrenzung zu den anderen Mikrorechnern, insbesondere den Laptop, ist unklar. Notebook-PC besitzen i. d. R. ein Display mit mindestens 25 Zeilen und 80 Zeichen und besitzen eine dem MF II-Standard angenäherte Tastatur, d.h. das 10-Finger-Schreiben ist möglich (vgl. Schnurer 1991, S. 74). Die Ausmaße entsprechen in etwa DIN A4.

Notepad

Ein flacher Computer der "nur" aus einem Bildschirm besteht.Dieser kann auch Formulare anzeigen. Für die Eingabe gibt es keine Tastatur sondern einen "Stift", mit dem die Eingaben markiert werden. Einzelne Geräte können auch Handschriften lesen. Das Ausfüllen der Formulare erfolgt genauso, wie auf einem Formular aus Papier. Das Notepad gibt es als eigenständiges Gerät oder als Eingabemedium für andere Rechner. Im Englischen spricht man auch von einem "electronic clipboard". Der Batteriebetrieb ist möglich, so daß das Pad zu den transportablen Computern gehört.

Offene Frage

Dem Befragten sind keine Antwortmöglichkeiten vorgegeben. Der Interviewer notiert die Antwort, die der Befragte selbst formuliert, wörtlich.

PAD

= Packet Assembler/Disassembler; "Eine Einrichtung in Datex-P, die vom Telefonnetz eingehende Daten so aufbereitet, daß sie in das Datex-P-Netz gesandt werden können" (vgl. Blumenhofer 1991, S. 49).

Pad

Notepad

Panel

"Streng genommen erfordert der Forschungsansatz eines Panels, daß
a) identische   Einheiten   wiederholt   beobachtet,
b) identische   Kriterien   angewendet   und
c) die ersten die nachfolgenden Beobachtungen zum selben Zeitpunkt bei allen Einheiten und für alle Kriterien durchgeführt werden." (Nehnevajsa 1973, S. 193f)

Panelbefragung

Befragung von Panelteilnehmern; Im Gegensatz zur Befragung können Panelteilnehmer auch beobachtet werden oder an einem Experiment teilnehmen.

Paneleffekt

Beeinflussung des Verhaltens des Teilnehmers aufgrund seiner Erfahrungen mit der Erhebungsmethode und aufgrund dessen, daß ihm bewußt ist, daß er beobachtet oder anschließend über sein Verhalten befragt wird.

Panelsterblichkeit

Fluktuation der Panelteilnehmer

Panelteilnehmer

Probanden, die sich zu einer Teilnahme an der Panelmethode bereit erklären und meist in einem vertraglichen Verhältnis zum Institut stehen. Eine Vergütung im Sinne eines Lohnes erfolgt i. d. R. nicht.

PC

Abk. für *Personal Computer*. "... Ein PC ist ein Tischcomputer, der für die persönliche Benutzung durch jedermann entwickelt wurde, um damit dezentrale Datenverarbeitung zu betreiben" (vgl. Ratzke 1990, S. 150). *Microcomputer*.

PC-Netzwerk

"Unter einem Rechnernetz (...) verstehen wir ein räumlich verteiltes System von Rechner(n), Steuereinheit(en) und peripheren Geräten, die durch Datenübertragungseinrichtungen und -wege miteinander verbunden sind" (vgl. Hansen 1986, S. 552).

PC-Software

Programme, die für die Verwendung auf einem *PC* geschrieben wurden.

Peripherie(gerät)

"Ein Gerät, das bei einer elektronischen Datenverarbeitungsanlage nicht zur eigentlichen *Zentraleinheit* (...) gehört, sondern in dessen "Umfeld" angeschlossen wird. Zum Beispiel Bildschirm, Modem, Drucker" (vgl. Ratzke 1990, S. 151).

Personal Computer	*PC*
Point of Sale	Ort des Verkaufs; i. d. R. in einem Geschäft.
Pool	*hier*: Sammelbecken für Adressen, aus denen die Stichprobe gezogen wird.
POS	= *Point of Sale*
Positionierungseffekt	Effekt, der die Antwort auf eine Frage beeinflußt. Der Effekt wird allein durch die Position der Frage bzw. Antwortvorgabe ausgelöst; z. B. werden tendenziell die ersten Antwortvorgaben von den Befragten bevorzugt. Zu unterscheiden ist dieser Effekt von den inhaltlich ausgerichteten *Halo-Effekten*.
Pretest	Der Pretest eines Fragebogens dient dazu, herauszufinden, ob die Fragen verständlich formuliert sind und sich eine für den Befragten logische Reihenfolge ergibt. Er überprüft jedoch nicht die Validität des Fragebogens oder gesamten Untersuchungsansatzes (vgl. Green et al. 1988, S. 185).
Proband	*Befragter*
Produkttestpanel	Panel, dessen Teilnehmer in unregelmäßigen Abständen, je nach Auftragslage des Institutes, Produkte zum Ausprobieren und Beurteilen erhalten. Die Befragung erfolgt meist schriftlich.
PROM	*ROM*
Prozessor	"... ist eine Funktionseinheit die Leitwerk und Rechenwerk umfaßt" (vgl. Hansen 1986, S. 28). Die Version entscheidet über die Rechengeschwindigkeit einer Anlage. *Leitwerk, Rechenwerk.*
Quotenauswahl/Quota-Auswahl	Stichprobenverfahren, bei dem die Probanden nach bestimmten Kriterien (Quoten) ausgewählt werden; z. B. 30% der Befragten müssen zwischen 20 und 30 Jahren alt sein.
RAM	(Read and write memory) "Ein Schreib-/Lesespeicher oder RAM ist ein Speicher, bei dem jede einzelne Speicherstelle über ihre fest zugeordnete Adresse beliebig oft gelesen oder beschrieben (und damit auch gelöscht) werden kann. Er heißt deshalb auch Speicher mit wahlfreiem Zugriff. Die Zugriffszeit ist für alle Speicherstellen etwa gleich lang" (vgl. Hansen 1986, S. 39).
Random	Auswahlverfahren nach dem Zufallsprinzip
Random-Route	Auswahlverfahren nach dem Zufallsprinzip, wobei die Startadresse zufällig gezogen wird und danach von dort beginnend jeder x-te Einwohner befragt wird.
Rechnergestützte Erhebung	Der Fragebogen wird durch einen Computer ersetzt. Er präsentiert die Fragen auf dem Bildschirm. Die Antworten werden über eine Tastatur direkt eingegeben und abgespeichert.
Reihenfolgeeffekt	Man unterscheidet zwei Arten: den Ausstrahlungs- oder *Halo-Effekt* und den Plazierungs- oder *Positionseffekt*. Damit ist zum einen der Einfluß einer Frage oder Antwortvorgabe auf nachfolgende Fragen/Antworten gemeint und zum anderen der Einfluß, der sich aus der Plazierung der Frage bzw. Antwortvorgabe im Fragebogen ergibt.
ROM	(Read only memory) ist ein irreversibler *Festwertspeicher* dessen Inhalt einmal fixiert wird und danach nur noch beliebig oft gelesen werden kann. Man unterscheidet

	durch den Hersteller programmierte ROM (engl.: factory ROM, FROM) und durch den Anwender (mit Hilfe spezieller Programmiergeräte) programmierte ROM (engl.: programmable ROM, PROM) (vgl. Hansen 1986, S. 40f).
Rotation	Zufälliges permanentes Abändern der Reihenfolge von Fragen, Items und Antwortvorgaben.
Rücklauf	Anzahl der bei einer schriftlichen Befragung zurückgesandten Fragebögen.
Sample	*Stichprobe*
Scanner	optisches Lesegerät für Strichcodes. (*EAN*)
Server	Eine zentrale Funktionseinheit, die innerhalb eines lokalen Netzes allen Teilnehmern zur Verfügung steht (vgl. Heinrich/Roithmayr 1989, S. 422).
Skala	spezielle Art der Antwortvorgabe, die die Antwortmöglichkeiten als ein graphisches Kontinuum darstellt.
Software	"Gesamtheit aller für eine Datenverarbeitungsanlage nötigen Steuerungs- und Verarbeitungsprogramme" (vgl. Ratzke 1990, S. 172). Diese ermöglichen ein Arbeiten mit der *Hardware.*
Softwarekonfiguration	"... bezeichnet die Zusammenstellung der Komponenten der Software." (vgl. Heinrich/Roithmayr 1989, S. 273); *Konfiguration.*
Stand-Alone-Befragung	*Terminalbefragung*
Standleitung	eine permanente Verbindung zwischen zwei Telekommunikationsgeräten. Eine Nutzung der Leitung durch Dritte ist ausgeschlossen.
Stapelbetrieb/-verarbeitung	"Bei der Stapelverarbeitung (...) muß ein Auftrag vollständig definiert sein, bevor mit seiner Abwicklung begonnen werden kann. Mehrere Aufträge werden vom Rechner nacheinander oder schubweise abgearbeitet." (vgl. Hansen 1986, S. 340). Diese Verarbeitungsart steht im Gegensatz zur *Dialogverarbeitung.*
Steuertasten	Tasten, mit deren Hilfe der Cursor über den Bildschirm bewegt werden kann.
Steuerwerk	*Leitwerk*
Stichprobe	Zufallsauswahl aus der Grundgesamtheit.
Stichprobenfehler	Er resultiert aus der Unterlassung oder ungleichgewichtigen Auswahl von Probanden aus der Grundgesamtheit ohne entsprechende Gewichtung (vgl. Sudman/Bradburn 1982, S. 289).
Straßenbefragung/-interview	*Außer-Haus-Befragung.*
Studio	Ein Ort, der speziell zur Durchführung von Befragungen oder anderen Experimenten und Beobachtung eingerichtet ist.
Studiobefragung/-interview	Interviews, die in einem Studio durchgeführt werden.
systematischer Fehler	Fehler, systematischer.
TAE	= Telekommunikations-Anschluß-Einheit oder Teilnehmer-Anschluß-Einheit. "Eine Anschalteinrichtung (Steckdose) zum Anschließen von Endeinrichtungen, die teilweise die bisherige Anschlußdose (ADo) und Steckverbinderdose (SvDo) ablöst" (vgl. Lipinski 1990, S. 226).

Teilerhebung	Befragung, die nicht bei jedem Angehörigen, sondern nur bei einer bestimmten Anzahl von Personen der Grundgesamtheit durchgeführt wird.
Tele-Interview	Computergesteuerte Befragung bei Teilnehmern eines Befragungspools. Der Computer wird ihnen zur Verfügung gestellt und die Teilnehmer bearbeiten in meist in regelmäßigen Abständen Befragungen zu unterschiedlichen Themen.
Telekommunikation	"Alle technischen Verfahren, die ein beidseitiges Kommunizieren über eine Distanz, die durch technische Mittel (Medien) aufgehoben wird, ermöglicht" (vgl. Ratzke 1990, S. 180).
Terminal	Bildschirm und Tastatur, die mit einem Zentralrechner verbunden sind.
Terminalbefragung	Computergesteuerte Befragung, bei der kein Interviewer anwesend ist und der Computer allein an einem bestimmten Ort aufgestellt wird.
Tiefeninterview	freies Interview, bei dem der Interviewer im freien Gespräch die Einstellungen des Probanden zu ergründen.
Totalerhebung	Befragung aller Elemente einer Grundgesamtheit.
Touchpad	Ein Feld, mit dem man durch Berührung einer Stelle den Cursor auf dem Bildschirm an eine entsprechende Stelle positionieren kann. (vgl. *Touchscreen, Maus*)
Touchscreen	"Engl.: Berührungsbildschirm. Befehle an den Rechner oder das System werden nicht mehr über die Tastatur, sondern durch Berühren der Bildschirmoberfläche gegeben" (vgl. Ratzke 1990, S. 185). Hierfür wird der Bildschirm mit einer sensitiven Schicht ausgestattet. Siehe auch *Touchpad* und *Maus*.
Trackball	Er erfüllt die gleiche Funktion wie eine Maus. Die Kugel, die an der Unterseite der Maus die Bewegung des Cursors am Bildschirm steuert, ist beim Trackball nach oben gekehrt und wird direkt mit der Handfläche bewegt.
Verbraucherpanel	Panel, dessen Teilnehmer über ihre Einkäufe (Verbräuche) berichten.
Vercodung	Übersetzung von verbalen Aussagen in maschinenlesbare Zeichen.
Versuchsperson	Ein gegenüber dem Befragten erweiterter Personenkreis, der im Rahmen eines Tests neben reinen Antworten auch Aktionen ausführen muß.
Vollduplex	Kommunikationsart; "Beide Stationen können zur selben Zeit empfangen und senden. Ein Telefongespräch findet im Vollduplex-Betrieb statt" (vgl. Blumenhofer 1991, S. 64).
Zehner-Block	Seperates Tastenfeld, das die Eingabe von Zahlen mit einer Hand ermöglicht.
Zentraleinheit	"... ist eine Funktionseinheit innerhalb einer EDVA, die Leitwerk(e), Rechenwerk(e) und Zentralspeicher umfaßt (vgl. Hansen 1986, S. 27).
Zentralspeicher	"... ist ein Speicher innerhalb der Zentraleinheit. Typische Merkmale sind der unmittelbare Zugang durch den Prozessor, die vorübergehende Speicherung und der schnelle Zugriff. Jeder Speicher, der nicht Zentralspeicher ist, wird als externer Speicher (...) bezeichnet" (vgl. Hansen 1986, S. 29).

Zufallsfehler	zufällige Abweichung des Ergebnisses einer Stichprobenerhebung vom wahren Wert. Richtung und Ausmaß dieses Fehlers sind in jedem Einzelfall unbekannt. Bei echten Zufallsstichproben läßt sich die Größenordnung zuverlässig abschätzen (vgl. Krug/Nourney 1987, S. 155).
Zu-Hause-Befragung/-Interview	Der Interviewer besucht den Probanden und führt die Befragung in dessen Wohnung durch. Auch die Arbeitsplatzbefragung wird hierzu gerechnet.

Literaturverzeichnis

Adams, James R. (1990):
Planning Market Research Surveys, in:
Birn et al. (1990), S. 29-36.

Albrecht, Klaus (1987):
PCs auf Reisen: Die neuen Laptops, in:
PC Welt Nr. 12/87, S. 32-40.

von Alemann, Heine (1984):
Der Forschungsprozeß. 2. Auflage, Stuttgart.

Allerbeck, Klaus R. (1977):
Computerunterstützte Datenaufbereitung und Datenanalyse, in:
van Koolwijk/Wieken-Mayser (1977), S. 170-188.

Allerbeck, Klaus R. (1988):
Datenanalyse und Datenmanagement: Die Entwicklung ihres Verhält-
nisses, in:
Faulbaum/Uehlinger (1988), S. 81-92.

Alvi, Shahzad Ahmad (1989):
Computergestützte Produkttests. Münster.

American Statistical Association (Hrsg.) (1990):
Proceedings of the Social Statistic Section, Washington, DC.

Anger, Hans (1975):
Befragung und Erhebung, in:
Graumann (1975). 567-618.

Angewandte Computer Software GmbH (1990):
Delphi, Demoversion, Version 2.0, München.

Atteslander, Peter (1984):
Methoden der empirischen Sozialforschung. 5. Auflage, Berlin, New
York.

Atteslander, Peter/Kneubühler, Hans-Ulrich (1975):
Verzerrungen im Interview. Zu einer Feldtheorie der Befragung. Opla-
den.

Bahner, Lesley A. (1987):
Long Self-Administered Interviews, in:
Sawtooth Software (1987), S. 11-21.

Bahner, Lesley A. (1988):
Disk-By-Mail: A New Survey Modality - Problems and Opportunities,
in:
Sawtooth Software (1988), S. 369-373.

Bahner, Lesley A. (1991):
Improving Control in Disk-by-Mail Surveys, in:
Sawtooth News, 7. Jg., Nr. 1/1991, S. 6.

Baker, Ken (1990):
Data Fusion, in:
Birn et al. (1990), S. 437-449.

Baker, Reginald P./Lefes, William L. (1988):
The Design of CATI-Systems: A Review of Current Practice, in:
Groves et al. (1988), S. 387-402.

Bartlett, Frederic C. (1967):
Remembering: A Study in Experimental and Social Psychology. Cambridge.

Bartram, Peter (1990):
Presentations and Report Writing, in:
Birn et al. (1990), S. 487-502.

Bausch, Thomas (1990):
Stichprobenverfahren in der Marktforschung. München.

Becker, Sylke/Engel, Bernhard (1990):
CATI in der Medienforschung, in:
Faulbaum et al. (1990), S. 386-396.

Behrens, Karl Christian (Hrsg.) (1974):
Handbuch der Marktforschung. 1. Halbband, Wiesbaden.

Berekoven, Ludwig (et al. 1989)/Eckert, Werner/Ellenrieder, Peter:
Marktforschung. 4. Auflage, Wiesbaden.

Bernsdorf, Wilhelm (Hrsg.) (1969):
Wörterbuch der Soziologie. 2. Auflage, Stuttgart.

Bingham, Walter (1929):
The Personal Interview Studied by Means of Analysis and Experiment, in:
Social Forces, 7. Jg., S. 530-533.

Birke, W.-D. (1988):
Abschlußbericht des Consum-Meter-Projektes. Unveröffentlichter Bericht, Nürnberg.

Birn, Robin (et al. 1990)/Hague, Paul/Vangelder, Phyllis (Hrsg.):
A Handbock of Market Research Techniques. London.

Block, Robert A. (1989):
Evaluating Distribution Channels with Perceptual Mapping, in:
Sawtooth Software (1989a), S. 115-124.

Blumenhofer, Lars (1991):
Der sichere Einstieg in die Datenfernübertragung. Haar bei München.

Blunch, Niels J. (1984):
Position Bias in Multiple Choice Questions, in:
Journal of Marketing Research, 20. Jg., S. 216-220.

Blyth, W. G. (1990):
Panels and Diares, in:
Birn et al. (1990), S. 191-206.

Bogardus, Emory S. (1925):
Methods of Interviewing, in:
Journal of Applied Sociology, 9. Jg., o. S. (zit. in Scheuch 1973, S. 71).

Bogardus, Emory S. (1926):
The Group Interview, in:
Journal of Applied Sociology, 10. Jg., o. S. (zit. in Scheuch 1973, S. 71).

Böhler, Heymo (1992):
Marktforschung. 2. Auflage, Stuttgart, Berlin, Köln.

Bolton, Charles R. E. (1989):
Selecting the Hardware, Part 2: File Servers, Workstations, and Requests for Bids, in:
Sawtooth Software (1989b), S. 15-47.

Bortz, Jürgen (1984):
Lehrbuch der empirischen Forschung für Sozialwissenschaftler. Berlin Heidelberg New York.

Bradburn, Norman M./Mason, William M. (1964):
The Effect of Question Order on Responses, in:
Journal of Marketing Research, 1. Jg, S. 57-61.

Buell, Bradley (1925):
Interviews, Interviewers and Interviewing, in:
The Family, 6. Jg. o. S. (zit. in Scheuch 1973, S. 71).

Bundesministerium für Post und Telekommunikation (1989):
Postgebührenheft Stand 1. September 1989.

Burgwitz, Andreas/Siering, Peter (1991):
Alles im Griff(el)? Notepad-Computer von NCR und Momenta, in:
c't, Nr. 12/91, S. 38ff.

Burkheimer, G. J./Levinsohn, J. R. (1988):
Implementing the Mitofsky-Waksberg Sampling Design with Accelerated Sequential Replacement, in:
Groves et al. (1988), S. 99-112.

Bush, Alan J./Hair, Joseph F. (1985):
An Assessment of the Mall Intercept as a Data Collection Method, in:
Journal of Marketing Research, 22. Jg., S. 158-167.

Butcher, James N. (Hrsg.) (1987a):
Computerized Psychological Assessment. New York.

Butcher, James N. (1987b):
The Use of Computers in Psychological Assessment: An Overview of Practices and Issues, in:
Butcher (1987a), S. 3-14.

Cannell, Charles F. (et al. 1977)/Oksenberg, Lois/Converse, Jean M.:
Striving for Response Accuracy: Experiments in New Interviewing Techniques, in:
Journal of Marketing Research, 14. Jg, S. 306-315.

Carpenter, Edwin H. (1988):
Survey Research Software: From Expert System Sampling through Computer Interviewing, Data Analysis and Presentation to Publication, in:
Sawtooth Software (1988), S. 417-430

Catlin, Gray/Ingram, Susan (1988):
The Effects of CATI on Costs and Data Quality: A Comparison of CATI and Paper Methods in Centralized Interviewing, in:
Groves et al. (1988), S. 437-450.

Cattin, Philippe/Wittink, Dick R. (1982):
Commercial Use of Conjoint Analysis: A Survey, in:
Journal of Marketing, 46. Jg., S. 44-53.

Cavan, Ruth Shonle (1929):
   The Questionnaire in a Sociological Research Project, in:
   American Journal of Sociology, 38. Jg., S. 721-727.

Ciesla, Frank (1991):
   WER und WAS verbirgt sich hinter "Inhome-Scanning". Unveröffent-
   lichtes Manuskript, Nürnberg.

Clemens, John (1984):
   The Use of Viedata Panels for Data Collection, in:
   ESOMAR (1984), S. 47-63.

Cochran, William G. (1972):
   Stichprobenverfahren. Berlin.

Collins, Martin (et al. 1988)/Sykes, Wendy/Wilson, Paul/Blackshaw, Norah:
   Nonresponse: The UK Experience, in:
   Groves et al. (1988), S. 213-231.

COMPSTAT (1984):
   COMPSTAT Proceedings in Computational Statistics. Würzburg 1984
   = 6th Symposium Held in Prague.

Corder, Larry S./Horvitz, Daniel G. (1989):
   Panel Effects in the National Medical Care Utilization and Expenditure
   Survey, in:
   Kasprzyk et al. (1989), S. 304-318.

Coulter, R. (1985):
   A Comparison of CATI and non-CATI on a Nebraska Hog Survey, in:
   Staff Report No. 85, Statistical Research Division, Statistical Reporting
   Service, U.S. Department of Agriculture, Washington, DC, April
   1985.

Crispell, Diane (1987):
   Interview with Ci2, in:
   American Demographics, 9. Jg, Juli 1987, S. 52-53.

Curry, Joseph (1988):
   Interviewing by PC - What We Couldn't Do Before, in:
   ESOMAR (1988), S. 1-14.

Curry, Joseph (1989):
   Starting a PC-Based CATI Facility. Introduction and Perspective, in:
   Sawtooth Software (1989b), S. 1-6.

Czaja, Ronald (et al. 1982)/Blair, Johnny/Sebestik, Jutta P.:
   Respondent Selection in a Telephone Survey: A Comparison of Three
   Techniques, in:
   Journal of Marketing Research, 19. Jg., S. 381-385.

Deutsche Bundespost POSTDIENST (1992):
   Was kostet wieviel? Entgelte im Überblick. Stand 1. Juli 1992, Bonn.

Deutsche Bundespost POSTDIENST (1993):
   Wie groß? Wie schwer? Wie teuer? Stand: 01. April 1993. o. O.

Deutsche Bundespost Telekom (Hrsg.) (1991a):
   Telebox-400. Produktbeschreibungen. Auszüge aus den Preislisten.
   Sonderdruck zur CeBIT'91. o. O.

Deutsche Bundespost Telekom (Hrsg.) (1991b):
   Information für unsere Kunden. o. O.

Deutsche Bundespost Telekom (Hrsg.) (1992a):
   PC vorhanden? ISDN ist da! Bonn.

Deutsche Bundespost Telekom (Hrsg.) (1992b):
   Telefonbuch 70. Ausgabe 1992/93. Bereiche Bayreuth, Hof. Stand
   Januar 1992.

Deutsche Bundespost Telekom (Hrsg.) (o. J.):
   Btx in der geschäftlichen Kommunikation. Bonn.

Deutsche Postreklame GmbH (Hrsg.) (1991a):
   Schnelle Scheiben. Telekom-Daten auf CD-ROM. Frankfurt/M.

Deutsche Postreklame GmbH (Hrsg.) (1991b):
   Allgemeine Vertrags- und Nutzungsbedingungen der Deutschen Postre-
   klame GmbH für Telekommunikationsverzeichnisse auf CD-ROM
   (TELEAUSKUNFT 1188). Frankfurt/M.

Dichtl, Erwin/Thomas, Uwe (1986):
   Der Einsatz des Conjoint Measurement im Rahmen der Verpackungs-
   marktforschung, in:
   Marketing ZFP, 8. Jg., S. 27-33.

Dillman, Don A. (1978):
   Mail and Telephone Surveys: The Total Design Method. New York,
   Chichester u. a.

DIN 69 901:
   Berlin 1987. (zitiert nach Schelle 1989, S. 23).

Dubke, H.-P. (1984):
   Bildschirmtext: Möglichkeiten der On-Line Marktforschung, in:
   Zentes (1984a), S. 67-83.

Dülfer, E. (Hrsg.) (1982a):
   Projektmanagement - International. Stuttgart.

Dülfer, E. (1982b):
   Projekte und Projektmanagement im internationalen Kontext. Eine
   Einleitung, in:
   Dülfer (1982a), S. 3-20.

Dupont, Thomas D. (1987):
   Do Frequent Mall Shoppers Distort Mall-Intercept-Survey Results?, in:
   Journal of Advertising Research, 27. Jg., Nr. 4, S. 45-51.

Dworatschek, Sebastian/Hayek, Asad (1987):
   Marktspiegel Projektmanagement Software - Kriterienkatalog und Lei-
   stungsprofile. Köln .

Elmore-Yalch, Rebecca/Glasrock, Jane (1991):
   Perspectives on Data Quality. The Client and the Marketing Resear-
   cher, in:
   Sawtooth Software (1991), S. 17-29.

Erbslöh, Eberhard (et al. 1973)/Esser, Hartmut/Reschka, Willibald/Schöne, Dino:
   Studien zum Interview. Meisenheim am Glan.

Erdman , Harold (et al. 1983)/Klein, Marjorie H./Greist, John H.:
   The Reliability of a Computer Interview for Drug Use. Abuse Information, in:
   Behaviour Research Methods and Instrumentation, 15. Jg., Februar
   1983, S. 66-68.

ESOMAR (Hrsg.) (1980):
Taking Stock. Proceedings of the ESOMAR Conference, Monte Carlo.

ESOMAR (Hrsg.) (1984):
Are Interviewers Obsolete? Drastic Changes in Data Collection and Data Presentation. Amsterdam.

ESOMAR (Hrsg.) (1988):
Seminar on the Impact of New User-Oriented Computer Facilities on Market Research. Kopenhagen.

Esser, Hartmut (1973):
Kooperation und Verweigerung beim Interview, in: Erbslöh et al. (1973), S. 69-141.

Esser, Hartmut (1984):
Fehler bei der Datenerhebung. Hagen.

Esser, Hartmut (1986):
Über die Teilnahme an Befragungen, in: ZUMA-Nachrichten, Nr. 18, S. 38-47.

Faulbaum, Frank (et al. 1990)/Haux, Reinhold/Jöckel, Karl-Heinz (Hrsg.):
Softstat '89. Fortschritte der Statistik-Software 2. Stuttgart, New York.

Faulbaum, Frank/Uehlinger, Hans-Martin (Hrsg.) (1988):
Fortschritte der Statistik-Software 1. Stuttgart, New York.

Ferrari, P. W. (1984):
Preliminary Results from Evaluation of the CATI Test for the 1982 National Survey of Natural Scientists and Engineers. Unpublished Research Report. U.S. Bureau of the Census, Washington, D.C. (zit. in Groves/Nicholls II 1986, S. 133).

Ferrari, P. W. (1986):
An Evaluation of Computer-Assisted Telephone Interviewing Used During the 1982 Census of Agriculture. Unpublished evaluation report, U.S. Census Bureau. (zit. in Groves/Nicholls II 1986, S. 133).

Fiederer, Susanne (1991):
Dateneingabe ohne Tastatur. Revolution am PC-Markt? in: Systems 91. Beilage der Süddeutschen Zeitung Nr. 243 vom 21.10.91, S. XXI.

Fink, J. C. (1983):
CATI's First Decade: The Chilton Experience, in: Sociological Methods & Research, 12. Jg., Nr. 2, S. 153-168.

Forschungsgruppe Konsum und Verhalten (Hrsg.) (1983):
Innovative Marktforschung. Würzburg, Wien.

Frisbie, Bruce/Sudman, Seymour (1968):
The Use of Computers in Coding Free Responses, in: Public Opinion Quarterly, 32. Jg:, S. 216-232.

Fröschl, Karl Anton (1984):
Expertensysteme in der statistischen Datenverarbeitung, in: Mitteilungsblatt der östereichischen statistischen Gesellschaft, 14. Jg., S. 167-179.

Fuchs, Marek/Lamnek, Siegfried (1990):
Fragebogendramaturgie und Abbruchverhalten, in: planung und analyse, 17. Jg. Nr. 3, S. 101-107.

Gates, Roger/Solomon, Paul J. (1982):
Research Using the Mall Intercept: State of the Art, in:
Journal of Advertising Research, 22. Jg., Nr. 4, S. 43-49.

Gaul, W. (et al. 1986)/Förster, F./Schiller, K.:
Empirische Ergebnisse zur Verbreitung und Nutzung von Statistiksoftware in der Marktforschung, in:
Lehmacher/Hörmann (1986), S. 323-332.

Gaul, W./Both, M. (1990):
Computergestütztes Marketing. Berlin.

Gershenfeld (et al. 1989)/Atherton, Terry/Ben-Akiva, Moshe/Musetti, Larry:
Context-Specific Choice Experiments for Multi-Featured Products: A Disk-by-Mail Survey Application, in:
Sawtooth Software (1989a), S. 19-24.

Glagow, Hella (1984):
Interview-Computer: Rechnergestützte Datenerhebung, in:
Zentes (1984), S. 42-66.

Goldstein, Harris K. (1987):
Computer Surveys By Mail, in:
Sawtooth Software (1987), S. 55-59.

Goldstein, Harris K. (1988):
Disk-By-Mail: A New Survey Modality, in:
Sawtooth Software (1988), S. 397-400.

Goode, William J./Hyatt, Paul K. (1976):
Die schriftliche Befragung, in:
König (1976), S. 161-177.

Götz, Klaus/Häfner, Peter (1991):
Computerunterstütztes Lernen in der Aus- und Weiterbildung. Weinheim.

Green, Paul E. (et al. 1985)/Kedia, Pradeep K./Nikhil, Rishiyur S.:
Electronic Questionnaire Design and Analysis with CAPPA. Palo Alto, CA.

Green, Paul E. (et al. 1988)/Tull, Donald S./Albaum, Gerald:
Research for Marketing Decisions, 5. Auflage, Englewood Cliffs.

Green, Paul E. (et al. 1991a)/Schaffer Catherine M./Patterson, Karen M.:
A Validation Study of Sawtooth Software's Adaptive Conjoint Analysis, in:
Sawtooth Software (1991), S. 303-313.

Green, Paul E. (et al. 1991b)/Krieger, Abba M./Agarwal, Manoj K.:
Adaptive Conjoint Analysis: Some Caveats and Suggestions, in:
Journal of Marketing Research, 28. Jg., S. 215-222.

Green, Paul E./Srinivasan, V. (1978):
Conjoint Analysis in Consumer Research: Issues and Outlooks, in:
Journal of Consumer Research, 5. Jg., S. 103-123.

Green, Paul E./Srinivasan, V. (1990):
Conjoint Analysis in Marketing: New Developments With Implications for Research and Practice, in:
Journal of Marketing, 54. Jg., Nr. 4, S. 3-19.

Greenberg, Marshall G. (1988):
Disk-By-Mail: A New Survey Modality, in:
Sawtooth Software (1988), S. 363-368.

Greist, John H. (et al. 1973a)/Klein, Marjorie H./VanCuba, Lawrence:
A Computer Interview for Emergency Room Patients, in:
Computer and Biomedical Research, 6. Jg., S. 257-265.

Greist, John H. (et al. 1973b)/Klein, Marjorie H./VanCuba, Lawrence:
A Computer Interview for Psychiatry Patient Target Symptoms, in:
Archives of General Psychiatry, 29. Jg., S. 247-253.

Greist, John H./Klein, Marjorie H. (1980):
Computer Programs for Patients, Clinicians and Researchers in
Psychiatry, in:
Sidowski et al. (1980), S. 161-182.

Groves, Robert M. (1989):
Survey Errors and Survey Costs. New York, Chichester u. a.

Groves, Robert M./Mathiowetz, Nancy A. (1984):
Computer Assisted Telephone Interviewing: Effects on Interviewers
and Respondents, in:
Public Opinion Quarterly, 48. Jg., S. 356-369.

Groves, Robert M./Nicholls II, William L. (1986):
The Status of Computer-Assisted Telephone Interviewing: Part II -
Data Quality Issues, in:
Journal of Official Statistics, 2. Jg., Nr. 2, S. 117-134.

Gum, Greg S. (1989):
Using Ci2 and ACA to Obtain Complex Pricing Information, in:
Sawtooth Software (1989a), S. 65-69.

Gusbeth, Hans (1990):
Mobilfunk-Lexikon. Telekommunikation von A-Z. München.

Gutjahr, Gert (1985):
Psychologie des Interviews, Heidelberg.

Haedrich, Günther (1962):
Empirische Studien über den Interviewer-Einfluß in der demosko-
pischen Marktforschung, in:
GFM-Mitteilungen zur Markt- und Absatzforschung, 8. Jg., Nr. 3/4,
S. 106-109.

Hafermalz, Otto (1974):
Schriftliche Befragung, in:
Behrens (1974), S. 479-499.

Hafermalz, Otto (1976):
Schriftliche Befragung - Möglichkeiten und Grenzen. Wiesbaden.

Hammann, Peter/Erichson, Bernd (1990):
Marktforschung. 2. Auflage, Stuttgart.

Hansen, H. R. (1986):
Wirtschaftsinformatik I. 5. Auflage, Stuttgart.

Harlow, B. L. (et al. 1985)/Rosenthal, J. F./Ziegler, R. G.:
A Comparison of Computer-Assisted and Hard Copy Telephone Inter-
viewing, in:
American Journal of Epidemiology, 122. Jg., Nr. 2, S. 335-340.

Harmon, G. H. (1984):
   Research Opportunities Through Technology - From Automated Interviewing to Conjoint, in:
   ESOMAR (1984), S. 35-45.

Harris, Paul (1990):
   Sampling and Statistics, in:
   Birn et al. (1990), S. 54-88.

Haugan, Karla (1989):
   Changes in Organizational Management, Part 1: Staffing, in:
   Sawtooth Software (1989b), S. 81-88.

Haux, Reinhold (1986a):
   Expert Systems in Statistics: Some Problems and Some New Views, in:
   Stoyan (1986), S. 313-322.

Haux, Reinhold (Hrsg.) (1986b):
   Expert Systems in Statistics. Stuttgart u. a.

Heinrich, Lutz J./Roithmayr, Friedrich (1989):
   Wirtschaftsinformatik-Lexikon. 3. Auflage, München, Wien.

Hewlett-Packard (Hrsg.) (1991):
   HP 95LX Palmtop PC mit Lotus 1-2-3. Böblingen, Bad Homburg v. d. H.

Higgins, C. A. (et al. 1987)/Dimnik, T. P./Greenwood, H. P.:
   The DISKQ Survey Method, in:
   Journal of the Market Research Society, 29. Jg., Nr. 4, S. 437-445.

Hippler Hans-J. (et al. 1988)/Meier, Friedhelm/Schwarz, Norbert:
   Erste Erfahrungen mit der Erprobung eines interaktiven Befragungs- und Instruktionssystems (IBIS), in:
   ZUMA-Nachrichten, 23. Jg., S. 79-91.

Hippler Hans-J. (et al. 1990)/Meier, Friedhelm/Schwarz, Norbert:
   Praktische Einsatzmöglichkeiten eines interaktiven Befragungs- und Instruktionssystems bei Experimenten und in Umfragen, in:
   Faulbaum (1990), S. 397-404.

Hippler Hans-J./Beckenbach, Andreas (1992):
   Das persönlich-mündliche Interview am Scheideweg?, in:
   planung und analyse, 20. Jg., Nr. 5, S. 44-52.

Holt, D. (1989):
   Panel Conditioning: Discussion, in:
   Kasprzyk et al. (1989), S. 340-347.

Horton, Lee (1990):
   Disk-Based Surveys: New Way to Pick Your Brain, in:
   Software Magazine, Februar 1990, S. 76-77.

House, C. C. (1984):
   Computer-Assisted Telephone Interviewing on Cattle Multiple Frame Survey, in:
   Staff Report No. 85, Statistical Research Division, Statistical Reporting Service, U.S. Department of Agriculture, Washington, DC (zit. in Groves/Nicholls II 1986, S. 133).

Huber, Joel (et al. 1988)/Holbrook, Morris B./Kahn, Barbara:
The Roles of the Prior Favorite Brand and Brand Equity in the Choice
Process: Some Determinants of Decision Time, Choice Outcome, and
Post Decision Certainty. Working Paper, Fuqua School of Business.
(zit. in Curry 1988, S. 4).

Huisman, Dirk (1988a):
PC-Based Research: Europe Versus the U.S.A., in:
Sawtooth Software (1988), S. 329-342

Huisman, Dirk (1988b):
PC-Based Research in Europe and the USA Now and After 1992:
Strenghts, Weakness, Fairy-Tales, in:
ESOMAR (1988) S. 95-112.

Hultsch, E. (et al. 1978)/Jannasch, H./Krier, N./Sund, M./Victor, N.:
Anforderungen an Programmsysteme zur statistischen Datenanalyse, in:
Statistical Software Newsletter, 4. Jg., S. 3-30.

Hupfer, Herb (1988):
Perceptional Mapping: A Comparison of APM with Paper and Pencil
Data, in:
Sawtooth Software (1988), S. 265-272.

Hüttner, Manfred (1989):
Grundzüge der Marktforschung. 4. Auflage, Berlin New York.

Hyman, Herbert H. (1954):
Interviewing in Social Research. 1. Auflage, Chicago.

Hyman, Herbert H. (1975):
Interviewing in Social Research. 7. Auflage, Chicago.

Jackling, Peter (1984):
Computer Assisted Questionaire Design - The Real Breakthrough, in:
ESOMAR (1984), S. 23-33.

Jackling, Peter (1990):
Analyzing Data, in:
Birn et al. (1990), S. 383-402.

Johnson, Robert (1985):
Ci2 System, Version 2.0, Programmhandbuch. Ketchum.

Johnson, Robert (1987):
Adaptive Conjoint Analysis, in:
Sawtooth Software (1987), S. 253-265.

Kaas, Klaus P. (1989):
Zur Entwicklung von Angebot und Nachfrage auf dem Markt für Mar-
ketinginformationen, in:
Schwarz et al. (1989), S. 123-137.

Kahn, Robert L./Cannell, Charles F. (1957):
The Dynamics of Interviewing. New York London Sydney.

Kahn, Robert L./Cannell, Charles F. (1968):
Interviewing: Social Research, in:
Sills (1968), S. 149-161.

Kasprzyk, Daniel (et al. 1989)/Duncan, Greg/Kalton, Graham/Singh, M.P.
(Hrsg.):
Panel Surveys. New York, Chichester u. a.

Kellerer, Hans (1963):
Theorie und Technik des Stichprobenverfahrens. 3. Auflage, München.

Kish, Leslie (1949):
A Procedure for Objective Respondent Selection within the Household, in:
Journal of the American Statistical Association, 44. Jg., S. 380-387.

Klein, Harald (1990):
New Possibilities and Developments of Text Analysis with INTEXT/PC, in:
Faulbaum et al. (1990), S. 487-494.

Klingemann, Hans-Dieter (et al. 1984)/Höhe, Jürgen/Mohler, Peter Philip/Radermacher, Klaus/Züll, Cornelia:
TEXTPACK: Ein Programmsystem für sozialwissenschaftliche Inhaltsanalyse, in:
Klingemann (1984), S. 15-34.

Klingemann, Hans-Dieter (Hrsg) (1984):
Computerunterstützte Inhaltsanalyse in der empirischen Sozialforschung. Frankfurt/M., New York.

Klingemann, Hans-Dieter/Schönbach, Klaus (1984):
Computerunterstützte Inhaltsanalyse als Instrument zur Vercodung offener Fragen in der Umfrageforschung, in:
Klingemann (1986), S. 227-278.

Klösgen, W. (1990):
The Integration of Knowledge-Based and Statistical Methods in a Statistics Interpreter, in:
Faulbaum et al. (1990), S. 316-323.

Knuth, Donald E. (1981):
The Art of Computer Programming, Vol. 2: Seminumerical Algorithmus, 2. Auflage, Reading, Menlo Park u. a.

König, René (Hrsg.) (1973):
Handbuch der empirischen Sozialforschung. Bd. 2 Teil I, 3. Auflage, Stuttgart.

König, René (Hrsg.) (1976):
Das Interview. 10. Auflage, Köln.

van Koolwijk, Jürgen (1974):
Die Befragungsmethode, in:
van Koolwijk/Wieken-Mayser (1974), S. 9-23.

van Koolwijk, Jürgen/Wieken-Mayser, Maria (Hrsg.) (1974):
Techniken der empirischen Sozialforschung. Bd. 4 Erhebungsmethoden: Die Befragung. München, Wien.

van Koolwijk, Jürgen/Wieken-Mayser, Maria (Hrsg.) (1977):
Techniken der empirischen Sozialforschung. Band 7: Datenanalyse. München u. a.

Kraut, Allen I. (et al. 1975)/Wolfson, Alan D./Rothenberg, Alan:
Some Effects of Position on Opinion Survey Items, in:
Journal of Applied Psychology, 60. Jg., S. 774-776.

Kreutz, Henrik/Titscher, Stefan (1974):
Die Konstruktion von Fragebögen, in:
van Koolwijk/Wieken-Mayser (1974), S. 24-82.

Kroeber-Riel, Werner/Neibecker, Bruno (1983):
Elektronische Datenerhebung: Computergestützte Interviewsysteme, in:
Forschungsgruppe Konsum und Verhalten (1983), S. 193-208.

Krückeberg, Fritz/Spaniol, Otto (Hrsg.) (1990):
Lexikon Informatik und Kommunikationstechnik. Düsseldorf.

Krug, Walter/Nourney, Martin (1987):
Wirtschafts- und Sozialstatistik. Gewinnung von Daten. 2. Auflage,
München, Wien.

Kuba, Rainer, Walter (1987):
Computergestützte Projektorganisation. Kompendium mit Arbeitsfor-
mularen. Köln.

Kunz, Gerhard (1969):
Interview, in:
Bernsdorf (1969), S. 498-514.

Lehmacher, Walter/Hörmann, Allmut (Hrsg.) (1986):
Statistik-Software. Stuttgart.

de Leeuw, Edith D./van der Zouwen, Johannes (1988):
Data Quality in Telephone and Face to Face Surveys: A Comparative
Meta-Analysis, in:
Groves et al. (1988), S. 283-299.

Lepkowski, James M. (1988):
Telephone Sampling Methods in the United States, in:
Groves et al. (1988), S. 73-98.

Lewin, Kurt (1969):
Grundzüge der topologischen Psychologie. Stuttgart, Wien.

Liefield, John P. (1988):
Response Effects in Computer-Administered Questioning, in:
Journal of Marketing Research, 25. Jg., S. 405-409.

Lipinski, Klaus (Hrsg.) (1990):
ABC der Datenkommunikation. 4. Auflage, Pulheim.

Lobrovich, M. (1982):
Computer Interviews Net Quality Employees, in:
Computer Decisions, 14. Jg., Nr. 3, S. 72.

Lubinsky, David J./Young, Forrest W. (1990):
Guiding Data Analysis, in:
American Statistical Association (1990), S. 205-210.

MacBride, James N./Johnson, Richard M. (1980):
Respondent Reaction to Computer-Interactive Interviewing Techniques,
in:
ESOMAR (1980), S. 39-54.

Maccoby, Elenor E./Maccoby, Nathan (1976):
Das Interview: Ein Werkzeug der Sozialforschung, in:
König (1976), S. 37-85.

Mahnke, Hans (1990):
Projektmanagement mit dem PC. 2. Auflage, Würzburg.

Malhotra, Naresh K. (et al. 1987)/Taschian, Armen/Mahmoud, Essam:
The Integration of Microcomputers in Marketing Research and
Decision Making, in:
Journal of the Academy of Marketing Science, 15. Jg., S. 69-82.

Marks, Eli S. (1963):
  You Can Do It on a Computer, but Should You?, in:
  Public Opinion Quarterly, 27. Jg., S. 481-485.

McBrien, Bernadette D. (1984):
  The Role of the Personal Computer in Data Collection, Data Analysis,
  and Data Presentation: A Case Study, in:
  ESOMAR (1984), S. 65-81.

Meffert, Heribert/Hensmann, Jan (1989):
  Thesen zu den Auswirkungen und Entwicklungsperspektiven elektronischer Medien im Marketing, in: Schwarz et al. (1989), S. 253-269.

Meier, Friedhelm (1988):
  Konzeption und Realisation eines rechnergestützten Befragungssystems,
  in:
  Faulbaum/Uehlinger (1988), S. 105-113.

Meier, Friedhelm (1989):
  Computergestützte Befragung in der Marktforschung und Verkaufsför-
  derung mit dem interaktiven Informationssystem IBIS, in:
  Marktforschung & Management, 33. Jg., S. 14-18.

Meier, Friedhelm (1990):
  Rechnergestützte Untersuchungen in der humanpharmakologischen For-
  schung, in:
  Faulbaum (1990), S. 405-414.

Messinger, Nancy L. (1989):
  Maintaining Quality in Large Computer-Interactive Interviewing Pro-
  jects, in:
  Sawtooth Software (1989a), S. 25-38.

Meyer-Hentschel, Gundolf (1983):
  Die Messung der Aktivierungspotentiale von Werbeanzeigen durch
  Befragung. Eine empirische Untersuchung. Würzburg.

Middleton, Linda S. (1989):
  Large-Scale Conjoint Data Collection at the Chicago Auto Show, in:
  Sawtooth Software (1989a), S. 83-90.

Miller, Richard (1989):
  Designing the Facility, in:
  Sawtooth Software (1989b), S. 71-79.

Moore, Bruce V. (1928):
  The Personal Interview. An Annotated Bibliography. New York.

Moore, Roger (1989):
  Using Conjoint Strategically to Enhance Business Engineering, in:
  Sawtooth Software (1989a), S. 241-249.

Morgan, Rory (1990):
  Modelling: Conjoint Analysis, in:
  Birn et al. (1990), S. 409-423.

Moriaty, Rowland T. (1983):
  Industrial Buying Behavior. Lexington, Toronto.

Morrison, Richena (1988):
  Disk-By-Mail, in:
  Sawtooth Software (1988), S. 375-381.

Müller-Scholz, Wolfgang (1991):
Das Ende der gelben Seiten, in:
Capital, 30. Jg, Nr. 11, S. 14.

Myrik, Helen L. (1926):
Psychological Process in Interviewing, in:
The Family, 7. Jg., o. S. (zit. in Scheuch 1973, S. 71).

Myrik, Helen L. (1928):
The Non-Verbal Elements in the Interview, in:
Social Forces, 6. Jg., S. 561-564.

Neal, William D. (1988):
Overview of Perceptual Mapping, in:
Sawtooth Software (1988), S. 151-163.

Nehnevajsa, Jiri (1973):
Analyse von Panel-Befragungen, in:
König (1973), S. 191-227

Neibecker, Bruno (1983):
Elektronische Datenerhebung: Computergestützte Reaktionsmessung,
in:
Forschungsgruppe Konsum und Verhalten (1983), S. 209-235.

Neibecker, Bruno (1984):
The Validity of Computer-Controlled Magnitude-Scaling to Measure
Emotional Impact of Stimuli, in:
Journal of Marketing Research, 21. Jg., S. 325-331.

Neumann, Volker (1985):
Adreß- und Fernsprechbücher, in:
Reiter (1985), S. 201-215.

Newsted, Peter R: (1985):
Paper versus online presentations of subjective questionnaires, in:
International Journal of Man-Machine Studies, 23. Jg., S. 231-247.

Nicholls II, William L. (1988):
Computer-Assisted Telephone Interviewing: A General Introduction,
in:
Groves et al. (1988), S. 377-402.

Nieschlag, Robert (et al. 1991)/Dichtl, Erwin/Hörschgen, Hans:
Marketing. 16. Auflage, Berlin.

Norton, Andrew A. (1989):
Selecting CATI Software, in:
Sawtooth Software (1989b), S. 51-67.

O'Brien, C. M. (1990):
A Knowledge-Base for Generalized Linear Modelling, in:
Faulbaum et al. (1990), S. 324-331.

O'Brien, Terry/Dugdale, Valerie (1978):
Questionnaire Administration by Computer, in:
Journal of the Market Research Society, 20. Jg., S. 228-237.

O'Rourke, Diane/Blair, Johnny (1983):
Improving Random Respondent Selection in Telephone Surveys, in:
Journal of Marketing Research, 20. Jg., S. 428-432.

o. V. (1991a):
Auf 16 Leitungen in den PC, in:
PARCONTACT (Kundenzeitung der PARCON GmbH, Ratingen), I/91, S. 6.

o. V. (1991b):
Grid-Computer ersetzt bei der Marktforschung den Fragebogen, in: Computerwoche, 18. Jg., Nr. 23/1991, S. 27.

o. V. (1991c):
Disk-by-Mail, in:
Sawtooth News, 7. Jg., Nr. 2, S. 4-5.

o. V. (1991d):
Angebote von Btx bis Edifact, in:
PC-Woche, 6. Jg., Nr. 4, S. 19.

o. V. (1992a):
Umfassende PC-Woche-Leserbefragung, in:
PC-Woche, 7. Jg., Nr. 10, S. 1, 6.

o. V. (1992b):
Telekom will dem Btx auf die Sprünge helfen, in:
Süddeutsche Zeitung, 48. Jg., Nr. 60 vom 12.03.92, S. 36.

o. V. (1992c):
Ci3 Update, in:
Sawtooth News, 8. Jg., Nr. 2, S. 6-7.

o. V. (1993):
Jetzt ein "Apple" für die ganze Familie, in:
Süddeutsche Zeitung, 49. Jg., Nr. 12 vom 16./17.01.93, S. 24.

Oldford, R. W./Peters, S. C. (1988):
DINDE: Towards More Sophisticated Software Environements for Statistics, in:
Siam Journal on Scientific and Statistical Computing, 9. Jg., Nr. 1, S. 191-211.

Palit, Charles D. (1980):
A Microcomputer Based Computer Assisted Interviewing System, in: American Statistical Association (1980), S. 516-519.

Parten, Mildred (1976):
Grundformen und Probleme des Samples in der Sozialforschung, in: König (1976), S. 181-210.

Passenberger, Jürgen (1989):
Computerintegrierte Informationsverarbeitung in der empirischen Sozialforschung. Nürnberg.

Payne, C. D. (1985):
The GLIM System, Release 3.77, Generalized Linear Interactive Modelling Manual. Oxford.

Payne, Stanley L. (1951):
The Art of Asking Questions. Studies in Public Opinion No. 3. Princeton.

Phillips, Cecil (1978):
A View From All Sides, in:
Alert, 17. Jg., Nr. 9, S. 6-7 (zit. in Gates/Solomon 1982, S. 46).

Pilon, Thomas L. /Craig, Norris C. (1988):
Disk-By-Mail: A New Survey Modality, in:
Sawtooth Software (1988), S. 387-396.

Planck, H. (1959):
Zur Methode der Klassenzimmerbefragung, in:
Zeitschrift für Markt-, Meinungs- und Zukunftsforschung, 2. Jg,
S. 511-516.

Platz, Jochen (1989):
Produkt- und Projektstrukturpläne als Basis der Projektplanung, in:
Reschke et al. (1989), S. 229-259.

Poquet Computer Corp. (1989):
Poquet (Verkaufsprospekt). o. O.

Poynter, Ray (1989):
A Taste of Japan, in:
Sawtooth Software (1989a), S. 103-106.

Poynter, Ray (1991):
Of Mice and Men and Women, in:
Sawtooth Software (1991), S. 55-65.

Pregibon, D./Gale, W. A. (1984):
REX: An Expert System for Regression Analysis, in:
COMPSTAT (1984), S. 242-248.

Psion GmbH (Hrsg.) (o. J.):
Organiser II. Produktprogramm. Bad Homburg.

Rasch, Dieter (et al. 1990)/Guiard, V./Nürnberg, G.:
Present and Planned Future of the Expert System CADEMO; in:
Faulbaum et al. (1990), S. 332-339.

Ratzke, D. (1990):
Lexikon der Medien. Elektronische Medien. Frankfurt/M.

Reid, P.M. (1984):
Purists May Disagree, But Almost All Types of Surveys Can Be Con-
ducted in Malls, in:
Marketing News, 18. Jg., 6. Jan. 1984, Section 1, S. 5.

Reiter, Regina/Heller, Thomas (1991):
Die Technik der computergestützten Befragung. Eine marktforscheri-
sche Aufgabe wird spielerisch gelöst, in:
planung und analyse, 19. Jg., Nr. 4, S. 130-132.

Reiter, Wolfgang Michael (Hrsg.) (1985):
Werbeträger. 7. Auflage, Frankfurt.

Reschke, Hasso (et al. 1989)/Schelle, Heinz/Schnopp, Reinhardt:
Handbuch Projektmanagement. Köln.

Richardson, Stephen (et al. 1965)/Dohrenwend, Barbara S./Klein, David:
Interviewing: Its Forms and Functions. New York, London.

Roberson, Michael T./Sundstrom, Eric (1990):
Questionnaire Design, Return Rates, and Response Favorableness in an
Employee Attitude Questionnaire, in:
Journal of Applied Psychology, 75. Jg., 354-357.

Robinson, V.P. (1928):
Some Difficulties in Analyzing Social Interactions in the Interview, in:
Social Forces, 6. Jg. S. 558-561.

Ross, Laurence (1963):
    The Inaccessible Respondent: A Note on Privacy in City and Country,
    in:
    Public Opinion Quarterly, 27. Jg., S. 269-275.

Rowley, Gwyn (et al. 1986)/Barker, Keith/Callaghan, Victor:
    The Ferrant Market Research Terminal, in:
    European Research, 14. Jg., S. 74-76.

Rüsberg, Karl-Heinz (1976):
    Die Praxis des Projekt-Managements. 3. Auflage, München.

Salmon, Charles T./Nichols, John Spicer (1983):
    The Next-Birthday Method of Respondent Selection, in:
    Public Opinion Quarterly, 47. Jg., S. 270-276.

Saltzman, Arthur (1987):
    Ci2 in the University, in:
    Sawtooth Software (1987), S. 101-108.

Saris, Willem E. (1988):
    A Full Automatic Procedure for Data Collection: Tele Interviewing, in:
    Faulbaum/Uehlinger (1988), S. 93-104.

Saris, Willem E./de Pijper, W. Marius (1986):
    Computer Assisted Interviewing Using Home Computers, in:
    European Research, 14. Jg., S. 144-150.

Sauerwein, Karl-Heinz/Hönekopp, Thomas (1990):
    SPSS/PC+. Version 3.0/3.1. Eine anwendungsorientierte Einführung
    zur professionellen Datenanalyse. Bonn, München u. a.

Sawtooth Software (Hrsg.) (1987):
    1st Sawtooth Software Conference on "Perceptual Mapping, Conjoint
    Analysis, and Computer Interviewing", Conference Proceedings, Sun
    Valley.

Sawtooth Software (Hrsg.) (1988):
    2nd Sawtooth Software Conference on "Perceptual Mapping, Conjoint
    Analysis, and Computer Interviewing", Conference Proceedings, Sun
    Valley.

Sawtooth Software (Hrsg.) (1989a):
    3rd Sawtooth Software Conference on "Gaining a Competitive Advan-
    tage through PC-Based Interviewing and Analysis". Conference Pro-
    ceedings, Volume I, Sun Valley.

Sawtooth Software (Hrsg.) (1989b):
    3rd Sawtooth Software Conference on "Starting a PC-Based CATI Fa-
    cility". Conference Proceedings, Volume II, Sun Valley.

Sawtooth Software (Hrsg.) (1991):
    4th Sawtooth Software Conference on "Doing What We Couldn't Do
    Before", Conference Proceedings, Sun Valley.

Sawtooth Software (Hrsg.) (o. J. a):
    Ci2 System for Computer Interviewing. Evanston, IL.

Sawtooth Software (Hrsg.) (o. J. b):
    Ci2-CATI System for Computer Aided Telephone Interviewing.
    Evanston, IL.

Sawtooth Software (Hrsg.) (o. J. c):
    ACA System for Adapitive Conjoint Analysis. Evanston, IL.

Sawtooth Software (Hrsg.) (o. J. d):
APM System for Asaptive Perceptual Mapping. Evanston, IL.

Sawtooth Software (Hrsg.) (o. J. e):
CCA Convergent Cluster Analysis System. Evanston, IL.

Schach, Elisabeth (1990):
Aspekte der Datenqualität bei computerunterstützten Interviews, in:
Faulbaum et al. (1990), S. 375-385.

Schach, Siegfried (1986):
Computer Support for the Design and Analysis of Survey Samples, in:
Haux (1986b), S. 99-110.

Schach, Siegfried (1987):
Methodische Aspekte der telefonischen Bevölkerungsbefragung - Allgemeine Überlegungen und Ergebnisse einer empirischen Untersuchung. Universität Dortmund, Fachbereich Statistik, Forschungsbericht Nr. 87/7, S. 1-34.

Schäfer, Erich/Knoblich, Hans (1978):
Grundlagen der Marktforschung, 5. Auflage, Stutttgart.

Schelle, Heinz (1989):
Zur Lehre vom Projektmanagement, in:
Reschke et al. (1989), S. 3-25.

Scheuch, Erwin K. (1973):
Das Interview in der Sozialforschung, in:
König (1973) Bd. 2 Teil I, S. 66-190.

Scheuch, Fritz (1989):
Marketing. 3. Auflage, München.

Schmidtchen, Gerhard (1962):
Der Anwendungsbereich betriebssoziologischer Umfragen. Bern.

Schnurer, Georg (1991):
Notizbuch ade?, in:
c't - magazin für computertechnik, Nr. 1/1991.

Schwab, Walter (1990):
Noch flexibler mit dem neuen EDV-System, in:
IHA-GfM news, Nr. 3/90, S. 29-31.

Schwab, Walter (1991):
Persönliche Interviews computergetützt durchgeführt, in:
IHA - GfM news, 1991, Nr. 2, S. 31.

Schwarz, Christian (et al 1989)/Sturm, Frank/Klose, Wolfgang:
Marketing 2000, 2. Auflage, Wiesbaden.

Shocker, Allan D. (1987):
Perceptual Mapping: Its Origins, Methods, and Prospects, in:
Sawtooth Software (1987), S. 121-142.

Sidowski, J. B. (et al. 1980)/Johnson, J. H./Williams. T. A. (Hrsg.):
Technology in Mental Health Care Delivery Systems. Norwood.

Siemer, Richard H. (1989):
Using Perceptual Mapping for Market Entry Decisions, in:
Sawtooth Software (1989a), S. 107-114.

Silberstein, Adriana R./Jacobs, Curtis A. (1989):
Symptoms of Repeated Interview Effects in the Consumer Expenditure Interview Survey, in:
Kasprzyk et al. (1989), S. 289-303.

Sills, David L. (Hrsg.) (1968):
International Encyclopedia of the Social Science, Bd. 8, New York.

Sittenfeld, Hans (1974):
Planung einer Befragung (unter besonderer Berücksichtigung der Netz-plantechnik), in:
Behrens (1974), S. 163-172.

Sklarew, Ralph/Bucholz, Tim (1989):
Handwritten Data Entry Into a Computer, in:
Sawtooth Software (1989a), S. 71-74.

Slack, Warner V./Van Cura, Lawrence J. (1968):
Patient Reaction to Computer Based Medical Interviewing, in:
Computers and Biomedical Research, 1. Jg., S. 527-531.

Smith, Scott (1986):
Review of CAPPA and Ci2 System, in:
Journal of Marketing Research, 23. Jg., S. 83-85.

Sokat, Manfred (1989):
Mobile Datengewinnung mit PC's. Zum Einsatz von Handy-Computern in der Marktforschung, in:
Marktforschung & Management, 33. Jg., Nr. 1, S. 19-22.

SPSS GmbH Software (o. J.):
SPSS Data Entry II. Gorinchem, München.

SRG-Publikumsforschung Bern (et al. 1991)/IHA Hergiswil/WEMF Zürich (Hrsg.):
Konsum-Media-Panel. Unveröffentlichter Projektbericht, St. Ospel.

Stannard, Charles I. (1989):
Perceptual Mapping and Cluster Analysis: Some Problems and Solutions, in:
Sawtooth Software (1989a), S. 133-142.

Statistisches Bundesamt (Hrsg.) (1990):
Statistisches Jahrbuch 1990 für die Bundesrepublik Deutschland. Wiesbaden.

Stefflre, Martin (1989):
Computer Interviewing in Europe: What U. S. Researchers Need to Know, in:
Sawtooth Software (1989a), S. 97-101.

Strobel, Karl (1983):
Die Anwendbarkeit der Telefonumfrage in der Marktforschung. Frankfurt/M.

Sudman, Seymour (1980):
Improving the Quality of Shopping Center Sampling, in:
Journal of Marketing Research, 17. Jg., S. 423-431.

Sudman, Seymour/Bradburn, Norman M. (1982):
Asking Questions. San Francisco, Washington, London.

Sullivan, Michael (1991):
Controlling Non-Response Bias and Item Non-Response Bias Using Computer-Assisted Telephone Interviewing (CATI) Techniques, in: Sawtooth Software (1991), S. 41-52.

Szameitat, Klaus/Koller, Siegfried (1958):
Über den Umfang und die Genauigkeit von Stichproben, in: Wirtschaft und Statistik, 10. Jg., S. 10-16.

Talley, Del (1989):
Selecting the Hardware, Part 1: Networks, in: Sawtooth Software (1989b), S. 7-14.

Thomae, Matthias (1992):
Die Quantime Software, in: planung und analyse, 19. Jg., Nr. 4, Sonderdruck o. S.

Thompson, Jane M. (1989):
Changes in Organizational Management, Part 2: Impact on Management and the Bottom Line, in: Sawtooth Software (1989b), S. 89-100.

Tietz, Bruno (1987):
Wege in die Informations-Gesellschaft. Stuttgart.

Toy, Daniel (1986):
Review of the ACA and Ci2 Software from Sawtooth Software, in: OR/MS Today, 13. Jg., Nr. 2, S. 24-46.

Troldahl, Verling C./Carter jr., Roy E. (1964):
Random Selection of Respondents within Households in Phone Surveys, in:
Journal of Marketing Research, 1. Jg., S. 71-76.

Tumbusch, James (1991):
Validation of Adaptive Conjoint Analysis (ACA) Versus Standard Concept Testing, in:
Sawtooth Software (1991), S. 175-183.

Tyner, Mary Jane/Weiner, Jonathan (1989):
Optimal Pricing Strategies Through Conjoint Analysis, in: Sawtooth Software (1989a), Vol. 1, S. 45-51.

Unger, Fritz (1989):
Marktforschung. Heidelberg.

VITAL-Versand Tien (Hrsg.) (o. J.):
Fachbereich Sprachencomputer. Nordhorn.

Vobis (1993):
Vobis Denkzettel. Die clevere Computer-Info vom 21.01.1993.

Waterton, Jennifer/Lievesley, Denise G. (1989):
Evidence of Conditioning Effects in the British Social Attitudes Panel Survey, in:
Kasprzyk et al. (1989), S. 319-339.

Watson, R. (1937):
Investigations by Mail, in:
Market Research, 7. Jg., S. 11-16 (zitiert in Scott 1961, S. 170).

Weis, Hans Christian/Steinmetz, Peter (1991):
Marktforschung. Ludwigshafen.

Wendt, F. (1960):
   Wann wird das Quotenverfahren begraben?, in:
   AStA, 44. Jg., S. 35-40.

Wieken, Klaus (1974):
   Die schriftliche Befragung, in:
   van Koolwijk/Wieken-Mayser (1974), S. 146-179.

Wilson, Brent (1989):
   Disk-by-Mail Surveys: Three Years' Experience, in:
   Sawtooth Software (1989a), S. 1-4.

Wittkowski, K.M. (1985):
   Ein Expertensystem zur Datenhaltung und Methodenauswahl für statistische Anwendungen. Stuttgart, Dissertation.

Wittkowski, K.M. (1986):
   Ein Expertensystem als Schnittstelle zwischen Benutzern und statisti-
   schem Auswertungssystem, in:
   Lehmacher/Hörmann (1986), S. 343-365.

Wyatt, Emily (1991):
   Quality in Computer Interviewing - Tricks of the Trade, in:
   Sawtooth Software (1991), S. 33-39.

Zandan, Peter/Frost, Lucy (1989):
   Customer Satisfaction Research Using Disks-by-Mail, in:
   Sawtooth Software (1989a), S. 5-17.

Zeh, Jürgen (1990):
   Zusammensetzung von Interviewerstäben, Interviewereffekte und ihre
   Auswirkungen auf Befragungsergebnisse, in:
   planung und analyse, 17. Jg., Nr. 2, S. 65-68.

Zentes, Joachim (Hrsg.) (1984a):
   Neue Informations- und Kommunikationstechnologien in der Marktforschung. Berlin, Heidelberg, New York, Tokio.

Zentes, Joachim (1984b):
   Technologiedynamik und Marktforschung, in:
   Zentes (1984a), S. 1-17.

Zentes, Joachim (1987):
   Neuere Entwicklungen in der Marktforschung: Datengewinnung im
   Marketing, in:
   Marketing ZFP, 9. Jg., Nr. 1, S. 37-44.

Zerbe, Wilfred J./Paulhus, Delroy L. (1987):
   Socially Desirable Responding in Organizational Behavior: A Recon-
   ception, in:
   Academy of Management Review, 12. Jg., Nr. 2, S. 250-264.

Züll, Cornelia (1988):
   GENERAL INQUIER - der Dinosaurier lebt, in:
   Faulbaum/Uehlinger (1988), S. 554-562.

Aus unserem Programm

Thomas Becker
Integriertes Technologie-Informationssystem
Beitrag zur Wettbewerbsfähigkeit Deutschlands
1993. XVII, 372 Seiten, 100 Abb., 43 Tab.,
Broschur DM 118,-/ ÖS 921,-/ SFr 119,-
Schriftenreihe technologie & management
ISBN 3-8244-0183-5
Das hier vorgestellte Informationssystem kann auf nationaler Ebene alle
wichtigen Informationen über Technologien (Forschung und Entwicklung,
Anwendungsgebiete, Literatur, Patente und Lizenzen sowie Indikatoren
und statistische Daten) übersichtlich und benutzerfreundlich zur Verfügung
stellen.

Jürgen Bode
Betriebliche Produktion von Information
1993. XIX, 192 Seiten, 33 Abb., Broschur DM 89,-/ ÖS 694,-/ SFr 91,-
ISBN 3-8244-0161-4
Die Schrift erreicht durch die Integration von Informationsgütern eine
"Vervollständigung" des Betrachtungsgegenstandes der Produktionstheorie.
Auf diese Weise wird der Grundstein zu einer Sicht der "industriellen Ferti-
gung von Information" gelegt.

Eberhard Brezski
Konkurrenzforschung im Marketing
Analyse und Prognose
1993. XIV, 223 Seiten, 39 Abb., Broschur DM 89,-/ ÖS 694,-/ SFr 91,-
ISBN 3-8244-0170-3
Die Konkurrentenforschung stellt eine Voraussetzung für das Treffen von
Marketingentscheidungen dar. In dieser Arbeit werden Ansätze skizziert,
die eine systematische Analyse und Prognose des Konkurrenzverhaltens im
Wettbewerbsprozeß gestatten.

Jörg Hilker
Marketingimplementierung
Grundlagen und Umsetzung am Beispiel ostdeutscher Unternehmen
1993. XXIII, 401 Seiten, 83 Abb., Broschur DM 118,-/ ÖS 921,-/ SFr 119,-
ISBN 3-8244-0184-3
Dieses Buch behandelt die Marketingimplementierung erstmals systematisch und umfassend. Zudem bieten drei Langzeitfallstudien Hinweise für
eines der zentralen Probleme ostdeutscher Unternehmen bei der Erlangung
der Wettbewerbsfähigkeit.

DUV Deutscher Universitäts Verlag

GABLER · VIEWEG · WESTDEUTSCHER VERLAG

Michael Martin
Mikrogeografische Marktsegmentierung
1992, XXXI, 423 Seiten, 8 Farbtafeln, 84 Abb.,
Broschur DM 128,-/ ÖS 999,-/ SFr 129,-
ISBN 3-8244-0124-X
Der Leser erhält einen kompletten Überblick über das innovative Gebiet
der Mikrogeographie. Es werden sozialpsychologische und sozialgeographi-
sche Hintergründe betrachtet, internationale sowie nationale mikrogeogra-
phische Ansätze gegenübergestellt und ein Ansatz im methodischen Vorgehen dargestellt.

Ulf D. Preukschat
Vorankündigung von Neuprodukten
Strategisches Instrument der kommunikationspolitischen Markteinführung
1993. XIV, 253 Seiten, 44 Abb.,
Broschur DM 98,-/ ÖS 765,-/ SFr 100,10
ISBN 3-8244-0152-5
Das Buch nimmt aus einer weit gefaßten Perspektive eine Diskussion poten-
tieller Vor- und Nachteile von Neuprodukt-Vorankündigungen seitens der
Hersteller vor und untersucht empirisch das tatsächliche Verhalten in ver-
schiedenen Branchen.

Gerhard Satzger
Entscheidungsunterstützung für Hardware-Investitionen
1993. XVIII, 166 Seiten, 17 Abb., 4 Tab.,
Broschur DM 89,-/ ÖS 694,-/ SFr 91,-
ISBN 3-8244-0176-2
Die Bereitstellung von Hardware-Kapazitäten bildet aufgrund der Abhän-
gigkeiten betriebswirtschaftlicher und technischer Aspekte ein komplexes
Entscheidungsproblem, für das hier ein Unterstützungsystem vorgestellt
wird.

Die Bücher erhalten Sie in Ihrer Buchhandlung!
Unser Verlagsverzeichnis können Sie anfordern bei:

Deutscher Universitäts-Verlag
Postfach 30 09 44
51338 Leverkusen

Antony Rowe Publishing Services Center GmbH
Chippenham, 60325 Frankfurt, Germany

Printed by Gerth Printed GmbH
Frankfurt, Germany